浙江文化研究工程成果文库

李杭春 郁峻峰 著

郁达夫年谱

浙江大学出版社
ZHEJIANG UNIVERSITY PRESS

浙江现代文学名家年谱
编纂委员会

浙江文化研究工程成果文库总序

有人将文化比作一条来自老祖宗而又流向未来的河,这是说文化的传统,通过纵向传承和横向传递,生生不息地影响和引领着人们的生存与发展;有人说文化是人类的思想、智慧、信仰、情感和生活的载体、方式和方法,这是将文化作为人们代代相传的生活方式的整体。我们说,文化为群体生活提供规范、方式与环境,文化通过传承为社会进步发挥基础作用,文化会促进或制约经济乃至整个社会的发展。文化的力量,已经深深熔铸在民族的生命力、创造力和凝聚力之中。

在人类文化演化的进程中,各种文化都在其内部生成众多的元素、层次与类型,由此决定了文化的多样性与复杂性。

中国文化的博大精深,来源于其内部生成的多姿多彩;中国文化的历久弥新,取决于其变迁过程中各种元素、层次、类型在内容和结构上通过碰撞、解构、融合而产生的革故鼎新的强大动力。

中国土地广袤、疆域辽阔,不同区域间因自然环境、经济环境、社会环境等诸多方面的差异,建构了不同的区域文化。区域文化如同百川归海,共同汇聚成中国文化的大传统,这种大传统如同春风化雨,渗透于各种区域文化之中。在这个过程中,区域文化如同清溪山泉潺潺不息,在中国文化的共同价值取向下,以自己的独特个性支撑着、引领着本地经济社会的发展。

从区域文化入手,对一地文化的历史与现状展开全面、系统、扎实、有序的研究,一方面可以藉此梳理和弘扬当地的历史传统和文化资源,繁荣和丰富当代的先进文化建设活动,规划和指导未来的文化发展蓝图,增强文化软实力,为全面建设小康社会、加快推进社会主义现代化提供思想保证、精神动力、智力支持和舆论力量;另一方面,这也是深入了解中国文化、研究中国文化、发展中国文化、创新中国文化的重要途径之一。如今,区域文化研究日益受到各地重视,成为我国文化研究走向深入的一个重要标志。我们今天实施浙江文化研究工程,其目的和意义也在于此。

　　千百年来,浙江人民积淀和传承了一个底蕴深厚的文化传统。这种文化传统的独特性,正在于它令人惊叹的富于创造力的智慧和力量。

　　浙江文化中富于创造力的基因,早早地出现在其历史的源头。在浙江新石器时代最为著名的跨湖桥、河姆渡、马家浜和良渚的考古文化中,浙江先民们都以不同凡响的作为,在中华民族的文明之源留下了创造和进步的印记。

　　浙江人民在与时俱进的历史轨迹上一路走来,秉承富于创造力的文化传统,这深深地融汇在一代代浙江人民的血液中,体现在浙江人民的行为上,也在浙江历史上众多杰出人物身上得到充分展示。从大禹的因势利导、敬业治水,到勾践的卧薪尝胆、励精图治;从钱氏的保境安民、纳土归宋,到胡则的为官一任、造福一方;从岳飞、于谦的精忠报国、清白一生,到方孝孺、张苍水的刚正不阿、以身殉国;从沈括的博学多识、精研深究,到竺可桢的科学救国、求是一生;无论是陈亮、叶适的经世致用,还是黄宗羲的工商皆本;无论是王充、王阳明的批判、自觉,还是龚自珍、蔡元培的开明、开放,等等,都展示了浙江深厚的文化底蕴,凝聚了浙江人民求真务实的创造精神。

代代相传的文化创造的作为和精神,从观念、态度、行为方式和价值取向上,孕育、形成和发展了渊源有自的浙江地域文化传统和与时俱进的浙江文化精神,她滋育着浙江的生命力、催生着浙江的凝聚力、激发着浙江的创造力、培植着浙江的竞争力,激励着浙江人民永不自满、永不停息,在各个不同的历史时期不断地超越自我、创业奋进。

悠久深厚、意韵丰富的浙江文化传统,是历史赐予我们的宝贵财富,也是我们开拓未来的丰富资源和不竭动力。党的十六大以来推进浙江新发展的实践,使我们越来越深刻地认识到,与国家实施改革开放大政方针相伴随的浙江经济社会持续快速健康发展的深层原因,就在于浙江深厚的文化底蕴和文化传统与当今时代精神的有机结合,就在于发展先进生产力与发展先进文化的有机结合。今后一个时期浙江能否在全面建设小康社会、加快社会主义现代化建设进程中继续走在前列,很大程度上取决于我们对文化力量的深刻认识、对发展先进文化的高度自觉和对加快建设文化大省的工作力度。我们应该看到,文化的力量最终可以转化为物质的力量,文化的软实力最终可以转化为经济的硬实力。文化要素是综合竞争力的核心要素,文化资源是经济社会发展的重要资源,文化素质是领导者和劳动者的首要素质。因此,研究浙江文化的历史与现状,增强文化软实力,为浙江的现代化建设服务,是浙江人民的共同事业,也是浙江各级党委、政府的重要使命和责任。

2005 年 7 月召开的中共浙江省委十一届八次全会,作出《关于加快建设文化大省的决定》,提出要从增强先进文化凝聚力、解放和发展生产力、增强社会公共服务能力入手,大力实施文明素质工程、文化精品工程、文化研究工程、文化保护工程、文化产业促进工程、文化阵地工程、文化传播工程、文化人才工程等"八项工程",实施科教兴国和人才强国战略,加快建设教育、科技、卫生、体育等"四个强省"。作为文化建设"八项工程"之一的文化研究工程,其任务就是系统研究浙江文化的历史成就和当代发展,深入挖掘浙江文化底蕴、研究浙江现象、总结浙江经验、指导浙江未来的发展。

浙江文化研究工程将重点研究"今、古、人、文"四个方面,即围绕浙江当代发展问题研究、浙江历史文化专题研究、浙江名人研究、浙江历史文献整理四大板块,开展系统研究,出版系列丛书。在研究内容上,深入挖掘浙江文化底蕴,系统梳理和分析浙江历史文化的内部结构、变化规律和地域特色,坚持和发展浙江精神;研究浙江文化与其他地域文化的异同,厘清浙江文化在中国文化中的地位和相互影响的关系;围绕浙江生动的当代实践,深入解读浙江现象,总结浙江经验,指导浙江发展。在研究力量上,通过课题组织、出版资助、重点研究基地建设、加强省内外大院名校合作、整合各地各部门力量等途径,形成上下联动、学界互动的整体合力。在成果运用上,注重研究成果的学术价值和应用价值,充分发挥其认识世界、传承文明、创新理论、咨政育人、服务社会的重要作用。

我们希望通过实施浙江文化研究工程,努力用浙江历史教育浙江人民、用浙江文化熏陶浙江人民、用浙江精神鼓舞浙江人民、用浙江经验引领浙江人民,进一步激发浙江人民的无穷智慧和伟大创造能力,推动浙江实现又快又好发展。

今天，我们踏着来自历史的河流，受着一方百姓的期许，理应负起使命，至诚奉献，让我们的文化绵延不绝，让我们的创造生生不息。

2006 年 5 月 30 日于杭州

浙江文化研究工程成果文库序言

袁家军

　　浙江是中华文明的发祥地之一,历史悠久、人文荟萃,素称"文物之邦""人文渊薮",从河姆渡的陶灶炊烟到良渚的文明星火,从吴越争霸的千古传奇到宋韵文化的风雅气度,从革命红船的扬帆起航到新中国成立初期的筚路蓝缕,从改革开放的敢为人先到新时代的变革创新,都留下了弥足珍贵的历史文化财富。纵览浙江发展的历史,文化是软实力、也是硬实力,是支撑力、也是变革力,为浙江干在实处、走在前列、勇立潮头提供了独特的精神激励和智力支持。

　　2003 年,习近平同志在浙江工作时作出"八八战略"重大决策部署,明确提出要进一步发挥浙江的人文优势,积极推进科教兴省、人才强省,加快建设文化大省。2005 年 7 月,习近平同志主持召开省委十一届八次全会,亲自擘画加快建设文化大省的宏伟蓝图。在习近平同志的亲自谋划、亲自布局下,浙江形成了文化建设"3+8+4"的总体框架思路,即全面把握增强先进文化的凝聚力、解放和发展文化生产力、提高社会公共服务力等"三个着力点",启动实施文明素质工程、文化精品工程、文化研究工程、文化保护工程、文化产业促进工程、文化阵地工程、文化传播工程、文化人才工程等"八项工程",加快建设教育、科技、卫生、体育等"四个强省",构建起浙江文化建设的"四梁八柱"。这些年来,我们按照习近平同志当年作出的战略部署,坚持一张蓝图绘到底、一任接着一任干,不断推进以文铸魂、以文育德、以文图强、以文传道、以文兴业、以文惠民、以文塑韵,走出了一条具有中国特色、时代特征、浙江特点的文化发展之路。

文化研究工程是浙江文化建设最具标志性的成果之一。随着第一期和第二期文化研究工程的成功实施,产生了一批重点研究项目和重大研究成果,培育了一批具有浙江特色和全国影响的优势学科,打造了一批高水平的学术团队和在全国有影响力的学术名师、学科骨干。2015年结束的第一批浙江文化研究工程共立研究项目811项,出版学术著作千余部。2017年3月启动的第二期浙江文化研究工程,已开展了52个系列研究,立重大课题65项、重点课题284项,出版学术著作1000多部。特别是形成了《宋画全集》等中国历代绘画大系、《共和国命运的抉择与思考——毛泽东在浙江的785个日日夜夜》等领袖与浙江研究系列、《红船逐浪:浙江"站起来"的革命历程与精神传承》等"浙100年"研究系列、《浙江通史》《南宋史研究丛书》等浙江历史专题史研究系列、《良渚文化研究丛书》等浙江史前文化研究系列、《儒学正脉——王守仁传》等浙江历史名人研究系列、《吕祖谦全集》等浙江文献集成系列。可以说,浙江文化研究工程,赓续了浙江悠久深厚的文化血脉,挖掘了浙江深层次的文化基因,提升了浙江的文化软实力,彰显了浙江在海内外的学术影响力,为浙江当代发展提供了坚实的理论支撑和智力支持,为坚定文化自信提供了浙江素材。

当前,浙江已经踏上了实现第二个百年奋斗目标的新征程,正在奋力打造"重要窗口",争创社会主义现代化先行省,高质量发展建设共同富裕示范区。文化工作在浙江高质量发展建设共同富裕示范区中具有决定性作用,是关键变量;展现共同富裕美好社会的图景,文化是最富魅力、最吸引人、最具辨识度的标识。我们要发挥文化铸魂塑形赋能功能,为高质量发展建设共同富裕示范区注入强大文化力量,特别是要坚持把深化文化研究工程作为打造新时代文化高地的重要抓手,努力使其成为研究阐释习近平新时代中国特色社会主义思想的重要阵地、传承创新浙江优秀传统文化革命文化社会主义先进文化的重要平台、构建中国特色哲学社会科学的重要载体、推广展示浙江文化独特魅力的重要窗口。

新时代浙江文化研究工程将延续"今、古、人、文"主题,重点突出当代发展研究、历史文化研究、"新时代浙学"建构,努力把浙江的历史与未来贯通起来,使浙学品牌更加彰显、浙江文化形象更加鲜明、中国特色哲学社会科学的浙江元素更加丰富。新时代浙江文化研究工程将坚守"红色根脉",更加注重深入挖掘浙江红色资源,持续深化"习近平新时代中国特色社会主义思想在浙江的探索与实践"课题研究,努力让浙江成为践行创新理论的标杆之地、传播中华文明的思想之窗;擦亮以宋韵文化为代表的浙江历史文化金名片,从思想、制度、经济、社会、百姓生活、文学艺术、建筑、宗教等方面全方位立体化系统性研究阐述宋韵文化,努力让千年宋韵更好地在新时代"流动"起来、"传承"下去;科学解读浙江历史文化的丰富内涵和时代价值,更加注重学术成果的创造性转化,探索拓展浙学成果推广与普及的机制、形式、载体、平台,努力让浙学成果成为有世界影响的东方思想标识;充分动员省内外高水平专家学者参与工程研究,坚持以项目引育高端社科人才,努力打造一支走在全国前列的哲学社会科学领军人才队伍;系统推进文化研究数智创新,努力提升社科研究的科学化水平,提供更多高质量文化成果供给。

伟大的时代，需要伟大作品、伟大精神、伟大力量。期待新时代浙江文化研究工程有更多的优秀成果问世，以浙江文化之窗更好地展现中华文化的生命力、影响力、凝聚力、创造力，为忠实践行"八八战略"、奋力打造"重要窗口"，争创社会主义现代化先行省，高质量发展建设共同富裕示范区，提供强大思想保证、舆论支持、精神动力和文化条件。

凡　例

一、本丛书之谱主均系公认的浙籍作家。其主要标识为出生于浙江,或童年、少年时期在浙江度过,或长期与浙江保持密切联系,其家世影响、成长经历、文学素养的形成,受到浙江地域文化的浸染,其文学观念、文学创作留有鲜明的浙江文化印记。浙江"身份"尚存争议的作家,暂不列入。

二、本丛书之谱主的主要文学成就,均在"中国现当代文学"时期(包括 1949 年以前的"现代"期和中华人民共和国成立后的"当代"期)产生过广泛影响的各种文学创作、文学活动及其他相关文化活动。其他历史时段与谱主相关的活动,从略记述。

三、每位谱主之年谱为一册,以呈现谱主之文学创作、文艺思想、文学组织、文学编辑等成就为重点,相关背景呈示多侧重其与文学的关联性;年谱亦涉及谱主在中国革命史、思想史、文化史上的成就与贡献,充分展示谱主在建构我国 20 世纪新文化中的特殊贡献。

四、每部年谱共由三部分组成。第一部分为家世简表、谱主照片等有关材料;第二部分为年谱正文和少量插图,图片配发在正文相应部位,以便形成文图互证;第三部分为谱主的后世影响,主要包括正文未及的谱主身份、价值的确切定位及相关悼念、纪念活动,以及谱主的全集出版、著作外译、谱主研究会的成立、重要研究成果等,均以择要展示。文后附参考文献。

五、年谱使用规范的现代语体文。直接引用资料采用原文文体;人名、地名、书名、文章篇名及引录的原著繁体字或异体字文句,凡可能引起歧义、误解者,仍用原繁体字或异体字。

六、年谱以公历年份作为一级标题,括号内标注农历年份。谱主岁数以"周岁"表述,出生当年不标岁数,只标为是年"出生"。为便于阅读,按通行出版惯例,年、月、日及岁数均采用阿拉伯数字。

七、年谱在一级标题下,以条目形式列出本年度与谱主的文学(文化)活动密切相关、对谱主产生重要影响的若干条"年度大事记"。

八、年谱以公历月份作为二级标题。在二级标题之下,以日期标识谱主相关信息。所有日期均为公历;若农历涉及跨年度等特殊情况,则换算为公历将所述内容置于相应年份,以利于读者识别。

九、年谱中部分具体日期不明的重要信息,均置于当月最后位置,以"本月 ……"说明之;若有关信息只能确定在"春季""夏季"之类时间段内,则置于本年度末,以"春 ……""夏 ……"等加以说明;若有关信息只能确定在本年度的,则亦置于本年度末,以"本年 ……"进行表述。

十、中华人民共和国成立前国家、民族、地名、组织、机构、职官等名称,除明显带有歧视、污蔑含义者须加以适当处理外,原则上仍用文献记载的原名称。

十一、鉴于资料来源多元和考证繁杂,年谱中若观点出现有待考证或诸说并存的,借助"按……"的形式,简要表述编撰者的考辨,或者以注释形式加以说明。

十二、凡有补充、评述等特别需要说明的内容,皆以注释形式说明。对以往诸家有关谱主传记文字的误记之处,在录入史实后,均用注释的方式予以纠正。

十三、年谱正文原则上不特别标识信息来源;若确需说明的,则以分门别类的方式,在正文表述中进行适当处理。

十四、年谱注释从简。确需注释的,统一采用当页脚注。发表报刊一般不注,用适当方式通过正文直接表述;其中,民国时期报刊之"期""号"等,原则上依照原刊之表述。

十五、因时代关系,部分历史文献之标点符号不甚规范,录入时已根据现时标点符号规范标点。以往相关书籍史料中收录的谱主文献,不同版本在部分文献上有不同的断句,本年谱所录之文系在比对各种资料后基于文意定之。

十六、谱主已知的全部著述,均标注初刊处、写作日期、初收何集、著述体裁(如小说、散文、漫画、艺术论述、童话、诗词、评论、译文、书信、日记、序跋等)。若谱主著译版本繁多,一般仅录入初版本。若该作品有多处重刊、转载或收入作品集,则在正文中进行说明,以表明作品的重要性和社会影响。未曾发表的作品注明现有手稿及作品的现存之处。

十七、谱主的主要社会评价,既反映正面性评价,也反映批评性评价,以体现存真的目的,尽可能体现年谱对谱主的全面评价意义。有代表性的评价文字,节录原文以存真。社会评价文字根据原文发表时间,放在相应的正文中表述;若无法确定时间,则放在相应的月份末尾或年份末尾予以恰当叙述。

十八、年谱若遇历史文献中无法辨认之字,则用"□"表示。

十九、年谱中有关谱主的后世影响，根据不同谱主状况，依照类别和时间顺序，在谱后进行详略有别的叙述。

《浙江现代文学名家年谱》编纂委员会
2020 年 8 月

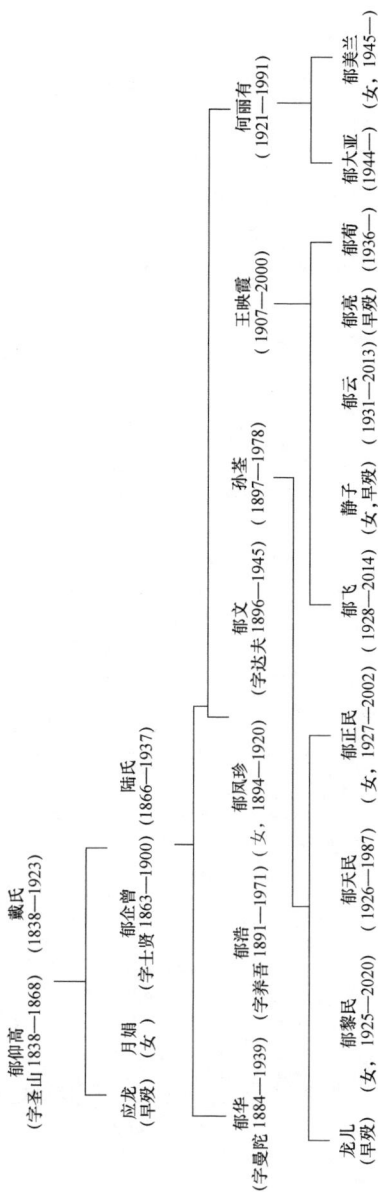

家世简谱

郁帅高　戴氏
(字圣山 1838—1868)　(1838—1923)

应龙　月娟　郁企曾　陆氏
(早殁)　(女)　(字士贤 1863—1900)　(1866—1937)

郁华　郁浩　郁凤珍　郁文　孙荃　王映霞　何丽有
(字曼陀 1884—1939)　(字养吾 1891—1971)　(女, 1894—1920)　(字达夫 1896—1945)　(1897—1978)　(1907—2000)　(1921—1991)

龙儿　郁黎民　郁天民　郁正民　郁飞　静子　郁云　郁荒　郁荀　郁大亚　郁美兰
(早殁)　(女, 1925—2020)　(1926—1987)　(女, 1927—2002)　(1928—2014)　(女,早殁)　(1931—2013)　(早殁)　(1936—)　(1944—)　(女, 1945—)

郁达夫像

目 录

1896 年（丙申，清光绪二十二年）　出生 …………… 1

1897 年（丁酉，清光绪二十三年）　1 岁 ………… 3

1899 年（己亥，清光绪二十五年）　3 岁 ………… 4

1900 年（庚子，清光绪二十六年）　4 岁 ………… 5

1901 年（辛丑，清光绪二十七年）　5 岁 ………… 5

1902 年（壬寅，清光绪二十八年）　6 岁 ………… 6

1903 年（癸卯，清光绪二十九年）　7 岁 ………… 7

1904 年（甲辰，清光绪三十年）　8 岁 …………… 8

1905 年（乙巳，清光绪三十一年）　9 岁 ………… 9

1906 年（丙午，清光绪三十二年）　10 岁 ……… 10

1907 年（丁未，清光绪三十三年）　11 岁 ……… 12

1908 年（戊申，清光绪三十四年）　12 岁 ……… 12

1909 年（己酉，清宣统元年）　13 岁 …………… 13

1910 年（庚戌，清宣统二年）　14 岁 …………… 15

1911 年（辛亥，清宣统三年）　15 岁 …………… 16

1912 年（壬子，民国元年）　16 岁 ……………… 21

1913 年（癸丑，民国二年）　17 岁 ……………… 23

1914 年（甲寅，民国三年）　18 岁 …………………………… 27

1915 年（乙卯，民国四年）　19 岁 …………………………… 32

1916 年（丙辰，民国五年）　20 岁 …………………………… 36

1917 年（丁巳，民国六年）　21 岁 …………………………… 43

1918 年（戊午，民国七年）　22 岁 …………………………… 56

1919 年（己未，民国八年）　23 岁 …………………………… 70

1920 年（庚申，民国九年）　24 岁 …………………………… 82

1921 年（辛酉，民国十年）　25 岁 …………………………… 88

1922 年（壬戌，民国十一年）　26 岁 ………………………… 100

1923 年（癸亥，民国十二年）　27 岁 ………………………… 110

1924 年（甲子，民国十三年）　28 岁 ………………………… 130

1925 年（乙丑，民国十四年）　29 岁 ………………………… 145

1926 年（丙寅，民国十五年）　30 岁 ………………………… 156

1927 年（丁卯，民国十六年）　31 岁 ………………………… 179

1928 年（戊辰，民国十七年）　32 岁 ………………………… 224

1929 年（己巳，民国十八年）　33 岁 ………………………… 243

1930 年（庚午，民国十九年）　34 岁 ………………………… 260

1931 年（辛未，民国二十年）　35 岁 ………………………… 280

1932 年（壬申，民国二十一年）　36 岁 ……………………… 291

1933 年（癸酉，民国二十二年）　37 岁 ……………………… 313

1934 年（甲戌，民国二十三年）　38 岁 ……………………… 340

1935 年（乙亥，民国二十四年）　39 岁 ……………………… 363

1936 年（丙子，民国二十五年）　40 岁 ……………………… 389

1937 年（丁丑，民国二十六年）　41 岁 ……………………… 434

1938 年（戊寅，民国二十七年）　42 岁 ……………………… 452

1939 年（己卯，民国二十八年）　44 岁 ……………………… 488

1940 年（庚辰，民国二十九年） 44 岁 …………………… 521

1941 年（辛巳，民国三十年） 45 岁 …………………… 543

1942 年（壬午，民国三十一年） 46 岁 …………………… 558

1943 年（癸未，民国三十二年） 47 岁 …………………… 571

1944 年（甲申，民国三十三年） 48 岁 …………………… 576

1945 年（乙酉，民国三十四年） 49 岁 …………………… 579

后世影响 ……………………………………………… 585

主要参考文献 ………………………………………… 592

后 记 …………………………………………………… 606

1896年(丙申,清光绪二十二年) 出生

▲8月,黄遵宪、梁启超等在上海创办旬刊《时务报》,宣传
"变法图存"。

▲本年,盛宣怀于上海创设南洋公学。

12月7日 诞生于浙江省杭州府富阳县城满家弄①郁家老
宅里。取名文,字达夫,幼名荫生②。

祖父郁仰高(1838—1868),字圣山,富阳名医,早逝。

祖母戴氏(1838—1923),出生于富阳县城以东十余公里的
赤松里戴村。

父郁企曾(1863—1900),字士贤,号省斋。幼年丧父,家境
贫寒,由寡母戴氏抚养成人。曾在富阳县城设私塾授课兼行中

---

① 这条小巷有"满家弄""满州弄""满舟弄"等多个名字。满家弄:据萧山档案
馆藏《萧邑郁氏宗谱》(1947年版)记载,郁氏自第四世郁义安始,"迁居富阳城内满家
弄"。另据日本稻叶昭二、小田岳夫《郁达夫传记两种》"第八高等学校以后"所注"户
籍证明书":郁文,学生,系中华民国浙江富阳县满家弄人,郁华之三弟;满州弄:光绪
二十八年(1902)《富阳县志》"卷首图"始出现该弄位置,并标为"满州弄",但康熙二
十二年(1683)《富阳县志》卷一"县治图"及卷二"坊巷"中,无相关记录;"满舟弄"来
历待查。

② 《萧邑郁氏宗谱》谓"字斐然";1917年6月编《富阳县立第一高等小学校同
学录》中"第二次毕业同学姓名表"有记:姓名郁荫生,字裴然,住址本县城内;嘉兴府
中修业文凭上亦记载为"学生郁荫生,原名文";其日本第八高等学校和东京帝国大学
的毕业证书上都称"郁文"。但自发表作品以后,除少数例外,一直署名郁达夫或达夫。

1

医，后来谋得了一个富阳县衙门户房的小差事（司事），亦兼作庄书①。

母陆氏（1866—1937），出生于富阳县城以西十余公里的宵井粟园里村。

据《萧邑郁氏宗谱》记载，郁氏宗秩排列是"万启平江，瑄琴悦长，会元昌铨，桂馥兰芳，诗书礼乐，孝友传家"二十四个字。自第四世义安公从萧山迁家富阳始，富阳郁氏至今已有三四百年历史。郁达夫为十九世，"礼"字辈。

富阳县城位于富春江北岸，离杭州主城区约37公里。富春江穿越富阳全境，与沿岸群山及江中沙渚一起构成了天下独绝的富春山水。郁达夫自认富春山水"只有瑞士的日内瓦湖差可仿佛"；其同时代的作家，也认为富春山水赋予郁达夫灵秀，孕育了他清丽的诗文。

据郁达夫长子郁天民（笔名于听）考证，郁达夫出生时，这个家庭的主要经济来源：第一是郁企曾的薪俸兼行医的收入；第二是祖遗的一部半"庄书"收入。郁家这一部半"庄书"，虽属于一般的中等庄，但据说每年收来的"秋丰谷"也可以供全家的半年口粮；第三是祖遗的十余亩田产，自家种了六亩左右以补口粮，

----

① "庄书"本来是一种民间管理田赋的制度，晚清时代曾在江南普遍实行。每个县按行政区域分成若干个庄（与今日的乡相似），庄内的田、地、山、塘、宅等的所有权登记册籍由民间专户保管，这种册籍就称为"庄书"，保管的专户就称为"庄书人家"。庄书人家除保管册籍外，还经管所有权买卖过户，向政府申报各户税赋及其变更等事项。办理这些事项，都可以向当事人收取手续费。庄书人家每年秋收之后就要向各大户、中户收取所谓"秋丰谷"若干斗、担，按户不等，形成惯例。因此，"庄书"不仅具有一定的行政特权，还是一种颇有收入的财产形式，并且可以买卖转让。各庄有贫富之别，庄书的价格也大有高低。甚至可以把一个庄的"庄书"一分为二，分成两个不完全相等的半部庄书来买卖转让。

农忙时请些短工帮助,还有一半左右出租,因十分贫瘠,收入不多。在当时富阳这个小县城里,"大多数的百姓","既无恒产,又无恒业",这个家庭,虽比地主大户不足,但比下有余,可以称得上"中产之家"。

1897 年(丁酉,清光绪二十三年) 1 岁

▲2 月,商务印书馆在上海创立,后由张元济(菊生)主持商务出版工作,并聘蔡元培任编译所所长。

▲5 月,浙江求是书院在杭州创立,为浙江大学前身。

▲10 月,严复、夏曾佑、王修植等于天津创办《国闻报》,与《时务报》南北呼应。

本年 居富阳县城满家弄祖宅。因母乳不足而身体孱弱。《悲剧的出生——自传之一》[①]中称:"我还长不到十二个月,就因营养不良患起肠胃病来了。"

与他相伴的,是两位哥哥和一位姐姐,以及使女兼养姐翠花。

长兄郁华(1884—1939),原名庆云,字曼陀,幼名廉生、莲生。幼年以官费入杭州府学堂,后又考取清廷官费留学日本,先后毕业于早稻田大学、法政大学。1913 年被派赴日本考察司法,1914 年回国后,历任北京大理寺院推事、沈阳最高法院刑庭庭长、上海江苏高等法院第二分院刑庭庭长等职,同时兼朝阳、东吴、法

---

① 如无特别注明,本谱中谱主本人文字均直接引用,不再另注出处。其传世文本多采自浙江大学出版社《郁达夫全集》,未刊文字则出自郁氏后人宝藏手稿。

政等大学教授,著有《刑法总则》《判例》等专作。工诗,善画,为著名诗人团体"南社"成员。1939年11月在上海江苏高等法院刑庭庭长任期内,由于抗拒日伪特务机关的威胁利诱而被暗杀。

二兄郁浩(1891—1971),原名振浩、彦超,字养吾,又字卓然,幼名浩生。1905年官费入杭州陆军小学堂,1911年毕业后入杭州标统局底下旁系驻防军担任排级军官,后入国立北京医专,1919年毕业后参加第二届文官考试,考试及格,分配至海军部担任医官。1926年前后回乡行医,后一直居住富阳,是富阳城乡闻名的受人爱戴的医生。

姐姐郁凤珍(1894—1920),幼名阿凤。因家庭无力抚养,送给富阳环山庆护一庄叶有耀当童养媳。

使女兼养姐翠花(1883—1940),被郁家领养时还十分幼小,亲生父母已不可考。后嫁给春江学堂教师李问渠做填房,生前一直居住在富阳灵桥镇新华月台自然村。

1899年(己亥,清光绪二十五年) 3岁

▲7月,康有为在加拿大千岛与侨商李福基等创立"保救大清皇帝会",简称保皇会,宣传君主立宪。

本年 居富阳老家。

是年,长兄郁华16岁,考中光绪己亥科院试第一名,补博士子弟员。按照当地风俗,由当地的"报子"(专为考中人家报喜的人)敲着响锣把"报单"送进家来。家里人则需搭起桌椅,高高地将"报单"挂在正中客堂的墙上。这种科举时代学子的殊荣,极

大地鼓舞了坚持书香传统的郁家长辈,下决心继续督促二、三子潜心学业。

1900 年(庚子,清光绪二十六年) 4 岁

▲5 月,英、法、美、意、日、俄、德、奥等国派出联军侵入北京,武装干涉义和团运动。

▲8 月,八国联军攻陷北京。

6 月 24 日 父亲郁企曾逝世,终年 37 岁。

企曾公去世后,家庭起了很大的变化:老幼 7 口,两代寡妇,家庭经济收入急剧下降,长兄和二兄已开始上学,支出不减反增。贤能的陆氏既要张罗庄书人家人来客往的各种事务,又要经营几亩薄田的出租和种植,还设法在住宅弄口设了个小摊,卖点杂货以补贴家用——就算这样,还是入不敷出,家庭经济收入迅速下降,以至于到了幼年郁达夫“最初的感觉,便是饥饿”的程度。

本年 仍居住在老家,体弱多病。所作《自述诗》之五称:“人言先父丧亡日,小子膏肓疾正深。”

1901 年(辛丑,清光绪二十七年) 5 岁

▲9 月,清政府与英、美、俄、德、日、奥、法、意、西、荷、比 11国签订《辛丑各国和约》即“辛丑条约”。

▲9 月,各省设武备学堂,各省书院均于首城设大学堂。

本年　姐姐郁凤珍被送给富阳乡下(现环山乡)的叶家做童养媳。

在孤独的童年里,最疼爱郁达夫并日日和他在一起的,是家里"那一位忠心的使婢翠花",照顾郁达夫几乎是她一个人的事。特别是母亲下乡的日子,白天相伴江埠锅围,夜晚相依灯下床头。郁达夫在《出生篇》里几乎用了将近一半的篇幅来叙述他和翠花日日相处的情景。

据《我的梦,我的青春!——自传之二》,在郁达夫的童年生活里,隔壁那家靠砍柴、卖菜过活的人家家里顶小的阿千,是他崇拜的英雄。阿千带着他去的地方——鹳山后面盘龙山脚的一段野路,也成了他"最初学自然科学的模范小课本"。

1902年(壬寅,清光绪二十八年)　6岁

▲7月,留日学生与驻日使臣蔡钧争闹,发生退学风潮。

▲8月,清廷颁布学堂章程,即《钦定学堂章程》。

▲10月,清廷命各省选派学生赴西洋留学。

春节前后　举行"开笔仪式"①。

《书塾与学堂——自传之三》对此事有所描述:

只记得一年冬天的深夜,在烧年纸的时候,我已经有点

---

①　富阳本地风俗,"开笔"仪式都选在年尽春前之时,而且往往跟春节前的"祝福"吉日结合在一起,一般都在"祝福"那天午夜以后至凌晨卯时以前。

朦胧想睡了,尽在擦眼睛,打呵欠,忽而门外来了一位提着灯笼的老先生,说是来替我开笔的。我跟着他上了香,对孔子的神位行了三跪九叩之礼;立起来就在香案前面的一张桌子上写了一张"上大人"的红字,念了四句"人之初,性本善"的《三字经》。

春 正式入学,入亲友罗氏自设的私塾启蒙,塾师葛宝哉。

本年 郁达夫断奶。

据于听《说郁达夫的〈自传〉》:"据他幼年时的同学说,他一直到七岁上学,每天早晨,小同学上门去约他同行的时候,他还要让同学们等一等,到母亲身边吸几口奶才肯去私塾,后来实在被同学们耻笑不过才自动断了奶。"[1]

1903 年(癸卯,清光绪二十九年) 7 岁

▲5 月,章炳麟发表《驳康有为论革命书》,邹容在上海出版《革命军》(章炳麟序)。6 月,上海《苏报》案发生,章、邹两人被捕入狱。

▲12 月,林白水在上海创办《中国白话报》,为旬刊。

春 改入附设在孔庙的奎星阁书塾[2],塾师张惠卿,与富阳

---

[1] 于听《说郁达夫的〈自传〉》,《郁达夫风雨说》第 50 页,浙江文艺出版社 1991 年版。(以下该著出版信息从略。)

[2] 据葛、张两位启蒙老师后来对人说,郁荫生一直是个品学兼优的学生,聪颖强记,文静好学,而且作业——每天一张的红字纸书写得很清楚。

县教谕陈善之子陈方①同学。

《书塾与学堂——自传之三》：

> 陈方比我大四岁,是书塾里的头脑;像春香闹学似的把戏,总是由他发起,由许多虾兵蟹将来演出的,因而先生的挞伐,也以落在他一个人的头上者居多。不过同学中间的有几位狡猾的人,委过于他,使他冤枉被打的事情也着实不少;他明知道辩不清的,每次替人受过之后,总只张大了两眼,滴落几滴大泪点,摸摸头上的痛处就了事。我后来进了当时由书院改建的新式的学堂,而陈方也因他父亲的去职而他迁,一直到现在,还不曾和他有第二次见面的机会;这机会大约是永也不会再来了,因为国共分家的当日,在香港仿佛曾听见人说起过他,说他的那一种惨死的样子,简直和杜格纳夫所描写的卢亭,完全是一样。

1904 年(甲辰,清光绪三十年) 8 岁

▲1 月,清廷颁布学堂章程,即《奏定学堂章程》。因仍属旧历癸卯年,故又称"癸卯学制"。

▲2 月,日俄战争爆发。

▲10 月,蔡元培等在上海成立光复会。

---

① 陈方在郁达夫脑海中留下了十分深刻的印象,虽然在 1934 年创作的《自传》中说"还不曾和他有第二次见面的机会",但在 1927 年 5 月 9 日日记中确有上海巧遇陈方的记载。

本年　进入春江书院①就读。

书院实际上是高一级的书塾，即所谓"经馆"之属。郁达夫在这里开始对旧体诗词和韵文发生浓厚兴趣。

《自述诗》之六：

> 九岁题诗四座惊，阿连少小便聪明。
>
> 谁知早慧终非福，碌碌瑚琏器不成。

诗后自注："九岁作韵语，阿母抚余曰：'此儿早慧，恐非大器。'"

但至今没有发现该时期所作的韵语，从《自述诗》第8首自注"有诗，不存集中"看来，这些少年时的习作，当初他自己也没有保存下来。

1905 年(乙巳，清光绪三十一年)　9 岁

▲8 月，中国同盟会在日本东京成立。

▲9 月，清廷准袁世凯奏，立停科举，推广学堂。

▲11 月，中国同盟会机关报《民报》在日本东京创刊。

▲12 月，留日学生为抗议日本文部省颁布取缔留学生规则实行总罢课。

7 月　长兄郁华考取官费赴日本留学，进入早稻田大学的清

---

①　据光绪二十八年(1902)《富阳县志》记载，春江书院原由历任县令所谓"捐廉俸""劝输助"和拨了部分公地、公款所建立，为公办性质。富阳县的秀才考试、全国性质的"比年岁科试"都在这里举行。

国学生部,当时 22 岁。

本年　继续就读于春江书院。

本年　二兄郁浩,投考武备,入杭州陆军小学堂。

1906 年(丙午,清光绪三十二年)　10 岁

▲1 月,乡试、会试一律停止,城乡各地开始遍设蒙小学堂。

▲9 月,清廷颁发上谕,宣布"仿行宪政"。

本年　春江书院改为新式学堂①,富阳县高等小学堂第一届学生招生②。

本年　入初等小学四年级。

---

①　清政府 1904 年颁布的《奏定学堂章程》(即癸卯学制)规定,各府厅州县将书院改称为学堂。小学教育先是分为蒙学堂(儿童自六岁起,受蒙学四年)、寻常小学堂和高等小学堂(十岁以上的儿童小学堂,学习六年),后来改为初等小学堂与高等小学堂两级,学制为初小五年,高小四年。初等小学堂教育宗旨是:"启其人生应有的知识,令其明伦理,爱国家之本基,调护儿童身体,令其发育,以识字之民日多为成效。"高等小学堂的教育宗旨是:"培养国民之善性,扩充国民之知识,强壮国民之气体,以童年皆知作人之正理,并有谋生之计虑为成效。"(参阅学徇主编《中国近代教育史教学参考资料》上册,人民教育出版社 1986 年版,第 532—551 页)

②　据富阳档案馆"新编三十九卷"《关于富阳县立第一高等小学校同学录》记载,光绪三十一年(1905)开始招收第一届新生,因是阴历十二月,故阳历已为 1906 年年初。

关于郁达夫入新式学堂的起始时间,可谓众说纷纭①。这其中固然有郁达夫《自传》与《自述诗》年代记忆有误的原因,但究其根本,或是忽略了当时小学堂分为初等小学与高等小学所致。

据《富阳教育志》(内部资料,未公开出版)记载:1906年,富阳、新城两县创办初等学堂;1907年,富阳共有高等小学堂1所,两等学堂1所,初等小学堂0所。从这一记载可推知,春江书院实是包含高、初等的"两等学堂"。而郁达夫则就读于春江初等学堂。

《奏定学堂章程》明令"至于在初等小学时,断不宜兼习洋文",而应"宜注重读经,以存圣教",所以初等小学的课程其实与旧式书院并无实质性的区别,因此在郁达夫的《自传》与《自述诗》中均无特别记载,也因此易被研究者忽略。

日本稻叶昭二教授是唯一一位提及初等小学的学者,但时间上早了两年。原因是癸卯学制虽在1904年颁行,但富阳真正实施的时间,是在两年后,即1906年。

综上所述,从目前考证的情况来看,郁达夫在春江书院改为新式学堂后,入初等小学四年级。

---

① 于听《郁达夫风雨说》"说郁达夫的《自传》"认为:到光绪三十二年(1906)初,春江书院才正式改建成富阳县高等小学堂。自传作者和书院的大部分学生便在这时进了学堂,即郁达夫1906年进入高等小学堂。

郭文友《郁达夫年谱长编》"1906年"认为,1906年和下年(1907年),郁达夫均未即入由春江书院改建之高等小学堂,而是在家中学习,或仍就读于奎星阁书塾。

罗以民《天涯孤舟——郁达夫传》考证的结果是,郁达夫1908年春始入高等小学堂,其未能在1906年进入该校的原因是年幼基础尚差没有考取,而郁达夫刻意隐瞒。

稻叶昭二《郁达夫——他的青春和诗》将自述诗和自传联系起来考察,推断出郁达夫赴日之前的修学经历为:1904年春,转初等小学堂;1908年,进高等小学堂。

陈其强《郁达夫年谱》认为,郁达夫1907年转入由书院改建的学堂——富阳县立高等小学堂就读。

1907 年(丁未,清光绪三十三年)　11 岁

▲7 月,徐锡麟、秋瑾策划浙皖起义失败,相继就义。

本年　入初等小学五年级学习,年末毕业。

1908 年(戊申,清光绪三十四年)　12 岁

▲8 月,美国国会通过庚子赔款退还中国案,决定自 1909 年起,每年接受派遣中国留学生 100 名(第 5 年起改为 50 名)。

▲11 月,光绪、慈禧相继离世,溥仪即位,年号宣统。

年初　进入富阳县立高等小学堂就读一年级,为该校第三届学生。

学堂比起书院来确实新了,或者如当时所谓的"洋"(这是个滋味不那么好的字眼)了。不仅撤考棚,造"洋房",学生一律穿制服等等,给人以面目一新之感。内部的学习课程也增加了英文、算学、地理、图画及体操等崭新课目,以及配合新课程增加了不少的新式老师。办这样的新式学堂,读比较有用的书毕竟是时代的潮流,是大势之所趋。不久,不仅一般的乡下人、城里人"崇拜、惊异","学堂生"自鸣得意,如自传中所说那样,而且反对派也不得不让自己的子弟上洋学堂来读书了。旧书院原有一些好不容易中过秀才,准备再考举人,又博得官费伙食待遇,而来继续学习的所谓

"廪膳生",都已是中、壮年人了,有的还已经有二三个子女了,因为原来是按经、书进程分别段序的,现在则按新式课程而编排年级,就不得不与作者那样的十一二岁的小同学同班了。他们比起顽固派来毕竟属于"识时务者"流,因为他们已经感到今后功名的依靠,唯有接受新学,读学堂书之一途。因此,尽管一肚子抱屈,两眼里瞧不起毛头小同学,也只好将就同班。而假日回家,走回乡下去的时候,则就要换上"长袍马褂",重现其昔日威风了。①

7月　长兄郁华在早稻田大学清国留学生部教育及历史地理学科毕业,继入法政大学专门部法律科学习。

本年　开始学习英文。

《自述诗》之七"注"中提及,"十三岁始学习西欧文字"。

《水样的春愁——自传之四》也写道:

> 洋学堂里的特殊科目之一,自然是伊里哇拉的英文。现在回想起来,虽不免有点觉得好笑,但在当时,杂在各年长的同学当中,和他们一样地曲着背,耸着肩,摇摆着身体,用了读《古文辞类纂》的腔调,高声朗诵着皮衣啤,皮哀排的精神,却真是一点儿含糊苟且之处都没有的。

1909年(己酉,清宣统元年)　13岁

▲5月,学部奏准变通初等小学堂章程和中学堂课程。

---

① 于听《说郁达夫的〈自传〉》,《郁达夫风雨说》第65页。

▲11月,南社在苏州成立,以研究文学、提倡气节为宗旨,是中国近代第一个大规模革命文学团体。长兄郁华、王映霞外祖王二南都是南社成员。

年初 因高小一年级期末平均成绩超过 80 分,受校长和知县的提拔,跳过一级,本学年春季升入三年级,与高等小学堂第二届学生同级。

《书塾与学堂——自传之三》中记录了一起因"跳级"殊荣而发生的对郁达夫一生都产生影响的"皮鞋风波"。

> 在当时的我的无邪的眼里,觉得在制服下穿上一双皮鞋,挺胸伸脚,得得得得地在石板路上走去,就是世界上最光荣的事情;跳过了一班,升进了一级的我,非要如此打扮,才能够压服许多比我大一半年龄的同学的心。

然而母亲凑不出两块大洋买皮鞋,只好上洋广货店里去赊,赊欠不成,又想以衣服抵押现钱:

> "娘,娘!您别去罢!我不要了,我不要皮鞋穿了!那些店家!那些可恶的店家!"

秋 遇赵家少女,性意识开始萌动。一种水一样的淡淡的春愁,扰乱了两年的童心。

《自述诗》之八:

> 左家娇女字莲仙,累我闲情赋百篇。
>
> 三月富春城下路,杨花如雪雪如烟。

原注:"十三岁秋遇某氏于剧场。有诗,不存集中。"

1910 年(庚戌,清宣统二年) 14 岁

▲5 月,同盟会员在保定成立共和会,以推翻清朝专制、建立共和国为宗旨。

▲7 月,商务印书馆《小说月报》创刊,初由南社社员王蕴章主编。

7 月 长兄郁华在日本法政大学专门部法律科毕业,回国任外务部七品小京官。

> (郁华)法政大学专门部毕业后,他就回国了。8 月在北京参加了以留学生为对象的官吏擢用考试,以中等成绩合格,成为一名七品小京官。①

本年 继续就读于富阳县第一高等小学堂,四年级。此间初次听闻反对帝制、反对民族压迫、革新图强等革命思想。

> 传播这些新思想的"几位看报的教员"中,一位便是李问渠。他的诗和经、史、子学都很有造诣,特别难得的是能化古为今,接受新思想,是当时高等小学堂的著名教师之一。作者和许多富阳的学人都受过他的熏陶,如后来成为富阳的著名教育家的蒋伯潜就是他的亲炙弟子。另一位叫王沛文(字子明),富阳乡下的上官深里人,考取过秀才,后

---

① [日]稻叶昭二《郁达夫——他的青春和诗》,蒋寅译,见《郁达夫传记两种》第160 页,[日]小田岳夫、稻叶昭二著,浙江文艺出版社 1984 年版。(以下该著出版信息从略。)

又毕业于两级师范学堂。从最近新发现的一首作者的佚诗《寄王子明业师居富阳》，就不难看出当时两人间的关系较为亲密。①

1911 年(辛亥,清宣统三年)　15 岁

▲4 月,同盟会组织广州起义,七十二烈士葬于黄花岗。

▲10 月,武昌起义胜利,各省纷纷摆脱清政府宣布独立。史称辛亥革命。

▲12 月,孙中山被选为中华民国临时大总统。

▲12 月,浙江省临时议会在杭州成立。

年初　参加高等小学堂毕业考试。

2 月

11 日　领取县高等小学堂的毕业文凭及增生执照,喝毕业酒。得奖品《吴梅村诗集》,从此专心研求韵律。

郁达夫为该校第二届毕业生,该届毕业生共 27 名,郁达夫(名"郁荫生",字"裴然")排列在毕业生名单第 26 位。②

高等小学堂对生员毕业也视作一件荣庆的大事,往往在冬尽岁末前举行严格的毕业考试,阅卷评定毕业人数后,

---

① 于听《说郁达夫的〈自传〉》,《郁达夫风雨说》第 67—68 页。

② 富阳档案馆藏《富阳县县立第一高等小学校同学录》,富阳县档案馆藏案卷新编 93—0028。

待过了年节,要再另行举行隆重的毕业大典,请县知事亲临参加,颁发文凭、执照。并举行光荣的毕业宴会。①

《自述诗》之十二:

> 吾生十五无他嗜,只爱兰台令史书。
>
> 忽遇江南吴祭酒,梅花雪里学诗初。

原注:"十五岁冬去小学,奖得吴梅村诗集读之。是余平生专心研求韵律之始,前此唯读两汉书耳。"

同日 《水样的春愁——自传之四》中记录:晚,又去看赵家少女,并告诉她次日就要上杭州去考中学了。

12 日 上午,乘日班快班船离开富阳,下午到杭州。

《远一程,再远一程——自传之五》:

> 陪我到杭州去考中学的人选,落在了一位亲戚的老秀才的身上。……他于早餐吃了之后,带着我先上祖宗堂前头去点了香烛,行了跪拜,然后再向我祖母母亲,作了三个长揖;虽在白天,也点起了一盏"仁寿堂郁"的灯笼,临行之际,还回到祖宗堂前面去拔了三株柄香和灯笼一道捏在手里。

《自述诗》之十三:

> 儿时曾做杭州梦,初到杭州似梦中。
>
> 笑把金樽邀落日,绿杨城廓正春风。

原注:"十六岁春欲入杭州中学,赴杭州。初到之日,即醉倒江干酒肆,同人传为笑柄。"

---

① 于听《说郁达夫的〈自传〉》,《郁达夫风雨说》第81页。

本月　参加杭州府中学入学考试。在等待发榜的日子里，终日游山玩水。被录取后，出于各种原因，于当月中下旬转投嘉兴府中学①。

《自述诗》之十四：

> 欲把杭州作汴京，湖山清处遍题名。
>
> 谁知西子楼台窄，三宿匆匆出凤城。

《远一程，再远一程——自传之五》：

> 我考的杭府中学，还算是杭州三个中学——其他的两个是宗文和安定——之中，最难考的一个，但一篇中文，两三句英语翻译，以及四题数学，只教有两个小时的工夫，就可以缴卷了事的。

3 月

本月　入读嘉兴府中学一年级。

这学期不到 4 个月的时间里，由于为"怀乡的愁思所苦忧，我没有别的办法好想，就一味的读书，一味的做诗"。从浙江第二中学堂（即嘉兴府中学，于 1911 年 6 月改名）《修业文凭》第 98 号所载"学生郁荫生，本学期总平均分数八十四分一厘，列入最

---

① 据徐志摩《府中日记》记载，1911 年杭府中学开校日期为"正月二十"，即阳历 2 月 18 日。据此可推算，郁达夫从抵达杭州参加考试，到发榜后离开杭州，也只不过是几天的时间。至于入学嘉兴府中学的原因，郁达夫自己的说法就有两种，一种是"要缴学膳费进去的时候，带来的几个读书资本，却早已消费了许多，有点不足了"，以及《自述诗》之十四原注：闻杭府中学无宿舍，遂去之嘉兴。查《府中日记》，可知这一届杭府中学的外地学生一开学是自己租房住宿的，杭州房租较贵，而嘉兴府中则宿舍免费。这两个原因并不矛盾，同时指向的是经济上的考量，促使他舍近求远转而求学嘉兴。

优等"来看,"一味的读书"应该不假;同时,在此期间郁达夫还对清代嘉兴诗人朱彝尊发生了浓厚的兴趣。

《自述诗》之十五:

> 鸳湖旧忆梅村曲,莺粟人传太史歌。
>
> 日暮落帆亭下立,吴王城郭赵家河。

原注:"落帆亭在嘉兴北。朱竹垞《鸳鸯湖棹歌》有云:'怕解罗衣种莺粟,月明如水浸中庭。'艳丽极矣!"

7 月

月初　离开嘉兴回富阳。途经杭州,在梅花碑购得旧书一批。

《远一程,再远一程——自传之五》:其中"对我影响最大,使我那一年的暑假期,过得非常愉快的,有三部书",分别是《吴诗集览》、《庚子拳匪始末记》和《普天忠愤集》,"而这三部读后的一个总感想,是恨我出世得太迟了,前既不能见吴梅村那样的诗人,和他去做个朋友,后又不曾躬逢着甲午庚子的两次大难,去冲锋陷阵地尝一尝打仗的滋味"。

本月　暑期居富阳期间,始读《红楼梦》《西厢记》等书。

据《五六年来创作生活的回顾——〈过去集〉代序》:

> 那年正在小学校毕业的暑假里,家里的一只禁阅书箱开放了,我从那只箱里,拿出了两部书来,一部是《石头记》,一部是《六才子》。

8 月

19 日　杭州府中开学。转读杭州府中,与徐志摩同班。①

《杭州府中学堂章程》之《放假规条》:开学时间为"立秋后十日开学,至十二月二十五日散学"。该年立秋后 10 日为阳历 8 月 19 日。

在学校里,因是插班生,又衣装朴素不大说话,而"做起文章来,竟会压倒侪辈",所以同学们赠了他一个"怪物"的绰号。加之同学中又大都为富家子弟,出身贫寒的郁达夫对他们很明显地表示了恶感,露出了敌意,成了一个"不入伙的孤独的游离分子"。孤独中的郁达夫由此转向了买书和读书,拼命地把零花钱省下来买旧书,而且大部分是诗词韵文一类和旧小说,如《留青新集》里的《沧浪诗话》《白香词谱》和《西湖佳话》《花月痕》等。

大量的阅读,又激起了他"模仿的本能",也把他引上了文艺创作的道路。在不满足"作文簿上写满"后,郁达夫开始向各报馆匿名投稿。第一次在报上发表作品也正是这段时期,是《全浙公报》上的"一首模仿宋人的五古诗"。

《孤独者——自传之六》:"当时我用的假名很多很多,直到两三年后,觉得投稿已经有七八成的把握了,才老老实实地用上

---

①　郁达夫《志摩在回忆里》:"大约在宣统二年(1910)的春季,我离开故乡的小市,去转入当时的杭府中学去读书——上一期似乎是在嘉兴府中读的,终因路远之故,而转入了杭府——那时候的府中的监督,记得是邵伯炯先生,寄宿舍是大方伯图书馆对面。"该文作于 1931 年 12 月;3 年后的《孤独者——自传之六》则说:"转入杭府中学,就在那一年(1909 年)的冬天。"据目前已证实的准确时间,应为 1911 年。《自传》和《志摩在回忆里》所回忆的时间均有错误。陈从周先生所编《徐志摩年谱》1910 年条"同学中有郁达夫"一语,系根据《志摩在回忆里》的记述,因而也搞错了一年。

20

了我的真名实姓"，那些诗稿多发表在《全浙公报》《之江日报》，以及上海的《神州日报》上。

10 月

10 日　武昌起义爆发，全国上下风云激荡。

本月　杭府中学停课①，郁达夫亦"奉祖母、母亲避难家居"，回到老家富阳。

秋　作旧体诗《咏史》三首。载 1915 年 7 月 19 日、9 月 5 日、10 月 3 日上海《神州日报·神皋杂俎·文苑》，署名郁达夫。据于听、周艾文《郁达夫诗词抄》，这是目前能见到的郁达夫最早诗作。

1912 年（壬子，民国元年）　16 岁

▲1 月，孙中山就任临时大总统，中华民国南京临时政府成立。

▲2 月，清帝颁布退位诏书。

▲12 月，孙中山视察之江学堂。

春　欲入杭府中学，因学校继续停课未果。

在学校附近的保安桥住数月，看开学无望，遂回家自学。乘船回乡途中，全船为水匪席卷一空。

《自述诗》之十八原注："十七岁仍欲入杭府中学，赴杭州住

---

① 　杭州光复时间为阳历 11 月 4 日，在此之前杭府中学已停课。

保安桥者数月。还家中途被盗。"

夏　在富阳家中自习。

9 月

本月　入美国长老会办的之江学堂(原名育英书院,1914 年后称之江大学)预科学习。

《孤独者——自传之六》:"'英文一通,万事就好办了!'这一个幼稚可笑的想头,就是使我离开了正规的中学,去走教会学堂那一条捷径的总动力。"

在之江,"每天早晨,一起床就是祷告,吃饭又是祷告;平时九点到十点是最重要的礼拜仪式,末了又是一篇祷告"。这种叩头虫似的学校生活,过了两个月。

12 月

月初　《书塾与学堂——自传之三》:"为了校长袒护厨子,竟被厨子殴打了学膳费全纳的不信教的学生",学校起了风潮。作为风潮中强硬者的一个,被学校开除。后在海月桥王云生过塘行(钱塘江边一种既是运输公司又是客栈的行业)小住数日。

之江学堂宗教色彩浓厚,管理严格,校规颇重。一次为了膳食问题——部分学生不吃羊肉、要求换菜引起了学潮,学校当局却一味高压,终至激成大乱,十余名学生被开除,郁达夫名列其中。与他一起的,还有郁达夫留日同学孙百刚的继母之弟王启(号仲瑚)。被学校开除后,大家主张在校外再进行斗争,争取社会同情,不要分散。于是王启提议暂时到他家海月桥王云生过塘行小住数日,再作道理。于是一行十余人,发传单,访报馆,见记者,谒当局,忙得不亦乐乎。郁达夫是那时所有对外传单、新闻记事的执笔者。①

8 日　下午,孙中山抵杭。

打听到辞去临时大总统的孙中山来到了杭州,海月桥十余人又集队到孙中山的住地请愿告状。孙中山自然没有见到,告状也无结果。请愿呈文亦出自郁达夫之手。②

10 日　孙中山偕同盟会陈其美(英士)、浙江民政司长屈映光(文六)视察之江学堂,并在慎思堂前与校中师生合影。中午,在之江学堂午餐。

本月　回富阳老家自习。

《大风圈外——自传之七》:一说"中途从那一所教会学校退出来"以后,"城里的一处浸礼会的中学,反把我们当作了义士,以极优待的条件欢迎了我们进去"。

冬　作《题诗春江第一楼壁》,现仅存断句"惜花心事终何用,一寸柔情一寸灰"。收《自述诗十八首有序》之十一原注中。

1913年(癸丑,民国二年)　17岁

▲3月,袁世凯派兵刺杀宋教仁,孙中山从日本回国,起兵伐袁。

▲9月,"二次革命"失败。

---

①　参孙百刚《郁达夫外传》第3—4页,浙江人民出版社1982年版。
②　参孙百刚《郁达夫外传》第3—4页,浙江人民出版社1982年版。

23

1 月

本月　继续在家自习。

2 月

本月　改入蕙兰中学学习,住石牌楼三月。

《自述诗》之十八原注:"十八岁春去之江大学,入蕙兰学校学英文,住石牌楼者三月。"

该校为美国基督教北浸礼会所办的教会学校,所以学校"信神的强迫,祷告的叠来,以及校内枝节细末的窒塞",使他深感失望,遂决定回家独居索学。

5 月

本月　回富阳祖宅自修学习。《大风圈外——自传之七》对这段生活有描述。

自习所用教材如下:1. 一份上海发行的报纸,以通"外界社会的声气";2.家里所藏的四部旧书,一部《资治通鉴》、两部《唐宋诗文醇》和经、书、四史的正业书籍;3.英文书籍(在校期间已把第三册文法读完,临回乡前又购买了一些);4.有关科学书籍(亦为临回乡前购买)。

每日的作息时间大抵如下:起床之后,先读一个钟头的英文。早餐后到中午止,是读中国书的时间。下午学习一个小时的科学。然后外出散步。

在外出散步的时候,主动接触了县郊农民,了解他们的实际生活状态,得到最实感的结论是赤贫和无知,农村已濒临破产。

本月 开始尝试小说写作。

据于听《说郁达夫的〈自传〉》：这段时间里，做过一篇模仿《西湖佳话》的叙事诗（已佚），内容已无从考证。还开始尝试小说创作，小说梗概在《沉沦》中还有一点记述：他的日记上面，一天一天地记起诗来。有时候他也用了华丽的文章做起小说来；小说里就是把他自己当作了一个多情的勇士，把他邻近的一家寡妇的两个女儿，当作了贵族的苗裔，把他故乡的风物，全编作了田园的清景。小说的内容，似乎是模仿欧洲中世纪的骑士、贵妇人的故事。

据于听了解，邻近确有一位姓金的寡妇，两个女儿与郁达夫年龄不相上下。她们每次回忆往事，还不免向人夸耀："年轻时光，达夫的小说里把我们写得好着呢！"大概就是借《沉沦》里的内容自动对号入座的。[①]

夏 作旧诗《癸丑夏夜登东鹳山》（五律），载 1915 年 7 月 18 日上海《神州日报》副刊《神皋杂俎》"文苑"，署名郁达夫。

9 月

下旬 被长兄郁华偕往日本。

郁华以北京高等审判厅推事职奉北洋政府之命赴日本考察司法制度。先经水路自富阳至杭州，再改乘火车到上海候船。不日，从上海杨树浦汇山码头上船启程赴日本。途经长崎，过濑户内海，至神户上岸，改乘火车，经大阪、京都、名古屋到东京，且游且行。

据《海上——自传之八》记载，到达上海当晚，住西藏路一品

---

① 参于听《说郁达夫的〈自传〉》，《郁达夫风雨说》第 103 页。

香饭店,随兄嫂去天蟾大舞台看京剧名小旦贾璧云的《全本棒打薄情郎》,"这一夜回到旅馆之后,精神振奋,直到了早晨的三点,方才睡去,并且在熟睡的中间,也曾做了色情的迷梦。性的启发,灵肉的交哄,在这次上海的几日短短逗留之中,早已在我心里,起了发酵的作用"。

民国初年,中、日之间往来不需护照,这是从清时就传下来的惯例,当时中币国际价值高于日币,一块中国银元可以兑换日币一元二三角。[①]

10 月

上旬　抵达东京。先住在一家小旅馆内,后租住于东京小石川区中富坂町七番地的一间楼房。

据稻叶昭二《郁达夫——他的青春和诗》引用《随鸥集》第107 编(10 月 15 日)《风雅余志》刊登的一则消息,"(郁曼陀)本月初入京,数度枉道相访",可确定郁达夫在本月初抵达东京。[②]

秋　作旧诗若干,并相继发表。

《东渡留别同人,春江第一楼席上作》(五律),载 1915 年 6 月 10 日上海《神州日报》副刊《神皋杂俎》"文苑",署名达夫。

《乡思》(七绝),载 1915 年 8 月 23 日上海《神州日报》副刊《神皋杂俎》"文苑",署名郁达夫。

《客感》(七律),载 1915 年 10 月 2 日上海《神州日报》副刊《神皋杂俎》"文苑",署名郁达夫。

《日本大森海滨望乡》(七绝),载 1935 年 12 月 2 日杭州《越

---

① 参夏衍《懒寻旧梦录》第 39—40 页,生活·读书·新知三联书店 1985 年版。
② 稻叶昭二《郁达夫——他的青春和诗》,《郁达夫传记两种》第 189 页。

风》第四期,署名郁达夫。

11 月

本月 入神田正则学校补习中学课程,晚上到日语夜校补习日语。

《海上——自传之八》:

> 早晨五点钟起床,先到附近的一所神社的草地里去高声朗诵着"上野的樱花已经开了""我有着许多的朋友"等日文初步的课本。一到八点,就嚼着面包,步行三里多路,走到神田的正则学校去补课。以二角大洋的日用,在牛奶店里吃过午餐或夜饭,晚上就是三个钟头的日本文的夜课。

1914 年(甲寅,民国三年) 18 岁

▲5 月,章士钊主编《甲寅》杂志于东京创刊,在上海发行。

▲7 月,孙中山在日本组建中华革命党,并通告海内外未经解散之国民党组织,一律改组为中华革命党。

▲7 月,第一次世界大战爆发。

春 作"通俗信"致祖母。此信仅余片断,见于听《郁达夫风雨说》,大意为"因恐奶奶伤心,暑期不回来了;待曼兄回国时捎点钱给你;不要去管母亲的事情,勿去听她就是了"。

同学钱潮①称：身在异国他乡，我们都很想念家人。特别是达夫，三天两天就给母亲和长兄写信。②

6月

本月 升学考试临近，更加努力学习，有时甚至通宵达旦。《海上——自传之八》：

> 本来是每晚于十一点就寝的习惯，到了三月以后，也一天天的改过了。有时候与教科书本莹莹相对，竟会到了附近的炮兵工厂的汽笛，早晨放五点钟的夜工时，还没有入睡。

春夏之交，报考高等工业学校，结识张资平③，两人都落选；次投考千叶医科，旅馆中题诗"不为良相为良医"以明志，亦未考上；7月上旬，考东京高等师范。④

7月

上旬 参加东京第一高等学校预科考试。考试日程：第一日上午8时至10时国语听写作文，上午10时起国语会话；第二日上午8时至12时数学（算术、代数、几何），下午3时至5时英语（日译英，英译日。根据考生要求，英语也可以用德语或法语代替）。

---

① 钱潮(1896—?)，字君胥，浙江杭州人。1922年毕业于日本九州帝国大学医学部，医学博士。回国后任浙江医学专门学校教授。

② 钱潮《我与郁达夫同学》，选自陈子善、王自立编《回忆郁达夫》第28页，湖南文艺出版社1986年版。以下该著出版信息从略。

③ 张资平(1893—1959)，广东梅县人。作家，创造社早期成员。著有《冲积期化石》《最后的幸福》等。

④ 参张资平《曙新期的创造社》，1933年6月《现代》第3卷第2期。

《海上——自传之八》有记：日本与中国，曾有国立五校开放收受中国留学生的约定。中国的日本留学生，只教能考上这五校的入学试验，以后一直到毕业为止，每月的衣食零用，就有官费可以领得。

当时日本所谓高等学校，是指帝国大学的预科而言，日本全国共有 8 所。[①]

当时要考官费，政府规定一定得考取日本各地帝国大学直属的高等学校，或中日两国商定的少数几所公立专科学校（如千叶医专）和惟一所私立学校（明治专门学校），才能得到官费。……于是，各地"帝大"的预科高等学校，就成了穷学生竞争官费的热门。[②]

下旬　一高考试结果发表，郁达夫以第一部第 7 名入选，取得官费留学生资格。与郭沫若[③]（第三部医科）、张资平（第二部理科）为同学。

同期参加考试的同学回忆颇有出入，存作参考。

……投考东京第一高等预科的那天。他的坐位正在我的前面，而在我后面的是徐祖正，结局在八九百名的考生中，取了三十二名，我和达夫都考取文科，后来又和他寄宿在一起。……我们曾认文科的空虚，不如转入医科为可靠。嗣经转科的考试，我们都成为医科学生了。[④]

　① 范寿康《忆达夫学兄》，《回忆郁达夫》第 24 页。
　② 参夏衍《懒寻旧梦录》第 41 页，生活·读书·新知三联书店 1985 年版。
　③ 郭沫若（1892—1978），原名郭开贞，字鼎堂，号尚武，笔名沫若、麦克昂等，四川乐山人，现代文学家、历史学家、诗人，毕业于日本九州帝国大学，著有《女神》《屈原》等。
　④ 祝枕江《忆达夫》，《申报》1948 年 10 月 18 日第 6 版。

1914年夏天,达夫与我一起考入帝国大学预科——东京第一高等学校医科预备班。当时一高是名牌学校,又在中国留学生中招收官费生,所以考生很多,这一年共有千余人报考,其中报考医科预备班的就有三、四百人,而录取名额仅十二人,能考上是很不容易的。结果,达夫以第八名的成绩被录取,同学中还有郭沫若、范寿康[①]、余霖、周文达[②]、夏禹鼎、祝振纲(枕江)等人。[③]

本月　长兄郁华受命为大理院推事。

8 月

下旬　长兄郁华偕夫人陈碧岑归国,留下达夫只身一人在日本继续求学。

《海上——自传之八》:

　　我也从他们的家里,迁到了学校附近的宿店。于八月底边,送他们上了归国的火车,领到了第一次的自己的官费,我就和家庭,和戚属,永久地断绝了联络。从此野马缰驰,风筝线断,一生中潦倒飘浮,变成了一只没有舵桨的孤舟……

---

　　① 范寿康(1896—1983),字允藏,浙江上虞(今属绍兴)人,教育家、哲学家。历任国立中山大学教授兼秘书长、春晖中学校长、安徽大学文学院院长、台湾大学哲学系教授兼图书馆馆长等。
　　② 周文达(1892—1958),又名煦华,字博通,浙江临海人。毕业于日本九州帝国大学医学部。热带病学专家。
　　③ 钱潮《我与郁达夫同学》,《回忆郁达夫》第26页。

9 月

本月　就读一高预科。

> 在一高预备班学习时,大概因为是同乡的关系,达夫和我比较接近。他给我的最初印象是:文质彬彬,风流倜傥,但有点神经质。[①]

其间,"因英语还不能与外人交谈",曾入夜校补习英语。夜校同学中,有一位东京高等师范学校的中国留学生,江西人胡浪华。郁达夫与之一见如故,结下了深厚的友谊。

秋　作旧诗《奉答长嫂兼呈曼兄》(四首,七绝)。第一首载1916 年 2 月 9 日杭州《全浙公报》副刊《杂货店》"诗选",署名郁达夫;第四首载 1916 年 5 月 5 日日本名古屋第八高等学校《校友会杂志》第 17 号,署名春江钓徒。

秋　致函陈碧岑。

本年　开始接触外国文学,受俄国文学影响较深,并逐渐扩大阅读范围。预科四年里,"共计所读的俄、德、英、日、法的小说,总有一千部内外"。

据《五六年来创作生活的回顾》:

> 这一年的功课虽则很紧,但我在课余之暇,也居然读了两本俄国杜儿葛纳夫的英译小说,一本是《初恋》,一本是《春潮》。

> 和西洋文学的接触开始了,以后就急转直下,从杜儿葛纳夫到托尔斯泰,从托尔斯泰到独思托以夫斯基、高尔基、

---

① 钱潮《我与郁达夫同学》,《回忆郁达夫》第 26 页。

契诃夫。更从俄国作家,转到德国各作家的作品上去,后来甚至于弄得把学校的功课丢开,专在旅馆里读当时流行的所谓软文学作品。

1915 年(乙卯,民国四年) 19 岁

▲5 月,袁世凯接受日本"二十一条",激起全国规模的反日爱国运动。全国教育联合会规定各学校以每年 5 月 9 日为国耻纪念日。

▲9 月,《青年杂志》在上海创刊,1916 年第 2 卷 1 号起改名《新青年》。1916 年底,《新青年》编辑部从上海迁到北京。

▲12 月,袁世凯复辟帝制,改国号为"中华帝国"。

春 继续就读于一高。其间多次游览东京附近景点,并作诗以纪游。

春 作旧诗多首,并相继发表。

《有寄》(七绝),载 1915 年 6 月 11 日上海《神州日报》副刊《神皋杂俎》"文苑",署名郁达夫。

《过小金川看樱,值微雨,醉后作》(七律),载 1915 年 7 月 19 日上海《神州日报》副刊《神皋杂俎》"文苑",署名郁达夫。

《重访荒川堤,八重樱方开,盘桓半日并摄影以志游,赋此题写真后,次前韵》(七律),载 1915 年 7 月 21 日上海《神州日报》副刊《神皋杂俎》"文苑",署名郁达夫。

《花落后,过上野,游人绝迹,感而有作》(七绝),载 1915 年 7 月 23 日上海《神州日报》副刊《神皋杂俎》"文苑",署名郁达夫。

《日暮归舟中口占再叠前韵》（七律），载 1915 年 10 月 8 日
杭州《之江日报·浙辑新语》，署名郁达夫。

7 月

1 日　于一高特设预科毕业。郭沫若、张资平亦同时毕业。

　　七月一日上午九时三十分，一高举行毕业典礼，十一时
结束。毕业生三百二十二名，支那留学生预科毕业四十
八名。①

夏　作旧诗多首，并相继发表。

《寄王子明业师居富阳》（七律），载 1915 年 7 月 18 日上海
《神州日报》副刊《神皋杂俎》"文苑"，署名郁达夫。

《吊朱舜水先生——舜水纪念会上作》（七律）、《寄钱潮——
时正新婚，赋此嘲之》（七律），载 1915 年 7 月 25 日上海《神州日
报》副刊《神皋杂俎》"文苑"，署名郁达夫。

《秋宿品川驿》（七绝）、《日暮过九段偶占》（七律），载 1915 年 8
月 23 日上海《神州日报》副刊《神皋杂俎》"文苑"，署名郁达夫。

《初秋客舍》（二首，七律），载 1915 年 9 月 5 日上海《神州日
报》副刊《神皋杂俎》"文苑"，署名郁达夫。

9 月

月初　被发分至名古屋第八高等学校大学预科第三部（医
科）。郭沫若被分发至冈山第六高等学校，张资平至九州熊本第
五高等学校。

---

①　日本《读卖新闻》1915 年 7 月 2 日。

11 日 夜,坐火车离开东京去名古屋,作旧诗《八月初三夜发东京,车窗口占别张、杨二子》(七律),载 1915 年 10 月 6 日上海《神州日报》副刊《神皋杂俎》"文苑",署名郁达夫;后收入小说《沉沦》;在杭州《之江日报》发表时题为《寄友》;收《郁达夫诗词抄》时题为《八月初三夜发东京口占别张、杨二子》。

12 日 到达名古屋,直接住进事先联系好的御器所村中"公认下宿"①。每月领取官费日币 33 元维持生活。

> 郁达夫在八高头一年,更加自由不羁了,不大去上课,经常喝酒做诗。每到星期天,更是独自一人到郊外漫游,留连忘返,或者到公园里高声吟诵中外诗歌和自己的诗作,甚至达到忘乎所以的境地。②

23 日 作旧诗《中秋夜中村公园赏月兼吊丰臣氏》(七律),载 1915 年 10 月 7 日上海《神州日报》副刊《神皋杂俎》"文苑",署名郁达夫。

本月 作旧诗《寄家长兄曼陀、次兄养吾同客都门》(七律),载 1915 年 10 月 6 日上海《神州日报》副刊《神皋杂俎》"文苑";又载 10 月 8 日杭州《之江日报·浙辖新语》,署名郁达夫。

本月 作旧诗《梦逢旧识》(二首,七律),附在 1916 年 3 月致陈碧岑书信后,为其第 3、4 首。其中第一首又题《梦春江第一楼逢旧识》,载 1915 年 10 月 7 日上海《神州日报》副刊《神皋杂俎》"文苑",署名郁达夫。

---

① 当时八高规定,学生入校第一年,原则上都应该住进学校的"寮"(集体宿舍)里。但经批准,也可以住到"公认下宿"即经过学校认可允许学生居住的公寓。当地村子里的村民将空闲的屋子腾出租给学生。当时学校周围大约有 13 个类似明治馆、林馆、梅钵屋等"贫之寮"的"公认下宿"。

② 钱潮《我与郁达夫同学》,《回忆郁达夫》第 27 页。

秋 作旧诗《不忍池边晚步,过韵松亭小酌》(七律),载 1915 年 10 月 2 日上海《神州日报》副刊《神皋杂俎》"文苑",署名郁达夫。

10 月

17 日 作旧诗《重阳日鹤舞公园看木犀花》(七律),与是年秋所作一组旧诗《金陵怀古》(七绝)、《过易水》(七绝)、《村居杂诗》(七绝,五首)、《寄永坂石埭武藏》(七绝)、《寄小馆海月羽后》(七绝)、《看红叶》(雁寒韵二首,七绝)、《暮归御器所寓》(七绝)等,同载 1915 年 11 月日本名古屋第八高等学校《校友会杂志》第 16 号,署名春江钓徒。

本年 开始作小说《金丝雀》,次年作讫。已佚。存《金丝雀》诗五首(绝句)。1919 年 6 月 2 日致夫人孙荃函中称:"……右诗五篇,系三年前作,见小说《金丝雀》。"

本年 开始作旧诗《日本谣十二首并序》(七绝)。第 3—7 首载 1916 年 6 月 26 日《新爱知新闻》第 8971 号;第 2、9—12 首发表于日本名古屋第八高等学校《校友会杂志》第 19 号。以上共 10 首,发表时无原序,原注亦有删节。收《郁达夫诗词抄》时题为《日本竹枝词十二首》,增第 1 和第 8 首,写作时间系于 1914 年。

时服部担风①正担任《新爱知新闻》"汉诗栏"编辑,达夫诗作发表,担风必有批赞。1916 年 6 月 26 日《日本谣》刊登时,担风

---

① 服部担风(1867—1964),本名粂之丞,讳辙,字子云,雅号荨塘,后改为担风。日本著名汉诗人、书法家。一生未践仕途,致力于诗学的研究指导,曾主持佩兰吟社、清心吟社、丽泽吟社、含笑吟社、冰心吟社等诗社,以《担风诗集》获得日本艺术学院颁发的艺术院奖。与郁达夫有亦师亦友的交往。

赞语为：

> 郁君达夫留学吾邦犹未出一二年，而此方文物事情，几乎无不精通焉，自非才识轶群，断断不能。日本谣诸作，奇想妙喻，信手拈出，绝无矮人观场之憾，转有长爪爬痒之快，一唱三叹，舌挢不下。[①]

1916年(丙辰, 民国五年)　20岁

▲1月，《民国日报》在上海创刊，邵力子、叶楚伦等人创办。

▲3月，袁世凯被迫取消帝制，6月病殁，黎元洪继任大总统。

▲8月，汤化龙"宪法讨论会"与梁启超"宪法研究同志会"合组为"宪法研究会"，被称为"研究系"。

▲11月，政学会在北京成立。

1月

本月　因青春期的苦闷和怀乡思家之念，引发了刺激性神经衰弱症，影响了正常学习[②]，寒假中迁居至日本已故诗人片桐氏之别邸——梅林"晴雪园"养病。居梅林半年。

据郁云《郁达夫传》，曾致函长兄郁曼陀，称："此番冬假，为

---

① 参稻叶昭二《郁达夫——他的青春和诗》，《郁达夫传记两种》第215页。

② 据记载，当时八高一学年分为三个学期，第一个学期从9月11日到12月24日，第二个学期从1月8日到3月31日，第三个学期从4月8日到7月10日。（参《第八高等学校一览 自大正四年至大正五年》，第八高等学校，出版年月不详）

迁居梅林事忙煞,欲稍读书,终不可得","梅林中二层楼,本为日本诗人片桐——为铃木总兵卫之友人——氏别邸,现片桐氏死,唯梅花开日,纵人观览,故此宅但于旧历正月中热闹,平时深锁不开者也。弟访得后,月以租金四元租得之,能俯瞰大海,回视名古屋全市,风景亦不逊孤山放鹤亭,唯四面梅花,无近邻入眼,似稍觉寂寞耳。然弟每欲学鲁滨逊之独居荒岛,不与人世往来"。①

本月 作旧诗《晴雪园卜居》(七律)。载 1916 年 5 月日本名古屋第八高等学校《校友会杂志》第 17 号,署名春江钓徒。收《郁达夫诗词抄》写作时间系于 1913 年。

本月 作旧诗《寄浪华,以诗代简》(七绝,四首),载 1916 年 2 月 10、11 日上海《神州日报》副刊《神皋杂俎》"文苑",署名郁达夫。

2 月

3 日 作旧诗《元日感赋》(五律),载 1916 年 5 月日本名古屋第八高等学校《校友会杂志》第 17 号,署名春江钓徒。

8 日 作旧诗《正月六日作》(七律),载 1916 年 5 月日本名古屋第八高等学校《校友会杂志》第 17 号,署名春江钓徒。

9 日 访永坂石埭②。后作旧诗《永坂石埭以留别鸥社同人诗见示,即步原韵赋长句以赠》。(七律),载 1916 年 5 月日本名古屋第八高等学校《校友会杂志》第 17 号,署名春江钓徒。

---

① 郁云《郁达夫传》第 32 页,福建人民出版社 1984 年版。(以下该著出版信息从略。)

② 永坂石埭,1845 年(弘化二年)生,玉池仙馆主人,东京帝国大学医学部教授,后辞职自己开业,是郁华的日本诗友。

同日　得长兄来函,即作《致郁华、陈碧岑》(书信)以复,谈迁居梅林事,并为长嫂指点学诗门径。

3 月

18 日　作旧诗《三月十八夜作寄木津老师》(七律)。

本月　春假考试,但因神经衰弱病发而中途停止,7 门学科只考了 3 门。

本月　致函陈碧岑,告以严重神经衰弱,春假考试只考 3 门;加以心绪不佳,颇动出家之念云云。函末附旧诗 6 首,《梦逢旧识》(两首,1915 年 9 月作)外,《不知》(两首)、《懊恼》(两首)分别附为第 1、2 和第 5、6 首。函载 1985 年《人民文学》第 8 期。

本月　作旧诗《病后寄汉文先生松本君①》(七绝),载 1966 年香港《海光文艺》4 月号《郁达夫早年的诗》。

4 月

本月　作旧诗多首,并相继发表。

《犬山堤小步见樱花未开口占两绝》(七绝),载 1916 年 5 月 3 日《新爱知新闻》第 8917 号。署名郁达夫。

《野客吃梅赋此却之》(七绝)、《题山阳外史》(七绝)和《出晴雪园赋寄石埭》(四首),载 1916 年 5 月 5 日本名古屋第八高等学校《校友会杂志》第 17 号,署名春江钓徒。

《由柳桥发车巡游一宫犬山道上作》三首、《大桃园看花》(七律),载 1916 年 5 月 14 日《新爱知新闻》第 8928 号。署名郁达夫。

---

　①　松本君,名松本亦一,郁达夫就读八高时期的汉文老师。

《感怀》(七绝),载 1916 年 6 月 4 日上海《神州日报》副刊《文艺俱乐部》"文苑",署名郁达夫。

另有《木曾川看花》(七律)、《梅雨连朝不霁,昨过溪南,见秧已长矣》(七绝,二首)。

5 月

月初　初次到爱知县海西郡弥富村拜访日本著名汉诗家服部担风,与之谈约一小时。"话题是什么都有,他说读过《源氏物语》,使先生非常惊奇,而说细读过《西厢记》,又使先生很佩服。"告辞时,服部先生一直送到弥富火车站。①

作旧诗《访担风先生道上偶成》(七绝),载 1916 年 6 月 14 日《新爱知新闻》第 8959 号汉诗栏。署名郁达夫。

这首诗,在担风之孙承风先生所藏郁达夫诗笺上,"西郊"作"青溪",下面还有担风的次韵诗。②

6 月

本月　结识诗友冨长觉梦③,开始互相通信。

---

① 冨长蝶如《服部担风先生杂记》,参稻叶昭二《郁达夫——他的青春和诗》,《郁达夫传记两种》第 237—239 页。

② 参稻叶昭二《郁达夫——他的青春和诗》,《郁达夫传记两种》第 216 页。

③ 冨长觉梦,雅号蝶如,日本汉诗人,1912 年入担风先生门下学诗,后被推为担风门下四大天王之一,也曾主持过蓝川吟社等诗社,同时在名古屋的同朋大学长期任教。为郁达夫名古屋时期好友,有书信往来及诗词唱和,并获赠郁达夫在日本所作《自述诗》手稿。

8 月

24 日　致函郁曼陀，"国事日非，每夜静灯青，风凄月白时，弟辄展中国地图，作如此江山竟授人之叹"。[①]　此函未见单独发表。

31 日　9 月 4 日写给长兄曼陀的信中称，以神经衰弱初愈，从梅林"晴雪园"迁回御器所村大字广见池字念佛 75 号山田喜助家寄宿。

本月　作旧诗《有怀碧岑长嫂却寄》（七律）。

9 月

3 日　作旧诗《夜归寓舍，值微雨，口占一绝》（七绝），附于 9 月 4 日致郁曼陀函中。

4 日　致函长兄郁华，告以病已初愈，已搬回御器所，离本月 11 日开课还有一星期，得闲读《王阳明全集》等，并关注中国政局。落款质夫。

11 日　新学期开学。依自己的愿望转到文科，放弃已读了一年的第三部（医科），在大学预科第一部丙类（德语法律科、政治科、德语文科）作为一年级生重新读起，开始过三年的学习生活。

据当年同学回忆，郁达夫"语学能力超群，爽快而机敏善辩"。他常坐在最前面，与德国讲师哈恩先生在课上课后都常畅谈些什么，快得大家都听不明白。第一外国语德语每周 20 课

---

①　郁云《郁达夫传》第 33 页。

时,一天有两到三小时的课。①

12 日　中秋夜,作旧诗《丙辰中秋,桑名阿谁儿楼雅集,分韵得寒》(七律)。

据稻叶昭二《郁达夫——他的青春和诗》,出席服部担风主持的佩兰吟社在桑名爱宕楼(也称阿谁儿楼或吞景楼)举行的中秋赏月宴集时,席上最先成七律一首,惊倒四座,诸家都记得这件事。后被诗友冨长觉梦记于 1917 年 1 月 11 日日记。又与同人联句,郁达夫起首句,为"桐飞一叶岁知秋"。②

本月　作旧诗《佩兰雅集,予不果往,蝶如君意予赴会也,寄诗至,和其三》(七绝,三首)。

10 月

10 日　致函郁曼陀,"国事弟意当由根本问题着想。欲整理颓政,非改革社会不可",落款质夫。③　此函未见单独发表。

秋　作旧诗多首,并相继发表。

《秋兴四首并序》(七绝,四首),序云"咏题不一,成亦非一日也",载 1916 年 11 月 22 日上海《神州日报》副刊《文艺俱乐部》"文苑",署名郁达夫,第 1、2 首收《郁达夫诗词抄》时题为《初秋杂感两首》。

《日暮湖上》(七绝),载 1916 年 11 月 23 日上海《神州日报》副刊《文艺俱乐部》"文苑",署名郁达夫。

《梦醒枕上作》(七律)、《王师罢北征》(七律),载 1916 年 11

①　参稻叶昭二《郁达夫——他的青春和诗》,《郁达夫传记两种》第 227 页。
②　参稻叶昭二《郁达夫——他的青春和诗》,《郁达夫传记两种》第 217 页。
③　郁云《郁达夫传》第 34 页。

月 25 日上海《神州日报》副刊《文艺俱乐部》"文苑",署名郁达夫。

《论诗绝句寄浪华》(七绝,五首),载 1916 年 11 月 28 日上海《神州日报》副刊《文艺俱乐部》"文苑",署名郁达夫,第四首又以《杜樊川》为题收入 1918 年《盛夏闲居,读唐宋以来各家诗,仿渔洋例成诗八首录七》中。

《席间口占》(七律),又作《冬残一首题酒家壁》,见于小说《沉沦》第七章末。

富长觉梦 1917 年 1 月 11 日日记中,抄录《梦醒枕上作》及《冬残一首题酒家壁》,并作如下批语:"梦醒、冬残两首,郁曰:慷慨悲歌觉有老杜哀愁之风,使担风先生见之,必掀髯再笑之。"①

冬　作旧诗《梦登春江第一楼严子陵先生钓台,题诗石上》(五律),载 1917 年 1 月 1 日上海《神州日报》副刊《文艺俱乐部》"文苑",署名郁达夫。

本年　作旧诗《自题乙卯集》(七绝,二首)。《乙卯集》为作者 1915 年所作旧诗编订的集子,也是自编的唯一诗集。不曾刊印,今佚。

本年　作旧诗《无题》三首(三首,七绝)、《日本竹枝词》(七绝)、《定禅》(七律)、《寄曼陀长兄》(七律)、《寄养吾二兄》(七律)等。

---

① 稻叶昭二《郁达夫——他的青春和诗》,《郁达夫传记两种》第 217—218 页。

1917 年(丁巳,民国六年) 21 岁

▲1 月,胡适在《新青年》第二卷第 5 号发表《文学改良刍议》,提出新文学主张。

▲2 月,陈独秀在《新青年》第二卷第 6 号发表《文学革命论》,提出"文学革命"口号。

▲7 月,张勋拥溥仪复辟,旋即失败。

▲9 月,广州军政府成立,孙中山任大元帅。

1 月

23 日　丁巳年正月初一,作旧诗《元日题诗寄故里》(七律)。

本月　又作断句:"病里怯干元日酒,尊前愁煞隔年人。"

2 月

16 日　晚作《丁巳日记序》。"去岁教育部有令留学生各记日记报部之举",虽非赞成此举,"然日记为人生之反照镜","如赤松麟迹,其一时一刻之变迁移易,俱欲显然残留于纸上耳"。

17 日　午前在校学习,午后与樱井①先生谈德国文学,"觉趣味颇不浅,因与约明日往谒"。

18 日　上午谒樱井先生谈文学,午饭后辞归。

19 日　入图书馆读德国文学史。

---

① 樱井政隆(1879—1933),时八高德语教师。

22 日 夜与潘荘①、刘君等谈"发行杂志事,颇觉有趣",但睡前考虑到"予辈修养未全,问世尚非其时,急出恐反至迟到耳"。

23 日 夜访潘荘,"复与谈及杂志事,予以昨夜归舍熟思后之意见告之",同时向潘借得《词学全书》一部,为春假后创作《樱花日记》"采材料"。

同日 作词《望仙门》。郁达夫一生词作不多,今仅存 10 阕,该阕词为目前确定的第一首。

25 日 夜访大贺先生。归途中,仰视星月,起"天体有恒,人事无常"之感,作"遗言状草稿",称"因给供不支,改习文学理财",并说"天暖后当小作校外功程,以救目下穷状耳"。

26 日 午前入图书馆翻旅行指掌等,为创作《樱花日记》"求"材料。

同日 作旧诗《春夜初雨》(七绝)。

3 月

4 日 致函郁曼陀,就转文科事件再次解释,对长兄反对转科事宜耿耿于怀。

7 日 当日日记:"昨日思成一大政治家,为中国雪数十年之积辱;今日更欲成一大思想家,为世界吐万丈长之华光。……"

10 日 致函富长觉梦,劝慰他因家难流离,"诗人薄命"。函载 1972 年日本《富长觉梦书翰》(原信不全)。

11 日 夜欧阳君来访,谈及中国留学生制度,大感不平:"予

---

① 潘荘(1894—1978),即潘怀素,原名荘,字思白,浙江永嘉人。1915 年始就读于八高二部工科,后留学德国。曾加入"创造社"。中国农工民主党创始人之一。

辈月费只三十三元耳。以之购书籍,则膳金无出;以之买器具,则宿费难支……"

15 日　午前听藤冢先生讲中文,嘲骂中国人颇不能堪。欲作书与校长,使勿再轻狂若此,恐反招其辱,不果。但又读罗曼·罗兰哲学警句:人生非若春日蔷薇,乃暗暗中无穷之战斗耳,"然我决不欲为所服"!

17 日　计划次日午前读莫泊桑小说一篇,午后少试译事。

4 月

7 日　3 月 18 日至 4 月 6 日,因学业忙碌及伤风诸病,日记暂停,该日继续记录。打算"明日起开始翻译弗儿退儿之悲愁,每日译一小时或三十分钟"。

11 日　寄长嫂书及牵牛花种子若干。

本月　作旧诗《寄浪华南通》(七律),载 1917 年 5 月 8 日南通《海通新报》副刊《报余杂俎》。

5 月

25 日　"昨读《明星》杂志,谓人各须有一恒业,日记实青年之最善恒业云云",激于此,重记日记。

同日　作旧诗《夜泊西兴》(七绝),与《登春江第一楼》并为《记梦(二首)》,载 1917 年 6 月 14 日日本《新爱知新闻》第 9312 号。

30 日　夜读完夏目漱石小说《三四郎》,"书中情味颇能迷人",也由此引发郁达夫感叹:"将来予若有作,亦当有此笔法方佳,否则为乡下人作工帐,只能记农夫野妇之一动一静耳,恶在其为文艺也。今夏无能如何必欲作一小说,文不在多,能迷人便足矣。"

31 日　午前遭日人某嘲弄,笑中国弱,"此后当一意用功,以图报复耳!"夜膳后往名古屋市区路上作旧诗《相思树》(七绝,三首)。

同日　接杭州宗文中学孙树祺①信。

6 月

2 日　作孙树祺复信一通(已佚)。

3 日　在日记中发出爱国感叹:"予也不能爱人,予亦不能好色,货与名更无论矣。然予有一大爱焉,曰:爱国。……"

同日　作旧诗《寄题富春第一楼壁》(七绝)。诗名又为《登春江第一楼》,与《夜泊西兴》并为《记梦(二首)》,载 1917 年 6 月 14 日日本《新爱知新闻》第 9312 号;又列入《西归杂咏》,题为《题春江第一楼壁》。

5 日　在日记中感叹"俗语曰:万恶淫为首,诚非虚语也"。

6 日　致函服部担风(已佚),"谢以前为代抄焦节妇诗事,更示以近作两绝"②。

7 日　午前读唐诗至"倚柱寻思倍惆怅"句,忽忆及少年轻薄,受人嘲侮事(自注:嘲侮,初与范某见某于教会堂时事也),觉以后不得不日日用功,图雪此耻。

8 日　因为孤独动了归乡之念。"自与曼兄绝交后……迄今

---

①　孙树祺,小名关绪,孙伊清长公子,孙荃之侄,1917 年 9 月(孙郁订亲不久)即随郁达夫东渡留学。

②　信虽已佚,但从时间上来看,"近作两绝"当为发表于 1917 年 6 月 24 日《新爱知新闻》第 9312 号的《记梦》二首。

半载,来访穷庐者二三小孩外只洗衣妇及饭店走卒耳……今日颇思归,苦无余钱只能作罢。来年则无论如何必欲归国一次耳。"

9 日 归家念头难以抑制,发信两封,一向留学生经理员索官费,一向家中索旅费。

10 日 午前往邮船公司问船价,知长崎至上海二等船往返30 元。归时过后藤隆子家,隆子嘱代买《寮歌集》四册,为之奔走半日终于定妥。晚冯君来访。发俞牧师信一封(已佚)。

11 日 作旧诗《赠隆儿》(七绝,二首并附记),载 1917 年 6 月 23 日日本《新爱知新闻》第 9321 号,署名达夫。

同日 午前发神州报馆书(已佚)。午后发郁浩书,复其邀返国来函(已佚)。夜致函服部担风(已佚),告以欲归事,并附赠隆儿诗。

同日 日记中立誓:"予上无依闾之父母,下无待哺之妻孥,一身尽瘁,为国而已。倘为国死,予之愿也。功业之成与不成,何暇计及哉!"并在眉批上着重指出:"六月十一日誓。"

12 日 午后作并寄郁浩信,"欲使打一电报谋早归也"。

16 日 午前交请假单,午后领来船票。夜赴隆儿处,与之谈一刻钟。

同日 致函孙伊清(已佚)及赠隆儿花邮片。

17 日 午前访隆儿,赠礼物若干。午后与傅王二君闲谈。发家信一。

18 日 私怨隆儿不以家系、学籍等事相询,并决定下次见面告以归计,且询问能否在假期中通信。

19 日 晨起即"坐立不安",思隆儿事,"已为 VENUS"所缚。

20 日　又思隆儿,"予已不幸,予断不能使爱予之人,亦变为不幸。此后予不欲往隆儿处矣"!

22 日　受傅君邀,共进中餐。晚饭后到隆儿家,将所托书写好的扇面交付。告之以本来行期为 25 日,因地久节有烟火,改行期为 29 日。

24 日　午后到隆儿家,取英诗集并与之话别,"此后不复欲与见矣"。并在当日日记上眉批:"自十日起到二十四日止,此十四日中予乃梦中人也。"

25 日　改行期为 27 日午后 3 时(名古屋车站出发时间)。

同日　作旧诗《发名古屋车上口占》《车窗闻燕语》《过西京》《过和歌山下闻客鼓琴》《谒岳坟》《出乡时本拟业毕始还,今日之归实非本意也》《别隆儿》《未行前一夜,校中掌书者某君以诗求教。余告以将行,匆匆别去,竟忘其名》《舟中读德诗人海涅集》等 9 首。

其中《发名古屋车上口占》《车窗闻燕语》《过西京》《出乡时本拟业毕始还,今日之归实非本意也》《别隆儿》《未行前一夜,校中掌书者某君以诗求教。余告以将行,匆匆别去,竟忘其名》《舟中读德诗人海涅集》等 7 首七绝,合题为《西归杂诗》,载 1917 年 7 月 24 日日本《新爱知新闻》第 9372 号。

其中,《谒岳坟》(七律)收《郁达夫全集》第 7 卷时记为 1917 年 7 月作于杭州。

26 日　午后接母亲信并附有 20 元汇票,即发明信片一通。

27 日　午后从名古屋出发,夜 11 时至西京,当夜睡车站内。

28 日　自西京至神户,当夜 8 时上船,7 月 2 日晚 9 时到达上海。午前致函服部担风(已佚),寄诗 7 首。

7 月

3 日 在上海逗留。发家中邮片一及日本邮片二。

同日 作七绝《过龙华,闻北京政变》和《过嘉兴,昔年余曾居此。吴梅村、朱竹垞各有鸳湖棹歌。朱,秀水人也》,合为《西归杂咏》,载 1917 年 8 月 17 日《新爱知新闻》第 9375 号。

《西归杂诗》(七首)、《西归杂咏》(二首)和《过和歌山下闻客鼓琴》,以《西归杂咏》为题,收《郁达夫全集》第 7 卷。

4 日 继续在上海,谒上海县知事沈宝昌不遇,又访凌君、陶华瑚亦不遇。午后郁浩忽来,薄暮沈宝昌来访。

5 日 午前行向杭州,午后 1 时到杭,入住城站旅馆。

6 日 逗留在杭州。晨起录岳坟诗寄《之江日报》馆,午后健卢、孙树祺来访。夜购名刺百叶,"但郁文二字而已"。

7 日 坐船,午后 1 时抵达富阳。

20 日 午前为祖母送香篮至后土祠,"诸巫女皆赞予孝,祖母大笑"。接北京曼兄信。

22 日 赴宵井,午膳后偕孙树祺游贝山寺,参观造纸流程。

23 日 表公陈凤标以婚事来说。当日回到富阳。

24 日 晨起作书致陈某(表公)婉拒婚。午后寄诗至《神州日报》。

25 日 赴杭州游西湖,入住清华旅馆。夜,踏月漫行西泠桥,谒苏小小墓,作旧诗《西湖杂咏》(七绝,三首),载 1917 年 10 月 20 日日本《新爱知新闻》第 9436 号,署名达夫。29 日回富阳。

26 日 游西湖。晚钱潮来访。

28 日 夜赴俞某宴。赴宴时钱潮来访,不遇,"拟作信谢罪"。

30 日　接日本来信，"谓已及第"。

31 日　午前发涤田及盐原书。

8 月

1 日　致函郁曼陀(已佚)，为邻居汪绍元谋事。

4 日　作旧诗《春江感旧》(七律，四首中之一、二首)。

8 日　作旧诗《春江感旧》(七律，四首中之三、四首)。

9 日　晨起录诗寄往《民报》馆。薄暮陈某来，交付孙潜媞氏密信一封。"文字清丽已能压倒前清老秀才矣！"又接莫干山潘氏信，招往游，定不日将动身。夜与郁浩至江边散步，作旧诗《立秋后一夜富春江畔与浩兄联句》(五律)。

10 日　发郁曼陀邮片，寄前晚与浩兄联句。

11 日　作《云里一鳞》并捎往宵井。

12 日　赴莫干山。同日，二兄郁浩赴北京。

13 日　抵潘某家中，发家书一，告以平安抵达。

14 日　作旧诗《游莫干山口占》(五律)。

18 日　晨登轮舟行向杭州，午后 2 时抵拱宸桥，入住仕学旅馆。

19 日　早膳后往南星桥，午前 12 时到富阳，与姐姐郁凤珍在家重逢。"十年别后重遇同胞，乐可知矣。"

20 日　谒县知事，谈及治人事颇难。发信一封至邮船会社询问船出发日期。

21 日　午后登春江第一楼，题旧诗一首于壁。

22 日　赴龙门，登富阳第一高峰龙门山。作者自记："龙门山绝壁千仞，飞瀑万丈，真伟观也。"25 日回富阳。

26 日 游舒姑屏①,并作旧诗《舒姑屏题壁》(七绝)。收《郁达夫全集》第 7 卷时记为 8 月 23 日。诗前作者自记:"舒姑屏东首之狮头,能见上下三府,将来若卜筑于此,能成仙境。题诗一绝于壁,诗颇恶劣,不足录也。"

同日 又作旧诗《龙门山题壁》(七绝),收《郁达夫全集》第 7 卷时记为 8 月 23 日作。

28 日 赴宵井孙家,30 日返富阳。

郁达夫 27 日至 9 月 2 日并无日记,但在该页上有眉注:"临行前陈某以未婚妻某所作书信来谒,翌日即乘舆至未婚妻家。时因作纸忙,伊父母皆在贝山寺。未婚妻某因出接予于中厅,晚复陪予饮。时乃旧历七月十一日也。膳毕,予宿东厢。因月明,故踏月出访陈某,陈某出未归也。田中稻方割尽,一望空阔,到处只见干洁之泥田及短长之稻脚,清新畅达。大有欲终老是乡之意。"这是孙荃首次以"未婚妻"的身份出现在郁达夫日记中。

此后曾致书长兄,欲拖延婚事:"母老矣,不能为弟养妻子也,媒妁承女家意再四来言,固却之","弟此生必不愿婚取矣,非憎孙氏丑也,实爱孙氏德也,孙氏倘不肯更嫁者,则孙氏别有见地在,亦欲偕我去极乐国耳。然谈岂容易哉"。②

29 日 "翌日岳父归,与偕赴柳坞听戏,夜遇雨,归已迟……"

本月 成仿吾③入东京帝大造兵科。

---

① 舒姑屏,山名,在浙江富阳城西北角。

② 参郁云《郁达夫传》第 37 页。

③ 成仿吾(1897—1984),原名成灏,笔名石厚生等,湖南新化人,文学家,教育家,创造社主要成员之一。

9 月

2 日　赴杭,开启去国之行。夜入住华英旅馆。

4 日　因等待孙树祺同行而滞留杭州。

同日　致函郁曼陀(已佚)。参 9 月 5 日作者自记:"昨发曼兄信一封,寄往大理院。我虽如此,彼恨我之情谅犹未已也,吁!"

5 日　作旧诗《七月十二夜见某,十六日上船,十七日有此作即寄》(七绝,五首),诗题又作《寄某》《奉赠》。前四首诗题又为《临行有寄》,载 1917 年 10 月 14 日日本《新爱知新闻》第 9431 号。诗前作者自记:"夜月明,成诗若干首,寄未婚妻某者也。"

同日　又作旧诗《重过杭州登楼望月怅然有怀》(七绝),载 1917 年 10 月 17 日日本《新爱知新闻》第 9434 号。

7 日　赴上海,入住吉升客栈。

10 日　午后登船。15 日晨抵神户,午后 6 时到达名古屋。

16 日　晚作秋某、陆某、浩兄及富阳家内四信,又作富阳孙氏信。

23 日　至孙树祺处用晚饭,夜致函服部担风(已佚),抄寄诗若干首及《花月痕》一部。

同日　作书孙荃,称"予自去国迄今,五易寒暑,其中得失悲欢事颇多:祖母病报至不泣;侄儿死耗至不泣;去年因微事与曼兄争,曼兄绝交书至亦不泣;今日之泣,尽为汝也,然则汝亦可以自慰矣!"亦望孙荃多写信,"可将汝每日所作(做)事告知",更劝孙荃作日记:"若是则每日思想言行,俱残留于纸上,他日临风读之,兴味当不浅也。"函末落款郁文,收《郁达夫全集》第 6 卷时不全,全文见郁峻峰《说郁达夫与孙荃的 1917》。

同日　作旧诗《车过临平》(七绝),诗题又作《过临平》。

24 日　作书明治大学,为孙树祺问入学日期。

25 日　夜,致函郁浩(已佚),告以听诊器已寄出,其余书、物将于三四日内寄出。

同日　录旧作《湖上杂咏》,并注明为 7 月 25 日所作。

27 日　拟就《〈紫荆花〉自序略》,颇叹"兄弟皆伪也"。

29 日　夜访孙树祺。致函郁浩(已佚)。

10 月

2 日　作旧诗《旧历八月十六夜观月》(七绝)。诗后自记:"是夜月明,余梦醒时,刚打三更,月光自窗缝内斜射至帐上,余疑天已曙,拥被坐起,始识为嫦娥所弄。呆坐片刻,上诗即成,所谓枕上微词者是矣。"

同日　作书致孙荃,信中附为孙荃所改诗文《奉寄二绝》。该函未见发表。

7 日　应母亲要求作《叶君寿序记》(已佚),并附于家信中寄往富阳。

8 日　晤刘某,与其交谈过程中,欲将小说《紫荆花》"后半部移入荒山野岸",并拟就首章。

10 日　夜,作书致孙荃,提及"祖母欲见汝,自是老人望后辈之心。汝若赴杭,道经富阳,不妨暂至家中一坐,使祖母一见,安伊老后之心。若不赴杭,亦不必特地来富阳。不使祖母见,亦不妨事也。农人习俗,每喜谈人家琐事,予最恨之。汝若畏彼辈流言者,不去富阳见祖母可也,区区一事,想祖母亦不至含怨,去见与不去见,汝其自定之"①。

同日　致函孙伊清(已佚)。

11 日　收孙荃信,信中附有《戒缠足文》(已佚)及诗两首。

12 日　午后偕孙某游东山。

17 日　作书致孙荃,日记中写明"第四信"。信中劝慰孙荃不必来日本留学学医:"汝欲东来颇妙……予意汝不若静居乡邑,研求文学为妙。大约予后年夏能回国一次,尔时或能至汝家,与汝同居月余。久别相逢,情当更切。较之日日相见,趣味应更深厚也。汝欲学医,亦颇妙。然予家中既无钱培植汝,汝家亦尚有钟祺树祺各人。不使男子读书,反使女儿求学,恐汝父亦对汝兄及汝姪不起。"②

18 日　作旧诗《题阴符夜读图后寄荃君》(七绝,三首)。

21 日　午后得孙荃信,附有诗、文六篇。

23 日　为孙荃改诗四首。

同日　作旧诗《为某改字曰兰坡名曰荃》(七绝),诗题又作《赠名》,为未婚妻孙兰坡改字为"荃"。收《郁达夫全集》第 7 卷时记为 1917 年 10 月 16 日作。

25 日　作书致孙荃,该函未见发表。致函郁浩(已佚)。

27 日　感冒,"晨起觉四肢疼痛不能移动,午后退校已不能行矣"。接孙荃信才"觉稍轻快"。

28 日　午后作书致孙荃,眉批"十、二十八日第六信"。对今后的生活作了规划:"予此后生涯,大约已定。不求富贵,不贸才名。唯欲博得微资,与汝皆老耳。勿谓予志小,予实已观破人世

---

①　参郁峻峰《说郁达夫与孙荃的 1917》,《现代中文学刊》2011 年第 5 期。

②　参郁峻峰《说郁达夫与孙荃的 1917》,《现代中文学刊》2011 年第 5 期。

矣。佛曰：世上有形物，如梦幻泡形。但念此，即能解予之志。"
该函未见发表。

同日　又作旧诗《读〈宋史〉》(七绝)。

29日　因伤寒病入住名古屋附近爱知病院。

12 月

9日　病愈出院，其间停记日记。

17日　致函郁曼陀(已佚)，告以赴东京事，并附是日所作旧诗《晨发名古屋》(七绝，两首)、《游愚园》(七绝)。

19日　午前 10 时乘车赴东京，午后 3 时 15 分抵静冈。本拟宿静冈，因不能安眠，继于夜 12 时继续赶赴东京。日记中有"夜入地狱，得来年自新之暗示，平生第一大事也。卢骚忏悔录中亦云云……"

同日　作旧诗《乘车赴东京过天龙川桥》(七绝)。收《郁达夫全集》第 7 卷时记为 12 月 17 日作。

20日　晨抵东京，11 时谒罗某，告以孙树祺来东京事，后谒监督。回想昨晚之事，大为忏悔："予之精神上之堕落，至昨日而极。若由此不改入正路，则恐死无日矣！"

27日　宿热海温泉，并作旧诗《十二月二十七日宿热海温泉》(七绝)，诗题又作《温泉》。载 1918 年 1 月 26 日日本《新爱知新闻》第 9529 号。

29日　从东京回名古屋。

30日　作书致孙荃，告以"昨自东京归，接十二月六号书并写真一，知汝已至予家。祖母见汝，欣喜当异于寻常。老人暮景，得汝为之抚慰。文虽索居异国，亦能高枕眠矣。汝侄事，已为料理定当，告汝母汝兄，勿作依阁望可也。病已愈，唯入夜时有热症，想静养数月，当能复原也，勿念。"①

31 日　作书致孙荃（明信片），内容为《除夜奉怀》（七律），署名"海外流人荫生初稿"。诗曾载 1918 年 1 月 26 日日本《新爱知新闻》第 9529 号。

本月　在东京遇日本女子雪儿②，并开始一段与她不同一般的交往。

1918 年（戊午，民国七年）　22 岁

▲5 月，鲁迅在《新青年》第 4 卷第 5 期发表《狂人日记》，为中国现代小说史上第一篇白话小说。

▲5 月，孙中山辞广州军政府大元帅职，"护法运动"失败。

1 月

22 日　作书致孙荃，告知已搬迁："特于风景闲雅处，赁屋一间。地名日本爱知县爱知郡御器所村字岛西浦叁拾四番地，下次书来，直寄至此处可也。"该函未见发表。

本月　作旧诗《寄冨长蝶如》（七绝）。

本月　开始与雪儿同居。③

---

① 郁峻峰《说郁达夫与孙荃的 1917》，《现代中文学刊》2011 年第 5 期。

② 郁达夫《自述诗十八首》最后一首原注："……（二十二岁，即 1917 年）夏还乡……冬遇某氏于东京。二十三岁与某氏居西浦。四月，与之别；六月，复与之居天神东；九月又与之离。……"

③ 沈小惠、峻峰《说郁达夫与孙荃的 1918》，《现代中文学刊》2015 年第 6 期。

2 月

1 日　作书致孙荃,自题为"戊午年第一书"^①。信中对孙荃所寄诗作大加赞赏,称"来诗大有进境,必别绪离愁,协力相攻,才能到此",又谓"读到'年花九十去难留'句,更为黯然销魂盈盈泣下",而"诗中稍有不洽处,略为改削,重录之左……录诗毕,觉技痒难藏,走笔为君裁一和句如何",遂附本日所作和诗《寄和荃君原韵四首》(七绝)。

书中并推荐清代诗人陈文述(字云伯,号碧城外史)诗《雪中过红桥》《空庭独立偶书所见》《赠如意馆画士》等三首,因"陈碧城诗清新轻快,堪为女子师"。

20 日　作书致孙荃(明信片),"还望饭后茶余,时通尺牍,慰我羁愁"。

3 月

3 日　作书致孙荃,告以"刻来东京,与树祺住三日,谈乡里事颇详"。该函未见发表。

8 日　作书致孙荃(明信片),谓"来书多萧飒语,令人不堪卒读",并提及"适浙江省教育会员来日本视察,为作舌人,忙碌数日,刻已返回中国"。该函未见发表。

9 日　春假前(八高校历上春假是 4 月 1—7 日),郁达夫请假出游"志势间",即与爱知县相邻的三重县志摩、伊势一带,为久负盛名之观光胜地。第一站即汤山温泉。作旧诗《宿汤山温

---

① 沈小惠、峻峰《说郁达夫与孙荃的 1918》,《现代中文学刊》2015 年第 6 期。

泉》(七绝),载 1918 年 5 月 23 日日本《新爱知新闻》第 9643 号。

10 日　出汤山,沿伊势湾南下,经三重县省会津市西边小城阿漕浦,又至伊势湾的观光重镇鸟羽,登上了这里的日和山。

同日　作七绝《夜闻猛雨风势撼楼》(两首,又题《宿汤山温泉夜闻猛雨两首》)、《过漕浦天忽放晴》和《登日和山口占一绝》,载 1918 年 5 月 23 日日本《新爱知新闻》第 9643 号。

28 日　作书致孙荃,指导孙荃多读诗:"汝诗已佳,然苦读诗不多,故平仄时有错置处。此后可取元诗别裁集中之七绝读之。再三熟读后,诗风当能一变也。"并于游汤山温泉时得诗十首中择其易解之三首抄录。

4 月

2 日　春假期间,第二次出行。本次出行方向为西京(京都)—岚山—岐阜县养老山—弥富。

3 日　作书致孙荃(明信片)二通,其一于正面银阁寺图片上题写:"昨夜来此为养生计也。今朝冒雨游银阁寺,沙山水沼景颇幽也。此写真乃银阁寺中购得者,颇愿与汝共赏之。"其二内容为旧诗《偕某某登岚山,闻某情话感伤旧事,怅然有怀,赋长句示某某》(七律),诗题又作《登大悲阁闻友人情话有作》,诗中自注曰"与某订交已及五载"。①

同日　又作旧诗《养老山中作》(七律),载 1918 年 4 月 12 日日本《新爱知新闻》第 9602 号。该作发表时,编者赞语为:

　　达夫诗,如春草乍绿,尚存冬心,尤妙于艳体,读之,皆

---

① 沈小惠、峻峰《说郁达夫与孙荃的 1918》,《现代中文学刊》2015 年第 6 期。

令人惘惘。顷游养老山,寄示兹篇,盖一兴到之语,然才气毕竟不凡,其道大得灵助者,似矣。①

6日 第二次到弥富访服部担风。作旧诗《重访蓝亭有赠》(七绝),载 1918 年 5 月 22 日日本《新爱知新闻》第 9642 号。服部也有次韵诗,诗前系语:"四月六日达夫来,有诗,即次其韵。"

8日 致孙荃明信片,全文仅一句话:"文已迁居八高前水谷留次方矣,下次书来乞寄此处可也。"该函未见发表。

14日 致孙荃明信片,询"清明祭祀已毕否? 文家亦有人来宵井耶? 儿时文每来汝家宿,晓窗残月,东阁鸡声;旧梦重寻,已如隔世",函末并"附(三月后所寄各书日期):阳历三月七日明片一,四月三日明片一,四月四日明片一,十三日书一封"。该函未见发表。

按:从该函可知,郁、孙两家确为老亲,而郁氏在宵井有祖坟,每年清明,郁家都派人上坟并且住在孙荃家中。

同日 又致书孙荃,提及"自来海外,五载未曾拜墓。夜讲习蓼莪,泪辄如雨下。游子他乡,思归之念,真不可以言语道也。"该函未见发表。

26日 作书致孙荃。此信分前后两段,一段为阴历三月十四(阳历 4 月 24 日)午后 3 时书,告之孙荃"此番春假予游西京养老各处,遇奇人奇事颇多。欲为君详说,又苦无暇日。当待他年返国时,再与作酒后谈也"。第二段为阴历三月十六(阳历 4 月 26 日)午后 6 时所作,内容为鼓励孙荃多作诗,到时可结为诗集,并为孙荃诗集拟定书名、署名、格式。该函收《郁达夫全集》

① 郁云《郁达夫传》第 35 页。

第 6 卷时不全,且记为作于 1918 年 3 月 16 日。[①]

27 日　作书致郁曼陀,提及与孙荃订婚事:"文来日本前一日,曾乘舆至宵井,与未婚妻某相见。荆钗裙布,貌颇不扬。然谈吐风流,亦有可取处。"函载 1985 年《人民文学》第 8 期,署名文。

本月　作书致郁曼陀,言及近来德文大有进境,想十年后当能在柏林谋一位置。原信无称呼。载 1985 年《人民文学》第 8 期,署名文。

本月　作旧诗《辞祭花庵,蒙蓝亭远送至旗亭,上车后作此谢之》(七律),载 1918 年 4 月 12 日日本《新爱知新闻》第 9602 号。

本月　与雪儿同居生活告一段落。

5 月

12 日　开始创作《自述诗》,是年 12 月 25 日完成。

16 日　作书致孙荃(明信片)。告以"此番中日交涉,留学生大动公愤,决议全体回国"。此事因段祺瑞与寺内内阁签订中日军事密约,并以"参战"为名,向日本借"西原"借款,引起中国留学生强烈愤慨,掀起罢课学潮,并选派代表回北京、上海从事宣传请愿活动,历时两周。郁达夫虽未回国,但积极响应罢课。该函未见发表。

26 日　作书致孙荃,告以"自中日交涉发生后,留学生主张全体回国。文伤学生之无成也,不欲归"。该函未见发表。

---

①　参沈小惠、峻峰《说郁达夫与孙荃的 1918》,《现代中文学刊》2015 年第 6 期。

6 月

月初　据 7 月 24 日致孙荃函,留学生归国事起,逃赴乡间小住,后因财竭,遂赴东京为人佣工。

6 日　作旧诗《客感寄某》(七律,二首),载 1918 年 7 月 9 日日本《新爱知新闻》第 9690 号。亦见 7 月 13 日致孙荃明信片。

9 日　因财竭滞留东京。当日重新开始记日记,并取 1918 年日记为《新生记》:"日记一册,自去年十二月二十四日起者已尽,今日之记事,不得不书于此'新生记'上矣。"

同日　午前典银壶滴漏一只,当日币四元,即购《原富》《简易生涯》等书。

10 日　夜会雪儿,"一日功夫复归乌有"。

11 日　因急于领官费,午前电问留学生总监督江庸①是否已到东京,得到的答复是七日以内。

12 日　午后访牧师某借得日币 10 元,午后迁居至菊坂町,新居定后即赴神田访郭冠杰②于病院。

15 日　夜往见雪儿,12 时才回住处。

16 日　当日日记:"今日钱已用竭,明日当赴留学生监督处领费。若不给者当卖书。"

17 日　领费不成。夜膳后赴神田知革剧场看电影《天国名花》,"欲往观因无钱而止"。

---

①　江庸(1878—1960),字翊云,晚号澹翁,四川璧山(今属重庆)人。中国近代法学家。1906 年毕业于日本早稻田大学法制经济科,1918—1920 年为日本留学生总监督。

②　郭冠杰(1882—1951),广东梅州人。国民党员。早年参加同盟会,1916 年考入日本早稻田大学政治经济学部,1920 年夏毕业回国。

18 日 访监督江庸不成，访郭冠杰，赠以《富国论》二册。

20 日 夜雪儿来，并同居一处，"以汤饼飨之"。

21 日 清晨 6 时即送雪儿到车站，赴监督处领得学费。即往典当行取出银壶滴漏。

22 日 启程前往名古屋，午后 6 时 10 分到达。

同日 作旧诗《晓发东京》（七律），载 1918 年 7 月 9 日日本《新爱知新闻》第 9690 号。

23 日 作江庸、雪儿、担风、浩兄书，均已佚。

同日 作旧诗《山村首夏》（七绝）。

26 日 午后致函郁曼陀（已佚），"乞钱者也"。

28 日 致函雪儿（已佚）。致书孙荃（明信片），"告以试期将近，拟试毕后稍事著作云云"。[①]

30 日 计划暑期用功，"用意于道德文章"，计划如下：

著小说《晨昏》（*Morning and Evening*）；

读德文：Kleist（克莱斯特）的中篇小说 *Emilia Galotti*（《爱米丽亚·迦洛蒂》）、□□□□□□，Hoffmann（霍夫曼）的中篇小说□□□□□□，屠格涅夫长篇小说 *Virgin Soil*（《处女地》）和 *Smoke*（《烟》）；

习字"褚遂良"；

习法文至少须至能看平常小说类；

译《死之胜利》或杜儿葛纳夫小说。

本月 作旧诗《盛夏闲居，读唐宋以来诸家诗，仿渔洋诗例成诗八首录七》（七绝，七首），载 1957 年日本爱知县津岛市弥富町中国古典诗词同好会刊行的《中国古典诗》7 月号。其中《杜樊

---

① 参沈小惠、峻峰《说郁达夫与孙荃的 1918》，《现代中文学刊》2015 年第 6 期。

川》一首为该题第四首,已列入《论诗绝句寄浪华五首》中,收《郁达夫全集》第 7 卷时实列 6 首。

7 月

2 日　当日日记:"今夏拟一意著书,谋一得钱妙计,使不至于贫。来年夏当能稍宽舒也。"

同日　参加八高伦理心理学考试。

3 日　参加八高汉文、日文考试。

4 日　参加八高历史考试。考后感觉不错,"予尚能得一中等成绩,大约今年不至于下第也"。

5 日　参加德文考试,亦"当能得一中等成绩也"。

6 日　午前试英德文(日记原文如此),"只有小错,最少亦能得七十点也"。

8 日　午后雪儿自东京到名古屋,与郁达夫开始第二次的同居生活。并一起去看天神东之空屋,拟在 15 日将书卷迁至此。

11 日　夜与雪儿赴公园,不想雪儿"于稠人广众之中"大发脾气,于是决定"渐与之疏"。

13 日　搬迁至日本名古屋外御器所村字天神东百十一番地。

同日　作书致孙荃(明信片),内容为旧诗《客感寄某》(七律二首),下款"兰坡阅之"。该函未见发表。

15 日　又与雪儿发生争吵,"终夜不得安眠","行当弃之"。

16 日　当日日记:"阅报识美国促日本出后于西北利亚防德兵与俄兵之东下,各政党中不甚赞成,然日本素欲示勇于他族人前,早晚或将出兵于我国北境也。日本若出兵,则曩日缔结之中国协约当然将生事变,我国之亡不出数年后矣!而南方政府尚极欲运动分离,亡中国,中国人也。余一人虽欲救国,亦安可得乎?"

18日 午后考试结果发榜,郁达夫及第,如愿升入三年级,"此固定事也,然欣喜亦有不可以言语形容者"。

20日 钱潮来访,并共进午餐。夜月明,告诉钱潮雪儿身世,并告以将弃之云云。当晚,钱潮入住郁达夫的公寓。

21日 当着同学钱潮的面,"午膳后雪儿大作狂态","夜至十一时犹争执未休",郁达夫决心与她断绝关系。

1918年初夏,为取回郁达夫代领的毕业证,钱潮去郁宿舍。"没想到他与一个年轻的日本女子住在一起,使我大吃一惊。达夫见到我,欣喜万分。拉着我问这问那,还热情地留我住了一晚。他并坦率地告诉我,与他同居的这位女孩子以前嫁过人,前夫是个军人。不过,我发现这个女子脾气很坏,那时他俩的关系已很紧张,果不多久,他们就分手了。"①

24日 作书致孙荃,主要内容为"留学生归国事起,文逃赴乡间小住,后因财竭,遂赴东京为人佣工",并告知"今夏欲作小说《晨昏》篇,放假后已书成六七张矣"。该函未见发表。

25日 午前又与雪儿起争执,当晚送她去车站,回东京。

30日 作《自述诗序》,并完成其中11首。

8 月

2日 作书致孙荃,谈孙树祺东来日本事,并嘱"树祺来时,千乞为在上海购三炮台烟一盒(五十支者,价洋大约在六七角左

---

① 钱潮《我与郁达夫同学》,《回忆郁达夫》第29页。

右——原注)并扫叶山房发行之《两当轩全集》(实价七角)及《元遗山诗集笺注》(实价一元四角)两书,价共若干,当于东来时算还也"。该函未见发表。

10日 自照相馆取写真三张,一张寄给祖母、母亲,一张寄给孙荃,并题诗三首,即旧诗《题写真答荃君》(七绝,三首)。

14日 作旧诗《题仕女图》(七绝,三首)。

16日 作书致孙荃(明信片),谓"万里长空,怀乡颇苦,故作此书"。该函未见发表。

19日 当日日记:"午前访潘某,识北京大学现方着手于新文学之设立,读《青年》杂志,知伊勃生所作剧方宣传于各学子口也。若是乎,予之杰作可以问世矣!"

23日 发雪儿信两封,"促之来"。

24日 接孙树祺信,诉以丢失日币百元,要求郁达夫上东京为之设法。郁作书答复,并致函孙伊清(已佚)告知。

26日 午前雪儿自东京来到名古屋。

27日 午后吉田来访,谓将赴满洲服兵役。作旧诗《赠吉田某从征》(七绝,两首),并许以30日前往送别。

28日 当日日记:"午前阅报,知徐世昌当选总统职。俄疆战事,日兵死伤二百余人,颇快人意也。"

29日 午后赴吉田家,告以次日不能前去送别,作旧诗《赠别》(七绝)一首。

本月 郭沫若在博多湾海岸与张资平相见,说早想"找几个人来出一种纯粹的文学杂志,采取同人杂志的形式,专门收集文学上的作品。不用文言,用白话"。至于"印费",则建议"每个人从每月的官费里抽出五块钱来"即可。在物色人选时,郭首先想到:"我们预科同班就有一个郁达夫。"张资平也知道:"老郁是会做旧诗的,听说他常常做旧诗到《神州日报》上去发表。听说他也在做小说呢。"两人数来数去可以作为文学上的同仁的还是只有四人,便是郁达夫、张资平、成仿吾和郭沫若。①

9 月

1 日 新学期开始,郁达夫入学八高第三学年。

2 日 作旧诗《题文姬归汉图》。合 8 月 14 日所作三首,总题为《题仕女图四首》(七绝),合载 1918 年 10 月 12 日日本《新爱知新闻》第 9782 号。

5 日 作旧诗《感时》(七律)。

7 日 夜,偕雪儿往观电影。

12 日 午后取寒衣细布一丈二尺入质,得日币十元充作雪儿路费,夜 8 时送她上至东京汽车。再次决心与之断却关系:"此后决不欲再与雪儿同居,待至来年夏上东京后小与来往,行将与离也。"

15 日 作旧诗《寄荃君》(七律)。

17 日 作书致孙荃,告以迁居事,并回忆起去年此时,"正相见于山中。对景怀人,文亦颇难自遣。落落游踪,不识何日,方能还卿安住? 文人命薄,秋思颇苦也!"

21 日 迁居至日本名古屋市外御器所村字中屋敷一·木村方。

25 日 接孙荃书,信中附孙荃所作《奉寄》二首。

27 日 决定改入经济科,准备次日赴教务处陈说。但在接

---

① 参郭沫若《创造十年》,《郭沫若全集》文学编第 12 卷第 47 页,人民文学出版社 1992 年版。(以下该著出版信息从略。)

下来的日记中没有下文。

30 日 本日日记:"午后读韩非子《孤愤》一篇。当韩非子之时,韩国情状颇与今日之中国同。韩有韩非,而不能用,国浸以亡。我中国亦不少法术之士。重人据位,法术之士断难见用,予其亡矣!入大学后,予将学经济,若中国得明主能委予以柄,则继绝兴亡之事颇易也。然予岂能得此任?中国亦安能得此主?足以兴中国者,唯忠良之盗贼耳!义侠直盗之不兴,中国且日削矣!予颇愿昔时侠客之再生焉。"

10 月

4 日 上德文课,课上习题 *Lebenslauf*(个人简历、生活经历),列第一。"大为德人某所赏,日人颇有嫉之者。"

同日 致函雪儿(已佚)。

6 日 该日日记:"午前作《还乡记》至 15 张,能作面 100 余张之小品,亦能售得若干钱。"该手稿未见,是否与 1923 年 8 月所作《还乡记》有联系,待考。

7 日 等雪儿信不来,"予与雪儿之缘自此绝矣"。

8 日 作旧诗《张碧云》(七绝)。诗前自记:"东京丁豫书来,必欲使作张碧云诗不得已欲作绝句一首答之。"但诗成之后又说:"然诗太轻薄,非所以慰死而安生也,故不寄。"

10 日 国庆日。思祖国"南北分立依然如故,国债积至数百万万,国权已尽为他人所蹂躏,领土无存国权不固,如此之国尚可名为国乎",但目前自己身处敌国,要是将来想治国平天下,必须"此后所当慎事":"一、勤俭;二、养生;三、敦品;四、慎言。"

13 日 终日不出门,完成《还乡记》创作。

14 日 该日日记:"午前接长兄,劝予勿作苦语;又云:富春无大人物,为地方山水所缚也。"

17 日 作书致孙荃,告以"去夏还乡事,已记入《还乡记》矣,记可万余言,自名古屋发车起,至上富春江轮舟止。其实还乡事犹未记入也。更欲续作,因学校考试在即,因而中止。他日有暇当更作《家居记》及《东征目录》两书以续之耳"。该函未见发表。

19 日 作旧诗《曼兄书来,以勿作苦语为戒,作此答之》(七律)。

20 日 作旧诗《遇释无邻,知旧友某尚客金陵,作此寄之》(七律)。

21 日 准备德文演说至深夜。

22 日 因德文老师不至,故演说亦中止。

24 日 夜作《闲居记》,为《还乡记》续篇,疑已佚。

28 日 得母亲病报,"不觉涕零","遂作曼兄兰坡及母亲三书告以若果母亲病重,予亦将抛去学业返舍云"。

其中致郁曼陀和母亲函已佚,致孙荃函主要内容如下:"文尚在苦学,此刻又不能抛弃学业而西归。若是则能替文尽侍省之礼者,唯汝一人而已。接此信后即请向富阳家中一行,尽心竭力,为文侍奉二老。若母亲病果难愈,文亦当抛学而西归。"未见全文发表。

29 日 进爱知病院,热度为三十九度,作信致监督请假。

31 日 病体稍愈,回寓舍取东西,得担风先生寄来《文字禅》一期,知刊有诗作三首,并附担风评语"风骚力主年犹少,仙佛才兼古亦稀。达夫有焉",称"此话实在过奖,但受人夸奖岂有不悦,勉之,勉之"。

11 月

1 日 病愈。作旧诗《口占赠某》(七绝),载 1918 年 12 月 1 日日本《新爱知新闻》第 9829 号。诗中"某"为郁达夫生病期间所雇护理人员,愈后书此为赠。据伊藤虎丸等辑《郁达夫资料》刊,名古屋市市民川岛清堂藏有诗人手迹,诗题正是《口占赠某》。

9 日 第三次访服部担风,作旧诗《病后访担风先生有赠》(七律),载 1918 年 12 月 1 日日本《新爱知新闻》第 9829 号。服部担风家存有郁达夫录该诗书法作品,落款为"郁文未已草"。

12 月

24 日 作书致孙荃,说昨晚又梦到她,并诉说思念:"夜静更深,予又不得不思去岁与汝相见时状。嗟嗟,予固不幸,汝亦为予累矣,宥之宥之……"更要求多写信:"来书愈详愈妙。博士卖(应为买,编者注)驴,不妨书尽三。天涯游子,所乐闻者,唯故乡消息耳,书虽长亦何妨?"该函未见发表。

25 日 完成《自述诗十八有序》(七绝,十八首)。该组诗作于是年 5 月 12 日至 12 月 25 日。诗后自注:"二十三岁夏初作,十二月二十五日脱稿,前后共十八首。十七岁以后诗无暇作,当待之他日耳。文识。"

28 日 作旧诗《奉寄曼兄》(七律)。

1919年(己未,民国八年)　23岁

▲4月,巴黎和会通过决议,否决中国提出的取消列强在华特权和21条不平等条约等内容的提案。

▲5月,五四运动爆发。

1月

1日　作旧诗《己未元日》(七绝)。此诗作于公历元旦,其实当日并非"己未元日"。夏历己未正月初一,是公历的2月1日。

4日　早餐后即赴弥富,应邀参加服部担风每年1月4日于其书斋蓝亭举行的新春贺宴,花村襄洲、角田胆岳等12人同席。席间与蓝亭诗友合作《己未新正四日蓝亭小集柏梁体联句》,郁达夫起句:"分题斗酒雪中天。"联句载1919年1月29日日本《新爱知新闻》第9885号。作贺宴诗《新正初四蓝亭小集赋呈担风先生》(五律),载1919年1月28日日本《新爱知新闻》第9884号,担风并次韵。

席间,郁达夫赠年方十五之少年角田胆岳(小林清八郎)一页诗笺,"时学校放假寄寓蓝亭学诗"。"也许是他在少年胆岳身上看到了自己的少年时代,想起了他自己在故乡杭州上中学一年级就开始投稿的少年时的事吧。"①

席间,作旧诗《访担风于蓝亭,蒙留饮,席上分得"雪中梅",

---

①　参稻叶昭二《郁达夫——他的青春和诗》,《郁达夫传记两种》第221页。

70

限"微"韵》(七绝),收《郁达夫全集》第 7 卷。此即郁达夫赠胆岳的条幅内容。

6 日 春假结束,次日开学。

10 日 夜观电影《威尼斯之鲜血》。

13 日 接雪儿信,"谓已被卖作娼妇矣"。心乱神昏,来往于月光下者良久:"思前思后觉负雪儿者事多,雪儿之负我者事亦不少。要之予二人缘已尽于此日绝矣。去年此日正思雪儿不置之日也。"

16 日 接孙荃书,附诗五首,"读罢不觉涕零"。

17 日 作书致孙荃,并附和旧诗《寄和荃君》(七绝)。该函未见发表。

18 日 当日日记:"昨夜思作一短篇小说,描写予二年前烦闷时心境。"

20 日 接雪儿书,阅后想"我同雪儿的这一节情事,他年总要写他出来才好"。当日日记提及佐藤春夫①《田园的忧郁》,说读到这部小说的时候,心里非常难受。因为"我想做的小说,已竟为他着了先鞭了"。

21 日 春假前考试成绩发表,英德文依然得了甲种类的成绩。

同日 作旧诗《无题》(七绝)。诗后自记:"昨天晚上做两句诗……总觉得不入调。今天又做了两句诗……这两句诗若被曼兄看见,定能为他所赏。"

同日 作旧诗《雪》(七律)。前两句即前日诗后记中所言

---

① 佐藤春夫(1892—1964),日本诗人、小说家、翻译家、评论家。著有《田园的忧郁》《都市的忧郁》《殉情诗集》等。

"今天又做了两句诗",与前诗一起寄担风,且称"《随鸥集》将放一异彩矣"!

本月 作旧诗《穷郊独立,日暮苍然,顾影自怜,漫然得句》(七律),载 1919 年 2 月 26 日日本《文字禅》第 25 号。

2 月

1 日 阴历大年初一。夜,留学生总监江庸"招饮",宾主"尽欢而散"。

2 日 送江庸监督至虎溪山,回到公寓已午后 3 时。

3 日 作旧诗《宿安倍川》(七绝)。

8 日 午后乘车赴东京,夜宿静冈。

9 日 清晨 6 时离开静冈,12 时抵达东京,访雪儿。

10 日 送雪儿上横须贺后,访孙树祺,晚宿孙树祺处。

11 日 乘早上 8 时火车返,晚 8 时抵名古屋。

12 日 作旧诗《雪》(七律),并将该诗与《宿安倍川》一同寄服部担风。

15 日 夜接东京信,知浙江省教育视察团次日 10 时到名古屋。

16 日 与同乡三人迎视察团于离亭,宿大松旅舍。

17 日 全程陪同视察团参观名古屋市内小学校,"倦极愤极"。

18 日 作旧诗《赠梅儿》(七律)。梅儿是大松旅舍的侍女。诗后作者自记:"今晨书欲以之赠梅儿,梅儿不受。梅儿姓 DIE 田名梅野,岐阜产也。鼻下有黑痣,貌清楚可怜,年十八矣。"

同日 开始试作早期小说《两夜巢》。小说以三位同学陪同家乡教育视察团参观考察名古屋小学一事为故事蓝本,中间插叙一段"发种种的厌世少年"与大松旅社侍女梅浓的交往。这篇小说试作已颇可见郁氏日后自叙传小说的风格和主题,比如纪实笔法、青春冲动和弱国子民的卑己自牧。

19 日 作旧诗《别隆儿》。

20 日 《两夜巢》完稿。该小说创作于郁达夫 1919 年日记本上,手稿一直由郁达夫原配夫人孙荃珍藏于富阳老宅。2006 年由郁达夫长媳陆费澄女士誊清提供,收《郁达夫全集》第 1 卷。

同日 作七绝《留别蝶如》《留别担风》《留别梅儿》《留别佩兰吟社同仁》四首。其中,《留别担风》又载 1919 年 4 月 15 日本《随欧集》第 174 号。

21 日 作旧诗《别同学》(七绝)。

25 日 至弥富访担风,与之话别,赠以旧诗《送担风》(七绝)。担风则以所画梅花为赠。此梅花图辗转经郁达夫带回国,一直存放于富阳老家,现存郁达夫故居。

3 月

1 日 午前赴犬山游,作旧诗《重游犬山城》(七律)。

5 日 上午参加学校德文考试,"予当能列入上等"。

11 日 作旧诗《游八事山中,徘徊于观音像下者久之》(七律)。

13 日 参加英文考试。

18 日 午前试历史,"予只做一半,大约此番试事成绩定不扬矣"。

21 日 下午与潘某看电影,归途中"遇隆儿梅儿","为之自失者久之"。

28 日 作旧诗《即景》(七绝)。

31 日　乘车赴东京,4 月 4 日返回名古屋。

4 月

1 日　午前谒江庸。

3 日　当日日记:"午前与潘廷翰谈。潘,诸暨人也。蒙以午宴见邀,遂偕树祺赴焉。夜宁波朱得安、杨禹甸招宴,饮至九时始归。"

6 日　午后访樱井先生,与谈文艺等事,至 7 时始归。

16 日　作书致孙荃:"日记最有益于修身。文自前年正月起,迄今未尝一日阙……至今风雨晦迷,神魂不定时,一翻旧时起居注,即觉精神百倍,万虑俱忘。是则日记能移人性情之证佐也。"收《郁达夫全集》第 6 卷时不全,未见全文发表。

18 日　第二学期成绩发表,郁达夫历史、体操、日文三科不佳,"第三学期考试时于历史当稍加意焉"。

5 月

月初　或曾陪同冨长蝶如到浅草去看过一次梅兰芳剧团演出的京戏。《郁达夫——他的青春和诗》"(42)日记"稻叶注:"冨长先生曾在座谈中说'浅草曾经有过京剧演出,郁文偕我去看了',说是'特意进了京'。经查,梅兰芳剧团在帝国剧院的演出是大正八年(1919 年)五月一日至十四日的事。"

查郁达夫日记,该年 5 月 1 日至 14 日郁达夫均在名古屋,未记"特意进京"一事。

4 日　作旧诗《留别梅浓》(七律)。梅浓即梅儿。

5 日 当日日记:"山东半岛又为日人窃去,故国日削,予复何颜再生于斯世!今日与日人约:二十年后必还我山河。否则,予将哭诉于秦廷求报复也!"

6 日 当日日记:"北京大学生群起而攻曹汝霖、章宗祥、陆润生三人。"

7 日 当日日记:"国耻纪念日也。章宗祥被殴死矣!午前摄影作纪念,此后当每年于此日留写真一张。"

6 月

2 日 作书致孙荃,谈及"右诗五篇,系三年前作,见小说《金丝雀》,正可以说出我目下的心事来"。全函未见发表。

8 日 当日日记:"凡一书之未成也,先必构想布景。及既成也,则磨琢练简,使其文无一笔平处,斯为美耳。予今夏欲作自叙传体之小说一篇,未作之先,更思构想,构想之时,又思将前人小说,多读若干篇。是则予目下之计划也。"

13 日 学校停课,以便学生复习、准备毕业考试。

14 日 毕业考试第一日,考试科目为修身、历史。16—20日分别考日本古文及汉文、德文及法学通论、德文及德文诗说、英文和德文。

25 日 作旧诗《别戴某》(七律)。

26 日 晚 9 时,高等学校毕业生姓氏发表,郁达夫以第 28名的成绩(共 34 名同学)从名古屋第八高等学校丙类德语法律科顺利毕业。

27 日 赴弥富访服部担风,与之辞行。

7 月

1 日 赴东京。晚 11 时到达。当日日记:"午前十一时五十八分乘车发热田,入东京已午后十一时。驿舍远近,灯火已昏。"

2 日 午前租房于野村家楼上之室。食宿费 30 日元一月。夜冨长蝶如来访。

3 日 搬迁至日本东京本乡区东片町百三十五野村方。

6 日 接长兄信,劝回京参加文官考试。

16 日 午前为孙树祺考试落第事,赴神田,向明治大学理事关说。

17 日 寄毕业文凭给长兄,以报名参加外交官考试。

24 日 接长兄信,谓外交官考试需于下月 20 日前交出论文一篇。拟作《中国今后之外交》以投之,译以德日两文。

28 日 作旧诗《送蝶如归有怀担风先生》(五律)。

8 月

3 日 作书致孙荃,告以已从八高毕业,下半年将入东京帝国大学学习,"此番来即为预备入学也"。并告以 10 月将回国参加文官考试。收《郁达夫全集》第 6 卷时不全,未见全文发表。

4 日 作论文《中国今后之外交方针》(已佚)。

同日 接孙荃书,附有诗四首,"其夜雨一首,颇可颂也。第二首因不类女儿诗,为改为予之《梦过通天台》",当日日记中附录该诗(七律),并落款为"兰坡达夫合作"。

7 日 作书致孙荃,劝其多读晚唐诗:"晚唐诗人以李义山、温飞卿、杜樊川为佳。试取李商隐《无题》诸作而读之,神韵悠扬,有欲仙去之概,世人以其过于纤巧而斥之,误矣! 诗必纤巧而后可,何过之有!"收《郁达夫全集》第 6 卷时不全,未见全文发表。

8 日 夜访树祺,路遇张资平、郭冠杰。

12 日 完成论文《中国今后之外交方针》的英、德文翻译。

13 日 午前寄论文至外交部,又赴监督处请出具大学生在读证明。

16 日 作旧诗《新秋偶成》(七律),载 1919 年 10 月 16 日日本《新爱知新闻》第 10140 号。

18 日 午前与张资平赴浅草看女优赵碧云演剧,归途中与资平论议多时,欲与资平合著"百科大成"。

29 日 决定于下月 8 日返国。作书致孙荃(为明信片),告以将归国事。函未见发表。

9 月

2 日 郁达夫访冨长觉梦于驹込上富士前町,告以次日将动身去北京参加文官考试。①

4 日 离开名古屋赴长崎。

8 日 在长崎上船,作旧诗《过长崎》(七绝)。

10 日 午前 10 时船抵上海。

11 日 坐火车赴杭州,抵闸口已近黄昏。

13 日 当日日记:"返寓见经子渊亨颐②刺于桌上,知伊于

① 稻叶昭二《郁达夫——他的青春和诗》,《郁达夫传记两种》第 261 页。
② 经亨颐(1877—1938),字子渊,号石禅,晚号颐渊,浙江上虞人。教育家、书画家。时为浙江省立一师校长。后创办春晖中学,曾任国立中山大学代理校长。

予不在中来访矣,明日拟归家也。"

同日 作旧诗《西泠话旧》(七律)。

14 日 午 12 时左右到家。"家人皆喜不自胜,祖母已笑不能掩口矣",午后去县政府拜访知县。

16 日 赴宵井。

18 日 在孙家,"终日不出与未婚妻谈"。

19 日 返富阳家中。午后作旧诗《题春江第一楼壁》(七绝)。

同日 致函冨长觉梦。①

20 日 作旧诗《留别沈涛青》(五律)、《宿钱塘江上有赠》(七律)。夜抵杭州,宿城站旅馆。

21 日 乘早车赴上海。

22 日 乘特别快车赴南京,渡长江后,又换乘津浦车赴天津。途中作旧诗《过徐州》(七绝)。作者自记:"初以为颇有晚唐风调,及至书出时,则'羊'字重出。"又作旧诗《渡扬子江》,今仅存断句。

23 日 黄昏时抵天津,又换乘,抵达北京前门已夜半。

24 日 自该日起,寓居长兄郁曼陀家中等外交官考试发榜,及准备高等文官考试。

26 日 得知外交官考试②未果,在日记中愤然写道:"庸人之碌碌者,反登台省;品学兼优者,被黜而亡! 世事如斯,余亦安能得志乎? 余闻此次之失败,因事前无人为之关说之故。夫考试而必欲人之关说,是无人关说之应试者无能为力矣! 取士之谓何?"

---

① 稻叶昭二《郁达夫——他的青春和诗》,《郁达夫传记两种》第 261 页。

② "外交官考试"并不经考试环节,只以提交的论文及外文翻译为依据。

10 月

5 日　当日日记:"夜月明,与养吾、曼陀踏月论诗,出阜成门,沿河缓步。"

9 日　作旧诗《己未秋,应外交官考试被斥,仓卒东行,返国不知当在何日》(七律),题壁于北京某亲王府,诗后署名"江南一布衣"。

11 日　夜与长兄郁曼陀论诗,作旧诗《秋夜》断句:"斜风吹病叶,细雨点秋灯。"

同日　日本东京帝国大学举行入学仪式。本年是经济学系从法学系经济学科开始独立设系的第一年,为欢迎第一批入读学生而未设考试。郁达夫因归国未参加入学仪式。

13 日　因慕胡适之名,致函胡适求约见①:"我并不认识你,你当然是不认识我的。你们的那一番文艺复兴的运动,已经唤起了几千万的同志者。大约不认识你的青年学生,唐唐突突的写信给你的人,也一定不少的了。"并且信末说"回信最好请你用英文写",署名 James Daff Yowen。

15 日　接胡适回信,"招往游"。又接上海《申报》馆编辑王一之信,"《申报》通信员一席已定实矣"。

18 日　午前 10 时访胡适,在胡适家中谈一小时。

19 日　文官考试第一天。作旧诗《晨进东华门口占》(七绝)。

23 日　文官考试第二天。

---

①　胡适(1891—1962),学名洪骍,笔名胡适,字适之。思想家,哲学家,新文化运动领袖之一。著有《尝试集》《白话文学史》等。

27日 文官考试第三天。作旧诗《静思身世，恼有加，成诗一首，以别养吾》（七律）。

11月

2日 参加文官考试口试。

8日 文官考试榜发，郁达夫落榜。二兄郁浩考试合格，名列第27名，分配到海军部。

9日 又晤胡适。作旧诗《留别家兄养吾》（七律），乃改10月27日诗所成。

10日 游陶然亭，作旧诗《题陶然亭壁》（七绝），又作《己未都门杂事诗》二首（七绝）。

11日 离北京，至天津。

12日 从天津上"山东丸"返日本。经门司、神户，18日抵东京寓所，入读东京帝国大学经济系。

钟敬文《忆达夫先生》：

> 达夫先生在帝大是学经济学的。但他除了为应付一年一度的考试之外，恐怕很少在这方面用过功。他底阅读兴味主要是在小说上。仿吾先生曾经告诉过我，他在帝大读过三千本以上的小说。当时我听了虽然很感佩，却多少不免有些怀疑。后来在东京也间接听朋友转述了帝大一位图书馆员所说的话。他说，达夫先生在那里借阅的小说底数量，后来很少人能够追赶上去。他还说了达夫先生借阅小说的一种古怪皮气。别人借书总是先查目录，选择他所需要的去借的。达夫先生却别开生面。他是从书架上的第一栏第一本到第几本整批借出来的。看完了，又从前回终止

的地方开始往下整批借下去。像这样不选择地一栏又一栏,一架又一架,直到他出校门的时候为止。这也许是可笑的一种读书方法,但因此,他对于小说智识的广博在中国是少人比得上的。①

26 日　作书致孙荃,内有"青山隐隐,忆煞江南,游子他乡,何年归娶?君为我伤心,我亦岂能无所感于怀哉!渭北江东,离情固相似耳,幸勿唤我作无情"语。并附旧体诗《偶感》(五律),收《郁达夫全集》第7卷时记为11月28日作。函未见发表。

29 日　作书致孙荃,内有"文少时曾负才名,自望亦颇不薄,今则一败涂地,见弃于国君,见弃于同袍矣,伤心哉,伤心哉!"语,以表达两试落第的痛苦。该函未见发表。

本月　作旧诗《己未出都口占》(七律)。

本月　曾拟与毕业于名古屋八高,后又一起考取东京帝大的日本同学石古武雄(即福田武雄,法学部政治学科)、稻吉英治(法学部政治学科)、岩濑正男(文学部)、志贺富士男(理科部天文学科)合作创办日文杂志《寂光》(或名《凝视》),后因经费不足等而未成功。

12 月

本月　作旧诗《岁暮感愤》(七律),诗末署"白衣郎书"。

---

① 静闻(钟敬文)《忆达夫先生》,《文艺生活(桂林)》1947年10月(光复版)第17期(总第35期)鲁迅纪念号。

1920 年(庚申,民国九年) 24 岁

▲3 月,胡适《尝试集》由亚东图书馆出版。

▲10 月,英国哲学家罗素来华讲学。

1 月

3 日 作旧诗《和某君》(七绝),抒发两试不第、报国无门的心情。

同日 赴中央会堂听英文说教,"一则可以涵养道德,一则可以增进英文学力也"。

28 日 作书致孙荃,历数孙树祺之种种劣迹,乞孙荃尽快将作担保之树祺借款付邮,以免失去信誉。函未见发表。

2 月

22 日 抵房州海岸养病。

23 日 作书致孙荃(明信片),告以至东海岸静养,约一月后回东京,并告知东京新迁居地址:日本东京下谷区池之端七轩町四·赵心哲方。函未见发表。

24 日 作书致孙荃,附旧诗《读唐诗偶成》(五律)。信中云:"文在此间海岸静养,去东京可二百余里,距离杭州之去上海也。日夜涛声喧耳,无市井之尘杂。……今日去访友,购得《唐诗选三体诗合刻》一册。读之觉曩时诗兴,复油然而作,成五古一首。

诗虽恶劣,然颇足窥文近日心身之变状,因录之如左。"函未见发表。

同日 作旧诗《寂感》二首(七绝),系修改孙荃四首绝句中的"之三"和"之四",曾与其他绝句一同发表于日本《太阳》杂志,题为《杂诗》。

3 月

16 日 作书致孙荃,后附诗。函未见发表。

本月 自房州回东京。作旧诗《南船北马,落落无成,自房州赴东京车上有感》,诗题又作《感愤一绝,房州道上作》(七绝)。

春 一春日下午,召集"橘子会"讨论合出文学杂志事。

《创造社出版部的第一周年》记载,一个春天的下午,郁达夫和地质学系的张资平、造兵科的成仿吾,约了田汉(寿昌)①,在郁达夫下榻处,日本东京下谷区"不忍池边上"池之端七轩町四·赵心哲方的二楼寓所里,打算就一起搞一个文学杂志的事谈谈。成仿吾还带来郭沫若的信和诗稿,作为他对于创造社的提议。郁达夫和张资平共同出资买了一块钱的橘子。但因为没有等到田汉,这第一次"橘子会"便"流了"。无论如何,这还是可以视为创造社的滥觞。

4 月

本月 游京都,作旧诗《西京客舍赠玉儿》(七绝)。玉儿是京都一家旅馆的侍女。1941年初夏重书此诗时有跋云:"此二十

---

① 田汉(1898—1968),字寿昌,湖南长沙人。戏剧家,诗人,创造社早期作家,南国社发起人。著有《咖啡店之一夜》《丽人行》等。时就读于东京高师英文科。

年前游西京所作,回首前尘,诚如一梦。"

5 月

4 日 作旧诗《梦醒席上作,翌日寄荃君五首》(七绝),一至四首诗题又作《梦醒枕上作,翌日投邮有寄》,载 1920 年 7 月 1日日本《太阳》杂志第 26 卷第 8 号,署名无名氏。

郁达夫曾在家书中提及,与《太阳》杂志编辑高野的相识缘于上野图书馆的一次偶遇:在上野图书馆得读史梧冈《西青散记》,即以铅笔提"逸老梧冈大有情,一枝斑管泪纵横。《西青散记》闲来读,独替双卿抱不平"28 字于书后,得侧坐在旁一白须老人赏识,老人自谓姓高野,在《太阳》杂志选诗,故自此后,常将诗作寄交《太阳》发表。①

6 月

2 日 开始创作《圆明园之一夜》,以日文记于日记本中。原计划发表于 1920 年 10 月与四位日本同学合作创办的杂志《寂光》创刊号上,出于各种原因未果。2006 年据富阳郁氏后人提供的手稿誊清、翻译,收浙江大学出版社版《郁达夫全集》第 1 卷。该作为两个未完成的小说片断。据作者自述,这个标题下,"我想写的东西大致有二":一是以 K 为主人公的《秋夜之事》,以圆明园凄凉的景象为背景;二是以 S 为代表的东京留学生所遭受的虐待和绝望、自嘲。

3 日 作旧诗《客舍偶成》(七律)。

---

① 参郁云《郁达夫传》第 41 页。

21 日　作旧诗《与文伯夜谈,觉中原事已不可为矣。翌日文伯将西归,谓将去法国云》(七律),诗题又作《送文伯西归》,载1920 年 8 月 1 日日本《太阳》杂志第 26 卷第 9 号。王文伯回国后曾组织劝业银行。

同日　作旧诗《留别三首——和蝶如韵》(七绝)。

7 月

8 日　晚,冨长觉梦来访,于东京本乡区东片町 135 号野村家畅谈至 10 时许,信步进帝大前驹込桥边酒吧倾杯对饮。[①]

14 日　自日本归。

24 日　与孙荃在富阳家中完婚。婚后,致书长兄,告以结婚当日情况:

> 弟婚事已毕,一切均从节省。拜堂等事,均不执行,花轿鼓手,亦皆不用,家中只定酒五席,分二夜办。用迎送小轿进出,共八顶,于阴历六月七日去说,谓将于九日夜三时行婚。九日午后五时,女已坐小轿至富阳家内,饮酒二席后即送客就寝,亦无所谓送洞房点花烛也。[②]

该函未见另行发表。

本月　作旧诗《无题——效李商隐》(七律,两首),载 1920 年 10 月 1 日日本《太阳》杂志第 26 卷第 10 号。

[①]

[①]　稻叶昭二《郁达夫——他的青春和诗》,《郁达夫传记两种》第 260 页。
[②]　见郁云《郁达夫传》第 40 页。

8 月

13 日 离家返日本。不料到杭州即患疟疾,不得不推迟行期,又返回富阳。

9 月

20 日 午前 11 时由富阳出发赴日本。

21 日 在上海棋盘街旧书铺觅得一部清代文学史家史震林(梧冈)著的《西青散记》,惜版本不佳。本日日记:"午前出至陶君(指陶华瑚,上海商人),觉陶君之精神倍于人。始信曼兄成一分事业要一分精神之言之诚然。"

24 日 晨 6 时上船。

26 日 晨 5 时抵长崎,因疟疾反复,入长崎病院。

27 日 晨 6 时出病院,乘 11 时 25 分急行车往东京。28 日夜 8 时半抵达东京。

10 月

11 日 在东京丸善书店购得古本《西青散记》,颇觉满意。

17 日 作旧诗《读史梧冈〈西青散记〉》(七绝)。又作《〈西青散记〉小志》,题于《西青散记》长洲王韬紫诠甫"跋"的书眉上,"跋"后附言:"《散记》中记双卿事特详,当为摘出之作《双卿记》。"《小志》手迹由日本冨长蝶如收藏。

18 日 作旧诗《过苏州》《渡黄河》(七绝)。二诗均见于 10 月 18 日日记末,当是追忆 1919 年秋返国应试旅途所感之作。

30 日 作旧诗《旧历九月十五对月有怀》(七绝)。这首诗及

"次日续写下六首,各有所怀,曾发表于日本《太阳》杂志,题为《秋夜怀人》"①。又作旧诗断句《无题》。

11月

1日 作旧诗《秋夜怀人》(七绝,六首),与10月30日所作《旧历九月十五对月有怀》合题为《秋夜怀人》(七首)。

同日 作书致孙荃,附录有《秋夜怀人》第1、2、6首诗,题为《秋窗杂咏》,诗后加"李宜,黄州女妓名"的注解,当指北宋李琪。诗后又说:"此近作也,汝亦能懂其中意思否?"并提及:"文目下欲著《忆语》篇。将往日事尽编入此忆语中。成后当寄汝也。"

同日 8—10月间所作旧诗《新婚未几,病疟势危,斗室呻吟,百忧俱集。悲佳人之薄命,嗟贫士之无能,饮泣吞声,于焉有作》(七律),载是日日本《太阳》杂志第26卷第13号。

2日 作旧诗《七晨行装已具,邀同学数人小饮于室,王一之有诗饯行,依韵和之》(七绝),载1920年12月1日日本《太阳》杂志第26卷第14号。此诗记当年七月间离开日本返国前事,或为当时所作,而见于本日日记中。

本月 又作旧诗《寄内五首》(七绝),第1、2、5首诗题又作《有寄》,与同期所作《题画四首》(七绝),合载1921年2月1日日本《太阳》杂志第27卷第2号。

本月 致函长嫂陈碧岑,告以孙荃"因小产受病,目下已往母亲家养病去矣"等琐事,并要求将"补助费千乞于月中寄来"。

本月 为郭沫若诗剧《女神之再生》所作德文诗《百无聊奈者之歌——读〈女神之再生〉》,载1921年2月15日《民铎》第二

---

① 参《郁达夫诗词抄》编者按。

卷第 5 号。这是迄今能看到的郁达夫唯一一首德文诗,为郁达夫读毕郭沫若诗剧《女神之再生》初稿后写赠郭氏者。郭译成中文并连同原文附在《女神之再生》书后发表,称:"那八行诗的价值是在我那副空架子的诗剧之上的。"

1921 年(辛酉,民国十年) 25 岁

▲1 月,文学研究会在北京成立。

▲4 月,孙中山在广州任非常大总统。

▲6 月,创造社在日本成立。

▲7 月,中国共产党在上海成立。

1 月

4 日 由周作人①、朱希祖②、蒋方震③、郑振铎④、耿济之⑤、

---

① 周作人(1885—1967),号起孟,又作启明,浙江绍兴人。著有《自己的园地》《雨天的书》等。

② 朱希祖(1879—1944),字逷先、迪先、遰先,浙江海盐人。史学家。曾任国立中央大学历史系主任。

③ 蒋百里(1882—1938),名方震,以字行,浙江海宁人。军事理论家,军事教育家。曾任保定陆军军官学校校长,代理陆军大学校长。

④ 郑振铎(1898—1958),笔名西谛,原籍福建长乐,生于浙江温州。社会活动家、文学家、文学史家、翻译家。曾主编《小说月报》,著有《插图本中国文学史》《中国俗文学史》等。

⑤ 耿济之(1899—1947),上海人。文学家、翻译家,曾与郑振铎一起最早从俄文直译《国际歌》。

瞿世英①、郭绍虞②、孙伏园③、沈雁冰④、叶圣陶⑤、许地山⑥、王统照⑦等 12 人发起的文学研究会,是日在北京中央公园来今雨轩召开成立大会,郑振铎、耿济之、朱希祖、瞿世英、孙伏园、许地山、蒋百里、王统照等 21 人到会。会议由郑振铎报告发起经过,推蒋百里为主席,并讨论会章。这是中国新文学史上第一个大型文学社团。

18 日　郭沫若致函田汉,提及想创办一种纯文学刊物,并已与成仿吾商议。函刊 1930 年 3 月 20 日《南国周刊》第 2 卷第 1 期。

下旬　与郭沫若、成仿吾、郑伯奇⑧、陈君哲、何畏⑨、徐祖正⑩、陶晶孙⑪等创办同人杂志 Green（《格林》）,或为创造社刊物的一个雏形。郭沫若《〈木犀〉附白》中称:"把成仿吾的一个短篇

---

①　瞿世英(1901—1976),原名士英,笔名菊农,江苏武进人。教育家。曾任清华、北大等校教授。

②　郭绍虞(1893—1984),名希汾,字绍虞,江苏苏州人。语言学家、文学家、文学批评史家。

③　孙伏园(1894—1966),原名福源,浙江绍兴人。曾任《晨报》《京报》《中央日报》等副刊编辑。

④　沈雁冰(1896—1981),名德鸿,字雁冰,笔名茅盾,浙江桐乡人。著有《子夜》《霜叶红似二月花》等。

⑤　叶圣陶(1894—1988),原名绍钧,江苏苏州人。著有《倪焕之》《稻草人》等。

⑥　许地山(1894—1941),笔名落华生,生于台湾。著有《空山灵雨》《缀网劳蛛》等。

⑦　王统照(1897—1957),字剑三,山东诸城人。曾任《文学》月刊主编,开明书店编辑。

⑧　郑伯奇(1895—1979),笔名东山、郑君平,陕西长安(今西安)人。创造社主要成员之一。

⑨　何畏(1896—1968),后改名何思敬,浙江塘栖(今属杭州)人。法学家。创造社首届"监察委员"。

⑩　徐祖正(1895—1978),字耀辰,江苏昆山人。作家、翻译家。译有《新生》。

⑪　陶晶孙(1897—1952),江苏无锡人。作家。著有短篇小说《音乐会小曲》。

小说《一个流浪人的新年》和其他作品,订成一个小册子传阅,大家在后面空白上写评语或感想。"

本月 郭沫若、田汉、成仿吾、张资平等在郁达夫住处开会,共商出一种"纯文艺的杂志"事。

本月 郭沫若《女神之再生(书后)》称,诗剧《女神之再生》"已成于正月初旬,初为散文;继蒙郑伯奇、成仿吾、郁达夫三君赐以种种助言,余竟大加改创,始成为诗剧之形"。

2 月

3 日 作旧诗《赠姑苏女子》(七律),收《郁达夫诗词抄》。

9 日 短篇小说《银灰色的死》脱稿并以英文作《〈银灰色的死〉附言》,后寄予《学灯》主编李石岑①。

本月 作旧诗《杂感》八首,其中第 1 首和第 8 首刊 1921 年 11 月 15 日日本《雅声》第 4 集。

4 月

1 日 郭沫若、成仿吾从日本门司同船回上海。而后,郭氏为泰东图书局完成《女神》《茵梦湖》等书的出版筹备,取得书局老板赵南公②信任,并得办刊允诺。

5 月

4 日 作随笔《夕阳楼日记》,刊于 1922 年 8 月 25 日《创造

---

① 李石岑(1892—1934),原名邦藩,湖南醴陵人。曾任《民铎》杂志编辑,《时事新报·学灯》主编。

② 赵南公(?—1938),河北曲阳人。上海泰东图书局经理。

季刊》第一卷第 2 期。指出余家菊①所译之误,其中错误又引发胡适责难,从而引起一场关于翻译问题的笔战。

9 日　完成中篇小说《沉沦》,"写由灵肉的斗争而生的青年的烦闷",收入小说集《沉沦》,后收入《达夫全集》第二卷《鸡肋集》。曾被收入郭沫若等著《牧羊哀话》(三联出版社)等。

6 月

4 日　在东京骏河台的杏云肺病医院接待郭沫若到访,称已有三篇小说,即《沉沦》《南迁》《银灰色的死》,可结集成册;刊名赞成用《创造》,月刊、季刊不论,每次可担任一两万字的文章。商定退院之后召集大家一起商议。

5 日　第二天礼拜(周日),清早,郁达夫在医院送郭沫若往东京郊外访田汉。

8 日　退医院。下午,郭沫若、张资平、田汉、何畏、徐祖正等人聚集在郁达夫寓所(东京帝大第二改盛馆),确定以郭沫若提议的"创造"为刊物名称,暂定出版季刊。新文学初期重要文学社团创造社正式成立。

14 日　作小说《友情与胃病》,连刊于 1921 年 10 月 22 日、11 月 5 日上海《民国日报·平民》第 74、76 期。后改题为《胃病》,收入《达夫全集》第二卷《鸡肋集》。1923 年,被收入鲁庄、云奇编《全国名流之创作:小说年鉴》(小说研究社)。

本月　东京留日总会邀请日本"宪政之神"尾崎行雄②在神

---

①　余家菊(1898—1976),字景陶,又字子渊,湖北黄陂人。教育家、思想家、社会活动家。

②　尾崎行雄(おざき ゆきお,1858—1954),号咢堂,日本神奈川县人。日本明治、大正、昭和时期政治家,议会和政党活动家,日本议会政治之父。

田区中华留日青年会会馆演讲,讲到中国问题时,间有讽刺言词,郁达夫"站起来向台上质询。态度的磊落,措词的得体,持理的充足,观点的正确,再加上日语的流利,声调的激昂",博得全场掌声。① 时于创造社结社后,孙百刚②结识郁达夫不久,或在6、7月间。

7月

1日 郭沫若从日本回到上海,向赵南公提出办刊计划,得赵南公同意。

7日 年初从日本寄予《学灯》的小说《银灰色的死》于"主编李石岑的积稿中找出",连载于7月7日到9日、11日到13日《时事新报·学灯》,署名T.D.Y,收入《沉沦》,后收入《达夫全集》第二卷《鸡肋集》,收入《达夫短篇小说集》。小说"描写一个有天才的青年悲惨的死"。

郭沫若《我的作诗的经过》曾记此事:1920年前后,在成为创造社同人之前,有一个时期郁达夫是民铎社③的社友。《民铎》主编李石岑同时编《学灯》。达夫在1921年年初将《银灰色的死》寄给李石岑,三个月不见回音,6月改盛馆聚会时提起此事,托为取回小说稿。6月尾回上海后不久即发现在《学灯》上刊出。

21日 为郭沫若、钱君胥合译《茵梦湖》作《〈茵梦湖〉的序引》,介绍德国近代诗人施笃姆的生平和创作。发表于1921年10月1日《文学旬刊》第15期,收入《文艺论集》,收入《达夫全

---

① 孙百刚《郁达夫外传》第5页,浙江人民出版社1982年版。

② 孙百刚,浙江杭州人。1919年赴日本留学,结识郁达夫。郁达夫有称其"孙伯刚"。著有《郁达夫外传》。

③ 或为中国留日学生组织的"学术研究会"。

集》第五卷《敝帚集》时,改题为《施笃姆》。

27 日　完成小说《南迁》,"叙述一抱悲观主义的青年的情事",收入小说集《沉沦》,后收入《达夫全集》第二卷《鸡肋集》。

30 日　作《〈沉沦〉自序》。

8 月

5 日　作新诗《最后的慰安也被夺去!》,发表于上海《时事新报·学灯》9 月 27、29 日,署名 T. D. Y.。

11 日　赴栃木县盐原温泉避暑,20 日回东京。

12 日　晨起,为旅社主人作七绝"豆架瓜棚许子村"以应之。午后踏山路赴新汤,至大沼口,作七绝《七夕山中》以纪其事。

15 日　午前游妙云寺,作七绝《妙云尼墓》。

17 日　午后游源三窟。

18 日　夏历七月十五,晚上在半山腰八幡宫亲睹盂兰盆会舞蹈盛况,作七绝三首纪其事。

20 日　冒雨离盐原温泉,回东京。

中旬　安庆法政专门学校校长光明甫①委托赵南公找一位英文教习,月薪 200 元,郭沫若推荐东大三年级生郁达夫,并于当日写信征求他的同意。后郁达夫回信表示接受安庆教职。

29 日　鲁迅致函周作人,云"郭沫若在上海编《创造》(?)。我近来大看不起沫若田汉之流"②。

30 日　作中日文合写之《盐原十日记》,记录 8 月 11 日至 20 日在栃木县盐原温泉避暑的经历。日记并《盐原日记诗抄八

---

①　光明甫(1876—1963),名光升,安徽桐城人。早年毕业于日本早稻田大学。
②　《鲁迅全集》第 11 卷第 413 页。

首》,刊 1921 年 10 月 15 日、11 月 15 日、12 月 15 日日本《雅声》第 3、4、5 集,收《郁达夫诗词抄》。

9 月

5 日　致函郭沫若,称将于"十一二日"到上海。函收《郭沫若书信集》。

11 日　郭沫若赴虹口接郁达夫不至,嗣后又接郁达夫来函,称改期。

13 日　晨抵上海,回国接办《创造》季刊,住马霍路德福里泰东图书局编辑所楼上一间小房。

据郭沫若:

> 号称为编辑所的地方,丝毫组织也没有。本是一所二楼二底的弄堂房子,楼下做了堆栈,五六个人通杂住在楼上。①

据易君左②:

> 上海泰东书局时代,那时的生活很有趣,住在马霍路一楼一底的泰东编辑所里,书局的门面在四马路。这个编辑所没有什么主任,只胡乱住了几个文人,那就是郁达夫,成仿吾,易君左,还有一个姓郑的文友。③

据沈松泉:

---

① 郭沫若《创造十年》,《郭沫若全集》文学编第 12 卷第 123 页。
② 易君左(1899—1972),名家钺,以字行,湖南汉寿人。创办《长沙晚报》,并任《国民日报》等多家报刊的社长或主笔。世称"三湘才子"。
③ 易君左《我与郁达夫》,《经纬》周刊 1946 年新 2 卷第 6—8、10—11 期,新 3 卷 1 期。

泰东图书局的经理是河北省(那时称直隶省)曲阳县人赵南公。在福州路设有门市部,编辑部则设在马霍路(今黄陂北路)德福里,这是一所两间一厢房的上海典型的旧式里弄房子,没有卫生设备。楼下厢房前半部作办公用,后半部作书库,客堂是吃饭的地方;楼上厢房和客堂楼都作为宿舍。郭沫若、成仿吾、郁达夫、郑伯奇诸位,他们初回国时都住在这里,还有邓均吾、敬隐渔、朱谦之等,或长或短,也都在这里住过一段时间。①

据郑伯奇:

(四马路泰东书局编辑所)是在当时跑马厅西边马霍路福德里内一所两楼两底的旧式弄堂房子。②

他来到马霍路的编译所,住在我们外间的堂屋,铺位安在靠近楼梯的那一边。堂屋没有门,又靠近楼梯,进出很方便……③

同日 与郭沫若同访赵南公。

14 日 与郭沫若、郑伯奇再访赵南公,商《创造》季刊与"创造社丛书"事。议于同兴楼定《创造》杂志由郁达夫担任汇齐编辑,《创造丛书》仍由郭沫若编辑。晚,赵南公宴。席间,并称光明甫等有信来,时暂由安庆法政专门学校同事分任,候郁达夫前往。

---

① 参沈松泉《回忆郁达夫先生》,《回忆郁达夫》第 44 页。

② 郑伯奇《忆创造社》,《郑伯奇文集》第 1237 页,陕西人民出版社 1988 年版。

③ 郑伯奇《忆创造社》,《郑伯奇文集》第 1243 页,陕西人民出版社 1988 年版。

16 日 午,郭沫若起程赴日,与郑伯奇、张静庐①、邓均吾②等同到码头送行。

26 日 据 10 月 6 日郭沫若复函(收《郭沫若书信集》),本日致函郭沫若,告以失钱和《创造》预告将刊出等事。

29 日 执笔《纯文学季刊〈创造〉出版预告》,称"自文化运动发生后,我国新文艺为一二偶像所垄断,以致艺术之新兴气运,渐灭将尽。创造社同人奋然兴起打破社会因袭,主张艺术独立,愿与天下之无名作家共兴起而造成中国未来之国民文学",称《创造》季刊将于 1922 年 1 月 1 日出版。田汉、成仿吾、郁达夫、郭沫若、张资平、郑伯奇、穆木天③等共同列名,地址为上海马霍路德福里 320 号。

10 月

1 日 为履安徽公立法政专门学校英文科主任教职,是日"半夜昏黑"时抵安庆。安徽公立法政专门学校是省区安徽大学的前身,地址在北门外百子桥,离安庆郊外名胜菱湖公园很近。

在法政专门学校讲授《欧洲革命史》等课。据《芜城日记》,"四点钟讲义之外,又不得不加以八点钟的预备。一天十二点钟的劳动……"

2 日 至菱湖公园边安庆法政专科学校执教,得见同事。是

---

① 张静庐(1898—1969),原名张继良,"静庐"为其笔名,浙江镇海人。现代出版家。著有《在出版界二十年》等。

② 邓均吾(1898—1969),本名邓成均,四川古蔺人。诗人、翻译家。1921 年冬参加创造社。曾任《浅草》《创造季刊》编辑。

③ 穆木天(1900—1971),原名敬熙,吉林伊通人。诗人、翻译家。1926 年毕业于日本东京大学,著有《旅心》《流亡者之歌》等。

日起作《芜城日记》，其中 10 月 2 日、4 日、5 日、6 日四日日记，刊 1921 年 11 月 3 日《时事新报·学灯》。

4 日　晚约同事在菱湖公园散步、吕祖阁求签。

5 日　午后预备讲《欧洲革命史》。

> 我与达夫执鞭法专并不同时，而是间隔。即我教第一学期，达夫教第二学期，我再教第三学期，达夫教第四学期，所以我们两人各当了一年教授，而这一年却分开两段。但我们两人所教的是一门功课，即欧洲政治史。[①]

6 日　郭沫若复郁达夫 9 月 26 日函："我在上海逗留了四五个月，不曾弄出一点眉目来，你到不两礼拜，便使我们的杂志早有诞生的希望，你的自信力真比我坚确得多呢！"并询《圆明园之秋夜》是否已快脱稿。

10 日　双十节，郭沫若收到郁达夫函并复，信中谈及"昨日有首'创造者'的诗，70 多行"，可作《创造》季刊创刊号的"卷头词"。

15 日　继郭沫若《女神》、朱谦之[②]《革命哲学》后，小说集《沉沦》由上海泰东图书局出版，为创造社丛书第三种。这是郁达夫第一部小说集，也是中国现代文学史上第一部白话小说集，收入《自序》及《银灰色的死》《沉沦》《南迁》三部作品。

小说出版后，颇受青年读者欢迎。"达夫自己很兴奋，常常

---

①　易君左《我与郁达夫》，《经纬》周刊 1946 年新 2 卷第 6—8、10—11 期，新 3 卷第 1 期。易氏此文作于离安庆 20 余年以后，所记之事或有偏差，估作佐证。

②　朱谦之(1899—1972)，字情牵，福建福州人。历史学家，哲学家。著有《革命哲学》《历史学派经济学》等。

笑着说'沉沦以斯姆,沉沦以斯姆'。"[1]至 1932 年止,销行"二万五千五百册"。[2]

也引来了"几十百次"的"讥评嘲骂",以至于被贴上了"颓废作家"的标签。

"我们看了一遍,却几乎辨不出何处是灵。那不全是些肉山腥海么?"而"作者底才华,可已在此书中闪耀了"。[3]

《沉沦》现出强烈的黑色,些微美妙的青,热烈的红,混合成了一片更可怕的污秽的色彩。在有脓的伤口里,带了点生活的血和肉,只是格外可怕。[4]

11 月

3 日 《芜城日记》发表于《时事新报·学灯》,记录 1921 年 10 月 2 日到 6 日初到安庆的生活起居。

6 日 郭沫若致函郁达夫,与之讨论两首德文译诗,并提议《创造》出版后,每期宜专辟一栏,"以登载同人互相批评的文字"。

21 日 是日《申报》第 7 版刊小说集《沉沦》广告:

新文艺运动起来以后,五年中间,我们中国的创作,可与东西各艺术家的作品相并的,一篇也没有。《沉沦》以下的三篇小说,描写的都是世纪末的青年的烦闷,有血有泪,

---

① 郑伯奇《二十年代的一面——郁达夫先生与前期创造社》,《郑伯奇文集》第 1176 页,陕西人民出版社 1988 年版。

② 参《读书录:〈沉沦〉》,《紫晶》1933 年第 4 卷第 2 期。

③ 晓风《随感录:〈沉沦〉》,1921 年 12 月 14 日《民国日报》。

④ 枝荣《随感录:沉沦中底〈沉沦〉》,1922 年 3 月 13 日《民国日报》。

淋漓尽致。凡现代怀着世界苦的青年们,都不得不拍案共鸣,为《沉沦》的主人公痛哭。

并分别简介内容:

1.《沉沦》,写由灵肉的争斗而生的青年的烦闷;2.《南迁》,叙述一抱悲观主义的青年的情事;3.《银灰色的死》,描写一个有天才的青年,悲惨的死。"

26 日 小说集《沉沦》与郭沫若戏曲诗歌集《女神》、朱谦之《革命哲学》、张资平小说《冲积期化石》作为"创造社丛书"在《申报》联合发布广告。其中称《沉沦》:

"近代精神"(Modernism)之真髓！甚么是"近代精神"？欲解此精神之真谛者,请读此书！此书包括的长短三篇小说,1.《沉沦》,2.《南迁》,3.《银灰色的死》,均系以流丽之笔致,虔诚之态度,描写近代青年之性的烦闷,分析入微而大胆无畏之作品。

27 日 自"安徽安庆公立法政专门学校校内"寄英文明信片并小说集《沉沦》一册于"北京大学文科教授周作人君",希望"对我的作品进行坦率的批评"。

30 日 周作人日记称"上午往大学,下午返,得郁达夫片"。

12 月

4 日 周作人日记称"上午得郁君寄赠《沉沦》一本"。

10 日 周作人日记:"上午寄郁达夫君函。"

本月 作七律《将之日本别海棠》三首并序,其中序和第 1 首刊 1922 年 2 月 15 日日本《雅声》第 7 集。海棠为郁达夫安庆任教时结识的女子,或为小说《茫茫夜》中"海棠"之原型。

1922年(壬戌,民国十一年)　26岁

▲3月,教育部设立"退款(庚子赔款)兴学委员会"。

▲5月,孙中山下令北伐。

1月

本月　自安庆到上海,筹编《创造》文艺季刊创刊号。

2月

3日　完成英国作家淮尔特(今译王尔德)长篇小说序《〈杜莲格来〉的序文》的翻译,载 1922 年 5 月 1 日《创造》季刊第一卷第 1 号。《杜莲格来》是王尔德创作的长篇小说,今译《道林·格雷的画像》。

10日　沈雁冰致函郁达夫,函以《通信》为题刊《小说月报》第 13 卷第 2 期,署名"雁冰"。

13日　午后为《创造》季刊创刊号作《编辑余谈》,署名 T. D. Y,文末落款"达夫记",载 1922 年 5 月 1 日《创造》季刊第一卷第 1 号。

同日　完成小说《茫茫夜》,以安庆执教经历为主线,在《创造》季刊创刊号发表,收入《达夫全集》第一卷《寒灰集》。后被收入《中国小说选》(下册,上海亚细亚书局);收入署名"茅盾创作"《他》。

据《〈茫茫夜〉发表以后》，则编定《创造》文艺季刊创刊号与《茫茫夜》脱稿应为同一日。

24 日 赴日本前致函夫人孙荃。

本月 离国去日本前回富阳家中小住，与夫人孙荃同作《卖药声·送外东行》。

3 月

1 日 据《〈茫茫夜〉发表以后》，"因为学校里要考卒业，我的卒业论文不得不提出了"，启程东渡日本，参加东京帝国大学毕业考试。

3 日 抵日本，以完成学业。

15 日 原定是日出版的《创造》文艺季刊创刊号因故延期。

26 日 周作人在《晨报副镌·文艺评论》发表《自己的园地九·〈沉沦〉》，署名"仲密"，针对"颇有人认它是不道德的小说"而为《沉沦》声张。认为《沉沦》为"非意识的不端方的文学"，"虽然有猥亵的分子却并无不道德的性质"。"这集内所描写是青年的现代的苦闷"，"生的意志与现实之冲突中这一切苦闷的基本；人不满足于现实，而复不肯遁于空虚，仍就这坚冷的现实之中，寻求其不可得的快乐与幸福。现代人的悲哀与传奇时代的不同者即在于此"。"《沉沦》是一件艺术品，但他是受戒者的文学（Literature for the initiated），而非一般人的文学，有人批评波特来尔的诗论，说他的幻景是黑而可怖的，他的著作的大部分颇不适合于少年与蒙昧者的诵读，但是明智的读者却能从这诗里得到真正希有的力。这几句话可以移用在这里。"周作人也指出：已经受过人生的密戒，有他的光与影的性的生活的人，自能从这些书里得到希有的力，但是对于正需要性的教育的"儿童"们却极不适合的,还有那些不知道人生的严肃的人们也没有诵读的资格,他们会把阿片去当饭吃的。

31 日　通过日本东京帝国大学经济学部经济学科的毕业考试,完成学业。

4 月

2 日　作小说《怀乡病者》,发表于 1926 年 4 月 16 日《创造月刊》第 1 卷第 2 期,后收入《达夫全集》第三卷《过去集》,收入《达夫短篇小说集》。

12 日　致函周作人。17 日下午,周作人"得郁达夫君十二日函"。

25 日　领取文凭,获东京帝国大学经济学学士学位。

下旬　获学士学位后,正式办妥(以学士学位)免试入学手续,就读于日本东京帝国大学文学部言语学科。校方注册日期为 5 月 13 日。①

3、4 月间　与田汉一同拜访佐藤春夫。

据伊藤虎丸《佐藤春夫与郁达夫》称:郁达夫与佐藤交往,是在其东大时期。佐藤说:"最初还是田汉来,由田汉带着郁达夫来的。后来郁达夫也一个人经常来。"而田汉初访佐藤,是在 1921 年 10 月 16 日,"午饭后,应佐藤春夫君之约,再访之于上目黑五九三,以前次访未遇也"②。据此,或可推知郁达夫得识佐藤,应在 1922 年 3 月重返东京作最后毕业论文期间。

---

① 参袁庆丰《欲将沉醉换悲凉——郁达夫传》第 397 页,上海文艺出版社 1998 年版。

② 田汉《蔷薇之路》第 29 页,上海泰东图书局 1922 年版。

5 月

1 日 据《〈茫茫夜〉发表以后》,"为同乡的留学生举作了代表,为官费事情,回国请愿",故自日本回到上海,2 日到杭州,自后与浙江教育当局交涉 20 余天。

同日 《创造》文艺季刊创刊号正式出版(刊物上示作 3 月 15 日),标志着创造社作为文学团体从事文学活动的开始,创造社同人们还"把这 May Day 做了我们的纪念日"。该刊为大型文学期刊,出至第 2 卷第 2 期停刊,共刊行 6 期。

创刊号目录如下:郭沫若《创造者》(诗,为代发刊词),郭沫若《棠棣之花》(戏剧),张资平《她怅望着祖国的天野》(小说),田汉《咖啡店之一夜》(戏剧),郁达夫《茫茫夜》(小说),张资平《上帝的儿女们》(小说),成仿吾《一个流浪人的新年》(小说,附达夫、沫若的跋或读后感),郭沫若《少年维特之烦恼序引》,郁达夫《艺文私见》,达夫译《淮尔特著杜莲格来序文》,郭沫若《海外归鸿》(三封信)等。

因郁达夫"发了稿之后便回到日本受毕业试验,第一期自然没有经过他的勘校和指点,一直迟到五月一号才出了版……那排版的拙劣,校对的荒疏,在新文化运动以来的刊物中怕要算是留下了一个纪录"。①

11 日 茅盾署名"损"的短评《〈创造〉给我的印象》一文在《时事新报》副刊《文学旬刊》第 37、38(5 月 21 日)、39 期(6 月 1 日)发表,针对郁达夫《艺文私见》中关于"真的天才"和"假批评家"诸言论,点评创造社郁达夫、郭沫若、张资平、田汉、成仿吾诸

---

① 郭沫若《创造十年》,《郭沫若全集》文学编第 12 卷第 136 页。

君的创作,反驳创造社影射,并由此引发创造社与文学研究会之间的一场论争。

17 日　据周作人日记,上午,周作人得"郁君寄《创造》一册"。

30 日　自杭州回上海。

6 月

3 日　据《〈茫茫夜〉发表以后》,自上海返东京,继续言语学科学业。

22 日　创作谈《〈茫茫夜〉发表以后》,对"以艺术上的缺点来忠告"(文体太松、叙事散漫)和"以道德上的堕落来责备"(描写不伦性欲和提倡同性恋爱)的两种批评作回应,尤其表明平常作小说,"事实"之中也有些"虚构"在内,"并不是主人公的一举一动,完完全全是我自己的过去生活"。载是日《时事新报·学灯》。

7 月

15 日　顾及创造社编务工作和留学经费,中断帝大文学部学业,结束近 10 年的留学生活,决定回国。

据《中途》《归航》,是日上日本邮船公司改签船票,推迟了一班。19 日晚从东京搭火车,20 日晨抵神户,8 点半登船,午前10 时开行,21 日晨抵门司,上岸,"是此次我的脚所践踏的最后的日本土地",午后 2 时开船归国。

此前,7 月 2 日,郭沫若亦已离福冈回国,从事《创造》季刊第一卷第 2 期的编辑。①

26 日　作散文《中途》,载 1924 年 2 月 28 日《创造季刊》第二卷第 2 期,收入《达夫全集》第三卷《过去集》。收入《达夫散文集》时,改题为《归航》。

31 日　为纪念《女神》出版一周年,作《〈女神〉之生日》,提议"想请目下散在的研究文学的人,大家聚拢来谈谈,好把微细的感情问题,偏于一党一派的私见,融和融和,立个将来的百年大计",故有实行"《女神》生日纪念会"来"使大家聚合一次"的设想,载 1922 年 8 月 2 日《时事新报·学灯》。

本月　东京期间,作小说《风铃》,发表于 1922 年 8 月 25 日《创造》季刊第一卷第 2 期。1935 年收入《达夫短篇小说集》时,改题为《空虚》。

本月　东京期间,作小说《秋柳》初稿,两年后改定连载于《晨报副镌》。

本月　日本留学期间的书运到上海马霍路。"那简直从楼板可以堆到屋顶,除了一张小木床外,满屋子都堆的是书:英文,法文,德文,日本文,甚么都有,只是不大有线装书。"②

8 月

4 日　与郭沫若同至郑振铎寓,邀郑振铎和文学研究会成员一同参加次日《女神》出版一周年纪念会。该"女神会"由郁达夫发起。"这种聚会在日本是常有的,好事的达夫要把它输入

---

①　武继平《郭沫若留日十年》第 140 页,重庆出版社 2001 年版。
②　陈翔鹤《郁达夫回忆琐记》,《文艺春秋副刊》1947 年 1—3 月第 1 卷第 1—3 期。

中国。"

同日 完成小说《血泪》,影射讽刺"文字里要有血有泪"的契合"主义"的小说家,并在 8 月 8—13 日《时事新报·学灯》连载,收入《达夫短篇小说集》。1923 年,被收入鲁庄、云奇编《全国名流之创作:小说年鉴》(小说研究社)。

5 日 据《〈女神〉之生日》,在一品香发起"《女神》纪念会",借郭沫若《女神》出版的日子,研究文学的人"聚集一次,开诚布公的谈谈我们胸中所蕴积的言语,同心协力的想个以后可以巩固我们中国新文学的方略"。郭沫若、郑振铎、沈雁冰、王统照、谢六逸①、黄庐隐②、汪静之③、应修人④、滕固⑤等三四十人出席,并合影留念。⑥ 会后与郭沫若等邀请汪静之、应修人同至泰东书局出版部的寓所,"那夜谈得很好"。⑦

8 日 与郭沫若同至吴淞中国公学访汪静之,汪"伴他们游海滨"。各唱新诗数首,以试验新诗唱法。郁达夫与郭沫若并唱了几首日本的恋歌,"颇有情致"。还谈及恋爱问题,论及中国文

---

① 谢六逸(1896—1945),号无堂,贵州贵阳人。作家,翻译家。著有《水沫集》《茶话集》等。

② 黄庐隐(1898—1934),即庐隐,原名黄英,福建闽侯(今福州)人。著有《海滨故人》等。

③ 汪静之(1902—1996),安徽绩溪人。作家,诗人。1922 年,与潘漠华、应修人、冯雪峰创立湖畔诗社。

④ 应修人(1900—1933),浙江慈溪人。作家,诗人。著有童话《旗子的故事》《金宝塔银宝塔》及诗文集《修人集》。

⑤ 滕固(1901—1943),字若渠,江苏宝山(今上海)人。著有《唐宋绘画史》《中国美术小史》《挹芬室文存》等。

⑥ 参陈福康《郑振铎年谱》(上)第 75 页,三晋出版社 2008 年版;陈江、陈达文编著《谢六逸年谱》第 17 页,商务印书馆 2009 年版。

⑦ 参上海鲁迅纪念馆编《汪静之先生纪念集》第 275 页,上海书画出版社 2002 年版。

坛前途。三人"在海上高谈阔论，浪声亦为之齐奏"。[1]

12 日　与郭沫若同约汪静之自吴淞来上海，谈论嬉笑，直至夜半后 4 时才睡觉。[2]

25 日　《创造》季刊第一卷第 2 期出版，有"创作""评论""杂录"三类，收郁氏创作两种，即小说《风铃》和评论《夕阳楼日记》。

9 月

5 日　据郭沫若 9 月 12 日复函（函收《郭沫若书信集》），是日致函郭沫若，告以即往安庆。

7 日　据《周作人日记》，是晚，周作人得"上海寄《创造》第二期一本"。

12 日　郭沫若复函郁达夫，告知海途一切，称于 9 月 3 日解缆赴日，6 日到福冈，"想来你此刻也得安抵安庆了"，并希望郁达夫"多在创作方面作努力"。

17 日　胡适在《努力周报》第 20 期"编辑余谈"以《骂人》为题刊文，批评郁达夫《夕阳楼日记》对中华书局"新文化丛书"之余家菊《人生之意义与价值》译文的批评"句句是大错"，讥讽初出学堂的作者"全不通晓"世故人情，"有话好说，何必破口骂人？"一场因翻译问题引发的论战自此展开，历时数月。

21 日　作《答胡适之先生》，回应胡适批评，斥其为"暴君的态度"，是"现代人所不应该取的"。载 1922 年 10 月 3 日《时事新报·学灯》。

---

① 参 1922 年 8 月 9 日汪静之致符竹因函，《汪静之情书·漪漪讯》第 72 页。

② 参 1922 年 8 月 11、14 日汪静之致符竹因函，汪静之、符竹因著，飞白编《汪静之情书·漪漪讯》第 82、86 页，浙江文艺出版社 2002 年版。

本月　偕夫人孙荃同赴安庆,返安徽公立法政专门学校执教。

> 每星期日,法专与第一中学两处的友人集会于迎江寺(菜馆),或大观亭(名胜)聚餐。法专有曾伯猷、冯若飞、胡幼吾和我,一中有易君左、郁达夫诸人①。……

> 郁达夫携带他的元配太太到安庆,他对那个乡下姑娘很是亲爱,比如他在星期日上午出门访友,到12点,而迎江楼聚餐是12点半,他宁要回家打一转,再到聚餐的处所。又如星期日之外某一日,12点半有约会,他12点下课,也要回家打一转再赴约会。安庆是一个山城,虽有人力车,大家都不坐。达夫走路很快,无论他有何工作或约会,只要有10分或15分钟,定要旋风一样回家看他的太太。

> 除达夫之外,那班人都未曾携带眷属到安庆。②

10 月

3 日　郭沫若作《反响之反响》一文,其第一部分为《答〈努力周报〉》,对胡适批评一一指摘。

8 日　胡适在《努力周报》第 23 期"编辑余谈"以《浅薄无聊的创作》为题刊文,继续攻击创造社作家的创作。

31 日　作短剧《孤独的悲哀》,这是郁达夫唯一的剧作。发表于 1922 年 12 月 25 日《创造》季刊第一卷第 3 期,篇末成仿吾附言,称"这里登出来的,是经过我改编的,因为本期延搁已久,

---

① 陶文视郁达夫为安庆一中教师,有误。
② 陶希圣《江风塔影》,《江淮文史》2010 年第 4 期。

急于付印,还没有求达夫的认可"。收入《达夫全集》第三卷《过
去集》时,改题为《孤独》。

11 月

10 日　文学研究会汪馥泉①《"中国文学史研究会"底建议》
在《文学旬刊》第 55 期发表,批评创造社故意曲解郑振铎等提出
的"血和泪的文学"的口号。成仿吾作《创造社与文学研究会》
(刊《创造》季刊第一卷第 4 期)予以回应。

11 日　张闻天复函郁达夫,希望郁达夫去美国,做他"在撒
哈拉沙漠中的同伴"。函刊于《创造季刊》第一卷第 4 期,署名
"闻天",被收入《张闻天早期文集(1919.7—1925.6)(修订版)》
(中共党史出版社 2010 年版)。

15 日　七律《杂感》(二首),发表于日本《雅声》第 4 集。

20 日　作小说《采石矶》,以恃才傲物的清代诗人黄仲则"行
状"为题材,发表于 1923 年 2 月 1 日《创造》季刊第一卷第 4 期,
收入《达夫短篇小说集》。曾被收入郭沫若等著《牧羊哀话》(三
联出版社)。

25 日　《创造》季刊第一卷第 3 期出版,收郁氏创作两种,即
戏剧《孤独的悲哀》和长篇小说《春潮》(篇末注"待续",但并无续
文)。同期并刊有郭沫若致郁达夫函《通信》。

本月　致函田汉。田汉命其题为《孤独与平静》,刊 1924 年
2 月 5 日《南国》第 3 期。

根据信中表述"我曾把这个思想做成了一篇戏剧名《孤独》,

---

① 汪馥泉(1900—1959),字浚,浙江杭州人。早年求学于杭州甲种工业学校,
后留学日本。

大约在第三期的《创造》,总可发表",可推断此函当在《孤独》完成以后并于《创造季刊》发表以前,如此,则时间或为 1922 年 11 月。

12 月

2 日 据周作人日记,上午,周作人得"上海寄《创造》三号一本"。

24 日 成仿吾作《〈沉沦〉的评论》,指出"郁达夫的《沉沦》是新文学运动以来的第一部小说集,它不仅在出世的年月上是第一,它那惊人的取材与大胆的描写,就是一年后的今天,也还不能不说是第一",指出"我们的主人公不是懦夫,也不是伪善者"。文刊《创造》第一卷第 4 期。

1923 年(癸亥,民国十二年) 27 岁

▲1 月,《中国国民党宣言》发表,为国民党改组之先声。

▲5 月,日本政府提取一部分庚子赔款用作中国留学生学费。

▲8 月,鲁迅第一部小说集《呐喊》由北京新潮出版社出版。

2 月

1 日 《创造》季刊第一卷第 4 期(雪莱纪念号)出版,收郁氏创作一种,即小说《采石矶》;另刊《郁达夫启事》一则,声明发表作品不用雅号,均署真名。同期刊有成仿吾《〈沉沦〉的评论》和

闻天致郁达夫函。该刊封二广告刊有郁达夫著《社会学》一书正"印刷中"的信息,为"创造社科学丛书"之一。

月初 辞安庆法政学校教职,偕眷回沪,并返富阳,后独自赴北京,借住长兄郁曼陀宅。

11 日 据周作人日记,上午,周作人得郁达夫函即复;下午,往访周作人,并赠《创造》一本。

13 日 据周作人日记,上午,周作人得郁达夫所寄明信片。

14 日 据周作人日记,上午,周作人寄致郁达夫函。

17 日 据鲁迅日记,大年初二,午应周作人之邀,往八道湾周宅赴宴,张凤举[①]、徐耀辰、沈士远[②]、沈尹默[③]、沈兼士[④]、马幼渔[⑤]、朱遏先等同席,得见鲁迅,"谈至下午"。据《周作人日记》:"上午在家约友人茶话,到者达夫、凤举、耀辰、士远、尹默、兼士、幼渔、遏先等八人,下午四时散去。"

23 日 据钱玄同[⑥]日记,应沈士远之邀,赴沈士远家吃午饭,沈尹默、沈兼士、张凤举、徐耀辰、马幼渔、鲁迅、周作人、钱玄同等同席。"生客则有郁达夫一人。这位郁老先生,虽则研究新

---

① 张凤举(1895—?),名黄,又字定璜,江西南昌人。曾任《国民新闻副刊》乙刊编辑。

② 沈士远(1881—1955),浙江吴兴(今湖州)人,生于陕西汉阴,庄子专家。

③ 沈尹默(1883—1971),原名君默,浙江吴兴(今湖州)人,生于陕西汉阴。诗人、书法家。著有《秋明集》《书法论》等。

④ 沈兼士(1887—1947),名坚士,浙江吴兴(今湖州)人,生于陕西汉阴。中国语言文字学家,文献档案学家,教育家。曾与其兄沈士远、沈尹默同在省立一中、北大任教,有"北大三沈"之称。

⑤ 马幼渔(1878—1945),名裕藻,以字行,音韵学家、文字学家。1910 年毕业于日本早稻田大学、东京帝国大学,曾师从章太炎学习文字音韵学。

⑥ 钱玄同(1887—1939),原名钱夏,字德潜,号疑古,浙江吴兴(今湖州)人。文字音韵学家。早年留学日本早稻田大学。曾主张废除汉字。

文学的人,可是名大皮(脾)气太大,简直和黄季刚①差不多。"

26 日 据鲁迅日记,致函鲁迅,邀于次日往东兴楼共饮。

27 日 据鲁迅日记,晚于东兴楼招饮,鲁迅"酒半即归"。据《周作人日记》,晚,"达夫约会食",周作人"因夜冷不赴"。

28 日 据鲁迅日记,鲁迅得郁达夫函,知郁达夫将离京返富阳。

3 月

月初 加入"丙辰学社",为 493 号社员。②

该社 1916 年 12 月 3 日成立于东京,由留日学生陈启修(惺农)③、郑贞文(心南)④等 47 人发起。1923 年 6 月 10 日,该社更名为中华学艺社。

15 日 据鲁迅日记,鲁迅得郁达夫函。

16 日 据鲁迅日记,鲁迅收读郁达夫嘱泰东书局寄之《创造》季刊一册。

17 日 祖母戴氏去世。

本月 被东京帝国大学文学部依据校规取消学籍。⑤

---

① 黄侃(1886—1935),初名乔鼐,后更名乔馨,最后改为侃,字季刚,又字季子,晚年自号量守居士,湖北蕲春人,生于四川成都。语言文字学家。1905 年留学日本,为章太炎门下大弟子。

② 参郭文友《郁达夫年谱长编》第 447 页。

③ 陈启修(1886—1960),原名豹隐,字惺农,四川中江人。经济学家。曾任北京大学法学院政治系主任,在北大开设宪法、财政学、统计学、现代政治等课。著有《财政学总论》《经济学讲话》等。

④ 郑贞文(1891—1969),字幼坡,号心南,福建长乐人。1918 年毕业于日本东京帝大。1923 年被推荐为中华学艺社总干事。郁达夫旅闽期间为福建省教育厅厅长。

⑤ 参郁云《郁达夫传》第 58 页。

4 月

1 日　胡适在《努力周报》第 46 期"编辑余谈"又称，"一班不通英文的人来和我讨论译书，我没有闲工夫来答辩这种强不知以为知的评论"。

3 日　偕孙荃自富阳赴上海，主持创造社及刊物编辑工作，仍住上海马霍路泰东图书局编译所旧址。

留日同学易君左毕业回国，任职于泰东书局：

> 郁达夫的交际也真广泛。虽像"耗子"般的昼伏夜出，而白天来往他"书斋"的有许多是外国青年，英美法俄德，甚至印度人犹太人日本人朝鲜人都有。假使你坐在隔壁房里，你可以听到那"书斋"里有许多人讲着不同的语言，时而英语，时而德语，又时而法语，又时而日语，简直是在开一个世界语言竞赛会。而究其实，却并不是那些外国人在讲话，全是郁达夫一个人在那里应付，用各种外国语。达夫语言天才之高真匪夷所思，他懂得六七国语文，而且精通，并习梵文。[1]

同日　与郭沫若、成仿吾合影，刊 1923 年 5 月《创造》季刊第 2 卷第 1 期，以为《创造》一周年纪念。

此前，郭沫若于 4 月 1 日偕家人离开福冈回国。创造社郭沫若、郁达夫、成仿吾三人第一次集齐上海，开始了创造社的全盛期。[2]

6 日　作小说《茑萝行》，发表于 1923 年 5 月 1 日《创造》季

---

[1]　易君左《我与郁达夫》，《经纬》周刊 1946 年新 2 卷第 6—8、10—11 期，新 3 卷第 1 期。

[2]　参郁风《一个真正的"文人"——三叔达夫》，郁风《我的故乡》，百花文艺出版社 1984 年版。

刊第 2 卷第 1 期,收入《达夫短篇小说集》。1936 年被埃德加·斯诺①收入英文版现代中国短篇小说集《活的中国》时,改题为《紫藤与莴萝》,且作书信体。1946 年 4 月,收入赵景深编注中英文对照《现代中国小说续选》(上海北新书局)。

18 日 与郭沫若、成仿吾一同参观东方艺术研究会周勤豪②、关良等举办的春季习作展览会,次日,三人再次参观该展会。③

> 记得那是一九二三年的四月,研究所举办了一次春季习作展览会,作品挂满了一楼和二楼的展览厅……“创造社的三位创始人郭沫若、成仿吾、郁达夫一起来看我们的画展了。”……他们一张挨一张地仔细看画,倪贻德随着一幅幅地介绍……郁达夫边看边作一点笔记。④

本月 诗文合集《辛夷集》由泰东书局出版,为“辛夷小丛书”第一种,收创造社几位作家诗文 21 篇。中有郁达夫《清晨》《郊外》《忏悔》(以上节自《沉沦》)和《月下》(节自《银灰色的死》)四个片断。《编辑大意》称,“本集所摘取现代作家之诗文,以艺术味之最深赡者为主”,“本集取材长短适宜,尤可供国文中小学教科之用”。

---

① 埃德加·斯诺(Edgar Snow,1905—1972),美国记者。1928 年来华,1936 年 6 月访问陕甘宁边区,成为第一个采访红区的西方记者。

② 周勤豪(1895—?),字钟杰,广东潮阳人。早年留学日本东京美术学校学习西画,曾任上海艺术大学校长。

③ 参成仿吾《东方艺术研究会春季习作展览会印象记》,《创造周报》1923 年 6 月 30 日第 8 号。

④ 参许幸之《和郁达夫患难与共的时刻》,《回忆郁达夫》第 54—55 页。

5 月

1 日 《创造》季刊第 2 卷第 1 期出版。与郭沫若、成仿吾、邓均吾联名发表《创造社启事》，称为《创造》杂志编辑之完全责任者，有赵某假杂志之名在南通及商务印书馆等招摇撞骗者，"申明以昭奸匿"。

13 日 参与主持并编辑的《创造周报》，是日创刊。"周报"与"季刊"是姊妹刊，季刊重创作，以评论副之；而周报则"偏重于评论介绍而以创作副之"。历时一年，共出 52 期，1924 年 5 月停刊。

《创造周报》一经发刊，马上引起轰动。"每逢星期六的下午，四马路泰东书局的门口，常常被一群一群的青年所挤满，从印刷所刚搬运来的油墨未干的周报，一堆一堆地为读者抢购净尽"，"若说这一时期是前期创造社中最活跃的时代，怕也不是夸张吧"。①

15 日 胡适致函郭沫若、郁达夫，称读到《创造》季刊二卷 1 期上《葳萝行》中文字，特致函二位，表示自己的爱才之心和毫无恶意，希望捐弃嫌隙，成为"净友"。

同日 据周作人日记，上午，周作人"得《创造》二卷一号一本"。

17 日 与郭沫若分别复胡适 5 月 15 日函，接受诚意规劝并表示感谢和友好。

19 日 作文论《文学上的阶级斗争》，载 1923 年 5 月 27 日

---

① 郑伯奇《二十年代的一面——郁达夫先生与前期创造社》，《郑伯奇文集》第1179 页，陕西人民出版社 1988 年版。

《创造周报》第 3 号，收入《达夫全集》第五卷《敝帚集》。郭沫若《创造十年》中称，这是"最初在中国的文艺界提出了'阶级斗争'这个名词"①。收入丁丁编《革命文学论》（上海泰东图书局）。1928 年 5 月，被收入雾楼编《革命文学论文集》（生路社）。

25 日　胡适至民厚南里访郭沫若、郁达夫、成仿吾，"结束了一场小小的笔墨官司"。②

27 日　下午，与郭沫若、成仿吾一同回访胡适，并得胡适赠北京大学《国学季刊》创刊号。③

6 月

11 日　作文论《Max Stirner 的生涯及其哲学》，载 1923 年 6 月 16 日《创造周报》第 6 号。收入《文艺论集》时，改题为《自我狂者须的儿纳的生涯及其哲学》，收入《达夫全集》第五卷《敝帚集》时，改题为《自我狂者须的儿纳》。

17 日　作文论《艺术与国家》，载 1923 年 6 月 23 日《创造周报》第 7 号，收入《达夫全集》第五卷《敝帚集》。

23 日　旧历五月十日，作小说《青烟》，载 1923 年 6 月 30 日《创造周报》第 8 号，收入《达夫全集》第三卷《过去集》。1926 年，被收入陶晶孙等著《木犀》（上海创造社出版部）。

---

①　郭沫若《创造十年》，《郭沫若全集》文学编第 12 卷第 170 页。

②　曹伯言整理《胡适日记全编·4（1923—1927）》第 19 页，安徽教育出版社 2001 年版。

③　曹伯言整理《胡适日记全编·4（1923—1927）》第 20 页，安徽教育出版社 2001 年版；参郭沫若《创造十年》，《郭沫若全集》文学编第 12 卷第 172 页。

7 月

4 日　作文论《批评与道德》,载 1923 年 7 月 14 日《创造周报》第 10 号,收入《达夫全集》第五卷《敝帚集》。

14 日　《创造周报》第 10 号刊出公告《中华新报》将在一周之内新辟专栏"创造日"的《特别启事》,期待无名作家们每日来"开荒播种"。此前,与郭沫若、成仿吾、陶晶孙、何畏等商量接受《中华新报》主笔张季鸾①的请求,为该报编辑一个文学副刊,每天半版,编辑费每月 100 元,定名《创造日》。

同日　鲁迅日记称:是夜始改在自室吃饭。周氏"兄弟失和"自此始。

15 日　据《还乡记》,旧历六月初二,动身回乡,未赶及上午 8 时的快车,错过航船,宿杭州。走清泰门城楼,访"石牌楼的某中学"。

同日　完成小说《春风沉醉的晚上》,载 1924 年 2 月 28 日《创造季刊》第 2 卷第 2 期,收《达夫代表作》《达夫自选集》《达夫短篇小说集》,收入《达夫全集》第一卷《寒灰集》。被收入署名"茅盾创作"《他》。

16 日　据《还乡后记》,下午快船自杭州抵富阳。

同日　自该日起至 19 日,《时事新报·学灯》刊出《中华新报》为《创造日》发刊作的预告,称"请创造社诸君在本纸上出一日刊",并称《创造日》将"专以学理为根据,对文艺社会政治,下严正的批评"。

21 日　主持编辑的《创造日》在上海《中华新报》设栏创刊,

---

①　张季鸾(1888—1941),名炽章,陕西榆林人,生于山东邹平。新闻家,政论家。1905 年官费留学日本。曾任北京、上海两地《中华新报》总编辑,《大公报》主笔。

至 1923 年 11 月 2 日,共编行 101 期。所作发刊词《〈创造日〉宣言》发布于上海《中华新报·创造日》第 1 期,称《创造日》将"以纯粹的学理和严正的言论来批评文艺政治经济","更想以唯真唯美的精神来创作文学和介绍文学",收入《达夫全集》第四卷《奇零集》。

24 日 作《艺术家的午睡》杂感五则,载 1923 年 8 月 3 日《中华新报·创造日》第 12 期,收入《达夫全集》第四卷《奇零集》。

25 日 据应修人日记,是夜,应修人来访,谈了一会,与成仿吾等同往中华新报馆,校对《创造日》。

28 日 午后,"于上海的贫民窟"作《〈茑萝集〉自序》,载 1923 年 9 月 3 日上海《中华新报·创造日》第 41 期。收入《茑萝集》。

30 日 完成散文《还乡记》。该文自 7 月 23 日起至 8 月 2 日在上海《中华新报·创造日》连载,收入《茑萝集》,收入《达夫代表作》《达夫散文集》,收入《达夫全集》第二卷《鸡肋集》。1936 年 5 月,被收入钱公侠、施瑛编中国新文学丛刊《小品文(一)》(上海启明书局)。

31 日 作《写完了〈茑萝集〉的最后一篇》,载 1923 年 10 月 18 日上海《中华新报·创造日》第 86 期。收入《茑萝集》。

夏 《创造日》创刊后不久,"一九二三年秋天北大的陈豹隐教授要往苏联,有两小时的统计学打算请达夫去担任,名分是讲师"。①

---

① 参郭沫若《论郁达夫》,见《回忆郁达夫》第 5 页。

8 月

2 日　据鲁迅日记,鲁迅偕妻朱安①搬至砖塔胡同 61 号暂住。

8 日　作散文《立秋之夜》,载 8 月 11 日《中华新报·创造日》第 19 期,收入《达夫散文集》。1934 年 7 月,被收入孙怒潮编新课标适用课程《初级中学国文教科书》第一册,作为第四单程"抒情文"范本(上海中华书局);1935 年 1 月,被收入孙席珍编《现代中国散文选》(北平人文书店);1936 年 7 月,被收入逯夫编《模范小品文选》(一名《现代模范文选》,上海希望出版社);1937 年 5 月,被收入林荫南编"模范文学读本之一"《模范小品文读本》(上海大光书局)。

11 日　东方艺术研究会暑期以后计划扩充,请为教授"美学美术史"。②

12 日　作散文《诗人的末路》,载 8 月 14 日《中华新报·创造日》第 21 期。

同日　文论《艺术赏鉴上之偏爱价值》载《创造周报》第 14 号,收《文艺论集》,收入《达夫全集》第五卷《敝帚集》。

16 日　旧历七月初五,作小说《秋河》,载 1923 年 8 月 19 日《创造周报》第 15 号,收入《达夫短篇小说集》,收《达夫全集》第三卷《过去集》。

19 日　完成散文《还乡后记》,该作自 8 月 17 日起至 8 月 21 日在上海《中华新报·创造日》第 24—28 期连载。收《达夫代表

---

①　朱安(1878—1947),浙江绍兴人,鲁迅原配夫人。

②　《东方艺术会筹备扩充》,《申报》1923 年 8 月 11 日第 18 版"学务金载"。

作》《达夫散文集》，后收入《达夫全集》第二卷《鸡肋集》。1936 年 5 月，被收入钱公侠、施瑛编中国新文学丛刊《小品文（一）》（上海启明书局）。

20 日　撰文《赫尔惨》(Alexander Herzen)，介绍俄国作家赫尔惨（赫尔岑），载 1923 年 8 月 26 日《创造周报》第 16 号，收入《达夫全集》第五卷《敝帚集》。收入丁丁编《革命文学论》（上海泰东图书局）。

27 日　上午 9 时至 11 时，往法租界蒲柏路东方艺术会暑期学校讲演，作"艺术讲话"，连讲两日。该暑期学校系东方艺术研究会与上海艺术师范大学联合主办，5 周实技课程后，第 6 周邀请名家讲演，郁达夫为星期一、二两天。[①] 另两位演讲人为陈望道[②]、吴梦非[③]。

9 月

3 日　据《苏州烟雨记》，晨 9：40，与同乡沈君同车上苏州。车抵苏州遇雨，改坐马车去府门，口占新诗《秋在何处》。继游玄妙观。

4 日　据《苏州烟雨记》，晨至玄妙观饮茶，游遂园、虎丘。

10 日　作小说《落日》，载 1923 年 9 月 16 日《创造周报》第 19 号，收入《达夫短篇小说集》，收入《达夫全集》第三卷《过去集》。

---

① 《艺术暑校之公开演讲》，《申报》1923 年 8 月 20 日第 18 版"学务丛载"。

② 陈望道(1891—1977)，原名参一，浙江义乌人。教育家，修辞学家，语言学家。曾赴日本早稻田大学留学。著有《漫谈〈马氏文通〉》和《修辞学发凡》等。

③ 吴梦非(1893—1979)，浙江东阳人。音乐教育家。与丰子恺等创办上海艺术专科师范学校，1923 年 7 月改名上海艺术师范大学，并出任校长。

同日　北京大学行开学典礼。

11 日　有感于南北艺术界无大规模之集合，以至不能有伟大之建设，与创造社同人郭沫若、成仿吾一起，会同北京国立美专教授陈晓江、夏伯鸣，上海大学绘画系主任洪野，东方艺术研究会主任周勤豪、傅彦长①，晨光美术会宋志钦、王荣钧、朱应鹏、鲁少飞，艺术师范大学校长吴梦非，杭州工业学校教授周天初②，南京美专教授许敦谷③，青年画会吴人文、倪贻德④，上海女子美术学校校长唐家伟等，共同集议组织"全国艺术协会"，以联合全国艺术界及筹划艺术上各种重要建设为宗旨，筹备处设于上海蒲柏路东方艺术会，同时发表《艺术协会宣言》。⑤

17 日　据周作人日记，上午，周作人"寄郁达夫君小说集一本"。

19 日　自是日起至 9 月 26 日，散文《苏州烟雨记》（未完稿）在上海《中华新报·创造日》第 57—64 期连载，后收入《达夫全集》第四卷《奇零集》。

22 日　陈启修将赴欧作俄德诸国的经济政治状况考察，北大政治系三年级师生为其举办欢送会。⑥ 10 月 8 日，陈启修由

---

①　傅彦长（1891—1961），笔名包罗多、穆罗茶等，湖南宁乡人。曾游学美国和日本，曾在上海艺术大学、中华艺术学校等任教，并出任上海音乐会会长。

②　周天初（1894—？），浙江奉化人。画家。1923 年毕业于日本东京美术专门学校西画科。

③　许敦谷（1892—1983），又名赞祥，字太谷。原籍台湾台南，生于福建龙溪（今漳州龙海），作家许地山胞兄。现代画家。

④　倪贻德（1901—1970），笔名尼特，浙江杭州人。1922 年毕业于上海美专，后东渡日本留学。1924 年与周全平等创办《洪水》周刊。

⑤　《南北艺术界将有协会之组织》，《申报》1923 年 9 月 11 日第 14 版。

⑥　参《陈惺农先生在政治系欢送会上的演说辞》，《北京大学日刊》1923 年 9 月 23 日第 3 版，10 月 11 日第 3 版。

北京首程赴欧。[①]

24 日　北京大学本科是日开始上课。

25 日　完成文论《*The Yellow Book* 及其他》,对当年"黄面志"投稿作者作分析,赞许其对艺术的忠诚和对社会的关切。连载于 1923 年 9 月 23、30 日《创造周报》第 20、21 号,收入《文艺论集》时,改题为《黄面志及其他》,收入《达夫全集》第五卷《敝帚集》时,改题为《集中于〈黄面志〉(*The Yellow Book*)的人物》。

《黄面志》(*The Yellow Book*,也译作《黄皮书》),文学季刊,由美国小说家亨利·哈兰(Henry Harland)编选,以杂志封面为黄色,故名。1894—1897 年间在伦敦刊印,共刊印 13 期,是英国世纪末颓废主义文学运动的标志性刊物。

26 日　据周作人日记,下午,周作人"得郁达夫君函",复函并寄。

本月　以创造社诸君在上海的活动为素材,作小说《离散之前》,载 1926 年 1 月 10 日《东方杂志》半月刊第 23 卷第 1 期,收入《达夫代表作》《达夫自选集》《达夫短篇小说集》,收入《达夫全集》第三卷《过去集》。

10 月

1 日　北京大学文牍课向郁达夫发出北京大学讲师聘书。[②]月薪 117 银圆。[③] 而据《给一个文学青年的公开状》,则北大薪资常被拖欠,"实际上拿得到的只有三十三四块"。

---

① 参《陈启修启事》,《北京大学日刊》1923 年 10 月 11 日第 1311 号第 3 版。

② 参 1923 年 10 月 13 日《北京大学日刊》第 1313 号第 1 版。

③ 陈明远《文化人的经济生活》第 21 页,陕西人民出版社 2010 年版。

那年夏天,北京大学教授陈启修要去苏俄,电促郁达夫接任,教的是统计学等。那时候,他们的创造社正因为要在"季刊""周报"之外更出"创造日"而忙得不可开交。接到这个电报后郭沫若是劝他不要去,理由之一为北方门户之见甚深,门户之势已成,难以发展;二为撑天柱一走,创造社无人维持。成仿吾却是赞成郁去的,理由是好朋友应向各处去开辟新天地,采取散兵线的战术。郁自己呢,表示得尤其坚决,大有非去不可之意。①

　　4 日　赴北京前,泰东图书局为郁达夫饯行,创造社同人借振华旅社聚会欢送。②

　　5 日　启程经海路赴北京,途中作致郭沫若、成仿吾《海上通信》。据《北京大学日刊》,郁达夫将赴任北京大学政治、经济及史学三系统计学讲师。

　　1929 年 5 月,《海上通信》被收入曹养吾编《中国近十年散文集》(全民书局);1932 年,被收入李白英编《学生书信指导》,为"学生指导丛书"之一(上海光华书局);1934 年 4 月,被收入胡云翼编"中学国语补充读本之一"《现代书信选》(上册,上海北新书局);1936 年 5 月,被收入钱公侠、施瑛编中国新文学丛刊《书信》(上海启明书局)。还被收入"大众中学活页文选"《古今名文九百篇》(第三册)(上海大众书局)。

　　6 日　继续作《海上通信》,读佐藤春夫《被剪的花儿》,称其为最崇拜的日本现代小说家。

---

① 参吴一心《郁达夫》,《中华教育界》1947 年 3 月 15 日复刊第 1 卷第 3 期"战时教育文化人员殉难志略"栏。

② 郁云《郁达夫传》第 65 页。

同日　据周作人日记,午后,周作人寄郁达夫《自己的园地》一本。

7 日　船抵烟台。晚起锚赴天津,遇大风。

8 日　夜半,船抵天津,二兄养吾接站。心中依然犹疑"究竟还是上北京去作流氓去呢? 还是到故乡家里去作隐士"?

9 日　抵北京,借住西城阜成门内锦什坊街巡捕厅胡同 28 号长兄郁曼陀家。

北京期间,同时任教于德胜门内石虎胡同平民大学。①

北京期间,同时被聘于"北京美术专门学校"担任"艺术概论"教员,为艺专学生讲东西方艺术。②

北京期间,亦在朝阳大学、法政大学兼课。

10 日　据周作人日记,是日往访周作人。

1963 年,周作人在《郁达夫的书简》一文中回忆:"第二年秋天他来到北京,住在阜成门内巡捕厅胡同他老兄的家里,我到那里去看他一遍,给北京大学送聘书去,初次见面却谈得很好……"两人初次见面是在年初,周作人此一记忆应该有误,但代收北大聘书一事或可为真,郁达夫或于此次往访取得聘书。

同日　据《一封信》,"我到京之第二日,剃了数月来未曾梳理的长发短胡,换了一件新制的夹衣,捧了讲义,欣欣然上学校去和我教的那班学生相见"。

《一封信》一文中,同时记有一个关于头发的细节:"到北京之后的第二个礼拜天的晚上,正当我这种苦闷情怀头次起来的时候,我把颜面伏在桌子上动也不动的坐了一点多钟。后来我

---

①　参张友鸾《郁达夫二三事》,《回忆郁达夫》第 41 页。
②　参刘开渠《忆郁达夫先生》,《回忆郁达夫》第 87 页。

偶尔把头抬起,向桌上摆着的一面蛋形镜子一照,只见镜子里映出了一个瘦黄奇丑的面形,和倒覆在额上的许多三寸余长、乱蓬蓬的黑发来。"

从此一细节或可知信中之称抵京第二日即去上课的说法有误。根据《北京大学日刊》的记载,应该是"下星期四"即 10 月 18 日开始授课。

11 日　徐志摩[①]、胡适之、朱经农[②]等南游西湖后至上海,自沧州别墅步行去民厚里 121 号(胡适日记作 692 号)访郭沫若,适之甚讶此会之窘,"云上次有达夫时,其居亦稍整洁,谈话亦较融洽"。[③]

12 日　《北京大学日刊》连续四期刊出预告,"郁达夫先生所授政治、经济、史学系统计学,由下星期四起来校授课"。[④]

13 日　往禄米仓赴张凤举、徐耀辰、沈士远、沈兼士、沈尹默等晚宴,周作人、郑奠等同席,10 时散。

18 日　周四,下午 3 时,赴位于北京北河沿的北大第三院(主要是北大政治、经济、法律三系学生上课的地方),第一次为经济、政治、史学三系学生讲统计学课,冯至[⑤]等前往旁听。

冯至:

---

①　徐志摩(1897—1931),浙江海宁人。诗人,新月派代表。著有《志摩的诗》《翡冷翠的一夜》《猛虎集》等。

②　朱经农(1887—1951),浙江浦江人。教育家,学者,诗人。1904 年赴日本留学。回国后参与创办中国公学、上海光华大学。著有《近代教育思潮》等。

③　徐志摩《西湖记》,参虞坤林整理《徐志摩未刊日记》(外四种)第 162 页,北京图书馆出版社 2003 年版。

④　《北京大学日刊》1923 年 10 月 12—16 日第 1312—1315 期。

⑤　冯至(1905—1993),原名冯承植,直隶涿州人。作家,诗人,学者。浅草—沉钟社成员。

准时走进一座可容八九十人的课室,里面坐满了经济系的同学……上课钟响了,郁达夫走上了讲台,如今我还记得他在课堂上讲的两段话。他先说:"我们学文科和法科的一般都对数字不感兴趣,可是统计学离不开数字。"他继而说:"陈启修先生的老师也是我的老师,我们讲的是从同一个老师那里得来的,所以讲的内容不会有什么不同。"……刚过了半个钟头,他就提前下课了,许多听讲者的脸上显露出失望的神情。①

我不止一次地和陈翔鹤②、陈炜谟③一起到西城西巡捕厅胡同他的长兄郁曼陀家里去看他。他住在一大间(按照北京的说法是三间没有隔开的)房子里,一面墙壁摆着满架的图书,有英文的、德文的、日文的,当然也有中文的。……我们在他那里谈外国文学、中国文学,也谈文坛上的一些琐事。他曾应翔鹤的要求,把他喜欢读的外国文学作品开列一份清单,约有二十多种,我记得的其中有斯特恩的《感伤的旅行》、王尔德的《道林·格莱的画像》、海涅的《哈尔茨山游记》、凯勒的《乡村的罗密欧与朱丽叶》以及屠格涅夫的小说等。④

陈翔鹤:

北平的青年人到达夫兄处来谈天的也真多。但同他往

---

① 冯至《相濡与相忘——忆郁达夫在北京》,《回忆郁达夫》第62—63页。

② 陈翔鹤(1901—1969),重庆人。作家,文史专家。1923年在北京大学研究生班攻读英国文学和中国文学,三年后执教。

③ 陈炜谟(1903—1955),四川泸州人。作家。1921年考入北京大学英文系。著有短篇小说集《信号》《炉边》等。

④ 冯至《相濡与相忘——记郁达夫在北京》,《回忆郁达夫》第64—65页。

来最多的，还要算我、炜谟、冯至、柯仲平、赵其文①、丁女士诸人。到末后才有姚蓬子、潘溇（漠）华、沈从文②、刘开渠③诸兄。他对我们一律都称之为"同学"。我们有时一大群的，谈晚了就横在达夫兄的床上过夜。④

同日 胡适、郭沫若、高梦旦⑤、徐志摩等同在郑振铎家聚餐，"这大概是文学研究会与创造社'埋斧'的筵席了"。⑥

20 日 《海上通信》载《创造周报》第 24 号，后收入《达夫自选集》《达夫散文集》，收入《达夫全集》第三卷《过去集》。

同日 下午 4 时，北大职员校务协进会在第二院接待室（即从前校长室）召开北京大学全校教职员秋季大会。⑦

22 日 致函周作人，感谢托新潮社寄来鲁迅之《呐喊》，并表示当作一篇《读〈呐喊〉因而论及批评》，为鲁迅君尽一份宣传之力，并表示"近颇想将南北文人溶合成一大汇"。⑧

23 日 再函周作人，称昨日之函在路上丢了，不知是否有人

---

① 赵其文（1903—?），四川江北人。

② 沈从文（1902—1988），原名沈岳焕，字崇文，笔名休芸芸、甲辰等，湖南凤凰人。作家，历史文物研究者。1924 年开始进行文学创作，著有《长河》《边城》等小说和《中国古代服饰研究》。

③ 刘开渠（1903—1993），江苏萧县（今属安徽）人。雕塑家。早年毕业于北平美术学校，后赴法国巴黎国立高等美术学院雕塑系学习。曾任杭州艺术专科学校校长等。

④ 陈翔鹤《郁达夫回忆琐记》，《文艺春秋副刊》1947 年 1—3 月第 1 卷第 1—3 期。

⑤ 高梦旦（1870—1936），名凤谦，以字行，福建长乐人。曾随长兄高凤岐帮助杭州知府林启创办"求是书院"和"蚕业学校"，并任浙江大学堂教习。

⑥ 曹伯言整理《胡适日记全编·4（1923—1927）》第 78 页，安徽教育出版社 2001 年版。

⑦ 参《北京大学日刊》1923 年 10 月 20 日第 1319 期。

⑧ 周作人《郁达夫的书简》，鲍风、林青选编《周作人作品精选》第 475 页，长江文艺出版社 2003 年版。

拾得并代寄。内容同前,称"想为鲁迅君大大的宣传一下"。①

24 日 《北京大学日刊》刊出注册部公告,"郁达夫先生所授政治系、经济系、史学系统计学课,原在星期四下午三至四时,现改在星期二上午九至十时"。②

本月 小说散文合集《茑萝集》作为创造社"辛夷小丛书第三种",由泰东图书局出版。内收《献纳之辞》《自序》《血泪》《茑萝行》《还乡记》《写完了〈茑萝集〉的最后一篇》。

11 月

1 日 致函周作人,称已读完《自己的园地》,表示当写一篇读后感;并祈与凤举、耀辰一同商议文学合同大会之事。③ 周作人得函即复。

2 日 《中华新报》以报馆经费支绌为由,建议结束《创造日》。《创造日》于是日第 100 号刊出郭沫若《〈创造日〉停刊布告》和成仿吾《终刊感言》,宣布停刊,实出 101 期(第 23 号编号重)。

3 日 据周作人日记,晚赴周作人处与徐祖正、张凤举共宴,在后院"先前爱罗先珂④住过的地方",张欣海、林语堂⑤、丁燮林

---

① 周作人《郁达夫的书简》,《周作人作品精选》第 475—476 页。

② 《北京大学日刊》1923 年 10 月 24、25 日第 1322、1323 号。

③ 周作人《郁达夫的书简》,《周作人作品精选》第 476 页。

④ 爱罗先珂(1890—1952),俄国诗人,童话作家。童年时因病双目失明。1922年 2 月来北京大学教授世界语,借住在周氏兄弟八道湾宅。

⑤ 林语堂(1895—1976),原名和乐,后改玉堂,又改语堂,福建龙溪(今漳州)人。作家,翻译家,语言学家。著有《京华烟云》《啼笑皆非》等。

（巽甫）^①、陈源（通伯）^②、沈士远、沈尹默等同席，"共十人，9 时散去"。

6 日　据周作人日记，周作人得"达夫《茑萝集》一本"。

9 日　因政府欠薪 9 个月，下午，八校教职员在前京畿道美术专门学校召开全体大会。^③

15 日　据鲁迅日记，午后访鲁迅。

20 日　据周作人日记，往忠信堂为东京大学教授泽村饯行。冈田、今西、马叙伦^④、王星拱^⑤、周作人等共二桌 20 人同席，10 时散。

22 日　据鲁迅日记，午后访鲁迅，并赠《茑萝集》一册，封面上题字"鲁迅先生指正，郁达夫谨呈。十二年十一月"。

12 月

1 日　小说《人妖》（未完稿）载 1923 年 12 月 1 日《晨报副镌》"晨报五周年纪念增刊"，收入《达夫全集》第四卷《奇零集》。

1926 年 12 月 8 日《劳生日记》曾称："从前想做《人妖》，后来没有做完，就被晨报馆拿去了，若做出来，恐怕要比杜葛纳夫的这篇（*Clara Militch*）好些。"

---

① 丁燮林（1893—1974），即丁西林，字巽甫，江苏泰兴人。物理学家，戏剧家，社会活动家。历任北京大学物理学教授，国立中央研究院物理研究所所长等。著有《一只马蜂》《压迫》等剧。

② 陈源（1896—1970），字通伯，笔名西滢，江苏无锡人。文学评论家，翻译家。1924 年创办《现代评论》杂志，主编其中《闲话》专栏。著有《西滢闲话》等。

③ 参《北京大学日刊》1923 年 11 月 9 日第 1336 期。

④ 马叙伦（1885—1970），字彝初，更字夷初，号石翁、寒香，晚号石屋老人，浙江杭县（今杭州）人。书法家，哲学家，政治家。

⑤ 王星拱（1888—1949），字抚五，安徽怀宁人。教育家，化学家，哲学家。

5 日　据周作人日记,下午访周作人,并借书一本。

7 日　致函周作人。[①]

10 日　据周作人日记,下午周作人来访,还所借之书。

13 日　致函周作人。此函与 7 日函均称燕京大学学生会拟请他作讲演,请托在燕大国文系兼课的周作人代为接洽时日和题目。[②]

17 日　对话体政论文《对话》载 1923 年 12 月 17 日《北京大学经济学会半月刊》第 17 号。

18 日　据周作人日记,北大 25 周年校庆放假。周作人往燕京大学,与燕大学生会接洽邀请郁达夫作讲演。

20 日　复函顾千里,围绕"假浪漫的科学者",讨论有"哲学趣味的"真假问题。函载 1924 年 1 月 26 日《燕大周刊》第 33 期。

26 日　据鲁迅日记,上午访鲁迅,并赠《创造周报》半年汇刊一册。鲁迅赠以《中国小说史略》上卷一册。

1924 年(甲子,民国十三年)　28 岁

▲1 月,中国国民党第一次全国代表大会在广州召开。大会确定了联共、联俄、扶助农工三大政策。

▲4 月,《国民政府建国大纲》正式公布,建设程序分为军政、训政、宪政 3 个时期。

▲4 月,印度诗人泰戈尔首次访华。

---

① 周作人《郁达夫的书简》,《周作人作品精选》第 477 页。
② 周作人《郁达夫的书简》,《周作人作品精选》第 477 页。

▲10 月,冯玉祥发动北京政变,继溥仪被逐出清宫,孙中山离粤北上。

1 月

2 日　上午 11 时,北大职员校务协进会在第二院宴会厅召开北京大学全体教职员新年恳亲会。[①]

5 日　赴石达子庙参加胡适召集的欧美同学会聚餐会,陈源、张彭春(仲述)[②]、陈博生[③]、丁西林、林语堂、徐志摩等同席,"谈得很痛快"。[④]

郁达夫当于这个时间之前重逢徐志摩,故《志摩在回忆里》之"民国十三四年——一九二三、四年——之交,我混迹在北京的软红尘里;有一天风定日斜的午后,我忽而在石虎胡同的松坡图书馆里遇见了志摩",此处系年之误当以"民国十三四年"为"民国十二三年"。

同日　郭沫若致函郁达夫,称周报稿荒,欲回日本,主张将周报移往北京。

25 日　给成仿吾、郭沫若的《一封信》发表于《东方杂志》半月刊第 21 卷第 2 号"二十周年纪念号(下)"。据"到北京后,已经有两个月了"云云,此函或作于年前 12 月中旬。收入《达夫全集》第三卷《过去集》。1929 年 5 月,被收入曹养吾编《中国近十

---

① 参《北京大学日刊》1923 年 12 月 31 日第 1376 期。
② 张彭春(1892—1957),字仲述,天津人,张伯苓胞弟。教育家,外交家。早年在南开学校从事话剧活动。
③ 陈博生(1891—1957),字渊泉,福建闽县(今福州)人。毕业于早稻田大学经济系。曾任重庆《中央日报》社长兼主笔等。1930 年当选中国民权保障同盟会北平分会执行委员。
④ 韩石山据《胡适日记》手稿本,参韩石山《徐志摩传》第 111 页。

年散文集》(全民书局);1933 年 6 月,作题《高声痛哭一场》,被收入维恒编《现代文艺书信》(上海乐华图书公司);1934 年 4 月,被收入胡云翼编"中学国语补充读本之一"《现代书信选》(上册,上海北新书局)。

2 月

1 日 北大寒假开始,至 2 月 21 日,放假 21 日。

17 日 俄国革命,国体变更,中俄邦交因以暂辍。自英意承认苏俄后,世界各国对俄外交均呈一新变化。吾国与俄壤地相接,悬案甚多,故先承认苏俄殆已为时势所需要。北京大学教授特致函顾维钧[①]、王正廷[②],望其即行宣布恢复中俄国交。署名者蒋梦麟(孟郊)[③]、陈大齐(百年)[④]、王星拱、沈尹默、张竞生[⑤]、

[①] 顾维钧(1888—1985),字少川,江苏嘉定(今上海)人。外交家。美国哥伦比亚大学国际法博士。1919 年巴黎和会、1945 年 6 月旧金山会议谈判代表,参加《联合国宪章》起草工作并代表中国在宪章上签字。著有《顾维钧回忆录》。

[②] 王正廷(1882—1961),字儒堂,浙江奉化人。美国耶鲁大学博士。曾任北洋政府外交总长。曾主持接收山东权益,草签《中俄协定》。

[③] 蒋梦麟(1886—1964),字兆贤,号孟邻,浙江余姚人。教育家。曾任国民政府第一任教育部长,浙江大学、北京大学校长等。

[④] 陈大齐(1886—1983),字百年,浙江海盐人。心理学家。1912 年日本东京帝国大学文学士,专攻心理学。曾任浙江高等学校校长、北京大学代理校长等。

[⑤] 张竞生(1888—1970),字公室,广东饶平人。社会学家,美学家。与艺术家刘海粟、音乐家黎锦晖并称旧上海"三大文妖"。著有《性史》。

胡适、顾孟余①、汤尔和②、马叙伦、李石曾(煜瀛)③、马裕藻、沈士远、谭熙鸿④、李大钊⑤、朱希祖、沈兼士、陈源、丁燮林、陶孟和⑥、周作人、林玉堂、周鲠生(周览)⑦、皮宗石⑧、郁达夫、江绍原⑨等47人,皆北大教授中知名之士也。⑩ 是年5月31日,中俄两国恢复邦交。

19日 完成《零余者的自觉》。本文落款"正月十五",联系文中"残冬的日影"等描述,此"正月十五"为旧历的可能性大。刊1924年6月北京《太平洋》杂志第4卷第7号。后改题为《零余者》,收入《达夫全集》第一卷《寒灰集》,亦收《达夫散文集》。

《太平洋》杂志,1917年3月1日创刊于上海,初由泰东图书

---

① 顾孟余(1888—1972),原名兆雄,原籍浙江上虞,生于河北宛平(今北京)。德国柏林大学毕业。曾任北京大学教务长、广东大学、中央大学校长等。

② 汤尔和(1878—1940),字调萧,号六松老人,浙江杭县(今杭州)人。毕业于日本金泽医专(今金泽大学),德国柏林大学医学博士。历任北洋政府教育总长、内务总长、财政总长等。

③ 李石曾(1881—1973),原名李煜瀛,字石僧,笔名真民、真石增,晚年自号扩武,河北高阳人。教育家。故宫博物院创建人之一。曾任北京大学校长。

④ 谭熙鸿(1891—1956),号仲逵,江苏吴县(今属苏州)人。创建北京大学生物学系并任首任系主任,创办浙江大学农学院并任首任院长。

⑤ 李大钊(1889—1927),字守常,河北乐亭人。马克思主义者,无产阶级革命家,中共主要创始人之一。曾任北京大学图书馆主任兼经济学教授。

⑥ 陶孟和(1887—1960),原名履恭,祖籍浙江绍兴,生于天津。社会学家。1914—1927年任北京大学教授、系主任、文学院院长、教务长等职。

⑦ 周鲠生(1889—1971),又名周览,湖南长沙人。法学家,外交史家,教育家。曾任北京大学教授、武汉大学校长。

⑧ 皮宗石(1887—1967),字皓白,别号海环,湖南长沙人。法学家。曾任北京大学法学院教授兼图书馆馆长。

⑨ 江绍原(1898—1983),安徽旌德人。民俗学家,比较宗教学家。1923年任北京大学文学院教授。

⑩ 《北大教授请复中俄邦交 参议员亦提议复交》,《申报》1924年2月18日第11版"国内要闻"。

局发行,1919 年 11 月起改由商务印书馆发行,1924 年 3 月迁往北京东吉祥胡同 3 号。以民国初年留英学生李剑农、杨端六、周鲠生、王世杰等为主力,亦多郁达夫北大同事。1926 年 5 月终刊,共出四卷 42 号。

28 日　《创造》季刊第 2 卷第 2 号出版,载郁氏作品两种,即《春风沉醉的晚上》(小说)和《途中》(杂录)。《创造》季刊至此停刊,共出二卷 6 期。

3 月

月初　据《北国的微音——寄给沫若与仿吾》,日本一新闻记者来访,原为了解郁达夫对于日本对华文化事业的意见和中国将来的教育方针,却因被访者的"消沉"和"诡辩","谈了许多无关紧要的闲话走了"。

6 日　据《北国的微音》,晚赴朋友宴,因散场早,回寓读郭沫若《歧路》。

7 日　凌晨 3 时,完成致郭沫若、成仿吾函《北国的微音——寄给沫若与仿吾》,刊发于 1924 年 3 月 28 日《创造周报》第 46 号,收入《达夫全集》第三卷《过去集》,亦收《文艺论集》《达夫散文集》。1929 年 5 月,被收入曹养吾编《中国近十年散文集》(全民书局);1934 年 4 月,被收入胡云翼编"中学国语补充读本之一"《现代书信选》(上册,上海北新书局);1935 年,被收入姚乃麟编"新编文学读本"《现代创作散文选》(上海中央书店)。

18 日　据鲁迅日记,午后访鲁迅于砖塔胡同,赠《创造》季刊第 2 卷第 2 号一本。

28 日　成仿吾收悉郁达夫函并复,称"前几天接读了你的《北国的微音》,今天又接到了你的一封信,信虽很短,然而我们看了之后只觉半晌说不出话"。复函题作《江南的春讯》,载 1924年 4 月 13 日《创造周报》第 48 号。

本月 致函郭沫若、成仿吾,称北京"太平洋社"打算停刊《太平洋》杂志,与上海创造社合作编刊,北京编政治的一半,上海编文艺的一半,同办《创造周报》,而沫若、仿吾提议一期政治,一期文艺,未得允。① "太平洋社"主要人物是王世杰②、周鲠生、杨端六、皮宗石、陈源等一批大学教授,郭沫若"和他们合不拢来",故并不赞成合作。③

4 月

12 日 印度诗人泰戈尔④首次访华抵沪,23 日抵京,下榻北京饭店,4 月 29 日入住清华园。泰戈尔此次访华,旅次经上海、南京、天津、北京和太原等地。

15 日 上午,作统计学随堂临时测验一次。《北京大学日刊》公告称:郁达夫先生所授统计学定于 4 月 15 日(星期二)上午 8 至 10 时即原授课时间在原教室举行临时试验一次。⑤

27 日 《创造周报》第 51 期出版,刊末有预告云:第 52 期因为要等达夫由北京南下定周报今后的方针,须迟数日方能出版。

同日 京中文学界公宴泰戈尔并在天坛草坪开欢迎会,胡

---

① 郭沫若《创造十年续编》,《郭沫若全集》文学编第 12 卷第 211 页。

② 王世杰(1891—1981),字雪艇,湖北崇阳人。宪法学家,教育家。曾任武汉大学校长。

③ 郭沫若《再谈郁达夫》。

④ 拉宾德拉纳特·泰戈尔(1861—1941),印度诗人,生于孟加拉国。文学家,社会活动家,哲学家和印度民族主义者。被誉为"诗圣"。代表作有《吉檀迦利》《飞鸟集》《新月集》等,曾三度访华。

⑤ 《北京大学日刊》第 1445 号。

适致辞,徐志摩陪同翻译。

30 日 据鲁迅日记,午后访鲁迅于砖塔胡同。

本月 据《给沫若》,4 月底边,接到郭沫若从白滨寄出,在春日丸船上写的信。

5 月

1 日 据吴虞日记,北大同事谢绍敏①约游公园,同游者白鹏飞②、吴虞③、吴君毅④等,向吴虞告称《晨报副镌》之称吴虞之赠窑中女子娇玉诗为"淫靡古诗"并攻击《吴虞文录》《朝华词》之事,系钱玄同所为。后吴虞并作"八条"复之,斥之为"不学无术之狂吠"。

3 日 据吴虞日记,下午 3 时,吴虞偕吴君毅到访,称郁(曼陀)宅"房屋极好,买成二千二百元,现值五、六千元矣"。达夫并"以日本《太阳报》登渠数诗见示,笔轻茜,腴而有骨,美才也"。又"达夫将予八条看过,言不糟,此后勿自答。如有内幕,达夫当为探察,或再有文字,达夫当出来骂之"。谈至 4 时,同往中央公园。

4 日 据吴虞日记,午 12 时赴吴君毅处,随吴虞同往"春花

---

① 谢绍敏,贵州赤水人。五四运动时学生领袖,北大法科三年级学生,曾当众血书"还我青岛"。

② 白鹏飞(1889—1948),字经天,号擎天,广西桂林人。法学家。毕业于日本帝国大学法科。

③ 吴虞(1872—1949),原名久宽,字又陵,亦署幼陵,四川新繁人。1905 年留学日本,入日本法政大学。1921—1925 年,在北京大学任国文系教授,其后又任教于成都大学和四川大学。

④ 吴永权(1886—1961),字君毅,四川新都人。吴虞堂弟。日本东京帝国大学肄业。

楼",无雅座,转至"宝华楼"午餐。

月初 "在一个东风微暖的早上,带了一枝铅笔,几册洋书,飘然上了南下的征车,行返上海",与成仿吾一起收拾《创造周刊》,整理《创造》季刊,商议与太平洋社合出周报之事。四五天后,回富阳小住一周。

中旬 富阳回上海两天后,别将去广州的成仿吾,坐夜快车回北京。

19 日 《创造周报》第 52 号出版,发表成仿吾《一年的回顾》,宣布停刊。该刊并附发一份"太平洋社和创造社合办新周刊"的预告。郁达夫所作《〈现代评论〉启事》,则称"每周刊出十六开三十页小志一册,内分文学政治两部",拟由《太平洋》杂志社与创造社同人执笔政治文学评论事宜,出版日期待定。

25 日 鲁迅偕夫人朱安迁居西三条胡同 21 号院。

29 日 据周作人日记,是日访周作人。

6 月

11 日 鲁迅往八道湾宅取书与什器,"启孟及其妻突出骂詈殴打"。

15 日 据鲁迅日记,上午访鲁迅于西三条新居。

同日 据钱玄同日记,晚往水榭,赴骆驼社宴,席皆现代评论社(《太平洋》和《创造》社)诸君,江绍原、钱玄同等同席。

22 日 作文论《读了珰生的译诗而论及于翻译》刊发于 6 月 29 日《晨报附刊》第 3、4 版,认为翻译比创作难,"翻译之先,译者至少要对原文有精深的研究,致密的思索,和完全的了解。所以我对于上述的信、雅、达之外,更想举出学、思、得的三个字来,作为翻译者的内在条件"。收《文艺论集》,收《达夫全集》第五卷

《敝帚集》。

24 日　据钱玄同日记并参顾颉刚日记,下午 6 时,至中央公园赴现代评论社之约,席中致辞,周鲠生、李石曾、易寅村①亦均致辞,钱玄同、顾颉刚等 40 余人同席。是日聚会是为邀稿,以北大中人为多。

30 日　据周作人日记,下午 6 时,约周作人等在"会贤堂"共餐。

7 月

1 日　北大暑假开始,至 9 月 10 日,放假 72 日。

3 日　据鲁迅日记,午后鲁迅来访,赠以《中国小说史略》下卷一册。夜偕陈翔鹤、陈炜谟等回访鲁迅。

12 日　据吴虞日记,邀吴虞等往"会贤堂"用午餐。

25 日　凌晨 4 时,完成《读了上海一百三十一号的〈文学〉而作》,为郭沫若、成仿吾被梁实秋②在《文学》上批评而作辩护。文刊发于 7 月 29 日《晨报附刊》第 4 版。

29 日　致函郭沫若,以《给沫若的旧信》为题,记录五月间南返上海、富阳的一段经历,载 1926 年 3 月 16 日《创造月刊》第一卷第 1 期,后改题《给沫若》,收入《达夫全集》第三卷《过去集》。1934 年 4 月,被收入胡云翼编"中学国语补充读本之一"《现代书信选》(上册,上海北新书局);1934 年 7 月,以《给沫若的旧信》为题收入孙怒潮编新课标适用课程《初级中学国文教科书》第五册,

①　易培基(1880—1937),字寅村,号鹿山,湖南善化(今属长沙)人。故宫博物院首任院长。

②　梁实秋(1903—1987),原名梁治华,字实秋,笔名子佳、秋郎、程淑等,浙江杭县(今杭州)人,生于北京。散文家,学者,批评家,翻译家。

作为第四单程"应用文"范本之一(上海中华书局);1936 年 5 月,被收入钱公侠、施瑛编中国新文学丛刊《书信》(上海启明书局)。

8 月

14 日　完成小说《薄奠》。小说通过一个人力车夫的人生悲剧,揭示社会黑暗和底层劳动者的不幸,也表达了知识分子对劳动者的同情,与《春风沉醉的晚上》一样,作者自认为"多少也带一点社会主义的色彩"。载 1924 年 12 月《太平洋》第 4 卷第 9 号,收入《达夫代表作》《达夫自选集》《达夫短篇小说集》,收入《达夫全集》第一卷《寒灰集》。1926 年 6 月,被收入成仿吾等著《灰色的鸟》,为创造社丛书第 5 种(上海创造社出版部);1928 年 12 月,被收入徐培仁编《中国近代短篇小说杰作集》(上海三民公司)。

20 日　周全平①、敬隐渔②、倪贻德等主持的《洪水》周刊创刊,标志着"创造社"前期活动的终结和后期活动的开始。《洪水》周刊仅出一期;1925 年 9 月 16 日复刊,改行半月刊。1927 年 12 月 15 日出至第三卷第 36 期停刊,"享寿一年有半"。

9 月

11 日　北京大学开学,9 月 22 日本科生开始上课。本学期郁达夫调任英文系,任教一年级戏剧,并与毕善功、徐宝璜、潘家

---

①　周全平(1902—1983),江苏宜兴人,原名周承澍,号震仲,笔名全平。苏州农业学校毕业,早年参加创造社活动。著有小说集《烦恼的梦》《梦里的微笑》,散文游记集《箸船》等。

②　敬隐渔,四川遂宁人。留学法国。曾译鲁迅小说《阿 Q 正传》《孔乙己》《故乡》等。

淘共同担任一、二年级公共英文课。①

　　我在第一天上郁先生教的《少奶奶的扇子》一出戏剧时，我凝神的注视他：看他蓬松的头发，面孔现着一副尖利而和爱的样子；等到听他的声音时，觉到他声音里面时藏有讥刺与不平的声调。②

　　20 年代初，我在北京大学学教育学时，郁先生给我们讲授过英语和散文。③

26 日　据周作人日记，午，与胡适、徐志摩、丁巽甫等共约于中央公园来今雨轩聚会，到周作人等 30 余人。

10 月

4 日　据周作人日记，下午，往访周作人，还书，并又借《黑发》一本。

5 日　改定小说《秋柳》并完成小序。连载于 12 月 14、16、24 日《晨报副镌》。收入《达夫全集》第一卷《寒灰集》。据《小序》称，《秋柳》是《茫茫夜》的续篇，1922 年作于东京，时间是作完《风铃》之后的两三天内。《创造》季刊创刊号并登过预告，因不能满意，故未予发表。小说落款"一九二二年七月初稿，一九二四年十月改作"。1925 年 10 月，被收入刘大杰编《长湖堤畔》。

6 日　《北京大学日刊》刊登《英文系课程指导书》，列入郁达

---

　　①　参《北京大学日刊》1924 年 10 月 6 日第 1536 号第 4 版。
　　②　彭基相《读了郁达夫先生底〈给一位文学青年的公开状〉以后》，《晨报副镌》1924 年 11 月 20 日第 277 号。
　　③　《程星龄先生谈郁达夫》，邹敏、丁仕原记录，《鲁迅研究月刊》2002 年第 9 期。

夫名下的课程有英文系一年级《戏剧》和一二年级《公共英语》。①

7 日　《北京大学日刊》刊登《注册部公告》,称英文系一年级《戏剧》改由英国人毕善功(Louis Rhys Oxley Bevan)先生担任。②

本月　收到高长虹③寄赠《狂飙》一册并复函,盼狂飙同仁继续努力,为《狂飙》送出十几册唯一回信鼓励者。④

11 月

2 日　据鲁迅日记,上午访鲁迅。

3 日　旧历"十月初七日",完成散文《小春天气》,连载于《晨报附刊》1924 年 11 月 11、12、14 日。后收《达夫代表作》《达夫散文集》,收入《达夫全集》第一卷《寒灰集》。1925 年 10 月,被收入刘大杰编《长湖堤畔》。

13 日　看望来京求学、生活无着的文学青年沈从文,予以帮助,后来还将沈从文介绍给《晨报附刊》编辑刘勉己⑤、徐葛农。

是晚,完成《给一位文学青年的公开状》,复函沈从文,刊发于《晨报附刊》11 月 16 日。后收入《达夫散文集》《达夫代表作》《达夫自选集》,收入《达夫全集》第一卷《寒灰集》。1933 年 6 月,被收入维恒编《现代文艺书信》(上海乐华图书公司);1935 年,被收入姚乃麟编"新编文学读本"《现代创作散文选》(上海中央书

---

① 《北京大学日刊》1924 年 10 月 6 日第 1536 号第 3、4 版。

② 《北京大学日刊》1924 年 10 月 7 日第 1537 号第 1 版。

③ 高长虹(1898—1954),本名高仰愈,笔名长虹,山西盂县人。作家。1924 年至 1929 年间,先后在太原、北京、上海等地发起并组织"狂飙运动",创办《狂飙》等刊物。

④ 高长虹《通讯一则》,《狂飚》周刊第 1 期。

⑤ 刘勉己,曾任《晨报附刊》编辑,曾在北京大学、福建学院任教。

店）；1936 年 5 月，被收入钱公侠、施瑛编中国新文学丛刊《书信》（上海启明书局）。同时，又被作为"当代权威学者和各科专家名著杰作"之一，收入王子坚编《现代百科文选》（经纬书局出版，适合中等学校教科之用）。

此前某日，郁达夫还曾与刘开渠一同探望沈从文，扑了个空：

> 有一天，我到了达夫先生住处，未等我坐下，他就告诉我：一位从湖南来的青年给他写了一封信，是来北京投亲靠友的，可亲友都不认他，处境十分困难，住在一个小旅馆里，并说："走！陪我一同去找他，我请你们一起去吃饭。"我们赶到他住的小旅馆时，他却不在。①

16 日 据吴虞日记，邀吴虞、杨适夷②、屠正叔③、白经天、刘勉己、王肇凯诸人，同于厂甸"春明饭店"聚餐，午后 3 时散。

17 日 综合性半月刊《语丝》创刊。该刊于 1927 年 10 月被查封，12 月在上海复刊，1930 年 3 月停刊。孙伏园、周作人、李小峰、鲁迅、柔石等先后任编辑。

20 日 据鲁迅日记，晚访鲁迅，并谈到高长虹及其《狂飙》，为狂飙社人发不平。

22 日 据周作人日记，午在中央公园招宴，到周作人等14 人。

同日 据吴虞日记，吴虞发请客帖于郁达夫等。

---

① 刘开渠《忆郁达夫先生》，《回忆郁达夫》第 88 页。
② 杨适夷，字栋林。曾任北京大学教授。
③ 屠孝实（1898—1932），字正叔，江苏常州人。哲学家，法学家。1913 年赴日本留学，后转入日本早稻田大学攻读文学专业。

27日　据吴虞日记,感恩节,应吴虞宴请赴春明饭店,张真如①、戴夷乘②、白经天、张季鸾、康心之③、吴君毅、刘勉己等同席。

29日　诞生日(旧历十一月初三),完成小说《十一月初三日》,连载于1924年12月13日、20日、27日和1925年1月3日《现代评论》周刊第一卷第1、2、3、4期。收入《达夫全集》第一卷《寒灰集》,收入《达夫短篇小说集》。

12月

6日　据吴虞日记,下午6时,赴骡马市大街"瑞记",与张真如、戴夷乘、白经天等合请吴虞、吴君毅等。

13日　综合周刊《现代评论》创刊,1928年12月出至第9卷209期停刊,其间还出版3期增刊和一批"现代社文艺丛书"。王世杰负责编辑,主要撰稿人多为留学英、美之教授学者,内容涉及政治、经济、法律、文艺、哲学、教育、科学等各方面。刊物的精神是"独立的,不主附和",刊物的态度是"研究的,不尚攻讦",刊物的言论是"趋重实际问题,不尚空谈"。

《现代评论》第三卷杨振声(金甫)④负责编辑期间,曾邀请郁达夫作撰稿人并帮编辑部看稿。⑤

郁达夫在该刊刊有小说《十一月初三日》、散文《送仿吾的

---

① 张真如(1887—1969),名颐,四川叙永人。历任北京大学哲学系主任,厦门大学文学院院长、副校长,代理四川大学校长。

② 戴夷乘,浙江温州人。曾任北京大学教授、教育部督学等。

③ 康心之(1894—1967),陕西城固人。早年与兄康心孚、康心如等参加同盟会。

④ 杨振声(1890—1956),字金甫,后改为今甫,山东蓬莱人。民国教育家,作家。1930—1932年间,任青岛大学校长。

⑤ 倪邦文《"现代评论派"的团体构成》,《新文学史料》1995年第3期。

行》、书信《说几句话》、文论《咒〈甲寅〉十四号的评新文学运动》、书评《读〈兰生弟的日记〉》、编后话《〈手套〉附志》等。

15 日　据鲁迅日记,晚访鲁迅。

17 日　北大纪念日,放假一天。据吴虞日记,吴虞补请郁达夫、戴夷乘。

20 日　据吴虞日记,晚往来今雨轩,赴康白情宴,吴虞、谢绍敏、戴夷乘、白经天、吴君毅、康心远等同席。

同日　据周作人日记,下午周作人来访,未遇。

21 日　据周作人日记,下午回访周作人。

23 日　《秋柳》引发"抗议",被认为"是在鼓吹游荡的风气,对于血气未定的青年,很多危险",作《秋柳》创作谈《我承认是"失败了"》加以辩驳,刊发于 12 月 26 日《晨报附刊》。

25 日　据鲁迅日记,晚访鲁迅,并赠德国 L. Ganghofer(路德维希·冈霍夫)*Gewitter im Mai*(《五月暴风雨》)一册。

30 日　赴东兴楼,应陈通伯、奕林邀宴,顾颉刚①、江绍原、徐志摩、俞平伯②、林语堂、杨振声等同席。③

31 日　《学艺杂志》月刊第六卷第 6 号刊广告《〈现代评论〉出版了》,称"《现代评论》撰述人包含《太平洋》《创造》两社全部社员和其他有名杂志的执笔者"。

---

① 顾颉刚(1893—1980),名诵坤,字铭坚,号颉刚,江苏苏州人。历史学家,历史地理学家,民俗学家。1927 年创办民俗学会,抗战期间创办中国边疆学会。
② 俞平伯(1900—1990),原名俞铭衡,字平伯。浙江德清人,生于江苏苏州。散文家,红学家。曾参加文学研究会、语丝社等。
③ 顾潮整理《顾颉刚日记》第一卷第 565 页,中华书局 2011 年版。

1925年(乙丑,民国十四年)　29岁

▲3月,孙中山在北京逝世。

▲5月,上海发生五卅惨案。

▲6月,为声援上海工人,省港工人开始大罢工。

▲7月,中华民国国民政府在广州成立。

1月

4 日　据周作人日记,上午周作人在家候郁达夫不至。

5 日　据周作人日记,下午 4 时访周作人。

18 日　据周作人日记,午在东兴楼招宴,到周作人等。

31 日　据吴虞日记,午 12 时赴吴虞处,赠《晨报副镌》一册,并称下周三(2 月 4 日)"当过武昌师大"。

同日　据周作人、钱玄同日记,至东兴楼赴周作人、张凤举午宴,同席有陶孟和、沈性仁[①]、沈尹默、沈兼士、林语堂、陈通伯、徐志摩、邓叔存、陈百年、李玄伯[②]、徐旭生[③]、马幼渔、马衡(叔

---

① 沈性仁(1895—1943),女,浙江嘉兴人。陶孟和夫人。曾在日本长崎活水女学求学。

② 李玄伯(1895—1974),名李宗侗,河北高阳人。毕业于巴黎大学。后任北京大学法文系主任。

③ 徐旭生(1888—1976),名炳昶,以字行,河南唐河人。史学家,政治活动家。曾任北京大学教务长、北京师范大学校长等职。

平)①、皮皓白、周鲠生、刘光一、杨树达（遇夫）②、丁巽甫、江绍原、钱玄同等共 23 人。"因陶孟和夫妇回京、郁达夫将赴武昌教书"。

本月 完成散文《骸骨迷恋者的独语》，担忧"国故整理者"只把昌明国学当招牌挂、当时髦赶。后收入《达夫散文集》，收入《达夫全集》第四卷《奇零集》。

2 月

2 日 据钱玄同日记，午赴森隆饭店钱玄同、沈尹默、沈兼士、李玄伯、徐旭生、陈百年、邓叔存、杨遇夫等 10 人共举之饯行宴，陶孟和、林语堂、陈通伯、皮皓白、江绍原、周作人、胡适之、王抚五、杨振声等 11 人同席。

同日 据吴虞日记，下午 6 时赴泰丰楼，客三席，屠正叔、何熙曾③、张真如、胡庶华④、戴夷乘、陈百年、白经天、刘勉己等同席。

4 日 参吴虞日记，应国立武昌大学校长石瑛（蘅青）⑤邀请，离京赴武昌，就任该校文科教授。

---

① 马衡（1881—1955），字叔平，浙江鄞县（今属宁波）人。金石考古学家。曾任西泠印社第二任社长，故宫博物院院长。

② 杨树达（1885—1956），字遇夫，号积微，湖南长沙人。语言文字学家。1905年赴日本留学。

③ 何熙曾（1892—1988），福建福州人。1915 年毕业于东京帝大采矿系。

④ 胡庶华（1886—1968），湖南攸县人。教育家，冶金学家。曾任重庆大学、同济大学、湖南大学校长。

⑤ 石瑛（1879—1943），字蘅青，湖北阳新人。曾赴英国伯明翰大学学习矿冶，获硕士学位。曾任北京大学教授，武昌师范大学（后改称国立武昌大学）校长。

据李俊民①回忆，"武昌师大的校址在阅马厂（武昌城内的一个广场）之东，东间壁是抱冰堂，即张之洞别墅所在地，堂的四周遍植桃花，每逢花开的季节，游人麇集，热闹异常。"②

一九二五年二三月间，我回到武昌师大，到校后的第一件大事，就是去看望郁先生。一个傍晚，我在学校东北角教师宿舍的二楼西侧的一间房子里，第一次会见了他，看到他的神情与姿态，和我悬想中所构成的形象，似乎是吻合无间的。他待人恳挚，洒脱可喜，使我一见倾心。……在他驻足的这个大房间中，除一张床铺和写字台以及一张方桌外，满屋塞满了古今中外的书籍。日文以外，大部分是西书，包括英文、法文和德文。③

武昌高等师范学校因杨振声、郁达夫两先生应聘主持中文系讲"现代中国文学"，学生文学团体因之而活动，胡云翼④、贺扬灵⑤、刘大杰⑥三位是当时比较知名和活动的青年作家。⑦

① 李守章(1905—1993)，字俊民，江苏南通人。作家，学者，编辑家。毕业于武昌师范大学。

② 李俊民《落花如雨拌春泥——郁达夫先生殉国四十周年祭》，《回忆郁达夫》第121页。

③ 李俊民《落花如雨拌春泥——郁达夫先生殉国四十周年祭》，《回忆郁达夫》第119—120页。

④ 胡云翼(1906—1965)，原名耀华，湖南桂东人。词学家。1927年毕业于武昌师范大学。

⑤ 贺扬灵(1901—1947)，原名高志，字培心，江西永新人。曾于武昌师范大学学文史。

⑥ 刘大杰(1904—1977)，湖南岳阳人。文史学家，作家，翻译家。1922年考入武昌师范大学。

⑦ 沈从文《湘人对于新文学运动的贡献》，参《杨振声年谱》上册第56页。

武昌师大实行选科制,他开出的选科是文学概论、小说论和戏剧论,自编讲义。①

21 日　与杨振声、张资平、黄侃、陈建功②等一同出席武昌师范大学师生联席会议,③决议请校长以师生联席会议名义,从速辞退哲学教育系主任余家菊,并支持全体学生发表宣言,"誓死驱逐余家菊,挽留石校长"。④

3 月

5 日　完成文论《生活与艺术》的编译,刊发于《晨报副镌》1925 年 3 月 12、13 日第 55、56 号,后收入《文学概说》。文末志有"书后":

> 这一篇生活与艺术,是到武昌后编译的第一篇稿子,预备做近来打算编的文学概论的绪言的。因为这一次匆促南行,带的书不多,所以不能举出实例,内容空虚之讥,是我所乐受的。此稿所根据的,是有岛武郎著的《生活与文学》的头上的几章……⑤

4 月

10 日　文论《文学上的殉情主义》刊发于《晨报副镌·艺林

---

①　李俊民《落花如雨拌春泥——郁达夫先生殉国四十周年祭》,《回忆郁达夫》第 120 页。

②　陈建功(1893—1971),别名业成,浙江绍兴人。数学家。1913 年东渡日本留学。1923 年任教于浙江工业专门学校,次年应聘为武昌大学数学系教授。

③　季培刚《杨振声年谱》上册第 56 页,学苑出版社 2015 年 10 月。

④　《武昌大学又起风潮》,《民国日报》1925 年 2 月 28 日第 6 版。

⑤　郁达夫《生活与艺术(下)》,《晨报附刊》1925 年 3 月 13 日第 1 版。

旬刊》第 1 号,后收入《文学概说》第四章,改题为《文学的内在的倾向》。

武昌师范大学任教期间,曾指导国文系刘大杰、贺扬灵、胡云翼等组织艺林社,并介绍得北京晨报社同意,于是日在《晨报》副刊创设专刊《艺林旬刊》,以提供"国学的研究和关于文艺上的各种问题的讨论",黄侃、熊十力等均有论作在该刊发表。自第17 号后,《艺林旬刊》决定暂行停刊,后由艺林社独立出版。①

13 日 《北京大学日刊》刊出注册部布告,称"英文系教员郁达夫先生辞职,所授本科第一外国语英文及小说,本星期起均由刘贻燕先生暂代,时间教室照旧"。②

中旬 因在浙江老家内不能和母亲同住,孙荃偕子龙儿离富阳去北京,先住长兄曼陀家,5 月,郁达夫从武昌回京,在什刹海北岸租屋,地址为"什刹海河沿八号后宅南官房口东口",6 月迁入,并过暑假。

30 日 与杨振声、江绍原联合致函胡适,邀请来汉讲座:"……有感于退职之职教员屡次破坏武昌师大,皆经失败,故今又怂恿黄先生辞职,目的在使该系学生,因失课而起风潮。平此风潮惟一的方法,在请众人所心悦诚服之学者,来此作课外讲演。所以石蘅青先生同我们都竭诚请先生来讲演一次","先生来此讲演的时间,一星期或两星期均可","讲题先生可以便定,但时间必在五月内,愈早愈好"。③ 郁达夫落款由杨振声代签。

---

① 参《本刊特别启事》,1925 年 9 月 30 日《晨报副镌·艺林旬刊》第 17 号。
② 《注册部公告》,参 4 月 13 日《北京大学日刊》第 1667 期。
③ 《杨振声、江绍原、郁达夫信一通》,耿云志编《胡适遗稿及秘藏书信》第 38 册第 145—147 页,黄山书社 1994 年版。

5 月

月初 成仿吾自湖南到武昌,与武昌师范大学生物系教授张资平共同商议,脱离泰东书局,筹集股金创办"创造社出版部"。

2 日 郭沫若致读者公开状透露:"我们近来新设了些计划,便是想把周刊和季刊两种合并为一个月刊,由我们自己募股来举办","定了五千元的股本,分为一百整股,每股五十元,每整股还分为五小股,每小股十元,定在今年阳历六月底交齐"。郭沫若还自行印制了四册三联式股票认购权,自留一册外,分寄成仿吾、郁达夫、张资平。[①]

17 日 作小说《寒宵》,发表于 1926 年 3 月 16 日《创造月刊》第一卷第 1 期。后与《街灯》合题为《寒灯》,收入《达夫全集》第三卷《过去集》,收入《达夫短篇小说集》。据该刊《尾声》称:"当初的计划,想把这一类东西,连续做它十几篇,结合起来,做成一篇长篇。……但是后来受了各种委屈,终于没有把这计划实行,所以现在只好将这未完的两断片,先行发表了。"

19 日 作小说《街灯》,发表于 1926 年 3 月 16 日《创造月刊》第一卷第 1 期。后与《寒宵》合题为《寒灯》,收入《达夫全集》第三卷《过去集》。

20 日 《诗的意义》刊发于《晨报副镌·艺林旬刊》第 5 号。收入《文艺论集》。与《诗的内容》《诗的外形》合为《诗论》,收入《达夫全集》第五卷《敝帚集》。1931 年,收入南开中学《初三国文

---

① 冯锡刚《郭沫若的三十年(1918—1948)》第 120、121 页,中央文献出版社2011 年版。

教本》上册。

23 日　成仿吾搭招商公司江轮自武昌返湖南。作散文《送仿吾的行》,刊于 1925 年 6 月 6 日《现代评论》周刊第一卷第 26 号。后收入《达夫散文集》,收入《达夫全集》第四卷《奇零集》。1925 年 10 月,被收入刘大杰编《长湖堤畔》。

30 日　《诗的内容》刊发于《晨报副镌·艺林旬刊》第 6 号。收入《文艺论集》。与《诗的意义》《诗的外形》合为《诗论》,收入《达夫全集》第五卷《敝帚集》。

本月　在武昌大学作演讲《介绍一个文学的公式》,认为完美的文学的公式,是"F＋f",即既有中心的观念,又有情绪的要素,"好的文学,是要集合许多的焦点,用自己的理想,去另外组织一个总合焦点,然后将这个新的目标,尽力的描写出来,这样的作品,才可以说是很有力量的作品"。讲词由湘君记,分载 1925 年 9 月 10 日《晨报副镌·艺林旬刊》第 15 号和 9 月 11 日《晨报副刊》第 1296 号,收入《达夫全集》第五卷《敝帚集》。1931 年,收入南开中学《初三国文教本》上册。

本月　自武昌回京。据《一个人在途上》,是年暑假,"夫妻两个,日日与龙儿伴乐,闲时也常在北海的荷花深处,及门前的杨柳阴中带龙儿去走走,这一年的暑假,总算过得最快乐,最闲适"。

夏　据《打听诗人的消息》,暑假期间,"因南行之便,在上海住了几天,这时候就遇见了许杰①,他把以仁②一个月前头,因为失业失恋的结果,穿了一件夏布长衫,拿了两块洋钱,出家匿迹的事情,告诉了我"。

8月

5 日 据钱玄同、周作人日记,下午 6 时半赴东兴楼,应张凤举、徐耀辰宴,沈士远、周作人、马幼渔、沈兼士、马巽伯③、钱玄同等共 10 人同席。钱玄同"吃得大醉,胡言乱语,瞎闹一阵……出东安市场已过十一时,我尚不清醒,他们怕我路上摔跌,由达夫送我回寄宿舍,可感! 并且买了两个密(蜜)柑给我吃,可感也"! 周作人亦"大醉归"。

9月

12 日 武昌大学校长石蘅青因辞退黄侃、黄际遇、王谟等三位教授,一时难觅相当人物,而开学在即,不得已罗致大批北大毕业生塞责,引起该校学生不满;加之学校经费无着,石遂递辞呈。是日《申报》刊登消息:"武大校长石瑛自京函代理校务李西屏,嘱办辞呈送教部。"

16 日 创造社《洪水》是日复刊,改为半月刊,光华书局发

---

① 许杰(1901—1993),原名世杰,字士仁,笔名张子三,浙江天台人。乡土文学作家。1924 加入文学研究会。著有《惨雾》等。

② 王以仁(1902—1926?),字盟欧,浙江天台人。1923 年到上海教书时开始写作,风格颇似郁氏。1926 年夏秋之间失踪,疑为从海门到上海的轮船上跳海自杀。遗著《孤雁》由商务印书馆出版。

③ 马巽伯,名巽,以字行,浙江鄞县(今属宁波)人。书法家。马裕藻(幼渔)之子。

行,1927年12月停刊,共出36期。

27日 9月27日至10月5日间,胡适南下武汉,在国立武昌大学、商科大学和华中大学、武大附中等校作演讲,其间郁达夫与之多有交往。胡适称"见着许多新旧朋友,十分高兴。旧友中如郁达夫、杨金甫,兴致都不下于我"。[①]

29日 上午,在武大听胡适演讲《新文学运动的意义》。[②]

10月

中旬 自武昌回京。据《一个人在途上》:"某地的学校里发生事情,又回京了一次,在什刹海小住了两星期。"据蒋鉴章《武昌师大国文系的真象》,行前,他对学生说"到北京找校长,请教员"。[③]

16日 据吴虞日记,致函已赴成都的吴虞,吴虞11月4日收悉。

17日 因黄侃一拜门弟子以"国文系学生"名义上书"湖北的军政当局萧耀南""来左右校长,用一个教书的人"这样一件"不体面的事情"而义愤填膺,致函《现代评论》编辑,题《说几句话》,载1925年10月24日《现代评论》第二卷第46期。1933年4月,题作《郁达夫致现代评论记者》,收入高语罕编《现代名人书信》(上海光华书局),该编中另收有郁达夫寄郭沫若、成仿吾等

---

① 曹伯言整理《胡适日记全编·4(1923—1927)》第220页,安徽教育出版社2001年版。

② 参曹伯言整理《胡适日记全编·4(1923—1927)》第210页,安徽教育出版社2001年版。

③ 蒋鉴章《武昌师大国文系的真象——致〈现代评论〉记者》,《现代评论》1925年12月12日第3卷第53期"通信"栏。

《海上通讯》《一封信》《给沫若》等函 4 通。

通信中失之冲动的"武昌的狗洞"又引起新的矛盾。加上郁达夫被认为是石瑛的同属,因而遭到驱逐。[1]

17 日或 19 日 据吴虞日记,吴君毅函吴虞明信片中称在京见到郁达夫,欲吴虞往武大,并嘱君毅劝驾。

23 日 据吴虞日记,吴虞收悉郁达夫寄自武昌的两封快信,言武大全体学生请吴虞往武大教授国文,月薪 240 元。

24 日 据鲁迅日记,上午访鲁迅。

29 日 与刘文典、周作人、陈大齐、沈尹默、朱希祖、马衡等41 位北大同人共同发表《反对章士钊的宣言》。[2]

30 日 论文断片《戏剧之一般概念》刊发于武昌大学《艺林》半月刊第 19 期,后作为 1926 年 7 月上海商务印书馆出版的单行本《戏剧论》的第一章。

31 日 文论《咒〈甲寅〉十四号的评新文学运动》发表于是日出版的《现代评论》第 2 卷第 47 期,批评章士钊[3]的复古言论。文末落款"九月二十三日",以《甲寅》第 14 号出版于 1925 年 10 月 17 日,而文字亦多穿插对照胡适 9 月 29 日武汉演讲《新文学运动的意义》时的内容,故"九月二十三日"当为误植。

11 月

上旬 辞去武昌大学教授职务。

---

① 曾祥金《新发现张资平集外文〈中期创造社〉考释》,《现代中文学刊》2021 年第 3 期。

② 参朱铭《〈孤桐杂记〉中的刘文典》,《中华读书报》2016 年 5 月 4 日。

③ 章士钊(1881—1973),字行严,笔名黄中黄、青桐、秋桐,湖南善化(今长沙市)人。曾任北洋政府司法总长兼教育总长。

10 日 据吴虞日记,吴虞寄明信片给郁达夫。《国民公报》刊出郁达夫致吴虞二快函。

11 日 据吴虞日记,《国民公报》刊出郁达夫致吴虞第三函。

13 日 自武昌抵沪,赁居哈同路民厚里,与郭沫若等筹组创造社出版部,编《洪水》半月刊第 6 期和创造丛书。在沪期间,曾与郭沫若同去大马路明德里访刚从苏联回国的蒋光慈。

下旬 由于劳累过度,旧病复发,赴杭州及富阳疗养。在杭期间,作《蝶恋花》(赠是年冬交结之游女)、《金缕曲》(寄北京丁巽甫、杨金甫,仿顾梁汾寄吴季子)词两阕,题于六和塔壁。

本月 花 4 天时间作《小说论》,1926 年 1 月由上海光华书局出版发行。据沈松泉《回忆郁达夫先生》:

> 大约在这一年(1925)的冬天,有一天达夫先生到光华书局来,我正好在店堂里,他看见我就说:"松泉,我有些急用,需要一百元钱,我这里有一部稿子给你,就算是稿费吧。"说着,他就从袖笼里取出一卷稿子来。这就是他在武昌师大的讲稿《小说论》。全稿份量不大,不过二万字左右,是他用钢笔字写的手稿。①

12 月

1 日 《洪水》半月刊第一卷第 6 期载《报告两个动听的消息》,预告组织创造社出版部之事,并开始招募第一期股金,每股 5 元。

---

① 沈松泉《回忆郁达夫先生》,《回忆郁达夫》第 50 页。

2 日 返富阳养病期间,为创造社集股事,致函上海李孤帆①,请他千万帮忙,并询周全平是否来与会晤。②

12 日 据吴虞日记,吴虞收郁达夫电,称武大聘吴虞任武昌大学国文教授。

14 日 据吴虞日记,吴虞寄明信片给郁达夫。

18 日 作杂文《牢骚五种》,分别是"自己的事情""赤化""共产""国家主义者,你们的国家在哪里""《创造月刊》及丛书"。载1926 年 1 月 1 日《洪水》第一卷第 8 期"第一次特大号",收入《达夫全集》第四卷《奇零集》时,删去第五部分"《创造月刊》及丛书",作《牢骚四种》。

中旬 《晨报副刊》发表《创造社紧要启事》,定于 1926 年 3 月 1 日发行《创造月刊》;组织出版部,第一期募股五千元,每股五元;收款处设定 5 处:上海(郭沫若、周全平),武昌(张资平),长沙(成仿吾),北京(郁孙荃),东京(穆木天)。孙郁荃地址即"北京什刹海河沿八号后宅南官房口东口"。③

本月 为富阳孙伊清监修孙氏宗祠叙伦堂,作《新建叙伦堂记》,收乙丑年(1925)续修《富春惠爱孙氏宗谱》。

1926 年(丙寅,民国十五年) 30 岁

▲3 月,北京发生"三一八"惨案,北京政府内阁引咎辞职。

---

① 李孤帆(1894—?),浙江鄞县人,笔名孤帆等。著有《招商局三大案》《西行杂记》等。

② 参陈松溪《郁达夫的三封佚信》,《炎黄纵横》2009 年第 8 期。

③ 《创造社紧要启事》,1925 年 12 月 12 日《晨报副刊》第 1409 号。

▲3 月,蒋介石在广州制造"中山舰事件"。

▲7 月,国民革命军誓师北伐。

▲8 月,鲁迅小说集《彷徨》由北新书局出版。

1 月

2 日　据吴虞日记,吴虞寄郁达夫及诸友贺年片。

17 日　应钱杏邨之请,偕夫人孙荃赴横滨路兴华楼,出席中国济难会上海总会成立宴会。①

中国济难会是由中共和国民党左派恽代英、杨贤江、杨杏佛等联合发起的组织,1925 年 9 月成立于上海,主要任务是救援"为解放运动而死伤或入狱的革命者及其家属"。1929 年 12 月,济难会改称"革命互济会"。

本月　《小说论》由上海光华书局出版,含《现代的小说》《现代的小说渊源》《小说的目的》《小说的结构》《小说的人物》《小说的背景》等六章。

2 月

6 日　据周作人日记,上午,周作人得郁达夫寄自杭州函并复。

15 日　徐志摩与胡适之下午赴肺病医院探访郁达夫,不遇。②

---

① 参楼适夷《我和阿英》,楼适夷《我谈我自己》。

② 参徐志摩 1926 年 2 月 17 日致眉信札。

18 日　下午 6 时,出席由田汉、黎锦晖①发起的大规模"梅花会",上海文艺界文学家、音乐家、画家、雕刻家、戏剧家、电影家等百五六十人,假大东旅社聚餐,宴请蔡元培②及林风眠③夫妇,"为上海文艺界未有之盛会"。④

21 日　为《创造月刊》作发刊词《卷头语》,强调"我们所持的,是忠实的直率的态度!"载 1926 年 3 月 16 日《创造月刊》第一卷第 1 期,署名达夫。

22 日　为《创造月刊》作《尾声》,称出版部的成立和《创造月刊》的创刊,宣告了"'创造社'和大小资本家关系的脱离"。载 1926 年 3 月 16 日《创造月刊》第一卷第 1 期,署名达夫。

23 日　创造社出版部北京分部成立,办理认购股票、预订书刊等事宜。

下旬　郭沫若接广东大学来函,聘其为文科学长,即与郁达夫商量,郁达夫、王独清⑤均同意一同南下。

3 月

1 日　创造社出版部营业课在上海宝山路三德里 A11 号成

---

①　黎锦晖(1891—1967),湖南湘潭人,"中国流行音乐之父"。曾创办"中华歌舞学校""中华歌舞团""明月歌舞团"等。

②　蔡元培(1868—1940),字鹤卿,又字仲申、民友、孑民,浙江绍兴人。革命家,教育家,政治家,民国政府首任教育总长。曾任北京大学校长、中央研究院院长等职,著有《哲学大纲》等。

③　林风眠(1900—1991),原名林凤鸣,广东梅州人。画家,艺术教育家。曾赴法国国立第戎美术学院学习,法国国立高等美术学院深造。

④　《梅花会纪盛·上海文艺界未有之盛会》,《申报》1926 年 2 月 20 日"本埠增刊"第 3 版。

⑤　王独清(1898—1940),陕西长安(今西安)人,诗人。曾任创造社执行委员。

立,拟自行出版丛书并定期刊物。创造社出版部第一期招股结束。①

　　同日　作文论《〈小说论〉及其他》,载 1926 年 3 月 16 日《洪水》半月刊第 2 卷第 13 期。该文为光华书局新出版的《小说论》作说明,"好教读者省一番猜疑"。

　　4 日　作《〈文艺论集〉自序》。

　　8 日　广东大学各科一律开课。这所"国民革命政府下唯一培养革命人才"的大学,文科学长一职聘得革命文学家郭沫若接任,英国文学系主任则请美国文学博士龚夫人(美国人)担任。②

　　10 日　作书评《郭沫若〈瓶〉附记》,署名达夫,载 1926 年 4 月 16 日《创造月刊》第一卷第 2 期。1932 年 4 月,以《〈瓶〉附记》为题,被收入李霖编《郭沫若评传》(上海现代书局)。

　　11 日　重作论文《历史小说论》,据《创造月刊·编辑者言》,此"系从前某大学教室里的讲话"。载 1926 年 4 月 16 日《创造月刊》第一卷第 2 期,收入《达夫全集》第四卷《奇零集》。

　　12 日　作《创造月刊》第 2 期的《编辑者言》,署名达夫,评议月刊中主要作品,并透露将与郭沫若扬帆南下,"想到广东去找一个息壤",载 1926 年 4 月 16 日《创造月刊》第一卷第 2 期。

　　15 日　创造社出版部广州分部批发部和门市部开始营业。

　　　　一间小楼房,几个藤书架上陈列着创造社和新潮社等所出版的新文艺书籍。你不要以为它太简陋,它和财政厅前的另一个书店——人民书店,正是当地一般革命青年所川流不息地去巡礼的地方。当时到创造社分部去的青年,

---

①　参《创造社组织出版部》,《申报》1926 年 3 月 17 日"本埠增刊"第 1 版。

②　《广州民国日报》1926 年 3 月 5 日第 3 版。

除了采购精神底粮食之外,也兼瞻仰瞻仰那些精神工程师底风貌。因为创造社诸君子是常聚会集在那里高谈朗笑的。①

16 日　《创造月刊》创刊号出刊。该刊先后由郁达夫、成仿吾、王独清、冯乃超②等担任编辑。郁达夫作创刊号《卷头语》。该刊共出二卷 18 期,1929 年 1 月 10 日停刊。

同日　作短篇小说《烟影》,载 1926 年 4 月 15 日《东方杂志》半月刊第 23 卷第 8 号,收入《达夫代表作》《达夫自选集》《达夫短篇小说集》,收入《达夫全集》第一卷《寒灰集》。1933 年 12 月,被收入王云五、李圣五编"东方文库续编"之《祝福》,为"东方杂志三十周年纪念刊"(商务印书馆)。

18 日　接任国立广东大学英国文学系主任兼教授,并与新任广东大学文科学长郭沫若及王独清一起由上海搭新华轮南下。郭沫若将创造社的事情托付给了周全平。

行前,楼适夷③、应修人等在九江路饭店弄堂宁波菜馆为郭沫若、郁达夫等饯行,因拟创办同人刊物《野火》,席上并向郭、郁等人约稿。郁达夫即席写下几百字的短文《蛋炒饭》。后因经费问题杂志未能创办,"那碗《蛋炒饭》也不知端到什么地方去了"。④

同日　北京国务院前请愿学生被暴力驱散,酿成震惊中外

---

① 静闻《忆达夫先生》,《文艺生活(桂林)》1947 年 10 月(光复版)第 17 期(总第 35 期)鲁迅纪念号。

② 冯乃超(1901—1983),笔名冯子韬,原籍广东南海,生于日本横滨。教育家,作家,翻译家。为创造社后期的中坚和主将。

③ 楼适夷(1905—2001),原名锡春,曾用笔名楼建南,浙江余姚人。作家。著有《挣扎》《第三时期》等,译有《在人间》等。

④ 参楼适夷《忆郁达夫》,上海《周报》1946 年 3 月 23 日第 29 期。

的"三一八惨案"。据中国济难会全国临时总会北京总会统计，死者 47 人，伤重入院 132 人，失踪 40 余人，伤者不计其数。①

19 日　船行至舟山岛外，遇风雨。

20 日　广州市民举行反段祺瑞②游行，广东大学师生午后组织游行。③

同日　蒋介石策动中山舰事件。

21 日　上海出发后第 4 日，船过汕头，晚进虎门。

22 日　午后 3 时，船从虎门外被领港进珠江，因"晚上雇舢板危险"，仍宿船上。

23 日　抵达广州。成仿吾到码头迎接，安排住处，下午由成仿吾、林伯渠陪同去学校接洽。

成仿吾把郭沫若、郁达夫和王独清安顿在一家旅馆，随后就带他们去见林祖涵。林是国民党中央执行委员会的常委，郭沫若他们三个的路费是他弟弟林祖烈带去上海的。林祖烈叫他们一到广州就去见他哥哥。林祖涵外出未回，郭沫若他们在林家遇到中央执行委员会候补委员毛泽东。大家交谈起来。关于谈话的内容，郭沫若回忆说："所谈的不外是广东的现状。""不外"二字说明毛泽东没有提供什么特别的消息。当时中山舰事件刚刚发生，谁都不知道局面会变成怎样。郭沫若和郁达夫等新来乍到，又是党外作家，毛泽东只是给他们讲了些一般的情况。不

---

①　《京案死难确数——济难会北京市总会所调查》，《广州民国日报》1926 年 4 月 8 日第 12 版。

②　段祺瑞（1865—1936），字芝泉，曾用名启瑞，晚年号称"正道老人"，安徽合肥人。政治家，皖系军阀首领，北洋政府的实际掌权者，中华民国临时政府临时执政。1926 年 3 月 18 日发生了段祺瑞政府镇压北京学生运动的三一八惨案。

③　广东省档案馆藏《该校参加各种纪念节日的文书》（1924—1926）31—1—22。

久林祖涵回来了,在家里请他们吃了到广州后的第一顿午饭。①

28 日　中午,广东大学文科学生发起欢迎大会,欢迎郭沫若、郁达夫、王独清和成仿吾等"全国仰慕之革命文学家"。② 会上,郭、郁、成、王相继发表演说,并在明远楼前摄影留念。③

29 日　上午 10 时,与全体教职员学生一起集会纪念黄花岗烈士。④

郁达夫曾于《今年的"三二九"纪念日》一文中自述本次集会观感(其称"躬逢两次",或不确):"笔者曾在广州躬逢过这盛大的纪念日两次。每年到这一日,不论晴雨,广州北郊,自小北门起至黄花岗的数公里路上,几乎全为热烈纪念烈士的群众所填塞。车水马龙的四字,不足以形容出这群众热烈参加纪念行列的景象。""途中的沙河镇上,在这一日销售的沙河粉的数量,据说要占全年的销售额三分之一"。

黄花岗起义发生在 1911 年 4 月 27 日,农历三月廿九。1918 年烈士墓修建完成后,以民国废旧历,定阳历 3 月 29 日为"三二九"纪念日,即黄花岗节。

30 日　追悼北京死难同胞,广东大学停课一天。⑤ 学生会举行追悼大会,郭沫若应邀发表演说。⑥

本月　创造社出版部分别在武昌、绥定、扬州、长沙和日本京都、东京设立出版部分部。

---

① 郭沫若《创造十年续编》,《郭沫若全集·文学编》第 12 卷第 297—298 页。
② 参《广大学生欢迎郭沫若》,《广州民国日报》1926 年 3 月 26 日第 3 版。
③ 张竞《郭沫若在广州大学的几件史料》,《成仿吾研究资料》第 21—22 页。
④ 广东省档案馆藏《该校参加各种纪念节日的文书》(1924—1926)31—1—22。
⑤ 广东省档案馆藏《该校参加各种纪念节日的文书》(1924—1926)31—1—22。
⑥ 《广大昨日追悼北京死难烈士》,《广州民国日报》1926 年 3 月 31 日第 6 版。

4 月

1 日　创造社出版部广州分部正式成立,地址在广州昌兴新街,成仿吾为广州分部主任。

据《鲁迅全集》日记部分的注释,广州分部成立时间注作 4 月 12 日,地址在广州昌兴街 42 号 2 楼,负责人周灵均①、张曼华②。

2 日　广东大学全体停课,参加反段示威大游行,以作热烈表示。③

6 日　与褚民谊、郭沫若、王独清等一同出席在广东大学会议厅召开的广东大学东方学报社成立大会,郭沫若任编辑主任。④

12 日　完成散文《南行杂记》,载 1926 年 5 月 16 日《创造月刊》第一卷第 3 期,后收入《达夫全集》第三卷《过去集》。

同日　广东大学文科学长郭沫若与校长褚民谊联合发布布告,允许学生改选课程,引发一部分教员"驱郭运动"。⑤

13 日　中山大学筹备委员会召开第一次会议,郭沫若出席。至 6 月 22 日,该筹备会议共召开 11 次,完成"国立中山大学规程"等案。⑥

---

①　周灵均,创造社出版部工作人员。1924 年与同学张友鸾等组织文学社团"星星社"。1926 年与成仿吾等筹建创造社出版部广州分部并担任经理。

②　张曼华,原名张赫兹。创造社出版部广州分部工作人员,继灵均之后任分部经理。

③　广东省档案馆藏《该校参加各种纪念节日的文书》(1924—1926)31—1—22。

④　《广大东方学报社成立》,《广州民国日报》1926 年 4 月 7 日第 5 版。

⑤　《广大文科风潮面面观》,《广州民国日报》1926 年 4 月 28 日第 6—7 版。

⑥　广东省档案馆藏《关于筹办中山大学的文书》,案卷号 31—1—23。

16 日　《创造月刊》第 2 卷第 1 期刊出《创造社出版部广州分部成立启事》。

18 日　广东大学学生会促成国民会议特项委员会为"扩大劳力及集中力量之故",预备是日特别召集校长及全校教职员学生工人等,共同讨论组织国民会议促成会问题。①

同日　广东各界纪念北京惨案死难同胞,上午 9 时集合,在广东大学风雨操场开会,到会 600 多个团体、20 余万人。会后前往致祭。②

27 日　上午,广东大学文科及各科教员在一德路欧美同学会开会讨论此次文科停课事宜。③

28 日　广东大学文科学长郭沫若致函石光瑛等 11 位罢教教师,恳请"从速返校,庚续授课",石等 11 人回校授课,另外 15 人自行解约。广州大学文科教员罢课风潮至此告一段落。④

本月　文科择师风潮结束后,广东大学两名最初发起择师行动的学生约请郁达夫和郭沫若、成仿吾、王独清、穆木天等几位教师,在惠爱路(今中山路)"妙奇香"酒家聚会,会后合影。⑤

5 月

1 日　五一劳动节,广东大学停课一天。

---

① 《广大扩大国议促成会组织 函请校长及教职员一致参加》,《广州民国日报》1926 年 4 月 15 日第 5 版。

② 《该校参加各种纪念节日的文书》(1924—1926),广东省档案馆藏档案 31—1—22;参《昨日各界追悼北京死难烈士情形》,《广州民国日报》1926 年 4 月 19 日第 3 版。

③ 《广大文科风潮面面观》,《广州民国日报》1926 年 4 月 28 日第 6—7 版。

④ 《广大文科罢课潮已解决》,《广州民国日报》1926 年 4 月 30 日第 7 版。

⑤ 金钦俊、梁山《郭沫若在广东的若干史实》,《郭沫若研究专刊》第 3 辑,《四川大学学报丛刊》1982 年 5 月第 13 辑。

5 日　孙中山就职总统日,上午 10 时,广东大学师生假学校大礼堂举行五五纪念会,与会者 800 余人。①

同日　晚,工、农两大会在番禺学宫召开马克思诞辰 108 周年纪念大会,2000 余人与会,彭湃主持,郭沫若、陈启修、彭述之②等发表演说。学界亦在中山大学举行马克思纪念会。③

7 日　午 12 时,各届在广东大学操场集合,纪念"五七"国耻日。④

30 日　广东大学学生 700 余人集会纪念"五卅"一周年,褚民谊等发表演说。⑤

6 月

1 日　小说《蜃楼》在是日出版的《创造月刊》第一卷第 4 期发表。为 1931 年完成的小说《蜃楼》十二章中的第一章和第四章两个片断。

月初　得悉龙儿在京患脑膜炎,离粤返京。

14 日　端午节抵上海,居上海两日。作《〈达夫全集〉自序》,载 1926 年 7 月 1 日《创造月刊》第一卷第 5 期。收入《达夫全集》第一卷《寒灰集》时,目录标题为《达夫自序》,文中标题为《自序》。

为 30 岁的自己编纂全集,旨在"把过去的生活结一个总

---

①　《广大员生举行五五纪念会之热烈》,《广州民国日报》1926 年 5 月 7 日第 5 版。

②　彭述之(1895—1983),湖南邵阳人。北京大学毕业,1921 年去苏联学习,为莫斯科支部负责人之一。1929 年被开除出党。

③　《民国广东大事记》第 274 页,羊城晚报出版社 2002 年版。

④　《今日各界开五七纪念大会》,《广州民国日报》1926 年 5 月 7 日第 2 版。

⑤　《广大学生纪念"五卅"之热烈》,《广州民国日报》1926 年 6 月 1 日第 5 版。

账",使"死灰有复燃"而且"和从前要大异","编订的次序,不是编年,也不是按文中的内容体裁。偶尔在故旧的杂纸堆中翻着的,就拿来付印"。

16 日 因"火车不通",从上海赶海轮奔回北京。

19 日 午前抵北京。知龙儿已于端午节夭折。暑假中三个月,完全沉浸在悲哀里。

本月 《文艺论集》由上海光华书局出版。目次是:《自序》《艺术与国家》《文学上的阶级斗争》《文艺鉴赏上的偏爱价值》《批评与道德》《〈茵梦湖〉的序引》《赫尔惨》《自我狂者须的儿纳的生涯及其哲学》《〈黄面志〉及其他》《诗的意义》《诗的内容》《诗的外形》《北国的微音》《读了珰生的译诗而论及于翻译》《介绍一个文学的公式》。

上半年 安徽法政专门学校聘请教书,因事脱不开身,推荐李剑华。①

7 月

1 日 《洪水》半月刊第 2 卷第 20 期载《创造社戏剧部成立通告》。

21 日 郭沫若离开广东大学随军北伐,任政治部宣传科科长兼行营秘书长。"那时达夫回去到北平去了,我的院长职务只好交给王独清代理。假使达夫是在广州的话,我毫无疑问是要交给他的。"②

27 日 为徐祖正《兰生弟的日记》作书评《读〈兰生弟的日

---

① 参李剑华《缅怀郁达夫先生》,《回忆郁达夫》第 151 页。
② 郭沫若《论郁达夫》,《人物杂志》1948 年第一卷第 3 期。

记〉》,刊发于 1926 年 8 月 28 日《现代评论》第 4 卷第 90 号"书评"栏。收入《达夫全集》第四卷《奇零集》时,改题为《兰生弟的日记》。

31 日　据鲁迅日记,知鲁迅将离京赴厦门大学,上午访鲁迅话别。

同日　《创造日汇刊》出版,凡 25 万言。

本月　上海商务印书馆出版单行本《戏剧论》。全书六章:《戏剧之一般概念》《戏剧发展的径路》《近代戏剧的发生》《近代剧之开展与分化》《近代生活的内容》《近代剧之形式及技巧》。1931 年,被收入"万有文库"第三期(编号 0759)由商务印书馆出版,列文库"文学类"。1933 年 11 月,又被收入王云五主编之"百科小丛书",于"国难后"由商务印书馆再版。

8 月

3 日　上海创造社出版部为中国官厅所封,"系有人于孙传芳前诬该出版部贩卖'赤化'书报"。[1]

7 日　午后 2 时,上海创造社出版部被搜查,叶灵凤[2]、周毓

---

①　参超麟《最近之白色恐怖》,1926 年 8 月 22 日《向导周报》第 168 期。

②　叶灵凤(1905—1975),原名叶蕴璞,笔名叶林丰等,江苏南京人。毕业于上海美专。创造社"小伙计"之一,曾主编《洪水》半月刊,与潘汉年合办《幻洲》。

英①、成绍宗②、柯仲平③等四职员被捕,拘留 5 天,于 12 日"保释",出版部启封。④

就在《新申报》刊载破坏创造社消息(诬称出版部是北伐军的联络机关,做着采办军火和经手经费等事情)的当天中午,宝山路的警察局便派了十几个警探来搜查,楼上楼下,连马桶、保险箱、账簿等都查,查不到可疑证据。四人被带到宝山路警局,又送至南市警察厅。周全平找到商务印书馆总经理高梦旦转托丁文江⑤写信给警察厅说情,四人方才得"保释"。⑥

17 日 国民政府(秘书处第 1405 号公函)令广东大学更名为"国立中山大学"。⑦ 同日,国民政府任命戴季陶为国立中山大学校长,未到任前由经亨颐兼代。⑧

30 日 经亨颐到中山大学接事。⑨

据《对于社会的态度》:经代校长就任后,"没有征求我的同意",即被决定出任"广东大学出版部主任"之职务。

① 周毓英(1900—1945),笔名菊华,江苏宜兴人。作家。创造社成员。出狱后与张资平一起创办乐群书店。1932 年 8 月,与周全平、叶灵凤等一同被开除出左联。

② 成绍宗(? —1970),湖北新化人。成仿吾之侄,创造社出版部成立时加入。1927 年 3 月与郁达夫、邱韵铎等创办《新消息》周刊。任出版部会计,1928 年 7 月借徐亦定"卷款"离开创造社出版部。

③ 柯仲平(1902—1964),原名柯维翰,云南广南人。1926 年加入创造社出版部,出狱后到陕北榆林中学教书,不再参与创造社活动。1937 年 11 月去延安。

④ 参《创造社大事记》,《创造社资料》第 1132 页,福建人民出版社 1985 年版。

⑤ 丁文江(1887—1936),江苏泰兴人。地质学家,地质教育家。时淞沪商埠督办公署总办。

⑥ 周毓英《记后期创造社》,1945 年 5 月 16 日《申报月刊》复刊第 3 卷第 5 期。

⑦ 广东省档案馆藏《关于筹办中山大学的文书》,档案号 31—1—23。

⑧ 广东省档案馆藏《历任校长任免文书》,档案号 31—1—11—5。

⑨ 广东省档案馆藏《历任校长任免文书》31—1—11—2。

《时报》1926年11月2日香港电:郁达夫任出版科主任。[①]

9月

4 日 《〈手套〉附志》刊《现代评论》第4卷第91期,介绍在《现代评论》上为古建业刊发这部处女作的经过。

同日 鲁迅抵厦门,任厦门大学文科国文系教授兼国学研究院研究教授。

21 日 "阴历的八月半后",偕妻儿从什刹海搬回巡捕厅胡同长兄家。

本月 创造社出版部第一届理事会在广州出版部举行,推郭沫若为理事会主席。成仿吾为总务兼会计理事,王独清为编辑理事,张资平、周全平、周灵均、穆木天为出版部理事。郁达夫被缺席推举为出版总部理事和编辑委员。[②]

10月

月初 出京南下,抵上海。在沪逗留两星期,编《创造》月刊第5期。

5 日 作散文《一个人在途上》,载1926年7月1日《创造月刊》第一卷第5期(延期出版),收入《达夫代表作》《达夫自选集》《达夫散文集》,收入《达夫全集》第一卷《寒灰集》。1933年,被收入戴叔清编《初级中学国语教科书》第一册,作为第六课目"抒情文"范本之一(上海文艺书局);1935年1月,被收入孙席珍编《现代中国散文选》(北平人文书店);1935年,被姚乃麟编入"新编文

---

① 《郁达夫任中大出版科主任》,《时报》1926年11月3日第2版。

② 参《创造社出版部启事》,《洪水》第3卷第25期;参《洪水》周年增刊(1926)。

学读本"《现代创作散文选》(上海中央书店);1937年5月,被林荫南编入"模范文学读本之一"《模范小品文读本》(上海大光书局);1942年12月,与《过去》一同被谢六逸收入《中国小说研究》并作"解说"(开明图书公司)。还被收入"大众中学活页文选"《古今名文九百篇》(第三册,上海大众书局)。

《一个人在途上》是记述幼儿之死的,篇中充满热烈的情绪、孤凄的感觉,真是一篇可以一读再读的文字。①

8日 作《非编辑者言》,载《创造月刊》第一卷第5期,署名达夫。

9日 附船南下,赴广州。

午时,定了一条开驶广州的货船的舱位。约同期赴广东某处文化机关工作的黎锦明②同行。"和达夫将行李运上船之后,下午还有空余时光,就乘便上岸浦东,游览了一会","达夫异常的畏惧晕船病。他非到极度疲乏,不肯入睡;他整日间坐在会餐间的桌旁,呷着不停的啤酒","船到广州以前,他一共喝了十五瓶啤酒"。③

15日 国民政府决定中山大学改行委员制,戴季陶任委员

---

① 汪倜然《读〈寒灰集〉后》,《申报》1927年7月28日。
② 黎锦明(1906—1999),湖南湘潭人。作家。1917年后入北京美术学校、北京师范大学学习。
③ 黎锦明《纪念一位抒情文学家》,《回忆郁达夫》第103—105页。

长,顾孟余为副委员长,徐谦①、丁惟汾②、朱家骅③为委员。④

18日 国立中山大学委员长戴季陶订立改造中山大学之新计划,"着实遵照政府明令改组办法","即日起宣布停学停教",将教职员学生作清澈之调查:学生重新填写志愿书,教师全部重聘。⑤

19日 船泊汕头港,郁达夫即偕黎锦明登岸,访留日同学、《岭东民国日报》社长李春涛⑥。经李春涛介绍,火焰社许峨(美勋)⑦、冯瘦菊(白桦)⑧得识郁达夫,并陪同往访留日同学、农民

---

① 徐谦(1871—1940),字季龙,江西南昌人。法学家,政治家。1903年入译学馆攻读法律政治,历任北洋政府司法部次长、司法总长等。著有《民法总论》《刑法丛编》等。

② 丁惟汾(1874—1954),字鼎丞,山东日照人。毕业于保定师范学校、日本明治大学法律专业。曾任中央党务学校训导长、教育长等。著有《诘雅堂丛集》六种等。

③ 朱家骅(1893—1963),字骝先、湘麟,浙江湖州人。教育家,政治家,中国近代地质学奠基人。曾任中央研究院代院长、浙江省政府主席等职。

④ 中国人民政治协商会议广东省广州市委员会文史资料研究委员会编《广州百年大事记》第363页,广东人民出版社1984年版。

⑤ 《改造中山大学之新计划》,《广州民国日报》1926年10月18日第3版。

⑥ 李春涛(1897—1927),广东潮州人。1917年,入读日本东京早稻田大学。回国后,与彭湃创办《赤心周刊》,筹办《岭东民国日报》并任社长。

⑦ 许峨(1902—1991),原名许美勋、许美埙,笔名梅孙、普洛等。广东潮安人。早年发起组织潮汕地区首个全区性新文学社团"火焰社",主持《岭东民国日报》副刊《火焰》等。妻子冯铿遇害后,许峨与冯雪峰等组成《前哨》编委会,秘密出版《纪念战死者专号》。

⑧ 冯瘦菊,即冯白桦,冯铿二兄。著有《世界的民族文学家》。

运动领袖彭湃①，工运领袖杨石魂②，皆不遇。后至旧公园旁凤记茶店，登楼饮茶，即席赠诗《汕头口占赠许美勋》。③

22 日 抵广州，先在文科学院闷住了十余天。

据《对于社会的态度》：待回到广州，"子渊已经去职，换了戴传贤氏顾孟余氏朱家骅氏丁惟汾氏等五委员在那里负责"，在他们发表解散中大命令之后的第二天晚上，就送了个仍留原职的聘书过来。

同日 国民政府令派甘乃光④（监察院）、马洪焕（教育厅）、陈公博（青年部）为调查广东大学委员会委员，甘乃光为主席。⑤

28 日 中山大学原有教职员已奉政府明令一律停职，其中"革命及有学问人才"重新聘用。第一批 40 余人已下聘书，其后将陆续下聘，留有者最多不过四分之一。⑥

29 日 鲁迅在厦门得郁达夫自广州来函。

30 日 中山大学开会欢迎五委员，文理科大礼堂师生 3000

---

① 彭湃（1896—1929），原名彭汉育，曾用过王子安、孟安等化名，广东海丰（今汕尾）人。曾求学于早稻田大学专门部三年制政治科。1927 年 10 月在广东海陆丰地区领导武装起义，建立了中国第一个农村苏维埃政权海丰、陆丰县苏维埃政府。撰有《海丰农民运动》。

② 杨石魂（1902—1929），广东普宁人。曾组织普宁和各地农民武装暴动，建立普宁县临时人民政府。后组建东江工农自卫军，彭湃为总指挥，杨石魂先后任副总指挥、党代表。

③ 《秋风里乍逢佳客》，《岭东民国日报》1926 年 10 月 24 日副刊《文艺》第 21 期；许峨《郁达夫在汕头》。

④ 甘乃光（1897—1956），广西岑溪人。曾任国民政府监察院监察委员，预算委员会委员及调查广东大学委员会委员兼主席，广州《国民新闻报》和广州《民国日报》社社长等。

⑤ 广东省档案馆藏《调查广东大学文书材料》，档案号 31—1—18。

⑥ 《中山大学聘定教授讲师》，《广州民国日报》1926 年 10 月 29 日第 3 版。

余人参加。①

31 日　“调查广东大学委员会”自称为“查办广东大学委员会”,甘乃光主席,委员陈公博、马洪焕,致“学校里又起了风潮”。②

11 月

2 日　改任法科教授并中山大学出版部主任,搬住天宫里法科学院。③

3 日　自日起至 11 月 30 日所作日记被编为《劳生日记》,载1927 年 7 月 15 日《创造月刊》第一卷第 7 期,后作为《日记九种》之一发行,收入《达夫日记集》。1929 年 8 月,《劳生日记》被戴叔清作为“日记”范本之一收入《语体应用文范本》(上海亚东图书馆);1931 年 10 月,被收入戴叔清编《模范日记文选》(上海光明书局);1932 年 12 月,被收入沈仲文编“现代文学杰作全集”之《现代日记文杰作选》(上海青年书店);1936 年 4 月,被收入钱公侠、施瑛编“中国新文学丛书”之《日记与游记》(上海启明书局);还被收入朱益才编“经纬百科丛书”之《现代日记文精选》(上海经纬书局)。

本日日记从“五月底边”忆起,离京已有一个多月。因接了“北京的女人”前几天来信,“悲伤得很……作了两封信去安慰她去了”。晚上读谷崎润一郎氏小说《痴人之爱》。

4 日　开始创作《迷羊》。写一位画家在 A 城的故事,与《茫

①　《中山大学开会欢迎五委员》,《广州民国日报》1926 年 11 月 1 日第 7 版。

②　广东省档案馆藏《调查广东大学文书材料》31—1—18。

③　参《时报》1926 年 11 月 3 日第 2 版。

茫夜》《秋柳》所用的材料是同一个时代的。又想写一篇《喀拉衣儿和他的批评态度》给《东方杂志》。下午去中山大学会计课领一个月薪水。

5 日 汇 160 元钱往北京。完成《迷羊》第一回。

6 日 到西堤大新公司楼上看女伶京戏,"大可以助我书中的描写"。

7 日 访石瓯青,谈至 12 点。至创造社分部,晤成仿吾、王独清等,并往茶楼饮。

8 日 午前读屠格涅夫 *Clara Militch*,不甚佳;午后在家看 A. Wilbrandt 的小说 *Der Songer*,亦感不出好来,但"比中国现代的一般无识无知的自命为作家做的东西""要强百倍"。

9 日 上午去学校监考。午与戴季陶谈中山大学出版部之事,计划于一周内,做一部编辑部组织法。晚与成仿吾等在聚丰园饮酒。

10 日 赴学校监考。晚作北京家信。

11 日 去学校看试卷。

同日 鲁迅得中山大学聘书。

12 日 中山先生诞生 60 周年,"一班无聊的政客恶棍,又在讲演,开纪念会,我终于和他们不能合作"。午前读普希金 1834 年所撰开俄国"写实派、心理派之先路"的小说 *Die Pique Dame*,晚上读日本小说《望乡》。

13 日 赴学校监考。下午与成仿吾同赴创造社分部,晚在陆园饮茶当夜膳。接到杨振声函,约为《现代评论》二周年纪念册做一篇文章。作北京家信。

15 日 为与《玄背》交换广告的事,特致函玄背社道歉,也希望"新进的很有勇气的作者",能继续做打倒恶势力、阻止开倒车的工作。函载 1926 年 10 月 28 日天津《庸报·玄背》第 17 期。

同日 鲁迅应允就聘中山大学文科教授消息发布。①

16 日 午后赴创造社分部晤成仿吾,席上遇白薇②,并上西关的大新天台看戏。寄发三封信,分别给武昌张资平、天津玄背社、上海徐葆炎③。

17 日 晨赴学校看报,想将中大编辑委员会组织案作为参考。接蒋光慈函。成仿吾、蒋光慈都建议去上海专编《创造》杂志。午后与戴季陶谈出版部事,戴有意请郁达夫出版一种"中山大学小丛书",且不允辞职。领到八、九两月的残余薪水,只 100 余元。

18 日 晨至西关邮局汇 100 元给北京的荃君。午后遇见王独清、穆木天,一起喝酒。登粤(越)秀山。与穆木天、白薇去游河,又在陆园饮茶。

19 日 午后在创造社分部遇王独清。学校开会,一直开到午后 6 时。

20 日 午前作信寄北京,一封给荃君,一封给皮皓白,慰其失明之痛。托唐有壬买 30 元燕窝带回北京。

21 日 午前与王独清、成仿吾在东山王独清处会晤,决由郁达夫担当总务理事。计划两周后去一趟上海,算清存账,整理内部,改组创造社。下午去沙面走了一阵,寻日本新闻杂志未得。遇郭沫若夫人安娜,忠告要"和她男人一样,能够做一点事业"。

---

① 《中大聘鲁迅担任教授》,《广州民国日报》1926 年 11 月 15 日第 5 版。
② 白薇(1893—1987),女,原名黄彰、黄鹂,别号黄素如,湖南兴宁(今郴州)人。左联女作家,剧作家。毕业于东京御茶水高等女子师范。曾任武昌中山大学讲师。著有《琳丽》《打出幽灵塔》等。
③ 徐葆炎,浙江江山人,与其堂妹徐逸庭创办《火山月刊》,1927 年 1 月被郁达夫收并进创造社,4 月去杭州谋职,离开创造社。

读毕日文小说《望乡》。午前作家书寄北京。

22 日 午赴学校看报，和穆木天等到沙面日本人开的店里订《改造》杂志。午后 3 时约印刷工人开预备会。"中山大学小丛书"的计划书完成一半。

23 日 完成"中山大学小丛书"计划书，交戴季陶，未谋面。接孙荃函并复。

24 日 午后在学校开会，晚上大钟楼聚餐。

25 日 午后去学校和印刷工人谈判，会商条件，但工人代表没来。

26 日 接到上海寄来的奥尼尔戏剧作品两部：*The Moon of Caribbees & Other 6 plays*，*Beyond the Horizon*。觉有可译之价值。午与同乡在"妙奇奇"午餐，晚约学生数人在"聚丰园"吃饭。"见到周某骂我的信，气得不了"，即作快信去北京，称五日后动身返京。

27 日 去沙面看书，遇成仿吾，与之上"清一色"共进午餐，谈创造社出版部事。晚上见了周某诋毁的信，"心里又气得不了"。

28 日 与王独清去"武陵酒家"饮，谈创造社出版部内幕。

29 日 午后去学校，向戴季陶及其他诸委员辞去中大教授及出版部主任之职。

30 日 午前作正式辞职书两份，辞去中山大学教授和出版部主任职。中午在经亨颐处吃饭。

12 月

1 日 《洪水》周年增刊刊出《创造社社章》《创造社出版部章程》《总社第一届执行委员名录》《理事名录——总部第一届》《监

察委员名录——总部第一届》等,郁达夫为创造社总社第一届执行委员会编辑委员,创造社出版总部第一届理事会理事。

同日 到创造社出版部广州分部晤成仿吾,大体决定了整理上海出版部的事情。

同日 "今朝是失业后的第一日。"自是日起至 12 月 14 日,所作日记为《病闲日记》,《日记九种》之一,收入《达夫日记集》。1933 年 10 月,《病闲日记》被收入新绿文学社编《名家日记》(上海文艺书局)。

2 日 与成仿吾在出版部分手。晚上与来访学生郭汝炳看电影,并赠以顾梁汾《弹指词》一部。致家书于孙荃。

3 日 午前又有学生来访。午后四五点钟去学校,未能领出薪金。出席青年学生专为其举行的饯别酒会。

4 日 应成仿吾之约去照相馆照相,午后同去学校,领得 11 月份薪水。

5 日 与羁留在广东的富阳同乡合影留念,午后同去大新天台听京戏。

6 日 晨至邮局汇 140 元大洋至北京。

同日 中山大学开办的各科补习班自是日起开始为复试发榜生补习。仍被公布为补习科英文教授。①

7 日 成仿吾、白薇等 20 多位朋友为祝贺 30 岁生辰。填《风流子·三十初度》词一阕。

8 日 接天津"玄背社"函,告知 11 月 15 日去函已刊 11 月 28 日《庸报·玄背》第 17 期,并请"应许"。

11 日 晚与成仿吾、穆木天等在"陆园"饮茶。

---

① 《中山大学定期补习》,《广州民国日报》1926 年 12 月 1 日第 5 版。

12 日　应邀出席日本联合通讯社记者川上正义在"妙奇奇"酒楼举行的宴会。

13 日　早上访川上正义于沙面,同游荔枝湾,赠川上《文艺论集》一册,并合影留念。晚上,成仿吾、郑伯奇在"聚丰园"设晚宴为郁达夫饯行。

14 日　决次日上船。临行前致函鲁迅,告知即离广州,将返上海。

同日　告别诸友,声称"这种龌龊腐败的地方,不再来了。我若有成功的一日,我当肃清广州,肃清中国"。

15 日　自广州上船,赶回上海,以整理创造社出版部及编辑月刊《洪水》。

17 日　广州船开,中途阻风,"船行三日,始于汕头"。同行者穆木天、李遇安①等。②

20 日　"第四天中午,到达福建之马尾。"次日,"去马尾看船坞,参谒罗星塔畔之马水忠烈王庙"。22 日仍无船开行消息,自南台进福州游览,见革命军已到福州。

23 日　自马尾启行。

27 日　"福州开行后的第四日",船至上海,午后到创造社出版部。

29 日　迁居市外江湾路虹口公园后面的上海艺术大学。该校 1925 年夏由东方艺术专门学校和艺术师范大学合并而成,总

---

①　李遇安,河北人。1924 年至 1926 年间为北京师范大学学生,曾为《语丝》《莽原》撰稿。1926 年秋任中山大学委员会秘书(速记员),同年底辞职,与郁达夫同赴上海,不久往江西。

②　参李遇安 12 月 14 日致徐耀辰函,《语丝》周刊 1927 年第 112 期。

务长周勤豪负责办理。①

31日　与田汉、蒋光慈同去俄国领事馆看"伊尔玛童感"的新式舞蹈,"总算是实际上和赤俄艺术相接触的头一次"。"舞蹈的形式,都带有革命的意义,处处是'力'的表现。以后若能常和这一种艺人接近,我相信自家的作风,也会变过。"本月中旬,伊尔玛·邓肯②率苏联舞蹈团来上海演出。③

本月　赠许峨《和冯白桦〈重至五羊城〉原韵》(七律)一首,收《郁达夫诗词抄》。

1927年(丁卯,民国十六年)　31岁

▲1月,广州国民政府迁都武汉。

▲3月,上海工人发动第三次武装起义。

▲4月,蒋介石发动反革命政变,继在南京成立国民政府。

▲10月,鲁迅偕许广平定居上海。

1月

1日　自是日起至1月31日,所作日记为《村居日记》,《日记九种》之一,收入《达夫日记集》。中午上出版部,谈整理部务事。晚读 William H. Davies 的 *The Autobiography of a Su-*

---

①　参《上海艺大改组并迁移校舍》,《申报》1927年3月26日第7版。

②　伊尔玛·邓肯,美国舞蹈家、现代舞创始人伊莎朵拉·邓肯(Isadora Dun-can,1877—1927)的学生,1926年11月率莫斯科邓肯舞蹈团来中国演出,经哈尔滨、北平,12月中旬抵上海。

③　参张向华编《田汉年谱》第85页,中国戏剧出版社1992年版。

pertramp 及其他杂书。

同日 知革命军入浙,孙传芳①残部和国民革命军第 29 军在富阳对峙。

2 日 上午 10 时上出版部,查账,解决社内一个小刊物的问题。下午遇见徐志摩夫妇,谈浙杭战事。晚上读《莲子居词话》。

3 日 上午 10 时去出版部,"总算结了一结过去的总纠葛,此后是出版部重兴的时机了"。午后购得记德国作曲家 Wagner 的传记小说 *Barrikade* 一部。

4 日 报载富阳已开火,惦念家中老母、亲戚,不知逃亡何处。午后路过四川路伊文思书铺,买了几本好书。晚上在周勤豪家吃饭。

5 日 编看《洪水》第 2 卷第 25 期稿子。从街上古物商处购得旧杂志 10 册,中有小说二三十篇,认为葛西善藏②小说终是其中上乘之作。晚上在周勤豪寓所用晚膳,蒋光赤、傅彦长等同席。

6 日 读葛西善藏二短篇,"仍复是好作品"。午后去出版部,开会,决定一切整理事情自次日起实行。

7 日 上午完成《广州事情》(文末落款作 1 月 6 日),载 1927 年 1 月 16 日《洪水》第 2 卷第 25 期,署名"曰归"。午后上出版部,与同人开会,议新建设的事情。

---

① 孙传芳(1885—1935),字馨远,山东泰安人。直系军阀首领,浙、闽、苏、皖、赣五省联军总司令。1908 年毕业于日本陆军士官学校。与张作霖、吴佩孚并称为"北洋三大军阀"。

② 葛西善藏(1887—1928),日本小说家。1912 年以短篇小说《悲哀的父亲》开始创作生涯。其知名作品多取材于自身生活,是作者贫病交加、惨淡一生的自画像。

8 日 上法界晤徐葆炎、徐亦定①兄妹,答应收并其杂志《火山月刊》。始编《创造月刊》第 6 期。

9 日 午后三时半,田汉至寓,同往一俄国夫妇家吃俄国菜,7 时左右,至宁波同乡会,看现身剧社第五次公演之《咖啡店之一夜》。10 时戏散,与俄人夫妇同往大罗天吃点心,傅彦长伴往。

10 日 完成小说《过去》,载 1927 年 2 月《创造月刊》第一卷第 6 期,收入《达夫代表作》《达夫自选集》,收入《达夫全集》第三卷《过去集》。1931 年 7 月,被收入 AL 社同人编《现代中国小说选》(上册,亚洲书局版);1942 年 12 月,被收入谢六逸著《中国小说研究》并作"解说"(开明图书公司)。

同日 作《创造月刊》第 6 期编辑者言《关于编辑、介绍以及私事等等》,刊 1927 年 2 月《创造月刊》第一卷第 6 期。

同日 晨约华林②上创造社,收孙荃信,说雪天里去前门寄了皮袍子来。上法界一位朋友处,答应去上海法科大学兼德文课,月薪 48 元,每周 6 课时。另据傅彦长日记,午后 7 时,傅彦长请吃回教馆子,饭后上恩派亚戏园看 John Barrymore 主演的一部历史片。

同日 近期计划做小说三篇(《蜃楼》《她是一个弱女子》《春潮》),以及以"广东的一年生活"为题材的《清明前后》和历史小说《明清之际》;翻译介绍屠格涅夫、莱蒙托夫、但丁、梭罗等人的作品;另外包括做一本文学概论,做一本小说研究,做一本戏剧

---

① 徐亦定(1907—?),女,原名徐逸庭,浙江江山人。徐葆炎堂妹,郭沫若爱情组诗《瓶》之女主角。1928 年与成仿吾之侄成绍宗在上海结婚,抗战全面爆发后同往江西上饶师范。

② 华林(1893—1973),原名华挺生,浙江富阳(今属杭州)人。就读于富阳县官立小学堂、浙江两级师范学堂,与郁达夫有同乡同学之谊。

论,做一部中国文学史,介绍几个外国文人及各国农民文学等。

11 日　完成编辑《创造月刊》第 6 期,午后交出版部。其中,声明创造社与《幻洲》之关系的《创造社启事》亦由郁达夫作,因与郁致《汎报》编辑更正函(《创造社郁达夫君来函》,《汎报》第 1 卷第 5 期)内容基本相同。①

13 日　上邮局取荃君寄自北京的皮袍子。往各书铺翻阅近期出版物,在一种半月刊上见有一篇痛骂《孤独的悲哀》的文字。晚在周勤豪处,与傅彦长等谈得痛快。

14 日　午前在法界尚贤里同乡孙百刚家遇见王映霞,自此开始竭力追求。下午上出版部,为上海当局来封出版部,托徐志摩致函丁文江。

15 日　午后在出版部校《洪水》第 25 期稿。接荃君信,嘱"谨慎为人"。晚至尚贤里,邀请王映霞等至天韵楼游,并豫丰泰酒馆饮。是日,接周作人函并复,并作致徐耀辰、穆木天、孙荃函。

16 日　晚完成小说《清冷的午后》,"怕是我的作品中最坏的一篇东西",载 1927 年 2 月 1 日《洪水》半月刊第 3 卷第 26 期,收入《达夫全集》第三卷《过去集》,收入《达夫短篇小说集》。

同日　《洪水》第 25 期编辑后记《编辑后》,载《洪水》半月刊第 3 卷第 25 期。

17 日　编毕《洪水》第 26 期。

同日　完成《无产阶级专政和无产阶级的文学》一文,载 1927 年 2 月 1 日《洪水》半月刊第 3 卷第 26 期,署名"曰归",收

---

①　参宫立《郁达夫关于创造社与〈幻洲〉关系的信函》,《郭沫若学刊》2013 年第 4 期。

入《达夫全集》第四卷《奇零集》。1930 年,收入李何林编《中国文艺论战》(中国书店)。

18 日　午后至创造社看信,得徐志摩报,称司令部通缉百五十人。晚在周勤豪家用晚餐,遇傅彦长、徐芝英等。

同日　鲁迅从厦门前往广州国立中山大学任教。

19 日　午前约方光涛同访王映霞,方因事不能前往;下午与前来送稿的蒋光赤同访,被冷落。

20 日　上创造社出版部看信。午后约方光涛同访王映霞。下午回出版部,遇徐志摩。

21 日　傍晚 6 时往访王映霞,被众人骗王已去杭州,心中"伤悲难遣"。

22 日　午后赴徐志摩约,不晤;转去邵洵美①处,下午 6 时到出版部看信。

23 日　听说王映霞是日返杭,特坐沪杭火车赶往杭州,却"等至 12 点,不见映霞"。

24 日　继续在城站"死守一日",仍未等到王映霞。旧书铺购旧书,中有一部海昌嵩生钟景所作《红芜词钞》。坐夜车回上海。

25 日　王映霞坐火车回杭州。晨起上创造社出版部看信,办出版部事务。

26 日　午前到出版部办事,晚致函孙荃,并接嘉兴王映霞来信。

27 日　午时上创造社出版部看信,午后去光华索账。

---

①　邵洵美(1906—1968),上海人,祖籍浙江余姚。新月派诗人,散文家,出版家,翻译家。1936 年 3 月至 1937 年 8 月,与郁达夫一同主持《论语》半月刊编务。著有《天堂与五月》《花一般的罪恶》《诗二十五首》等。

28 日 午前在创造社出版部看信，接成仿吾函并复。致函王映霞，"你情愿做一个家庭的奴隶吗？你还是情愿做一个自由的女王？"

29 日 从江湾路艺术大学搬至创造社出版部二楼亭子间。晚上修订出版部办事细则。

30 日 接到王映霞杭州来信并复，约正月初二或初三去杭州访她。

同日 致函张友鸾①，复《世界日报》副刊稿约，"向他提了一点小小的意见。第一诫他不要贪得材料，去挑拨是非，第二教他要努力扶植新进的作家，第三教他不要被恶势力所屈伏，要好好的登些富有革命性的文字"。函刊于 1927 年 2 月 6 日《世界日报》副刊第 8 卷第 3 号，被张友鸾命题为《海大鱼——副刊编辑室座右铭》，并称郁达夫的三个意见"很有道理，以后我们的方针，差不多要依此而行"。标题下以小字注明"这个题目的意思，是指从上海来的一封重要的信，读者可别联想到国语国策上去"。收入《达夫全集》第四卷《奇零集》时，改题为《给世界日报副刊的编者》。

31 日 午前在"卖廉价"的中美书店购书六七种，"可以抄一本书出来卖钱的"。晚上看日本小说《沉下去的夕阳》。

2 月

1 日 旧历年终。自是日起至 2 月 16 日作《穷冬日记》，为《日记九种》之一，收入《达夫日记集》。

---

① 张友鸾（1904—1990），字悠然，安徽安庆人。1922 年入北平平民大学新闻系，毕业后历任北平《世界日报》、上海《立报》、南京《民生报》《新民报》总编辑等。

4 日 晚上与徐葆炎、倪贻德、夏莱蒂①等在出版部谈出版部的事情。读毕《沉下去的夕阳》。

5 日 为王映霞久不回信，伤怀双方的"受运命播弄"，认定唯一的出路，是赶快"上西洋去"。

6 日 杂志摊上看见二月号《新潮》，其中《南方文学之一群》一文为一日本新闻记者所撰，文中奉其为"南方文学之正主者"，"一笑付之"。

7 日 致函《汛报》编辑先生，称《汛报》1927 年第 1 卷第 4 期"上海周"所载《关于出版界三则》中关于创造社与《幻洲》之关系，"全系无根之谈"，特去函更正。更正函以《创造社郁达夫君来函》为题载《汛报》1927 年第 1 卷第 5 期。②

同日 日记显示"心情极为烦乱"，既为追求王映霞受阻，也忏悔对荃君和龙儿、熊儿的一个月来没有上过自己的心。

8 日 法科大学新聘教授名单公布。③

9 日 得王映霞信，表示其"这次准备赴杭州的动机是不应该的"。当即回信并表态，称为了爱情"可以丢生命，丢家庭，丢名誉，以及社会上一切的金钱和地位"。当日日记却咒诅"女人终究是下等动物，她们只晓得要金钱，要虚空的荣誉"。午后至上海艺术大学，与周勤豪夫妇、傅彦长等谈了半日的闲天，请往同华楼用晚餐。

10 日 周作人函复静渊先生关于文学是否必定要附属在别

---

① 夏莱蒂(1902—1973)，本名来骥，江苏松江(今上海)人。作家，翻译家。著有《血的洗炼》等。曾与郁达夫一起编《大众文艺》月刊。

② 宫立《郁达夫关于创造社与〈幻洲〉关系的信函》，《郭沫若学刊》2013 年第 4 期。

③ 《法科大学本学期之教授》，《申报》1927 年 2 月 8 日第 10 版《教育消息》。

种主义下面,称"郁达夫先生有一篇《血泪》在他的《莽萝集》内,这虽然并不是他的最好的作品,但其中非笑那种浅薄的功利主义的文学的意思我是很以为然的"。①

同日 接映霞 2 月 8 日信,上、下午连复两函致王映霞,谈不去杭州之原因,及决定不去杭州。

11 日 江湾路上海艺术大学新设中国文学系,被聘为教授。②

同日 接王映霞信,"明白表示拒绝"。致函王映霞,称计划去欧洲留学,并梦想"两人恋爱的成功"。

12 日 接郭沫若函,为《广州事情》而来信责备"倾向太坏"。午后购得《新潮》新年号,内有葛西善藏小说《醉狂者之独白》。

13 日 午后读《改造》正月号的小说。应邀往邵洵美宅,贺邵洵美、盛佩玉"结婚满月",徐志摩、陆小曼、戈公振、倪贻德、刘海粟③、滕固等同席。④

14 日 购许多旧书,其中有 Max Geissler 的小说 *Das Hei-dejahr*,E. N. Westcott 的 *David Harum*。

15 日 午后在外国书铺里购得专描写艺术家生活的 Leonard Merrick 的小说 *Cynthia*。接周作人函,赞《过去》"是可与 Dostoieffski、Garsin 相比的杰作,描写女性,很有独到的地方"。

同日 接家书和王映霞信各一。复函王映霞以诉"衷情"。

16 日 午后在出版部办理一些琐事。晚与《汛报》编辑孙师

---

① 静渊、岂明《文学与主义》,1927 年 2 月 19 日《语丝》第 119 号。

② 《上海艺大本届之新计划》,《申报》1927 年 2 月 11 日第 10 版。

③ 刘海粟(1896—1994),江苏常州人。画家、美术教育家。创办上海美术专科学校并任校长。

④ 参沈宁编著《滕固年谱长编》第 168 页,上海书画出版社 2019 年版。

毅(施谊)①在大东闲谈,说到《幻洲》与《汛报》的交涉事件。②

17 日　自是日起至 4 月 2 日,日记被编为《新生日记》,为《日记九种》之一,收入《达夫日记集》。1934 年 3 月,被收入谢美云编"模范文学读本"之《模范日记文读本》(上海光华书局);还被收入 1940 年 1 月 20 日出版的《战时中学生》第 2 卷第 1 期(新年特大号)"当代名流日记选辑"。

午后至出版部计划整理事宜,发现创造社许多阴事,有办事人将公款收入私囊的,难怪出版部要亏本。

同日　被新筹备成立的法租界金神父路南口开滦煤栈旧地之新华艺术学院聘为教授。③

18 日　午前在家整理出版部事务,午后至出版部开部务会议,决以后整理出版部的计划,将部内器具什物清查盘存,登记入册;晚上清理账目。读 Cather 女士的 *O Pioneers!* ,笔致沉着,颇有俄国屠格涅夫之风。

19 日　国民革命军已进至临平,杭州安谧。午前在家读毕 *O Pioneers!* 。

同日　出席田寿昌婚礼。

同日　上海工人全体罢工,要求英兵退出上海,要求打倒军阀,收回租界。市上杀气腾天,戒备森严,中国界内,兵士抢劫财物,任意杀人,弄得人心惶惶。

20 日　为"我直系的传代者"、天台诗人王以仁的出家半载,

---

①　孙师毅(1904—1966),原名施谊,原籍浙江杭州,生于江西南昌。电影编剧、歌词作家。1926 年投身电影界,集编辑、编剧、演员、导演等职于一身。1934 年创作《新女性》一剧。

②　参宫立《郁达夫关于创造社与〈幻洲〉关系的信函》,《郭沫若学刊》2013 年第 4 期。

③　《新华艺术学院定期开学》,《申报》1927 年 2 月 17 日第 10 版《教育消息》。

行踪不明,作《打听诗人的消息》一文,刊于《洪水》半月刊第三卷第27期。1929年4月,收入许杰为之收集的诗文集《王以仁的幻灭》之附录。

同日　午前至出版部上了几笔账。罢市罢工尚在进行,中国军人以搜查传单为名,杀人有五六十名,连无辜的小孩和妇人,都被这些禽兽杀了,街上血腥充满于湿空气中。

21日　与周太太和徐芝英(之音)上地方厅设法保周勤豪。外面军人残杀良民,愈演愈烈。

22日　被一青年学生告知全体工人"今夜六点钟起事",只好逃往租界躲避,但"晚上等了一晚,只听见几声炮声,什么事情也没有"。

23日　午后,与蒋光赤上街打听消息,恐怖状态,仍如昨日,唯杀人数目减少了一点,而学生和市民之被捕者,总在百人以上。

同日　据傅彦长日记,午前,谭抒真①等上周勤豪家访郁达夫,同往长生街(老北门内)徐宅访徐芝英,不遇。

24日　是日有工人复工。傍晚回出版部,发现左右有几家被以不白的罪名封了,金银财物亦被抢劫一空。《创造》月刊第6期前一日印出,但不能发卖。

25日　上海似已恢复原状。10点前后去四川路买了Sheila Kays-Smith的 *Green Apple Harvest* 的译本,又去内山书店买了几本日本书。午后赴尚贤坊与王映霞约会。

26日　午前在家编《洪水》第27期的稿子,"午后将《洪水》

---

①　谭抒真(1907—2002),小提琴家、乐器专家。早年就学于北京大学音乐传习所和上海美术专科学校。1928年赴日本深造。

的稿子送出"。所译英国作家托玛斯·乌兹的论文《小说的技巧问题》,亦编入《洪水》半月刊第 27 期,后收入《达夫全集》第四卷《奇零集》。

同日 许杰来,赠以王以仁的短篇小说集。

27 日 晚赴静安寺路晨光艺术会,出席招待文艺界同人之交谊会,田汉、唐槐秋①、欧阳予倩②夫妇和洪深③、黎锦晖、傅彦长、张若谷④等文艺界同人赴会。⑤ 由晨光艺术会会员傅彦长等招待,有音乐、舞蹈、茶点助兴,夜 12 时始散。

同日 编完第 27 期《洪水》,午后将稿子送出。

28 日 午前上霞飞路俄国人开的书店买了十块钱左右的书,有德国小说家 Bernhard Kellermann 的 *Der Tunnel* 和俄国安特列夫的德译作品。午后与王映霞上江南大旅社密谈,晚上去四马路酒馆喝酒,并请孙氏夫妇作陪。

3 月

1 日 午前约王映霞出游不得,回出版部看信,其中有荃君

---

① 唐槐秋(1898—1954),原名震球,湖南湘乡人。演员,导演,戏剧活动家。早年参加南国社及广东戏剧研究所。1933 年组织中国旅行剧团,演出中外名剧。
② 欧阳予倩(1889—1962),湖南浏阳人。戏剧家,京剧表演艺术家。1902 年留学日本,1907 年加入春柳社,1926 年加入南国社,1931 年加入"左联"。创作有剧本《潘金莲》《忠王李秀成》等。
③ 洪深(1894—1955),学名洪达,字伯骏,号潜斋,江苏武进人。电影戏剧理论家,剧作家,导演。1919 年入读哈佛大学戏剧训练班,为中国第一个专习戏剧的留学生。著有《五奎桥》《香稻米》《青龙潭》等。
④ 张若谷(1905—1960),原名张天松,以字行,上海南汇人。创作以随笔小品见长。曾参加第三次"大东亚文学者大会",堕落为"文化汉奸"。
⑤ 《晨光艺术会昨招待文艺同人》,《申报》1927 年 2 月 28 日"本埠增刊"第 6 版。

切盼回京的家书,"读了真想哭了"。午后在四马路办社内公务。

同日　致函王映霞,约于 4 日午后两点在大马路先施公司门前相会。

同日　成仿吾作《读了〈广州事情〉》,归纳"曰归"君的毛病,为"一在于观察不切实,二在于意识不明瞭,三在于对于革命的过程没有明确的认识,四在于没有除尽小资产阶级的根性"。为《洪水》已交印刷所而作《预告〈读了广州事情〉》,补白于《洪水》第三卷第 27 期。

2 日　晚上 7 至 9 时,上法科大学授德文。系学期第一天上课,"只与一位学生讲了些关于讲授德文的空话"。该课程排在周二、三、四的三个晚上。

3 日　午前偕孙师毅、傅彦长到城隍庙喝茶吃点心。午后在出版部办事,又去洋书铺买了 Compton Mackenzie 的早期作品 *Carnival*。晚上查出版部的账。计划译但丁的《新生》,作与映霞结合的纪念。

4 日　午后至信中约定的先施公司电车停留处候王映霞,未及,至其寄住的坤范女中,亦不在,心乱如麻。读在旧书铺新买的 John Trevena 的 *Heather*,也感不出兴味来。

同日　致函王映霞,"这一封信,希望你保存着,可以作我们两人这一次交游的纪念"。

5 日　王映霞如约前来,相互表白爱意。

6 日　在出版部办公,晚上上刘海粟家吃饭,徐志摩等同席。

同日　致函王映霞,附诗《寄映霞》(七绝)两首,"纪念昨天的会谈情节"。

7 日　上出版部办公、催款。午后约王映霞上世界旅馆,答应映霞"做一番事业"。"今天的一天,总算把我们两人的灵魂溶化在一处了。"

8日 晨起到江西路德国书铺买了两本小说，Bernhard Kellermann 的恋爱小说 *Ingeborg*，和 Thomas Mann 的 *Herr und Hund*，打算于年内将其译出。晚上冒雨上法科大学授课，应学生要求讲时事问题和德国文学史。课后回出版部，接成仿吾信，称郭沫若有信给他，骂《广州事情》。认为这时候"应该是代民众说话的时候，不是附和军阀官僚，或新军阀新官僚争权夺势的时候"。

同日 致函王映霞，表示要开始工作，三四天内把《创造月刊》第 7 期编好。

9日 与王映霞同往美术专门学校，决意让她进美术学校学钢琴。

10日 午前购得 Arthur E. Giles 1895 年出的书 *Moral Pathology*。读了一遍，很有所得。与王映霞共约陈锡贤①、蒋光赤、周勤豪夫妇等同进晚餐。

11日 午前在德国书店购 Knut Hamsun 一部小说，内有 *Victoria* 一篇。10 时，孙夫人和王映霞同来出版部，映霞在寝室翻看日记，大发脾气，留信痛斥。连写三封长信，解释哀求。

12日 又编一期(第三卷第 28 期)《洪水》，"自家做不出文章来，只译了一首德国婆塞的诗，《春天的离别》"，该诗收入《达夫全集》第四卷《奇零集》。晚读日人宇野浩二②的小说。晚致函王映霞，来不及寄发，上坤范女中去找她。

---

① 陈锡贤，王映霞同窗好友，时任教于上海新昌小学，郁达夫曾将其介绍于蒋光慈。蒋光慈曾以这段无疾而终的爱情为素材，创作中篇小说《野祭》。

② 宇野浩二(1891—1961)，本名宇野格次郎，日本小说家。毕业于东京早稻田大学文学部英文科，创作有小说《库房中》《山恋》等，被称为"文学之鬼"。

13 日　做《创造社出版部的第一周年纪念》,刊创造社出版部 1927 年 3 月 19 日《新消息》周刊创刊号,题《创造社出版部的第一周年》。王映霞如约前来,拉她同游六三花园,"谈了许多衷曲"。购德国乡土艺术运动时代女作家 B. Schulze-Smidt 的小说 *Weltkind*。

同日　作致北京孙荃、广州成仿吾、富阳二哥和王映霞信四封。致王映霞函中称,"今天的一天,总算把你的误解,消除了一部分"。

14 日　与蒋光赤"谈文学上的问题",并欲为其介绍王映霞女友陈锡贤女士。午后在城隍庙购书:John Masefield 的 *Complete Poems*,Laurids Bruun 的 *Van zanten's Happy Days*。晚读丹麦作家勃龙氏的《万张登的快乐时代》。因上海艺大的事情,又逆寒风上周勤豪家,遇傅彦长、仲子通、谭华牧[①]等。晨、晚两致函王映霞。

15 日　上午 11 点到上海艺术大学,助周勤豪设法维持学校。因学生全体"想拥戴我做他们的校长",以未有经济后援"绝对辞去"。晚上上法科大学上课,教一首德文诗。晨购沈曾植(子培)[②]《曼陀罗㕙词》,晚读美国短篇小说集。晚致函王映霞。

16 日　晨起读德国小说 *Weltkind*。艺术大学学生来访,"逼我任校长"。晚上赴法科大学上课。晚致函王映霞。

17 日　下午去艺术大学。晚上上法科大学教书。晨、晚两

---

　　① 谭华牧(1895—1976),广东台山人。油画家,美术教育家。1919 年考入日本东京美术学校西洋画科。历任上海艺术大学西画系主任兼教授、上海新华艺术大学及上海美术专科学校教授等。

　　② 沈曾植(1850—1922),浙江嘉兴人。史学家,书法家,同光体诗人。光绪六年进士。历任刑部主事,员外郎,南昌知府,安徽提学使、布政使等。

致函王映霞，又为陈女士"来创造社办事"事致函陈锡贤、王映霞。

同日　作杂文《告浙江教育当局》，载1927年3月26日《新消息》周刊第2号。

18日　与王映霞一同游六三花园、上咖啡馆、看美国电影、六合居吃饭等。

19日　由郁达夫提议、成绍宗等编辑的《新消息》周刊创刊，以刊载"流通消息"、报道创造社活动为主要内容，同年7月1日停刊，共出5号。

21日　正午12时起，上海70万工人再次总罢工，秩序井然，严肃悲壮。闸北戒严，华洋交界处，已断绝交通。此次罢工由周恩来和江浙区委负责人罗亦农、赵世炎等领导。经激战，工人阶级解放了自己的城市，谱写了中国工运史上的光辉篇章。

22日　闸北中国地界火起，延烧12个小时。

同日　上海艺术大学由江湾路迁至霞飞路385号。总务长周勤豪辞去校务，改由教职员和学生组织校务委员会办理校务。①

23日　回三德里出版部，大火幸未延及。但一路"尸骸枕藉""枪弹的痕迹""居民的号叫哭声"，杂混在一块，直如"一幅修罗地狱的写生"。

25日　付创造社本月账目。日文报《上海每日新闻》文艺栏，有日本记者山口慎一②的公开状（《致郁达夫的公开状》），内

---

① 《上海艺大改组并迁移校舍》，《申报》1927年3月26日第7版。
② 山口慎一（1907—1980），又名大内隆雄，生于日本福冈。翻译家，文学家。幼时来到中国东北，毕业于长春商业学校、东亚同文书院。曾任东北映画部文艺课长。著有《东北文学二十年》。

容系评《创造》第 6 期者。预备作复。

26 日　在日本书铺购得江马修^①的小说《追放》。

27 日　跟着工人上街游行。晚上读《追放》到 277 页。

28 日　继续读《追放》。小说写得软弱，缺少热情，"江马修终究是一个已经过去了的小作家……文艺是应该跑在时代潮流的先头，不该追随着时代潮流而矫揉造作的"。凌晨 2 点多读完全书，觉得"还不失为一部伟大的作品"。

同 日　雨中返闸北，遇见"李某"，得知有人想邀自己去接收东南大学。嘱李某转告当局，只能在教书方面帮忙，别的事情不能出力。

29 日　闻浙江又有筹办大学的消息。"不相信昏迷下劣的杭州那些小政客，会把这计划实现。"晚上上法科大学上德文课。

1922 年，浙江省议会曾推举蔡元培、蒋梦麟等筹办省立杭州大学，后以种种原因不了了之，故郁达夫有"不相信"之说。1927 年，国立第三中山大学挟"大学区制"改组浙江省公立工业专门学校和农业专门学校为大学工学院和劳农学院，后新增文理学院，并定名为"国立浙江大学"。

30 日　晚上法科大学上课。不意中寻见二兄养吾来沪。

31 日　晨起至出版部清账和处理函件。午后上西门旧书铺买了几本德文译的左拉小说。晚上法科大学上课。

4 月

1 日　在何畏起草、鲁迅领签的《中国文学家对于英国智识

---

①　江马修(1889—1975)，日本小说家。早期作品有人道主义思想，后加入日本无产阶级作家联盟，战后参加日本共产党。长篇小说《追放》(今译《放逐》)作于 1926 年。

阶级及一般民众宣言》上签名,谴责英法帝国主义勾结中国军阀屠杀中国工人的罪行。《宣言》载 1927 年 4 月 1 日《洪水》第三卷第 30 期,该期由郁达夫编辑。

2 日 自是日起至 4 月 30 日,作《闲情日记》,为《日记九种》之一,收入《达夫日记集》。接荃君 20 多天前的"快信","诉愁诉恨,更诉说无钱"。急往汇钱,苦于无路可通银行,无奈作罢。

3 日 送王映霞快车回杭州。午后赶回出版部处理杂务。致函王映霞。

4 日 午前去银行汇钱并发信给荃君。路过伊文思书馆,买了两本书,晚上又买了些旧书。

5 日 去法科大学领三月份薪水。上四马路送二兄上船往北京,并托二兄带 35 元钱给荃君。在百老汇路公平码头对过一家上海最早开设的西书铺买了 7 册书,晚自法科大学回来,又在一家俄国书铺买了几本德文的旧小说。晚致函王映霞。

6 日 晨起去书铺买了一本英译的 Knut Hamsun 的 *Victoria*。作信给荃君。午后致函王映霞,晚再复函王映霞。

7 日 读 *Victoria*,是一本好书。午后又出去买了两本德文书。

8 日 晨起做《在方向转换的途中》,指出"封建时代的英雄主义"是破坏革命的最大危险,揭露了革命队伍中的投降主义和帝国主义、国内反动派破坏革命的罪行,载《洪水》第 3 卷第 29 期,收入《达夫全集》第四卷《奇零集》。下午做蒋光赤小说书评《〈鸭绿江上〉读后感》,载《洪水》半月刊第 29 期。晚上将《洪水》29 期的稿子编定。午后出去买了几本书。

9 日 晨起即积极整理出版部杂务。又去城隍庙买书。晚上继续办理出版部公务至 11 点。午后致函王映霞,决定 5 天后去杭州一次。再托徐逸庭带一信。

10 日 晨起即积极整理出版部事务。晚上继续办理出版部公务至 12 点后。接映霞来电,复电并致函王映霞。

11 日 晨起,至印刷所催印刷品。途过伊文思书馆,购得两部英文小说:*Christian Wahnschaffe* 和 *The World's Illusion*。午在家作答日本记者山口慎一的公开信《公开状答日本山口君》,载《洪水》半月刊第 30 期。

同日 拟将出版部事务托付于人,并于《洪水》第 30 期发布《达夫启事》:"达夫因旧病复发,拟暂赴乡间静养。所有出版部编辑事务,暂由王独清君负责。前此所投各稿件,因堆积众多,拟选择刊载,望诸君原谅。"预定次日一早去南站坐车赴杭州。

12 日 东天未明,即听见窗外枪声四起,知是总工会纠察队总部与军队交火。冒险去南站,中途为戒严兵士所阻。晚上法科大学授课。

13 日 闸北冲突致沪杭火车停开,上天后宫桥招商内河码头搭船赴杭州。午后 4 时,船始开行。凌晨 3 时,致函王映霞。

14 日 下午 5 点半,船到拱宸桥,金刚寺巷得见王映霞。

15 日 与王映霞家人游湖半日,得识映霞(外)祖父王二南①先生。

16 日 与王映霞游灵隐、九溪。下午上育婴堂看王二南先生,晚约王映霞家人上西湖三义楼聚餐。

17 日 与王映霞家人同游灵隐、玉泉、灵峰。

18 日 被挽留一日,雨中船游西湖。

19 日 沪杭车未开,上湖滨访了几位同乡。

---

① 王二南,杭州名士,南社成员,王映霞(外)祖父。

20日 冒雨赶车回上海,闸北仍戒严,车站过夜。

21日 晨赶回出版部,即致函王映霞。办理出版部公务。午前在内山书店购许多关于俄国的书,晚上又在一家旧书铺买了两册外国书。

22日 邮局回来买得一张外国报,方知"蒋介石居然和左派分裂了,南京成立了他个人的政府,有李石曾、吴稚晖等在帮他的忙"。"可恨的右派,使我们中国的国民革命,不得不中途停止了。""以后我要奋斗,要为国家而奋斗,我也不甘自暴自弃了。"致函王映霞,告知写信给其祖父。

23日 办理出版部公务:上四马路各家书馆催账,午后作账单,晚上清本月本部部员的开销。晚致函王映霞,称华林已将两人"恋爱的消息传了出去,被一本杂志登载出来了"。

25日 得王映霞信,知其将赴嘉兴二中附小任教。晨致函王映霞,午复函王映霞。

26日 开始发烧,"病很沉重,似乎要致命的样子"。晚赴法科大学授课。

28日 为日本《文艺战线》社代表、日本左翼文艺刊物《文艺新闻》特派记者小牧近江①、里村欣三②做《诉诸日本无产阶级文艺界同志》,载1927年6月日本《文艺战线》第4卷第6期。

同日 午前与田汉一同去孟渊旅馆拜访小牧、里村。午后上良友印刷所,《良友》第三任主编梁得所请往安乐园午茶,田

---

① 小牧近江(こまきおうみ,1894—1978),日本左翼作家。曾留学法国。曾创办《播种人》《文艺战线》,被认作日本无产阶级文学发端的标志。

② 里村欣三(1902—1945),日本小说家。1922年为逃兵役流亡中国东北。初为《文艺战线》同人之一,日本早期无产阶级作家;后从军,成为鼓吹战争的御用文人。著有《旅顺》《徐州战》等。

汉、傅彦长同往。晚，里村欣三及小牧近江在美丽川菜馆设宴，与张若谷、周文达、田汉、傅彦长 7 人同席，10 时后送小牧、里村上船回日本。致函王映霞。

29 日　早上 8 时，在新华艺术学院讲演。致王映霞函中称"今天来新华艺术学校讲演，讲了一个钟头，总算是我到上海之后，第一次和多数学生见面"。课后走了几家旧书铺，买了三四本旧小说。午后回出版部，遇见从广州逃出来的郑伯奇，又一同上内山书店，遇日本人山口慎一氏。购得《公论》五月号，内有佐藤春夫文艺时评一段。傍晚与田汉同赴天蟾舞台后台访琴雪芳、高百岁①诸人。

30 日　午后催对账目，召开第二次部务会议，决定创造社出版部大计。

5 月

1 日　自该日起至 5 月 31 日，作《五月日记》，为《日记九种》之一，收入《达夫日记集》。致函王映霞。在法界新华艺术学校要了一间房子，便于"避难"。

3 日　中午，请从广东回来的郑伯奇、王独清吃饭。夜 7 时去法科大学授德文课。病稍好一些，只是消化不良。致函王映霞，称过了端午节就去北京。

4 日　与王独清一起在出版部召集一次全体职员大会。午后路过伊文思，买了几本英文书，有书评和叙事诗集等。二兄养吾偕新娶的第二夫人到上海。

---

①　高百岁(1902—1969)，字幼斋，号智云，又名伯绥。生于北京。京剧老生。1927 年参加南国社。

5 日 傍晚上印刷所,告以《达夫全集》印制的次序。午后在一家旧书铺买英译伊罢纳兹的小说 *The Enemies of Women*。致函王映霞。

此前,曾去宝山路宝山里 64 号开明书店找钱君匋,请他设计《达夫全集》的封面。异常折服其设计创意,特地送去蛋糕之类的美食作为慰劳,还为钱君匋作一七绝,对这个装帧赞美备至。封面"特别采用沙纸作画纸,用木炭条在上面作了四方连续的图案,纹样是从一枝小草变化而来的。用木炭条在木沙纸上作画,其线条粗犷而有飞白,效果特别令人满意。封面、封底都用这组纹样,书面上不标书名等等,只在书脊上一一标明,用栗黄为底色,上盖黑色纹样,近书脊处前后两边用暗紫色作成带状。几本全集并列在一起……看去颇为淡雅朴质"。①

6 日 午前又上印刷所,告以《达夫全集》第一页加上"题辞":"全集的第一卷,名之曰《寒灰》。寒灰的复燃,要借吹嘘的大力。这大力的出处,大约是在我的朋友王映霞的身上,假使这样一本无聊的小集,也可以传之久远,那么让我的朋友映霞之名,也和它一道的传下去吧!"

7 日 致函王映霞。去出版部办理事务。

同日 去内山书店,为郭复初②夫人及其子女"找旅馆,弄行李"。

8 日 在北京路旧书铺购得但丁的意大利文《神曲》和其他小说二三册。致函王映霞。

---

① 钱君匋《回忆郁达夫》,《回忆郁达夫》第 257 页。
② 郭泰祺(1889—1952),字复初、葆东,湖北广济(今武穴)人。早年赴美国留学。1926 年任国民政府外交部次长。抗战胜利后曾任联合国安理会首任中国首席代表。

9 日　在德国书铺购得蒲宁 *Mitjas Liebe* 和克勒曼 *Die Heiligen*。致函王映霞。

10 日　中午赴宴，杨端六①、杨铨（杏佛）②同席。据说当局可以保证创造社不被查封，但需以向他们提供党务帮助为交换条件。托病谢绝。

11 日　腹泻不止，脚似有千斤重，"似乎是将死的样子"。晚赴法科大学上课，读 Ouida 的 *In a Winter City*。致函王映霞，王独清到上海，"能帮我弄社里的事务"；又称"现在身体很好"，"瘦却是瘦了，可是精神很好"。

12 日　午前将《洪水》第 30 期编毕。病情加剧。上法科大学签一个名。

13 日　与王独清、郑伯奇同赴内山书店，出席日本人组织的文艺漫谈会。

文艺漫谈会是上海内山书店主人内山完造③夫妇邀集的聚会，一批日本文艺爱好者和欧阳予倩、田汉、郁达夫、唐槐秋、谢六逸、王独清、郑伯奇、陶晶孙等中国朋友都是漫谈会的常客。漫谈会每月一次，漫无边际聚众聊天。从日本去上海的文学者一般通过这个窗口进行交流，故亦有"上海海关"之雅号。④

"经常会有各色人物在那里相聚，是一处梁山泊的聚义厅。

----

① 杨端六（1885—1966），江苏苏州人。经济学家，商业会计学家。1906 年赴日本留学，1926 年任中央研究院经济研究所所长，1930 年后一直受聘于武汉大学。

② 杨铨（1893—1933），字杏佛，江西玉山人。毕业于上海中国公学，后赴美留学。中国民权保障同盟首任总干事。

③ 内山完造（1885—1959），汉名邬其山，日本书商。旅居中国上海，主要经营内山书店，创办日本语学校，晚年从事中日友好工作。

④ 参〔日〕内山完造《内山书店与文艺漫谈会》，内山完造著，何花、徐怡等译《我的朋友鲁迅》第 187—192 页，北京联合出版公司 2012 年版。

随着时代的变化,出现的人物也会不一样,但吴越同舟,中国人也罢,日本人也罢,只有在这里才能敞开心扉各抒见解,这是一个人们能进行心灵交流的场所。店主内山完造是一个很会引发大家观点的人,一个良好的调停者,一个没有偏向的理解者,也是一个罕见的、为大家提供了愉快的谈天说地场所的人。"①

15 日　在王映霞催促下,去周文达处治病。

16 日　王映霞回嘉兴前,偕去钱潮医生处看病,确定得了黄疸(肝炎)。致函王映霞。

17 日　在王独清等人帮助下,住进法界金神父路的广慈医院,东院二号二等病房。晚赴法科大学上课。致函王映霞,称医生说病要三礼拜才好;并告以《民国日报》刊登了启事,"大约以后创造社的安全,是可以保证的了"。

同日　《民国日报》第一版刊出《创造社出版部启事》,说明创造社不过是一个文学的团体,社员的个人的政治行动与团体无涉:②

> 创造社系纯文艺团体,出版部系营利集股公司,并不带有丝毫政治性质,亦并不与任何个人有关。近因各小报记载失实,诚恐淆惑众听,特此登报声明。

《启事》并志广告:

> 再者,在印刷中之法国名小说家都德氏之《磨坊文札》、郁达夫氏的全集第一卷《寒灰集》、穆木天氏的抒情诗集《旅心》,以上三书均系有趣味之文艺读物,不日即可出版。合并预志,

---

① 　金子光晴《骷髅杯》,《金子光晴全集》第 7 卷第 86 页,东京中央公论社 1971 年。
② 　参金传胜《新见郁达夫佚文佚简考述》,《现代中文学刊》待刊。

以告读者。

18 日　读岛崎藤村的小说集《微风》。傍晚上法科大学。

19 日　终日读《微风》。傍晚上法科大学。

21 日　午前在病院读 *In a Winter City*。王映霞从嘉兴回上海，与华林、陈锡贤同赴医院探望。午后 3 时，一起出了医院。

23 日　与王映霞一起上新亚看《达夫全集》印制过半之第一卷。上六马路仁济堂找一黄疸病医生开药方。午后去商务印书馆找郑贞文问张资平版税事。晚应李君之请在新新酒楼晚宴，遇胡适之、王文伯①、周鲠生、王雪艇、郭复初、周佩箴②等，李某极力劝去国民政府做个委员，婉辞。

24 日　一早去虹口打听日本杂志《文艺战线》6 月号到否，预感到自己的"危险时期，大约也在这十几天中间了"。准备去杭州西湖小住。

25 日　上仁济堂开中药。晚上上法科大学上课。

26 日　午前上上海县衙门监狱看许幸之③，答应设法营救。买了许多旧书回出版部，看了半天书。晚上法科大学上课，结束一学期课程。

同日　所作《达夫启事》载是日出版之《新消息》周刊第 3

---

①　王微(1887—1963)，字文伯，吉林宁安(今属黑龙江)人。银行家，收藏家。1914 年赴美，在哥伦比亚大学主修经济学。曾与胡适、蒋梦麟、丁文江等组织"努力社"，并出版《努力周报》。

②　周佩箴(1884—1952)，原名延伸，以字行，浙江吴兴(今湖州)人。1902 年中秀才，辛亥革命时任浙江省官产处处长。曾任广东省政府委员兼土地厅厅长、上海中央银行行长等。

③　许幸之(1904—1991)，江苏扬州人。画家，导演，中华艺大西洋画科主任，左联"美联"主席。早年就读东京美术学校，与郭沫若、郁达夫等交往甚密。"四一二"政变时被疑为共产党人入狱，身陷囹圄三月。

号,声明将回乡静养,出版部编辑事暂由王独清负责。

27 日 午前上书铺购得迈衣爱氏小说 *The Orissers*,雄壮伟大有俄国风。王映霞约次日一同去杭州。为许幸之等写信给东路军总指挥处军法处长,要求放免许等三人。午后访胡适之。

28 日 早车离沪去杭,"半为养病,半为逃命"。莅杭即请得灵隐集庆寺僧来诊。

29 日 出版部果被搜查,并有人探听郁达夫在杭州的地址。[①] 西湖遇同学黄某于途,得知浙江大学预备聘往掌教。午后去旧书铺买了几部旧诗集,及苏曼殊[②]诗小说集一本。

30 日 晨读苏曼殊小说,午前做《杂评曼殊的作品》一文,载《洪水》第 3 卷第 31 期,收入《达夫全集》第四卷《奇零集》。

31 日 西湖会黄某。复信上海,请为登报声明已到日本。读《笃旧集》中张亨甫诗选。

6 月

1 日 自该日起至 6 月 24 日,作《客杭日记》,为《日记九种》之一,收入《达夫日记集》。午后集庆寺僧复诊。二兄养吾到杭。

同日 《达夫全集》第一卷《寒灰集》由光华书局出版。目次:《自序》《〈寒灰集〉题辞》《茫茫夜》《秋柳》《采石矶》《春风沉醉的晚上》《零余者》《十一月初三》《小春天气》《薄奠》《给一位文学青年的公开状》《烟影》《一个人在途上》。

---

① 参《创造社大事记》,《创造社资料》第 1137 页,福建人民出版社 1985 年版。
② 苏曼殊(1884—1918),原名戬,字子谷,法号曼殊,广东香山(今珠海)人,生于日本横滨。近代作家、诗人、翻译家,南社成员。能诗擅画,通晓多种文字,在诗歌、小说等领域皆有成就。

各书一律左起横排，虽毛边而仍以白报纸印，殊不讲究。各书其始系分出，《寒灰》《鸡肋》由创造社藏版，《过去》《奇零》归开明，《敝帚》出现代，后均改由北新印行，又增出《薇蕨》《断残》二种，合成七数。[1]

2 日 聚丰园订菜，决于阴历五月初六（6 月 5 日）请客一次，将与映霞事公布。傍晚购得杭州官书局印的几部诗集。晚上去会黄某，被挡驾。

3 日 晨复会黄某，仍被挡驾。回城站购书，有乾嘉以前刻的残本《百名家词钞》和《啸园丛书》等。

同日 《民国日报》第 4 版刊载《郁达夫启事》：[2]

> 达夫因病来日就医，上船日蒙诸亲友远送，不克一一笺谢，歉仄奚似。刻已安抵长崎，望诸君勿念。病愈返国后，当再走谢耳。

4 日 为二兄养吾能来杭赴宴，早车赴富阳，往松筠别墅见母亲。傍晚回。晨读《啸园丛书》一册。松筠别墅，是郁氏兄弟为母亲陆氏在鹳山修建的独门宅院，以民国初年临时大总统黎元洪为郁门婆媳戴氏和陆氏两代守寡奖掖子孙亲笔题匾之"节比松筠"（一说"节励松筠"）命名。

5 日 晚 7 时，假杭州聚丰园菜馆举行订婚仪式，出席者有双方家长代表郁养吾和王二南等，被邀者则有邵洵美、孙福熙、

---

[1] 晦庵《书话〈达夫全集〉》，《时与文》1947 年第 22 期。

[2] 参金传胜《新见郁达夫佚文佚简考述》，待刊。

胡健中、孙大雨夫妇、叶秋原①、周天初等,男女共到 40 余人。"和映霞的事情,今夜定了,以后就是如何处置荃君的问题了"。

同日 午前 10 时,黄某到访,谈到傍午方去。

6 日 送别二兄,上湖边上的旧书铺买昨日价未及议定的七八本词集。

7 日 午前读日文小说,"很有技痒的意思",欲动笔做《创造》7 期的稿子。

8 日 午前在家读笔记小说《墨余录》《苦海新谈》。接上海来信,知小报《福尔摩斯》刊有《郁达夫行将去国》一条(该文刊于 6 月 2 日《福尔摩斯》第一版,署名依依②)。在三元坊光华书局,知《达夫全集》第一卷《寒灰集》已到。

9 日 午后去车站送王映霞往嘉兴。回来读了一篇俄国小说,晚读《辽文》,叹古人搜辑之苦。

10 日 读俄国新小说集,引不起兴致来作文章。读德文蒲宁的 *Mitjas Liebe*。去信富阳孙氏,告知与映霞的关系。

11 日 天气入梅,很想到北京去过夏。

13 日 上各旧书铺购得几本旧小说,和一部《有正味斋日记》。

14 日 午前读蒲宁的 *Mitjas Liebe* 毕,初恋的心理状态描写得很周到,而 M 与农妇通奸处之细致,"在我是不足取的"。午后读吴毅人《有正味斋日记》,很觉文言小品的可贵,遂做论文《日记文学》,载《洪水》半月刊第 3 卷第 32 期,收入《达夫日记

---

① 叶秋原(1907—1948),浙江杭县(今杭州)人。书法家,人类学家。美国印第安纳大学社会学硕士。曾任《申报》编辑、复旦大学教授等。著有《艺术之民族性与国际性》《美国生活》等。

② 金传胜《新见郁达夫佚文佚简考述》,待刊。

集》,收入《达夫全集》第四卷《奇零集》。1929 年 3 月,收入戴叔清编《语体应用文作法》"附录",作为"日记"范本之一(上海亚东图书馆)。

15 日　病已愈了八九分。致函东京冯乃超、武昌黄素如(白薇)、北京孙荃、嘉兴王映霞,并为一同乡写求荐信。

16 日　接北京孙荃信,"荃君还在担心我的病状";接上海催稿函,"稿子还是做不出来,焦灼之至"。

19 日　晨将《劳生日记》寄去上海,作《创造》第 7 期稿用。午前读小说《海上尘天影》。午后偕前夜回杭的映霞与留学时同学陈某同游梵村。

20 日　因《在方向转换的途中》,《这样做》旬刊第 7、8 期合刊发表孔圣裔《郁达夫先生休矣!》,攻击郁达夫做了共产党的工具。此说引发鲁迅关注和质疑:"说这一次的革命是阶级斗争的理论的实现,而记者则以为是民族革命的理论的实现。大约还有英雄主义不适宜于今日等类的话罢,所以便被认为'中伤'和'挑拨离间',非'休矣'不可了。"①

《这样做》旬刊,1927 年 3 月 27 日在广州创刊,孔圣裔主编,"革命文学社"编辑发行。它以"努力革命文化的宣传"为幌子,配合国民党的白色恐怖,反共反人民。

21 日　午后去车站送王映霞往嘉兴。

22 日　病似已痊愈,身上脸上黄色褪尽。上六和塔去看旧题壁的词,一是写给前年冬天交结的一位游女的《蝶恋花》,一是寄给北京丁西林、杨振声两人的《金缕曲》。午后出访女师夏莱蒂。

---

①　参《鲁迅全集》第 4 卷第 22 页。

23日 午前上浙江省立工业专门学校去访朋友。又过旗下湖滨,买了许多咸同之际的小家词集。午后至高庄,系十五六年前旧游之地,得两句"十五年前记旧游,当年游侣半荒丘",未能续成诗。

25日 自该日起至7月31日,作《厌炎日记》,为《日记九种》之一,收入《达夫日记集》。晨早车赴嘉兴,在城内庆丰楼请王映霞同事吃饭,下午离嘉兴赴上海。

26日 路过西门,买了几本旧书。日本林房雄①来信托译《中国左翼文艺集》一册。

27日 与王映霞谈到将去北京,她哭了好多时。

28日 晨送王映霞回嘉兴。上出版部看信。过各旧书铺,买了几本不必要的小说和诗集。访胡适之及胡与徐志摩开在法界的新月书店而未得。晚于金神父路购得柯林斯小说 *No Name*。致函王映霞。

29日 晨往虹口,看新出的日本杂志,买了一本《文艺春秋》。

30日 访胡适之,与其谈浙江教育的问题,因没有经费,大学院成立或还有期。

7 月

1日 上书店购得从法文重译过来的英译本《风月传》,著者不详,称笔致周到,浪漫、纯粹,有近代中国各作家万赶不上的地

---

① 林房雄(1903—1975),日本作家。20 世纪 20 年代曾参加日本无产阶级文艺联盟和全日本无产者艺术联盟,1930 年被捕后发表"转向"声明,拥护天皇制和军国主义。

方,当做一篇文章介绍。晚上读一日本人做的小说。

2 日 读西洋作品,始读俄国爱伦婆尔古的小说《勿利奥·勿来尼特及其弟子等》。

4 日 作书于王映霞,附词《扬州慢》。

5 日 做仓田百三《出家及其弟子》译本的序文。午后与王独清同上出版部办理杂务,再至内山书店,遇田汉、郑伯奇,饭后同去观新剧,遇徐志摩。

6 日 中美书店购两本英文小说,一是詹姆斯·乔伊斯的 *Dubliners*,一是乔治·吉辛的 *New Grub Street*,过德国书店又买了一本德国近代短篇小说集。读书读到午后。

7 日 晚赴豫丰泰,应商务印书馆哲学教育部编辑部主任高觉敷,《教育杂志》编辑周予同、李石岑之邀宴,王伯祥[①]陪饮,席散已 10 时。[②]

11 日 完成文论《电影与文艺》,载 1927 年 9 月 1 日上海《银星》第 12 期,收入《达夫全集》第四卷《奇零集》。

12 日 日本文学家佐藤春夫夫妇偕侄女佐藤智慧子乘中日联络船"长崎丸"号到上海,当晚即设宴招待。[③]

14 日 接荃君家书,复快信答应于一二周后赴京。

15 日 接北京曼兄信,大骂与王映霞之事。午后访佐藤春夫未遇。预备做一篇小说去卖钱,大约月底后可去北京。

16 日 晨起作小说《微雪的早晨》,到下午 5 点多钟告成,次

---

① 王伯祥(1890—1975),名钟麒,以字行。江苏苏州人。文史研究家。曾任教于厦门集美学校、北京大学中文系,担任上海商务印书馆史地部编辑十余年。

② 《王伯祥日记》卷 4 第 202 页,国家图书馆出版社 2011 年版。

③ 参一二《日本文学家佐藤春夫来沪》,《申报》1927 年 7 月 18 日"本埠增刊"第 3 版。

日略作修改,并改题为《考试》,载 1927 年 7 月 20 日《教育杂志》月刊第十九卷第 7 号"教育文艺"栏。收入《达夫全集》第四卷《奇零集》时,改题为《考试前后》,收入《达夫短篇小说集》,恢复原题。

同日 晚上在南洋西菜馆遇胡适之,约定一同请佐藤吃饭。

17 日 在内山书店买了几本日本小说。遇《上海每日新闻》记者,特邀参加次日在日本人俱乐部组织的佐藤春夫欢迎会,并邀请欧阳予倩、田汉和王独清等。晚许杰来访,谈至 9 点钟。

18 日 将《考试》送至商务印书馆《教育杂志》,"卖了 40 块钱"。午后在法界的俄国书铺购书三册。晚上《上海每日新闻》社日人招宴佐藤,到欧阳予倩及《大阪每日新闻》上海支局记者 20 余人。

19 日 午后陪同佐藤春夫及其家人上城隍庙等处游玩。

20 日 晚 7 时,与内山完造先生一同于功德林招宴佐藤一行,胡适之、陈通伯、欧阳予倩、徐志摩、田汉、王独清等出席。①

21 日 《现代评论》社在新新公司请客,胡适之、石蘅青、郭复初等同席。

23 日 上午 9 时,陪佐藤去访本约定陪他去南京的田汉,延了十余日,决明早动身赴南京。

24 日 晨上火车站送佐藤,田汉又改行期,只好陪佐藤去杭州。

25 日 晨与王映霞去西湖饭店访佐藤,午后上灵隐、岳庙、三潭印月等地。

---

① 参傅彦长《功德林的一个晚上》,《申报》1927 年 7 月 24 日"本埠增刊"第 5 版。

26 日　继续陪佐藤游六和塔等处。

27 日　陪佐藤回上海,出席内山书店"文艺漫谈会",餐后与内山完造夫妇等合影。

28 日　佐藤晚车去南京。

29 日　接到北京荃君的信,心里很不快活。

30 日　阅报知北京大热,很为荃君担心,"无论如何,她总是一个弱女子,我总要为她和映霞两人,牺牲我的一切"。午前在家中读摩亚氏小说《过去的回忆》。

同日　午后,最后一次出席《现代评论》社会议,因"他们都是新兴官吏阶层,我决定以后不再去出席了"。

31 日　成仿吾到上海,往访并谈出版部整理部务计划,决二周后北去北京,料理家务和北京分部事务,以将出版部事务全部交出,安心去国,作异国永住之人。《日记九种》至此告结。

8 月

1 日　据于听《郁达夫风雨说》所引日记,午后去内山书店,佐藤尚未从南京返沪,故又陪佐藤夫人上大马路买东西。

同日　作《〈鸡肋集〉题辞》,自谦"到现在为止,所做的东西,没有一篇不是鸡肋,但是稚气满满的这集里所收的几篇,尤其觉得不成东西",在行将走上"光明的去路"的"新生出发的当儿",将这一本集子送给"和我也共受过许多中国习俗的悲苦的我的女人":"我在纪念你,我在伤悼你,这一本集子里,也有几篇关于你的文章,贫交远别,没有旁的礼物可以赠送于你,就把这一本集子,虔诚地献上,作个永久的纪念罢!"

2 日　王独清、郑伯奇、成仿吾等到齐开会,商谈创造社出版部改组事。午后来一暗探,称要查书、拘人,出版部伙计逃散一空,有会计卷款而逃。

原定与佐藤春夫家人共进午餐,但到下午 4 点才赶来,说"方才警察来逮捕我,几乎被抓去了。幸亏警方并不认识我,无论他们怎样追问,我只是说本人不在,这才逃了出来"。①

3 日　出版部同事责怪不事预防,不负责任,致出此事,日记自曝:"我气急了,就和他们闹了一场,决定与创造社完全脱离关系。"

10 日　在新华暑期学校遇周勤豪和来此演讲的傅彦长。

13 日　完成小说《祈愿》,载 1927 年 8 月 30 日《良友》图画杂志第 18 期,收入《达夫全集》第三卷《过去集》,收入《达夫短篇小说集》。《良友》"编后话"介绍:"本期文艺,有郁达夫君的《祈愿》,郁君的小说大概阅者都看过吧,他在文艺界有认得出的个性,不用我介绍了。"

14 日　作《〈日记九种〉后叙》,其中颇有"作了大家攻击的中心""一误于部下的暗箭,再误于故友的违离"之借题发挥之语。载 1927年 9 月 1 日《北新周刊》第 45、46 期合刊,收入《达夫日记集》。

15 日　登《郁达夫启事》于《申报》《民国日报》,说明"此番创造社被人欺诈,全系达夫不负责任,不先事预防之所致",声明"今后达夫与创造社完全脱离关系",脱离创造社。

18 日　午前上法界旧书铺购书,Somerset Maugham 的 *The Moon and Sixpence*,Adam Lindsay 的 *Poems*,还有一本系更科、和泉式部、紫式部日记的英译 *Diaries of Court－ladies of Old Japan*。托同乡汪君带信给王映霞,约明天坐快车来沪。

19 日　午前,有友人来谈《民众》周刊一事,拟以公正之眼

---

① 稻叶昭二《郁达夫——他的青春和诗》,《郁达夫传记两种》第 287 页。

光,评论现代社会革命者,约于次日(周六)晚于兴华菜馆再议。旧书铺购书,Fred Lewis Pattee 的 *The Foundations of English Literature*。

《民众》,初为周刊,后改旬刊,1927 年 9 月创刊,同年 11 月停刊。是中共江苏省委宣传部影响下,由重建的国民党上海市党部(左派)党团(C.P)主持,名义上和中国济难会上海市总会合办的刊物。中共地下组织内部确定郁达夫担负该刊的"编辑责任",并派联络人周芝楚(周志初)①联系郁达夫。

20 日　晚赴兴华菜馆,与国民党上海市党部党团书记周芝楚共餐,席间,周根据中共江苏省委批示,向郁达夫交代办刊计划和打算。②

22 日　午前,与周芝楚在印刷所会面,定《民众》周刊于 9 月 1 日出版,每期需印刷费等 80 多元。午后购英国小天才 Darley 的一部诗集。晚上出席餐会,遇冰心③女士。④

26 日　为林微音⑤译房龙之《古代的人》作序,载《文学周报》1929 年第 4 辑第 5 期。收入《达夫全集》第五卷《敝帚集》。

27 日　晨起购书若干,其一是 E. M. Forster 的 *A Passage to India*。《民众》周刊改出旬刊,9 月 5 号出创刊号,"明天要做

---

①　周志初(1906—1931),又作周芝楚,祖籍广东梅县,幼时随父侨居南洋。1927 年底任上海市总工会秘书,1928 年 4 月因顶替陈乔年入狱,1930 年保释。1931 年再次被捕,不久病逝狱中。

②　王菊如《郁达夫与〈民众旬刊〉》,《上海党史与党建》2012 年 11 月号。

③　冰心(1900—1999),原名谢婉莹,福建长乐人。诗人,散文家,翻译家,儿童文学家,社会活动家。先后在燕京大学、北平女子文理学院和清华大学国文系任教。

④　王菊如《郁达夫与〈民众旬刊〉》,《上海党史与党建》2012 年 11 月号。

⑤　林微音(1899—1982),江苏苏州人,曾用笔名陈代等。诗人,海派作家。1933 年在上海成立"绿社",并创办《诗篇》月刊,提倡和宣传唯美主义。著有《白蔷薇》《花厅夫人》等。

七千字的一篇文章"。晚在四马路一家北京菜馆请客。

29 日 午后,在麦拿里 41 号创造社,接待傅彦长和良友公司史维维、张若谷等四人来访,成仿吾、王独清、倪贻德一同受访,赠以《创造月刊》第七期和《寒灰集》等,并请为创造社出版物作宣传。①

31 日 为《过去集》作序《五六年来创作生活的回顾》,刊 1927 年 10 月《文学周报》第 11、12 号合刊,收入《达夫全集》第三卷《过去集》。1931 年 10 月,被收入上海江南文艺社编《现代中国散文选二集》(上海江南文艺社);1933 年 6 月,被收入鲁迅等 16 人执笔的《创作的经验》(上海天马书店);1933 年 8 月,被收入郁达夫等著《创作经验谈》,为"光华小文库"之一(上海光华书局);1936 年 5 月,被收入钱公侠、施瑛编中国新文学丛刊《小品文(二)》(上海启明书局);1936 年 11 月,被收入郁达夫等著《我与创作》(上海一心书店)。也被作为"当代权威学者和各科专家名著杰作"之一,收入王子坚编《现代百科文选》(经纬书局出版),封面加题:适合中等学校教科之用。

本月 《文学概说》单行本作为"百科小丛书"第 137 种,由上海商务印书馆出版。收论文六章:《生活与艺术》《文学在艺术上所占的位置》《文学的定义》《文学的内在的倾向》《文学在表现上的倾向》《文学的表现体裁之分类》,附《参考书目》。

其中,《生活与艺术》一节,作为"当代权威学者和各科专家名著杰作"之一,被收入王子坚编《现代百科文选》(经纬书局出版),封面加题:适合中等学校教科之用。

---

① 若谷《创造社访问记》;参《傅彦长日记(1927 年 8 月—12 月)》,《现代中文学刊》2015 年第 3 期。

9 月

1 日 《日记九种》单行本由上海北新书局出版。目次:《劳生日记》《病闲日记》《村居日记》《穷冬日记》《新生日记》《闲情日记》《五月日记》《客杭日记》《厌炎日记》《后叙》。

> 《日记九种》或者可以算是郁达夫先生的忏悔录,是他颓废生涯的实供,是他愤怒社会、怨恨政治的宣泄,是他与王女士恋爱时心理上悲哀、怨恨和喜悦等各种变态的实录。①

2 日 王映霞母亲避难来沪。连夜为《民众》赶《发刊词》和《谁是我们的同伴者》,至凌晨 5 点,"把《民众》稿子全部做好了"。二文均载 1927 年 9 月 11 日《民众》创刊号,其中,《〈民众〉发刊词》收入《达夫全集》第四卷《奇零集》;1932 年 12 月,被收入石泉编初中师范教科书《初中国文》第二册(北平文化学社)。

3 日 午后做文论《农民文艺的提倡》,收入《达夫全集》第四卷《奇零集》。邵洵美来访。

6 日 午前来客不绝。读 Cottin 夫人的 *Elizabeth*,内容简单,叙述朴素,又很含有教训的意思,"当是家庭间的好读物"。

10 日 法租界善钟路上海艺术大学假大东酒楼宴请新旧教授,与田汉、欧阳予倩、傅彦长、张若谷等一同出席。②

上海艺术大学文学系"课程表上排着文学概论由郁达夫先生讲授,……开学二三星期后,郁先生还没来讲课,只好请田汉

---

① 师鸠《书报映象·日记九种》,《真善美》1928 年 10 月 16 日第 2 卷第 6 期。
② 《上海艺大之新教授》,《申报》1927 年 9 月 11 日第 7 版。

先生代上".①

11 日　译史笃姆(Storm)的 *Marthe und ihre Uhr* 到午。

同日　《民众》旬刊创刊号出版。

据相关记载,除创刊号《发刊词》和《谁是我们的同伴者》、第 2 期《农民文艺的实质》、第 4 期以"曰归"笔名发表的《俄英若交战》外,郁达夫还曾在该刊发表过一篇反驳王洛《读了〈民众〉以后》(《革命》周刊第 23 期)的复文,②或在《民众》旬刊第 4 期,未查得。

12 日　闭门译书,史笃姆的 *Marthe und ihre Uhr* 中午译成,收入《达夫全集》第四卷《奇零集》时,题为《马尔戴及她的钟》;1935 年 5 月收入译文集《达夫所译短篇集》时,改题为《马尔戴和她的钟》。

同日　午后遇见汪静之,同去看美术联合展览会。美术联合展览会假俭德储蓄会开展,参观者众,故延展两天。③

14 日　替蒋光慈卖诗稿,未成。午前作《乡村里的阶级》,载 1927 年 9 月 21 日《民众》旬刊第 2 期,署名"曰归",改题为《农民文艺的实质》,收入《达夫全集》第四卷《奇零集》。编毕《民众》第 2 期。

15 日　鲁迅撰文《扣丝杂感》,称:"先前偶然看见一种报上骂郁达夫先生,说他洪水上的一篇文章,是不怀好意,恭维汉口。我就去买《洪水》来看,则无非说旧式的崇拜一个英雄,已和现代潮流不合,倒也看不出什么恶意来。"

19 日　完成爱尔兰作家 G. 摩尔小说《一女侍》的翻译,载

①　季楚书《我所知道的郁达夫先生》,《回忆郁达夫》第 274 页。
②　参王洛《对郁达夫等再说几句话》,《革命》周刊第 31 期。
③　《美术联合展览会展期二天》,《申报》1927 年 9 月 13 日"本埠增刊"第 5 版。

1927 年 8 月 10 日《小说月报》第十八卷第 8 号,收入《达夫所译短篇集》。

同日 鲁迅致函章廷谦[①],报告"出版界之新闻":"这里的一部分青年已将郁达夫看作危险人物,大奇。广西禁《洪水》和《独秀文存》。汕头之创造社被封。"[②]

20 日 午前做《如何的救度中国的电影》,寄良友《银星》杂志。载 1927 年 10 月 1 日《银星》第 13 期。又将 A Waitress 的译文抄一遍寄《小说月报》。午后重读《老残游记》,"愈觉得它笔墨的周到老练"。

22 日 作书评《读〈老残游记〉》,刊 1927 年 10 月 16 日《北新周刊》第 51、52 期合刊,收入《达夫全集》第五卷《敝帚集》。

同日 为《郁达夫先生可以休矣》,鲁迅撰文《怎么写(夜记之一)》,称"达夫先生我见过好几面,谈过好几回,只觉得他稳健和平,不至于得罪于人,更何况得罪于国,怎么一下子就这么流于'偏激'了?"[③],继续公开支持郁达夫。

23 日 作《〈奇零集〉题辞》。"凡没有在《寒灰集》《鸡肋集》《过去集》里收集起的文字,都收在这集里了","这集里所收的,都是些不成整篇的小文章"。

24 日 鲁迅去创造社出版部"一看"。[④]

25 日 鲁迅致函李霁野[⑤],称"创造社和我们,现在感情似

---

① 章廷谦(1901—1981),字矛尘,笔名川岛,浙江上虞人。1919 年入读北京大学哲学系,1922 年留校任校长办公室外交秘书,并兼哲学系助教。著有《月夜》等。

② 《鲁迅全集》第 12 卷第 70 页。

③ 《鲁迅全集》第 4 卷第 22 页。

④ 《鲁迅全集》第 12 卷第 75 页。

⑤ 李霁野(1904—1997),安徽霍邱(今六安)人。诗人,作家,翻译家,外语教育家。

乎很好。他们在南方颇受迫压了,可叹。看现在文艺方面用力的,仍只有创造,未名,沉钟三社,别的没有,这三社若沉默,中国全国真成了沙漠了"①。

10月

1日　据王伯祥日记,是晚,立达学会同人杂志《一般》社在致美斋邀宴,坐中有徐中舒、夏丏尊②、仲光焘③、徐调孚、叶圣陶、王伯祥等,郁达夫"偕其恋人王女士同来,与之稔者多争往劝酒"④。

2日　午前为《民众》第 4 期作《俄英若交战》。称无政府主义者发行的杂志《革命》上,有一篇"批评我与《民众》的文章"(即王洛《读了〈民众〉以后》),后即作驳文。午后做《关于〈风月传〉》,系新式标点版《风月传》序文。内山书店购书《社会意识学概论》《大正文学四十讲》,北四川路购书 Thomas Hardy 的 *Life and Art* 和 Louis Hemon 的 *Blind Man's Buff*。

3日　鲁迅、许广平⑤自广州抵上海,下榻共和旅馆。

4日　日本《大调和》杂志寄来 250 元钱,大买一天书。托汪某汇 100 元给富阳荃君,作两个月生活费用,并作信一。

---

①　《鲁迅全集》第 12 卷第 76 页。

②　夏丏尊(1886—1946),名铸,字勉旃,后改字丏尊,浙江绍兴人。文学家,语文学家,出版家,翻译家。曾东渡日本留学。创办《中学生》杂志。著有《平屋杂文》等。

③　仲光焘,字和奎,号子通,浙江桐乡人。音乐家,音乐教育家。1927 年 3 月当选为上海艺术协会执行委员。后定居台湾。

④　《王伯祥日记》卷 4 第 288 页,国家图书馆出版社 2011 年版。

⑤　许广平(1898—1968),常用笔名景宋。祖籍福建,生于广东番禺。著有《遭难前后》《欣慰的纪念》《关于鲁迅的生活》《鲁迅回忆录》等。

5 日　午前读《过去集》校稿第二、三两篇,并送去闸北。四川路书铺买 Lytton Strachey 的 *Books and Characters*。下午接到北新书店请客单,6 时余赴约,遇见鲁迅及景宋女士。晚在四马路购文芸阁《云起轩词钞》。

晚北新书局李小峰①招宴鲁迅、许广平于四马路全家福,被邀偕王映霞一同出席,潘梓年②、许钦文③、孙伏园、孙福熙(春苔,鲁迅记作"春台")④、周建人⑤等即席作陪。

而据王映霞回忆,"其实那天下午,郁达夫一得到鲁迅已来上海的消息,就拉着我到大世界附近的共和旅馆(即现在延安东路云南路口的公安局招待所附近)去看他了。鲁迅和许广平住在二楼,还有两扇落地窗直通阳台,屋内陈设简单","天南海北地谈了一二个小时","天近黄昏时,我们四个人就一起坐车去四马路(即现在的福州路)全家福饭店"。⑥

6 日　午前为济难会刊物《人道》写《人权运动》一文。上午访鲁迅、许广平于共和旅馆,邀饭于六合居。陶元庆、许钦文同席。饭后访许杰。旧书铺购书若干。

10 日　离沪去杭州。

-----

① 李小峰(1897—1971),原名李荣第,以字行,江苏江阴人。北京大学毕业,原为"语丝社"成员,负责出版事务,后来创办北新书局,任经理。

② 潘梓年(1893—1972),江苏宜兴人。潘汉年堂兄。哲学家,"中共第一报人"。1938 年 1 月创办《新华日报》并任第一任社长。

③ 许钦文(1897—1984),原名许绳尧,浙江山阴(今绍兴)人。乡土小说作家。毕业于杭州省立第五师范学校。有小说集《故乡》等。

④ 孙福熙(1898—1962),字春苔,浙江绍兴人。散文家,美术家。曾赴法国国立里昂美术专科学校学习。曾为鲁迅设计《野草》封面。

⑤ 周建人(1888—1984),初名松寿,后改名建人,字乔峰,浙江绍兴人。鲁迅三弟。社会活动家,生物学家,中国民主促进会创始人之一。

⑥ 王映霞《我与郁达夫》第 128 页。

11日 据鲁迅日记,介绍《民众》编辑周志初、胡醒灵访鲁迅。

16日 据鲁迅日记,是日访鲁迅。

同日 自杭回沪。"这一回在杭州住了八天,遇着天气的骤变寒冷,就于十九那天赶回上海。"

按:因是事后补记,郁达夫此间日记系日时有凌乱。鉴于鲁迅日记有此记载,则或于此日返沪。

19日 应中国济难会上海市总会负责人王弼(望平)①之请,与鲁迅、潘汉年②、钱杏邨、蒋光慈、楼适夷、许杰等11人同赴兴华酒楼聚宴,讨论救济会刊物《人道》的出版。③

20日 《达夫全集》第二卷《鸡肋集》由上海创造社出版部出版。目次:《题辞》《沉沦》《南迁》《银灰色的死》《胃病》《血泪》《茑萝行》《还乡记》《还乡后记》。大都是初期作品。

同日 为孙百刚译书作序《序孙译〈出家及其弟子〉》的孙译《出家及其弟子》,是日由上海创造社出版部出版,序文收入《达夫全集》第五卷《敝帚集》。

28日 完成爱尔兰作家L.奥弗拉赫德小说《春天的播种》的翻译,"送登《民众》第6期"。收入《达夫全集》第四卷《奇零集》时,题为《初次的播种》,收入《达夫所译短篇集》时改题为《春天的播种》。

关于《民众》,日记称:外间大有认为是C.P.的机关刊物,

---

① 王弼,原名王望平。时中国济难会上海市总会负责人,中国自由大同盟发起人之一。

② 潘汉年(1906—1977),江苏宜兴人。中共"特科"领导人。早年为创造社"小伙计"之一。

③ 参张岑华《鲁迅与济难会》,《鲁迅研究资料》第14辑。

"我们的努力却不会因此而少怯,打算将《民众》改名《多数者》,以英文 *The Mass* 为标题,改由一家书店印行,大约自十期起,可以公开销售了"。

11 月

1 日　中篇小说《迷羊》开始在《北新》半月刊连载,"预计在三个月的中间,写它成功"。1927 年 11 月至 1928 年 1 月,载《北新》半月刊第二卷第 1—5 号。

同日　据《傅彦长日记》,傅彦长途遇郁达夫、黄女士,请往巴尔干喝咖啡,又到吕班路吃俄式饭。

2 日　据鲁迅日记,晚偕王映霞同访鲁迅。

5 日　作滑稽小说《二诗人》,与《滴笃声中》合刊于 1927 年 12 月 10 日《小说月报》第十八卷第 12 号。

7 日　作《滴笃声中》,与《二诗人》合刊于 1927 年 12 月 10 日《小说月报》第十八卷第 12 号。这一类滑稽小说,"大约可以写十多篇,合起来出一部书。"

8 日　午前读 Bartsch 的 *Elizabeth Koeth*,拟作《迷羊》之参考。午后购英美新作家小说若干。

12 日　据鲁迅日记,上午访鲁迅。

15 日　《达夫全集》第三卷《过去集》由上海开明书店出版。目次:《五六年来创作生活的回顾》《过去》《清冷的午后》《风铃》《中途》《孤独》《怀乡病者》《青烟》《秋河》《落日》《离散之前》《海上通信》《一封信》《北国的微音》《给沫若》《寒宵》《街灯》《祈愿》《南行杂记》。

19 日　创造社及创造社出版部在《申报》《民国日报》刊登启事,再次声明"本社纯系文艺的集合""出版部纯系发行文艺书报的机构,与任何政治团体从未发生任何关系",亦从未触法。对南京当局搜查出版部南京分部表示异议。

23 日 完成日本作家林房雄小说《爱的开脱(Etiquette)》的翻译,载 1928 年 1 月 5 日《一般》月刊第 4 卷第 1 期文艺专号,后收入《达夫全集》第四卷《奇零集》。

27 日 王洛《对郁达夫等再说几句话》载是日出版的《革命》第 31 期,反驳郁达夫与诸智两位先生在《民众》四、五期上答复其在《革命》第 23 期所作的《读了〈民众〉以后》的文章是"断章取义,吹毛求疵"。

本月 完成爱尔兰小说家 L. 奥弗拉赫德小说《初次的播种》的翻译,收入《达夫全集》第四卷《奇零集》。

12 月

3 日 上海《时事新报》刊登《创造周报》复刊启事,并告示周报编辑为成仿吾、王独清、郑伯奇、段可情①,另特约撰述员鲁迅、麦克昂、蒋光慈、冯乃超、张资平、陶晶孙等 30 余人。

8 日 据鲁迅日记,下午访鲁迅。

15 日 《洪水》半月刊第三卷第 36 期出版,自此停刊。同期承诺创造社出版部将按期编印《创造月刊》,并预告即将编印《文化批判》月刊(1928 年 1 月 15 日创刊,共出 5 期)、《火星》半月刊(未实施)。

17 日 译文《哈提翁的意见拾零》,含《小说里的方言土语》和《国家对作家的礼遇》两则,载 1927 年 12 月 17 日《语丝》周刊

---

① 段可情(1899—1994),原名段傅孝,号白莼,可情为笔名,四川达县人。1927 年 8 月加入创造社。

第 4 卷第 1 期，文后有译者"附注"。该期《语丝》由鲁迅编辑。

18 日 晚 8 时，上海艺术大学发起为期一周的"鱼龙会"试演，招待新闻记者和艺术界同人百余人，表演剧目有唐槐秋喜剧《烧野鸭子》及田汉《画家与其妹妹》《苏州夜话》《江村小景》《爸爸回来了》《到何处去》等剧。与欧阳予倩、高百岁、周信芳①、周瘦鹃②、余上沅③、黄药眠④、孙师毅等一同出席捧场。⑤

21 日 译文《哈提翁为什么不写戏剧》，载 1927 年 12 月 31 日《语丝》第 4 卷第 3 期。与《哈提翁的意见拾零》两则合题为《哈提的意见三条》，收入《达夫全集》第五卷《敝帚集》。

27 日 晚赴青年会，与田汉、洪深、欧阳予倩、唐槐秋、高长虹等共同观看辛酉学社爱美的剧团排演的《桃花源》。⑥

29 日 完成小说《迷羊》并志"后叙"，1928 年 1 月 10 日由上海北新书局发行单行本。1928 年 2 月 1 日《申报》所刊广告称"这是书中主人翁的一部忏悔录，是郁达夫的最近的杰作"；1928 年 2 月 8 日《申报》所刊广告称"这是郁达夫最新的创作小说，描写一青年恋一女伶结为夫妻后，因女伶的出走以致昏厥，情节之

---

① 周信芳（1895—1975），名士楚，字信芳，艺名麒麟童，浙江慈城（今慈溪）人。京剧表演艺术家，京剧"麒派"创始人。代表剧目有《徐策跑城》《乌龙院》《萧何月下追韩信》等。
② 周瘦鹃（1895—1968），原名周祖福，后改名国贤，江苏苏州人。作家，文学翻译家，园林艺术家。曾任中华书局、《申报》副刊、《新闻报》等编辑和撰稿人。
③ 余上沅（1897—1970），湖北江陵人。戏剧教育家、理论家。1921 年毕业于北京大学英文系。1923 年赴美学习戏剧。曾组织"中国戏剧社"，在北京美专开办戏剧系。
④ 黄药眠（1903—1987），原名访苏、黄访、黄恍，广东梅县人。诗人，文艺理论家，教育家，新闻工作者。1927 年曾加入创造社。
⑤ 忆秋《鱼龙会试演记》，《申报》1927 年 12 月 21 日第 7 版。
⑥ 《辛酉剧团复演桃花源》，《申报》1927 年 12 月 29 日"本埠增刊"第 2 版。

缠绵哀丽,不下于《茶花女》"。

贺玉波在《郁达夫与〈迷羊〉》中称:

> 《迷羊》是他最近著作的一篇小说,比较以前约《茑萝行》《沉沦》两篇大有进步,因为前两者只写出孤身的悲哀、女性的渴慕、为爱情而生的病状及疯狂态度等等,而后者就将放荡的爱情生活中的两大危机显出,若与前两者相合,可称为一部很完全而美好的大作品。这篇小说所暗示的两大危机就是:一、两性爱情既美满中的生活问题,二、两性爱情既美满中的性欲的节制问题。[1]

该中篇同时被上海开明书店以《恋爱之花》为题另行出版。

31 日 北新李小峰招饮鲁迅于"中有天",偕王映霞出席,同席作陪者林语堂夫妇、章衣萍[2]、林和清[3]、董秋芳[4]、周建人等。"和鲁迅等赌酒,喝了微醉回来。"

秋冬之间 田汉接任上海艺术大学校长后,多次在校中礼堂主持文艺座谈会。郁达夫常与徐悲鸿[5]、徐志摩、欧阳予倩、洪深、余上沅等出席,讨论文艺理论、戏剧等问题,并观摩即兴式的

---

[1] 贺玉波《郁达夫与"迷羊"》,《申报》1928 年 6 月 11 日第 24 版。

[2] 章衣萍(1901—1946),原名鸿熙,安徽绩溪人。作家,翻译家。1921 年入北京大学预科。曾与鲁迅筹办《语丝》月刊等。

[3] 林和清(1892—1943),号憾庐,笔名林憾、林憾庐,福建漳州人。林语堂三哥。1936 年林语堂赴美后,接任《宇宙风》旬刊主编。

[4] 董秋芳(1898—1977),浙江绍兴人。作家,翻译家,教育家。1937 年 4 月应郁达夫之邀赴福州,任"福州文艺界救亡协会"秘书长,福建迁省会于永安后,任省政府公报室编译、省政府图书馆馆长。

[5] 徐悲鸿(1895—1953),原名徐寿康,江苏宜兴人。画家,美术教育家。曾留学法国学西画,归国后先后任教于中央大学艺术系、北平大学艺术学院和北平艺专,1949 年后任中央美术学院院长。

话剧演出。①

1928年(戊辰,民国十七年)　32岁

▲3月,新月社在上海创办《新月》月刊。

▲6月,国立中央研究院成立,蔡元培任首任院长。

1 月

1 日　日本人办的日文报《上海每日新闻》元旦号,有日人评中国作家 1927 年全年创作,"《日记九种》及《过去》都在被捧之列"。②

同日　《创造月刊》第一卷第 8 期载《〈创造周报〉改出〈文化批判〉月刊紧要启事》,称"从 1928 年元月起,按月逢 15 日出版,每年 12 期"。

4 日　作《〈敝帚集〉题辞》。把两年前《文艺论集》里的论文传记"删改了一下,重编了一道",取"家有敝帚,享之千金"之意。

同日　作文论《卢骚的思想和他的创作》,从卢骚自由平等、政治学说、教育观、宗教思想和道德观念几方面论述其思想特点。刊 1928 年 2 月 1 日《北新》半月刊第 2 卷第 7 号,收入《达夫全集》第五卷《敝帚集》。

6 日　上虹口去看日本新出的杂志,读到《上海每日新闻》元旦号。

---

① 参《田汉年谱》第 97—98 页。
② 于听《郁达夫风雨说》第 154 页。

9 日　午后购欧洲小说和美国作家新著若干。《过去》已由山口君译成日文,刊于南满铁路会社发行的《协作》1 月号。

12 日　晨起购美国作家旧书两册:Frank Stockton 的 *The Associate Hermits*,S. O. Jewett 的 *The Life of Nancy*。

13 日　致函佐藤智慧子(日文),信中感谢其所赠贺年片,并称将于"二月中旬赴日本"。

16 日　《卢骚传》刊于《北新》半月刊第 2 卷第 6 号,针对梁实秋"卢骚论教育,无一是处"论,向读者介绍卢骚的生平和思想,肯定其价值。收入《达夫全集》第五卷《敝帚集》。

25 日　午前读蒋光慈小说《短裤党》,"实在是零点以下的艺术品","若这一种便是革命文学,那革命文学就一辈子也弄不好了"。中午去邓铁家喝酒,晚上邓铁及其朋友回访哈同路。购 Michael Fairless 的初版 *The Roadmender*,拟送邵洵美。

27 日　《申报》报道,与徐志摩、洪深、欧阳予倩等同被新成立的南国艺术学院聘讲。该学院是田汉辞去上海艺大校长职后,与徐悲鸿、欧阳予倩商议筹办的,分文学、绘画、戏剧三科,2 月 16 日开学。[①]

28 日　作《〈达夫代表作〉自序》。

31 日　托北新书局李小峰将刚出版的中篇小说《迷羊》毛边本赠予鲁迅。

本月　偕王映霞迁居上海哈同路厚南里 880 号。

---

① 《南国艺术学院之组织》,《申报》1928 年 1 月 27 日第 12 版,参《田汉年谱》第 101 页。

2 月

1 日　中午钱杏邨、孟超①来商议《达夫选集》事,并为作介绍书。午后在商务印务馆西书部购书三册。

5 日　《时事新报》有攻击文章(即梁实秋"读卢骚传"一文),"改日当作一篇答辩"。傍晚,在内山书店遇鲁迅,"谈了一个多钟头",知其欲译挪威作家汉姆生(K. Hamsun)的长篇小说《饥饿》(*Hunger*),问借德文本作底本,答应次日送往。

同日　梁实秋《读郁达夫先生的〈卢骚传〉》刊于 1928 年 2 月 5 日、2 月 12 日《时事新报·书报春秋》第 46、47 期。

6 日　据鲁迅日记,上午访鲁迅,并为送去 K. Hamsun 的 *Hunger*。

8 日　郭沫若在创造社与郑伯奇、王独清谈到郁达夫《日记九种》,称不理解为何"短我","不知道什么事情亏负了他"。②

12 日　在北京路旧书铺买了 20 多块钱德文小说。托同乡汇 50 元回家。下午访鲁迅,未遇,留一册 Molo 译的 K. Hamsun 小说 *Novellen*,并赠鲁迅俄国作家蒲宁(Ivan Bunin)的小说《米佳的爱情》(*Mitjas Liebe*)。

13 日　午前上法界霞飞路购书三种。晚上读杨邨人③小说集《战线上》,系和钱杏邨《革命的故事》一样,"有时代的价值"。

---

①　孟超(1902—1976),原名宪启,又名公韬,字励吾,山东诸城人。1926 年毕业于上海大学中文系,1928 年后参与组织太阳社,创办春野书店及《太阳月刊》,创办艺术剧社等。

②　郭沫若《离沪之前》第 40—41 页,上海新兴书店 1933 年印行。

③　杨邨人(1901—1955),广东潮安。"太阳社"主要创建人之一,"左翼戏剧家联盟"首任党团书记。

14日 作驳梁实秋《读郁达夫先生的〈卢骚传〉》文《翻译说明就算答辩》,载《北新》半月刊第2卷第8期。

同日 记下断句一联,"绝似新晴淫雨后,微风稳送日华来",记录"早晨起来,一见到太阳,就快活得很,仿佛见了久别的老友似的"的心境。收《郁达夫诗词抄》。

16日 据鲁迅日记,下午访鲁迅。

20日 在伊文思购书两册,一部是 Hugh de Selincourt 的战时小说 *A Soldier of Life*,一部是塞尔维亚文学批评家 Janko Lavrin 所著 *Dostoevsky and His Creation*。

21日 印发请帖称是日在日本东京精养轩举行婚礼。因经济问题实现不了,故未成行。为避亲友,特于2月初至3月中旬在"北火车站附近的小旅馆里去租住了一个多月",后改在上海东亚饭店请了两桌客,算作"夫妻身份的公开"。[1]

郁达夫这一段佯作赴日、实则隐居的行动,也被解读为为达到既要向王映霞家交代"已经结婚",而在世人面前又是"没有再婚"这样一种目的。[2]

郁云《郁达夫传》则称:他们于1928年3月旅行结婚。两人原打算去日本举行婚礼,并且已向至亲好友发出于1928年3月12日在日本东京上野精养轩举行婚礼的请帖,后因受到怀疑,船抵日本长崎,未能获准上岸,便又乘原船返回上海。[3] 参《王映霞自传》,此说或不确。

22日 午前上虹口商务印书馆,购书3册。读《七侠五义》,"不信此书何以会流传到时今"。午后在家读新买的 Gorki 的短

---

① 参《王映霞自传》第62页,黄山书社2008年版。(以下该著出版信息从略。)

② 罗以民《天涯孤舟——郁达夫传》第156页,杭州出版社2004年版。

③ 郁云《郁达夫传》第94—95页。

篇小说集 *Through Russia*。

24 日 郭沫若以"南昌大学教授吴诚"的假身份,秘密离沪赴日本,开始十年旅日生涯。[①]

同日 打算搬家,未成功。钱杏邨和孟超来,谈新文学的革命性及革命文学的技巧问题。

27 日 午前在北四川路购日文译书两种,一种是苏俄共产政府的文艺政策,一种是巴枯宁主义信徒的活动,是恩格斯攻击巴枯宁的论文。访钱杏邨于寓,借书一本,Floyd Dell 的一部诗人评传:*Upton Sinclair*,*A Study in Social Protest*。

28 日 读完 *Upton Sinclair*。午后无意中买到许多德文书。

3 月

1 日 《达夫全集》第四卷《奇零集》由上海开明书店出版。目次:《题辞》《谁是我们的同伴者》《乡村里的阶级》《农民文艺的提倡》《农民文艺的实质》《在方向转换的途中》《无产阶级专政和无产阶级文学》《公开状答日本山口君》《〈创造日〉宣言》《〈民众〉发刊词》《历史小说论》《电影与文艺》《杂评曼殊的作品》《读后感二:〈兰生弟的日记〉〈鸭绿江上〉》《日记文学》《给〈世界日报副刊〉的编者》《小品五题:〈立秋之夜〉〈艺术家的午睡〉〈牢骚四种〉〈骸骨迷恋者的独语〉〈送仿吾的行〉》《断片二:〈苏州烟雨记〉〈人妖〉》《考试前后》,《一女侍》(译文)、《马尔戴及她的钟》(译文)、《春天的离别》(译诗)、《爱的开脱》(译文)、《初次的播种》(译

---

① 参《创造社大事记》,《创造社资料》第 1142 页,福建人民出版社 1985 年版;参郭沫若《离沪之前》第 62 页。

文）。

5 日 完成小说《二诗人》。其一、二部分（《二诗人》和《滴笃声中》）作于 1927 年 11 月 7 日，载 12 月 10 日《小说月报》第 18 卷第 12 号，第三部分（《到街头》）载 1928 年 4 月 1 日《北新》半月刊第 2 卷第 10 号。收入《达夫全集》第六卷《薇蕨集》时，《到街头》与前文合并，题为《二诗人》。收入《达夫自选集》。

6 日 午前读 Gorki 的 *Decadence*。午后去北新拿稿费。去中美图书馆购书，John Erskine 的 *The Literary Discipline*。晚与王映霞同访鲁迅，鲁迅约其"共出一杂志"（即《奔流》），约定 4 月 6 日回上海后进行。

9 日 致函佐藤春夫，自称"隐居在上海附近的乡间"，解释不能去日本之由："即将出发前往日本，不料登轮前，因见疑于当局，恐一到长崎，不能上陆，旅行只得延期。"参《王映霞自传》，此说或为托词。

10 日 开始翻译美国理论家辛克莱的文艺论著《拜金艺术》。第一章《说艺术的起源》，载 1928 年 4 月 1 日《北新》半月刊第 2 卷第 10 期。

14 日 鲁迅在致章廷谦函中称郁达夫《翻译说明就算答辩》一文，"的确写得好，比忽然自称'第四阶级文学家'的好得多了。但现在颇有人攻击他，对我的更多。五月间，我们也许要再出一种期刊玩一下子"[1]。

15 日 《达夫代表作》（钱杏邨、孟超、杨邨人编）由上海春野书店出版。目次:《自序》《银灰色的死》《采石矶》《还乡记》《还乡后记》《离散之前》《春风沉醉的晚上》《薄奠》《小春天气》《烟影》

---

① 参《鲁迅全集》第 12 卷第 109 页。

《过去》《微雪的早晨》《给一位文学青年的公开状》《一个人在途上》和《后序》(钱杏邨作)。

郁达夫将此书全部版税赠予太阳社作经费。书出版不久，当局以"钱杏邨《后序》不妥"为由将该书查禁。

24 日 据鲁迅日记,下午访鲁迅。

25 日 据鲁迅日记,下午访鲁迅。

同日 梁实秋《关于卢骚——答郁达夫先生》刊于是日《时事新报·书报春秋》第 53 期。

27 日 译《拜金艺术》第二章《艺术家是谁之所有》,关于艺术的特异见解,载《北新》半月刊第 2 卷第 11 期。

31 日 午后去北四川路,约日本作家国木田虎雄①、宇留河、本间久雄等 4 月 2 日在陶乐春吃饭。下午访鲁迅,并约鲁迅、张资平等届时同席 。

4 月

1 日 午后去三马路陶乐春定菜。北新送来《日记九种》二版的版税和稿费。

同日 据鲁迅日记,鲁迅得郁达夫函。

2 日 上午去银行汇钱 100 元给荃君。中午在陶乐春请鲁迅、许广平和中国文学研究者国木田虎雄夫妇、画家宇留河、诗人金子光晴②和内山完造等日本友人用午膳,膳后同逛半淞园。鲁迅并"持酒一瓶而归"。晚在"小有天"宴,到日人 50 多人,极

---

① 国木田虎雄(くにきだ とらお,1902—1970),日本大正、昭和时期作家,诗人。

② 金子光晴(1895—1975),本名保和,生于爱知县。日本诗人。美术学校肄业。1919—1921 年间流浪法国。1923 年出版诗集《黄金虫》。

一时之盛。

5日 据鲁迅日记,晚偕王映霞赴鲁迅"中有天"设宴招客饮,许广平及司徒乔①、许钦文、陶元庆②、周建人、林语堂夫妇、李小峰夫妇等同席。

同日 译《拜金艺术》第三章《艺术与个人性》,文后附"译者按",载5月1日《北新》半月刊第2卷第12期。

14日 午后作文评《文人手淫(戏效某郎体)》,还击梁实秋等资产阶级文人。载4月30日《语丝》周刊第4卷第18期,列为"随感录120"。

同日 作随笔《关于卢骚》,再驳梁实秋批评。载《北新》半月刊第2卷第12期。

15日 据鲁迅日记,上午访鲁迅。晚偕王映霞再访鲁迅。

同日 《达夫全集》第五卷《敝帚集》由上海现代书局出版。目次:《题辞》,A. 人物和书:《卢骚传》《卢骚的思想和他的创作》《赫尔惨》《自我狂者须的儿纳》《集中于〈黄面志〉的人物》《施笃姆》;B. 艺术杂论:《艺术与国家》《文学上的阶级斗争》《文艺上的偏爱价值》《诗论》;C. 书序批评及翻译:《序孙译〈出家及其弟子〉》《〈古代的人〉序》《批评与道德》《读了珰生的译诗而论及于翻译》《哈提的意见三条》《介绍一个文学的公式》《读〈老残游记〉》。

中旬 译《拜金艺术》第四章《劳动者和他的报酬》,载5月16日《北新》半月刊第2卷第13期。

---

① 司徒乔(1902—1958),原名司徒乔兴,广东开平人。擅长油画、素描。1936年鲁迅去世后,画下鲁迅遗容,并为葬礼画巨幅遗像。

② 陶元庆(1893—1929),字璇卿,浙江绍兴人。书籍装帧艺术家,美术教育家。曾在上海艺术专科师范学校师从丰子恺和陈抱一等名家学习西洋画。

21 日　傍晚赴石井医院视国木田虎雄病,偕其夫人及金子光晴吃饭、看戏。

23 日　致函日本作家横光利一①,约周三午后去看他。

24 日　赴现代书局取《达夫全集》第五卷《敝帚集》20 本并100 元版税。午购书 3 册。打算为与鲁迅合编的《奔流》杂志译一篇 Turgenieff 的《哈姆莱特和唐吉诃德》。

25 日　午后去内山书店,顺道访国木田氏,知已赴杭州。访横光利一。②

27 日　据鲁迅日记,晚访鲁迅。

30 日　订日本现代长篇小说全集一册,购《解放》4、5 月号和《历史的唯物论》(俄著日译本)。

5 月

6 日　据鲁迅日记,午后访鲁迅,未遇。

7 日　据鲁迅日记,晚访鲁迅。

9 日　为《奔流》创刊号译的俄国屠格涅夫《Hamlet 和 Don Quichotte》译稿完成并拟"附言"。晚访鲁迅,送稿子,谈到 9 点钟。

同日　潮州楚狂先生致函郁达夫,指出《敝帚集》里《自我狂者须的儿纳》一文中年月有些"前后不相吻合"。

10 日　午后读新买的 *London Mercury*。

11 日　晚应钱杏邨之招酒馆共餐,访国木田夫妇。

---

①　横光利一(よこみつりいち,1898—1947),生于日本福岛。小说家,现代日本文坛上"新感觉派"代表作家。1923 年参加菊池宽创办的《文艺春秋》,发表《蝇》《太阳》等。

②　《郁达夫风雨说》第 29 页。

同日　译《拜金艺术》第五章《沐神恩的人们》,载 6 月 1 日《北新》半月刊第 2 卷第 14 期。

12 日　照约定,与映霞一起陪同国木田夫人看电影。

13 日　上码头送别国木田夫妇。

19 日　据鲁迅日记,下午偕王映霞访鲁迅。

25 日　晚访鲁迅。章廷谦与友人计划合办一刊物,曾向鲁迅、郁达夫约稿,鲁迅 5 月 30 日致章廷谦函中描述,"要达夫作文的事,对他说了,他说'可以可以'",或是此次面见话题之一。[①]后以杂志未能出版而作罢。

27 日　据鲁迅日记,下午访鲁迅,并赠 1927 年 10 月号《大调和》一本,该期刊有鲁迅《故乡》日译文。

6 月

1 日　译《拜金艺术》第六章《虚饰的幼稚时代》,文后有译者"附记",载《北新》半月刊第 2 卷第 15 期。

同日　向鲁迅借阅德国哲学家马克思·施蒂纳(Max Stirner)书一本。

同日　复函楚狂先生,感谢订正《敝帚集》的错误,并借《无政府主义论》中须的儿纳(今译施蒂纳)大事年月,判断错误时段。函题《通信(关于 Max Stirner)》载 1928 年 6 月 18 日《语丝》第 4 卷第 25 期。

3 日　午前购书两册。午后访鲁迅,还以 Max Stirner 书,临行受赠陈酒一瓶,"据说是从绍兴带出来者,已有八九年陈色了"。

---

① 《鲁迅全集》第 2 卷第 118 页。

7日　晨起开始译德国作家林道《幸福的摆》,预备用作《奔流》第二期的稿子。

11日　《申报》刊发贺玉波①书评《郁达夫与〈迷羊〉》,指出郁作受人欢迎和赞美的原因,在于他能"用流利而美丽的笔法,来描写现社会里最普通而繁多的事实和'穷'和'色'等等,而这种事实是大多数人难于解决的切身问题,所以描写这种问题的作品很能引起大多数人的同情。他的独具的作风、丰富的经历和不断的努力,能使他造成一个伟大的作家而能在中国新文坛上占一个重要的位置,这并不是偶然的事"。②

19日　午后完成德国作家 R. 林道小说《幸福的摆》的翻译,随后访鲁迅送稿子,谈了一个多钟头。译作载《奔流》月刊第一卷第 2、3 期,篇末有译者附记,称小说里有一种 Kosmopolitisch(世界主义)的倾向,同时还有一种厌世的东洋色彩。鲁迅在《编校后记》中认为郁氏这一判断"是极确凿的"。曾收入《小家之伍》和《达夫所译短篇集》。

中旬　译《拜金艺术》第七章《阿巆夫人出现》,文末有译者"附记",载 7 月 1 日《北新》半月刊第 2 卷第 16 期。

20日　据鲁迅日记,鲁迅下午得郁达夫函。

21日　与鲁迅合编的《奔流》月刊创刊,北新书局发行,该刊至 1929 年 12 月停刊,共出 15 期。《Hamlet 和 Don Quichotte》载第一期(特大号),收入《几个伟大的作家》时改题为《哈孟雷特和唐吉诃德》。

22日　取《奔流》创刊号两本,"印刷却还不坏"。

---

①　贺玉波(1896—1982),原名贺家春,笔名白露、兰城,湖南津市人。翻译家,作家,评论家。编有光华书局版《郁达夫论》。

②　贺玉波《郁达夫与〈迷羊〉》,《申报》1928 年 6 月 11 日"本埠增刊"第 6 版。

24 日 据鲁迅日记,午前偕王映霞往悦宾楼赴林语堂招宴,鲁迅、许广平、周建人、李小峰等同席。

26 日 据鲁迅日记,鲁迅复函李小峰,附笺郁达夫。

28 日 据鲁迅日记,午前访鲁迅。

同日 《申报》称南国艺术学院暑期学校开设"近代文艺讲座",被安排讲授《近代小说论》。另有田汉《近代戏剧文学与其社会的背景》、朱应鹏①《近代艺术文明溯源》、朱维基②《英国近代诗歌概论》、傅彦长《近代音乐论》、陈趾青③《近代电影剧本作法》、孙师毅《近代影剧艺术理论》、叶鼎洛④《近代美术概论》、陈子展⑤《中国近代文学变迁》等。⑥

30 日 据鲁迅日记,下午访鲁迅。

7 月

1 日 据鲁迅日记,鲁迅得郁达夫函。

同日 读《实话》第 7 期,很想以《血洗》为题,做一篇国民党新军阀惨杀农工的小说。

同日 译《拜金艺术》第八章《马的买卖》,载 7 月 16 日《北新》半月刊第 2 卷第 17 期。

---

① 朱应鹏(1895—?),油画家,艺术理论家。发起晨光美术会并任执行委员。发起上海艺术协会。20 世纪 30 年代在上海提倡"民族主义文学"。

② 朱维基(1904—1971),上海人。作家。曾在南国艺术学院、山东大学等校任教。

③ 陈趾青,电影编剧、导演。编有电影剧本《不如归》《一箭仇》《秘密宝窟》等。

④ 叶鼎洛(1897—1958),江苏江阴人。曾就学于上海美术学校。参与南国社、创造社活动,曾协助郁达夫编辑《大众文艺》。

⑤ 陈子展(1898—1990),原名炳塈,以字行,湖南长沙人。文学史家,杂文家。著有《中国近代文学之变迁》等。

⑥ 《南国暑校之近代文艺讲座》,《申报》1928 年 6 月 28 日"本埠增刊"第 5 版。

5 日　为《奔流》第 3 期翻译的事颇费思索,打算译英国蔼里斯《易卜生》。上城隍庙买德文小说 *Alraune*。

同日　劳勃生路群治大学暑期学校是日开课,被安排担任讲席。①

此类消息是否确切,有待考证。郁达夫 1929 年 2 月 21 日致史济行②函中称:"我的将去艺大教书的谣言,我自己也有听到。打听了一下这谣言的出处,才明白了一切。原来这谣言的来源有两处:一,当然是周某想骗钱欺人而造的;二,也是创造社一派人想破坏我的名誉而造的。像这种鬼鬼祟祟的暗箭,我平生受得很多,所以也一笑付之。"鲁迅对"艺大做教务长"的谣言也作此判断:"这是他们有意散布的,是一种骗青年的新花样。"③

6 日　午后为《奔流》第 3 期访鲁迅,谈到傍晚。

7 日　据鲁迅日记,午偕王映霞往悦宾楼赴北新书局李小峰招宴,鲁迅、许钦文、章廷谦、绿漪(苏雪林)④女士和林语堂夫妇等同席。

12 日　致函朝霞书店的马凌霄先生,称不敢答应为《朝霞》半月刊撰稿一事。载 1928 年 7 月 23 日《语丝》第 4 卷第 30 期。

同日　据鲁迅日记,应许钦文、章廷谦之邀,鲁迅、许广平赴杭州游憩,郑奠(介石)⑤等一同接待。17 日返沪。

16 日　完成英国作家蔼里斯《伊孛生论》的翻译,文后有译

---

①　《群治大学暑期学校定期开课》,《申报》1928 年 6 月 26 日第 11 版。
②　史济行(1905—1969),又作天行,笔名史岩、齐涵之等,浙江宁波人。
③　《鲁迅全集》第 12 卷第 150 页。
④　苏雪林(1897—1999),本名苏小梅,改名苏梅,以字行,笔名绿漪等。祖籍安徽太平(今属黄山市),生于浙江瑞安。作有《郁达夫论》。
⑤　郑奠(1896—1968),字石君,又字介石,浙江诸暨人。曾在北京大学、北京师范大学、浙江大学任教。主要从事古汉语和现代汉语的语法、修辞研究。

者"附记"。载 1928 年 8 月 20 日《奔流》月刊第一卷第 3 期"伊孛生诞生 100 周年纪念增刊"。鲁迅在该期《编校后记》中对译文肯定有加，称其对易卜生生平著作"叙述得更详明"。收入译文集《几个伟大的作家》时改题为《易卜生论》。

18 日　据鲁迅日记，夜访鲁迅，交译文《伊孛生论》。

22 日　据鲁迅日记，午后访鲁迅，决定第 4 期《奔流》的稿子。

23 日　钱杏邨送来一册《太阳月刊》。

28 日　据鲁迅日记，午前访鲁迅。

31 日　拟将将出之月刊定名《大众文艺》，"这四字虽从日本文里来的，但我的解释是——文艺不应该由一社或几个人专卖的"；周刊名《多数者》，"我以为多数者的意见，或者是可以代表舆论的"。

本月　译《拜金艺术》第九章《阶级的虚言》，文后有译者"附记"。载 8 月 1 日《北新》半月刊第 2 卷第 18 期。

本月　致函《山雨》编辑李匀之，称因为被"创造社宣布了我的小资产阶级根性"，因为"一肚皮的不合时宜"，不敢答应为新创刊的《山雨》撰稿一事，"免得得罪政府的当局和得罪那些正在高呼革命文学的文学青年"。以《信来代替文章》为题，载 1928 年 8 月 16 日《山雨》创刊号。

8 月

1 日　据鲁迅日记，下午访鲁迅，就撰写《对于社会的态度》一文与鲁迅交换意见。

同日　作随笔《对于社会的态度》，针对《文化批判》创刊号上冯乃超《艺术与社会生活》一文对鲁迅、叶圣陶、郁达夫等人批评的反批评,再次声明脱离创造社的缘由,并为鲁迅辩护。载8月16日《北新》半月刊第2卷第19期。

2日 据鲁迅日记,上午访鲁迅并赠杨梅酒一瓶。

4日 据鲁迅日记,晚偕王映霞赴李小峰夫妇之约,在万云楼与鲁迅夫妇、沈尹默、刘半农①、林语堂、张友松②等11人同席。

8日 为创造社张资平、周全平开设咖啡店,并《申报》一则署名慎之的广告式文章《上海咖啡》称,在一家"革命咖啡店"里,遇见过文艺界名人鲁迅、郁达夫等,特作杂文《革命广告》,声明从未去过这样的咖啡店,驳关于鲁迅和自己的谣言。该文被编为《随感录》第172,刊于1928年8月13日《语丝》第4卷第33期(总第189期);鲁迅并作"鲁迅附记",呼应郁达夫声明。1930年,收入李何林编《中国文艺论战》(中国书店)。

12日 《申报》刊发张若谷《从郁达夫说到珈琲店一女侍》,点评郁氏小说"颓废荒唐""卖弄""做作"的同时,对其努力于文学的工作表示尊敬,与鲁迅合办《奔流》,亦认为是"有功现代中国文艺的需要事业","终是值得赞美敬佩的事"。

中旬 因国民党当局欲对其采取行动,被迫去吴淞暂避。

21日 据鲁迅日记,偕王映霞自吴淞访鲁迅,赠打栗干一把。

22日 回敬攻击"投靠"鲁迅"称臣"的杂文《讨钱称臣考》文稿,附函托李小峰寄鲁迅。文刊于1928年9月3日《语丝》第4卷第36期,总第192期,编为《随感录》第175。

---

① 刘半农(1891—1934),原名寿彭,改名复,江苏江阴人。文学家,语言学家。法国国家文学博士。著有《半农杂文》《扬鞭集》等。

② 张友松(1903—1995),原名张鹏,湖南醴陵人。翻译家。北京大学肄业。曾任上海北新书局编辑。创办春潮书局,任经理兼编辑。

24 日　据鲁迅日记,鲁迅收悉李小峰转寄郁达夫函与文,即《讨钱称臣考》。

26 日　据鲁迅日记,午后访鲁迅,并交《大众文艺》之《贵家妇女》稿费 10 元。

29 日　据曾朴《病夫日记》,邵洵美访曾朴,"洵美也谈起郁达夫问我对他的作品,有何批评。洵美想定个时间吃饭,彼此可以一谈"。①

31 日　据鲁迅日记,上午访鲁迅。

本月　作《白华》创刊词《白华的出现》,刊于 1928 年 10 月 16 日《白华》第一卷第 1 期。

本月　为新创办的《大众文艺》月刊作刊首语《〈大众文艺〉释名》,强调"文艺是大众的,文艺是为大众的,文艺也须是关于大众的"(By the People, for the People, of the People),刊 1928 年 9 月 20 日《大众文艺》创刊号。

9 月

12 日　据鲁迅日记,鲁迅致函郁达夫。

20 日　据曾朴《病夫日记》,夜应邀赴邵洵美家。邵洵美另约赵景深、夏莱蒂、张若谷、傅彦长等,都是"沪上文学界的名流,差不多做了个文学聚餐会。大家谈得很高兴。我和郁达夫深谈了一次,心中甚快"。②

同日　与夏莱蒂联合主编的《大众文艺》月刊创刊号由现代

---

①　曾朴《病夫日记》,苗怀明主编《曾朴全集》第 10 卷第 222 页,广陵书社 2018 年版。

②　曾朴《病夫日记》,苗怀明主编《曾朴全集》第 10 卷第 246 页,广陵书社 2018 年版。

书局出版发行,收有鲁迅、夏莱蒂、林微音等人作品。该刊于当年12月停刊,共出6期。创刊号收小说《盂兰盆会》,编入《达夫全集》第六卷《薇蕨集》时,改题为《逃走》,后收入《达夫短篇小说集》。另刊有《编辑余谈》。

同日 8月创作的散文《灯蛾埋葬之夜》,在《奔流》月刊第一卷第4期发表,后收入《达夫全集》第六卷《薇蕨集》。1929年8月,被作为"小品"范本收入戴叔清编《语体应用文范本》(上海亚东图书馆);1933年,被收入罗芳洲选注《现代中国小品散文选》(第二集),为"文学基本丛书之七"(上海亚细亚书局)。

21日 据鲁迅日记,上午访鲁迅。

30日 致函史济行,称一个人独居在乡下,除非买书报、食品,不大来上海。原书以《达夫书翰》为题编入1936年3月16日汉口《人间世》第1期。

本月 致函邵洵美,感谢送书和做《迷羊》的批评。原书收1928年10月1日《狮吼》半月刊复活号第7期"狮吼信箱"。

10月

1日 据鲁迅日记,下午,与夏莱蒂同访鲁迅。

8日 致函史济行,约10月15日以后面谈。原书收1948年12月5日《幸福》第2卷第11期"郁达夫先生遗札"。

14日 据鲁迅日记,上午访鲁迅。

16日 与钱杏邨共同主编的中国济难会刊物《白华》创刊。

20日 据鲁迅日记,上午访鲁迅。

同日 致函《荒岛》半月刊同人,祈寄前几期杂志并期待王余杞①先生作品。函题《致荒岛半月刊的同人》,与为爱吾先生关于《〈大众文艺〉释名》一文的疑问作答的《复爱吾先生》同刊于1928年11月20日《大众文艺》第3期,合题为《通信两件》。

同日 《大众文艺》月刊第2期出版,刊译诗《我俩的黄昏时候》(德国李泻特·代迈尔原作)和本期《编辑余谈》。

21日 据鲁迅日记,上午,鲁迅得郁达夫信片。

26日 据鲁迅日记,上午访鲁迅。

31日 据鲁迅日记,下午访鲁迅。

本月 作随笔《故事》,发表于1928年11月15日《白华》第一卷第2期。收《在寒风里》《达夫散文集》,收入《达夫全集》第六卷《薇蕨集》。1932年12月,被收入石泉编初中师范教科书《初中国文》第三册(北平文化学社);1934年9月,被收入何光霁编《模范散文选注》(上海光明书局)。

本月 译《拜金艺术》第十、第十一章。第十章《阿巇夫人说要"及时"舞乐》载11月16日《北新》半月刊第2卷第24期,文后有"译者附志";第十一章《甘萨斯与犹太》载1929年1月1日《北新》半月刊第三卷第1期特大号,文后有"译者按"。

11 月

1日 金光晴子所作《上海——致郁达夫》刊于1928年11月1日《若草》第4卷第11号。

2日 据鲁迅日记,晚访鲁迅。

---

① 王余杞(1905—1989),四川自贡人。1924年入北京交通大学预科,曾创办《荒岛》半月刊。时在天津北宁铁路局工作。1934年主编《当代文学》杂志。著有《惜分飞》等。

7 日 据鲁迅日记,晚访鲁迅并交现代书局《食人人种的话》稿费 40 元。

11 日 据鲁迅日记,应内山完造招饮,晚赴川久料理店,欢迎日本社会评论家长谷川如是闲,鲁迅同席。

20 日 所译德国法而该诗《祷告》并"译者附注",载是日出版的《大众文艺》月刊第 3 期,1933 年收入《达夫全集》第七卷《断残集》时,改题为《祈祷》。同期刊有本期《编辑余谈》。

22 日 据鲁迅日记,下午访鲁迅。

29 日 据鲁迅日记,鲁迅得信片。

30 日 10 月所译德国作家 F. 盖斯戴客小说《盖默尔斯呵护村》,载是日《奔流》月刊第一卷第 6 期,收入《小家之伍》时改题为《废墟的一夜》,收入译文集《达夫所译短篇集》。

下旬 因盛传当局有逮捕之意,遂离开上海,去苏州、无锡、扬州等地暂避。其后作游记《感伤的行旅》、旧诗《怀扬州——用姜白石〈小红低唱我吹箫〉韵》(七绝)等。《感伤的行旅》刊于 1929 年 1 月 1 日《北新》半月刊第三卷第 1 号特大号,收入《达夫游记》和《达夫全集》第六卷《薇蕨集》。

12 月

1 日 金光晴子所作《上海——致郁达夫君》刊于 1928 年 12 月 1 日《诗集》第 14 号。

6 日 返回上海。下午访鲁迅。

11 日 致函鲁迅,讨论《托尔斯泰回忆杂记》翻译过程中的几个问题。鲁迅次日收悉并复函。午后访鲁迅。

12 日 据周作人日记,周作人得郁达夫函。

13 日 收鲁迅 12 月 12 日复函,称郁译《托尔斯泰回忆杂记》稿尚未发,已添末一段,感谢提供托尔斯泰"卑污的说教人"的出典。亦谈及译文中其他一些需要核实之处。

同日　据周作人日记,周作人收郁达夫寄书一本。

14 日　据鲁迅日记,下午访鲁迅。

15 日　据周作人日记,周作人致函郁达夫。

21 日　据鲁迅日记,晚赴鲁迅"中有天"邀饮,日本小说家前田河广一郎[①]和内山完造等同席。

28 日　据鲁迅日记,下午访鲁迅。

本月　译《拜金艺术》第十二章《英雄崇拜的时代》,文后附"译者志",载 1929 年 1 月 16 日《北新》半月刊第三卷第 2 期。

本月　完成俄国作家高尔基《托尔斯泰回忆杂记》的翻译,文后有"译者附志",载 1928 年 12 月 30 日《奔流》月刊第一卷第七期"托尔斯泰诞生 100 年纪念增刊",收入译文集《几个伟大的作家》。

冬　作《萧寺夜坐示大慈[②]、自在》(七律)一首,以 1930 年 10 月独居里西湖觉园时寄孙百刚,又题《觉园独居寄孙百刚》。[③]

1929 年(己巳,民国十八年)　33 岁

▲1 月以后,国民党政府相继颁布《宣传审查条例》《出版法》

---

①　前田河广一郎(1888—1957),日本小说家。提倡"暴露小说"。与《播种人》同人一起创办《文艺战线》,宣传无产阶级文学运动,同时参加社会主义同盟。

②　陈大慈(1904—1939),原名陈慈煦,笔名陈大慈,广东东莞。文学家,编辑。供职于杭州《东南日报》,主编《沙发》副刊,抗战事起,主笔《黄钟》副刊。"自在"待考,或为陆丹林。

③　孙百刚《郁达夫外传》第 44—45 页,浙江人民出版社 1982 年版。

等法律、条例，对书刊编辑、出版、发行施加种种限制。

▲2月，国民政府决定中国旧历新年正式改名春节。

▲本年，商务印书馆出版王云五主编大型丛书"万有文库"第一集。

1 月

6 日　据鲁迅日记，下午访鲁迅。

10 日　《创造月刊》停刊，共出 2 卷 18 期。

16 日　据鲁迅日记，下午访鲁迅。

20 日　《大众文艺》第一卷第 5 期出版，刊有《编辑余谈》。

24 日　据鲁迅日记，下午访鲁迅。

25 日　据鲁迅日记，夜约鲁迅饮。

26 日　据鲁迅日记，午偕王映霞招饮于陶乐春，鲁迅夫妇及日本小说家前田河广一郎、画家秋田义一、诗人金子光晴夫妇和林语堂夫妇等 10 人应邀同席。

30 日　据鲁迅日记，下午访鲁迅。

31 日　据鲁迅日记，下午访鲁迅，转交《森三千代[①]诗集》一册，并赠粽子 10 枚。

本月　为《大众文艺》月刊第 4 期作《编辑余谈》。作小说《在寒风里》，刊《大众文艺》月刊第 4 期，收入《在寒风里》《达夫自选集》。1931 年 10 月，被收入《现代中国散文选二集》（上海江南文艺社）。还被收入"大众中学活页文选"《古今名文九百篇》（第三册）（上海大众书局）。

---

①　森三千代（1905—1977），女，金子光晴夫人。日本诗人。1934 年，曾与金子一起在东南亚和欧洲流浪两年，出版新诗集《东方之诗》。

本月　就 1 月 20 日清霜先生关于《幸福的摆》的疑问作答，复函置《奔流》卷末，并以"清霜问，达夫答"为题作《通讯》一则，载 1929 年 2 月《奔流》第一卷第 9 期。

2 月

1 日　俄国作家戈里基《关于托尔斯泰的一封信》的译文，连载于 1929 年 2 月 1 日、3 月 1 日《新学生》月刊第一卷第 2 期、第 3 期，收入译文集《几个伟大的作家》时改题为《一封信》，附于《托尔斯泰回忆杂记》之后。

同日　所译《拜金艺术》第十三章《百分之百的雅典人》，载 1929 年 2 月 1 日《北新》半月刊第三卷第 3 期。

3 日　作杂文《〈关于文艺作品的派〉的订正》，刊于《语丝》第 4 卷第 52 期，总第 208 期，编为《随感录》第 212。

6 日　据鲁迅日记，鲁迅寄致郁达夫函。

7 日　创造社出版部门市部被当局查封。

8 日　据鲁迅日记，下午访鲁迅。

16 日　所译《拜金艺术》第十四章《反动的滑稽家》，载是日《北新》半月刊第三卷第 4 期，文末有"译者附注"。

20 日　据鲁迅日记，下午访鲁迅。

21 日　致函史济行，称宁波之行怕不能成行，去艺大教书也是谣言。原书以《达夫书翰》为题编入 1936 年 3 月 16 日汉口《人间世》第 1 期。

本月　完成爱尔兰作家 L. 奥弗拉赫德小说《浮浪者》的翻译，载《奔流》月刊第一卷第 9 期，收入《达夫所译短篇集》。

3 月

1 日　上午访鲁迅,未遇,留为《奔流》而译的美国作家玛丽·衣·味儿根斯小说《一位纽英格兰的尼姑》稿。译文载 5 月 20 日《奔流》月刊第 2 卷第 1 期,文后有"译者附记"。晚偕王映霞再访鲁迅。

2 日　据傅彦长日记,到东华影戏馆看犹太影戏《意斯哥尔》,遇傅彦长。

9 日　据鲁迅日记,鲁迅致函郁达夫。

10 日　据鲁迅日记,下午访鲁迅。

同日　是日《申报》刊出现代书局《新书预告》,郁达夫译作《沉寂的水车房》(小说)被列其中,署名"郁达夫译"。

16 日　所译《拜金艺术》第十五章《基督教的革命》,载是日《北新》半月刊第三卷第 6 期,文末有"译者附记"。

17 日　据鲁迅日记,晚应李小峰招饮,偕王映霞赴陶乐春,鲁迅、林语堂、汪馥泉、杨骚(维铨)①等同席。

20 日　致函史济行,请告知去宁波、普陀等处的路线、费用等。原书以《达夫书翰》为题编入 1936 年 3 月 16 日汉口《人间世》第 1 期。

22 日　据鲁迅日记,晚访鲁迅。

26 日　据鲁迅日记,下午访鲁迅。

29 日　据鲁迅日记,鲁迅寄致函郁达夫。

---

　　①　杨骚(1900—1957),字古锡,号维铨,福建漳州人。诗人,作家。1930 年加入左联,参与发起成立中国诗歌会。曾任福建文化界救亡协会理事。1941 年赴印尼,新加坡陷落前撤到苏门答腊。

4 月

1 日　《大众文艺》第 2 卷第 1 期起改由陶晶孙接编。是日晚,陪同陶晶孙访鲁迅并为之介绍。

5 日　复函张曼华,告知来稿刊录情况,提及白薇病状。载 1930 年 1 月 21 日马来亚《南洋时报》文艺副刊《南洋的文艺》所刊张曼华《剩语——当一封信寄给达夫先生》。

10 日　据鲁迅日记,午后鲁迅寄致郁达夫函。据次日郁达夫致钱公侠①函,或为"招达夫去(光华大学)讲演"一事。

11 日　致函钱公侠及光华大学文学会诸先生,称患伤风,呼吸器病严重,祈等病体复原,再与联系讲演。

同日　据鲁迅日记,夜访鲁迅。

12 日　致函史济行,告知《大众文艺》停刊,以"小说内容简单,似乎不能成影片的材料",疑《迷羊》拍成电影一事或不是事实。原书以《达夫书翰》为题编入 1936 年 3 月 16 日汉口《人间世》第 1 期。

16 日　所译《拜金艺术》第 16 章《支配阶级和被治阶级》,载是日《北新》半月刊第三卷第 7 期。

17 日　据鲁迅日记,晚访鲁迅,交稿费 40 元。

28 日　据鲁迅日记,晚访鲁迅。

30 日　《奔流》第一卷第 10 期出版,鲁迅在《编校后记》中对动员郁达夫一并译出《托尔斯泰回忆杂记》提出了"猛烈的'恶毒'的催逼"。

---

①　钱公侠(1907—1977),浙江嘉兴人。曾在光华大学组织"光华文学会""光华剧团"等。著有短篇小说集《怅惘及其他》。

本月　作散文《马蜂的毒刺》，发表于《大众文艺》月刊第 5 期，收入《在寒风里》。

本月　作编辑余谈《最后的一回》，预告与夏莱蒂合作的终结，载《大众文艺》月刊第 6 期。

5 月

11 日　据鲁迅日记，下午访鲁迅。

13 日　据鲁迅日记，鲁迅乘车赴北平，6 月 5 日回沪。

18 日　偕映霞访鲁迅，知鲁迅不在后，"坐下略作闲聊，见我闲寂，又约我出外散步，盛意可感。时已四时多，不久就是晚饭时候，我怕累他们破费，婉谢不去，他们又坐了一会，见我终于不动，乃辞去，说往看白薇去了"。①

5 月　为上海春潮书局出版的王余杞长篇小说《惜分飞》作《〈惜分飞〉序》。

6 月

1 日　所译《拜金艺术》第十七章《娴雅的天堂》，载是日《北新》半月刊第三卷第 10 期，文后有"译者附记"。

8 日　据鲁迅日记，下午访鲁迅。

11 日　印度诗人泰戈尔返国前再次抵沪。泰戈尔 3 月赴美、日讲学，3 月 19 日途经上海，曾私访徐志摩。返程路上染了重病，致电徐志摩探望，并下榻福煦路 613 号徐志摩家中，盘桓数日后，6 月 15 日启程回印度。

---

①　《两地书》许广平 5 月 18 日致鲁迅函。

据《志摩在回忆里》,是日徐志摩赴码头接站,在上海街头巧遇郁达夫,故同去大贲公司轮船码头迎接泰戈尔。他们"在码头上的寒风里立着——这时候似乎已经是秋季了"。

而据陆小曼的回忆,当天上船接泰戈尔的似只是她和徐志摩,未提及路上遇见、一同前往迎接的郁达夫:

> 一到码头,船已经到了。我们只见码头上站满了人,五颜六色的人头,在阳光下耀得我眼睛都发花……怎么今天这儿尽都是印度阿三呀……绿沉沉的眼珠子,一个个对着我们两个人直看。[①]

同日 据鲁迅日记,鲁迅向郁达夫转寄周阆风函。

19 日 据鲁迅日记,鲁迅得内山次日延饮于陶乐春信,即转寄郁达夫。

30 日 小说、散文合集《在寒风里》由厦门世界文艺书社出版。目次:《自序》《故事》《逃走》《马蜂的毒刺》《在寒风里》。

本月 为小说散文集《在寒风里》作《自序》,收入《达夫全集》第七卷《断残集》时改题为《〈在寒风里〉单行本序》。

7 月

6 日 据鲁迅日记,鲁迅收悉郁达夫函。

7 日 据鲁迅日记,晚访鲁迅。

11 日 据鲁迅日记,晚访鲁迅。

12 日 致函信阳翟永坤[②],言及应周作人之召去北大教书,

---

① 陆小曼《泰戈尔在我家》,《良友》1940 年 8 月号(第 157 期)。

② 翟永坤(1900—1959),字资生,河南信阳人。曾就读于北京大学国文系。著有《灾梨集》《她的遗书》《黎明前夕》等。曾与王余杞一起创办《荒岛》半月刊。

言及正在贫民窟里做《蜃楼》,也问及王余杞的《惜分飞》。①

16 日 所译《拜金艺术》第十八章《邪恶摘发者的地狱》,载是日《北新》半月刊第三卷第 13 期,文后有"译者记"。

23 日 因与王映霞赌气,去宁波。是日轮中,不慎钱包被窃,去史济行家,约其同赴普陀。史为开江北岸青年会宿舍临江房间。电召王映霞。②

24 日 王映霞至宁波,迁至新新旅馆。史济行在功德林招待达夫夫妇,归途中遇楼建南。③

25 日 晨 7 时,在史济行陪同下,偕王映霞同去普陀游览,在船舱遇王鲁彦④夫妇。下午 3 时抵普陀,住天福庵。⑤

26 日 与史济行、王鲁彦夫妇同游紫竹林、观音跳、白莲台、潮音洞。⑥

27 日 与王映霞同游佛顶山。⑦

28 日 欲与王映霞同去普陀隔江之洛迦山游览,遇风浪未能成行。⑧

29 日 与史济行同游南天门、千步沙、磐陀石、大佛头等地。⑨

---

① 翟永坤《怀念郁达夫》,《武汉日报》1946 年 11 月 5 日。
② 参天行(史济行)《梵岛一周记》,1936 年 3 月 16 日汉口《人间世》第 1 期;参王喻(史济行)《郁达夫在普陀的时候》,《幸福世界》1946 年第 1 卷第 4 期。
③ 参天行《梵岛一周记》。
④ 王鲁彦(1901—1944),原名王衡,浙江镇海人。乡土小说家。文学研究会会员,代表作有短篇小说集《柚子》《黄金》等。
⑤ 参天行《梵岛一周记》。
⑥ 参天行《梵岛一周记》。
⑦ 参天行《梵岛一周记》。
⑧ 参天行《梵岛一周记》。
⑨ 参天行《梵岛一周记》。

30 日　偕王映霞同搭新江天回沪。后为此行作七绝《游普陀》(七绝)一首。①

同日　当"要离开普陀的一天",应天福庵住持和尚福明之请,书赠"钟声敲破屠龙术,梵语惊醒倚马才"一联。②

31 日　致函史济行,感谢宁波普陀之行得全照拂。原书以《达夫书翰》为题编入 1936 年 3 月 16 日汉口《人间世》第 1 期。

本月　作小说《纸币的跳跃》,为"四五年前发表过的《烟影》的续篇",刊《北新》半月刊第 4 卷第 12 号,收入《达夫短篇小说集》。

8 月

1 日　山口慎一"支那新文学书解题"介绍郁达夫《寒灰集》《奇零集》《文学上的阶级斗争》《迷羊》等的文字,分别刊于 1929 年 8 月 1 日、9 月 1 日、10 月 1 日、12 月 1 日日本《书香》第 5、6、7、9 号。

同日　所译《拜金艺术》第十九章《信神的毒药谋害者之群》,载是日《北新》半月刊第三卷第 14 期。至此,全书翻译完成。

8 日　据鲁迅日记,晚访鲁迅,谈至夜半。

9 日　为王余杞访鲁迅写介绍信。③

12 日　去杭州小住,打算做《蜃楼》。

13 日　七月初九,王二南弟子陈紫荷以《七夕》诗见教,并相

---

① 参天行《梵岛一周记》。

② 王喻《郁达夫在普陀的时候》。

③ 参王余杞《"送我情如岭上云"——缅怀郁达夫先生》,《回忆郁达夫》第 241 页。

与谈诗,各至酩酊。达夫称"吾于文则新,于诗则旧,适吾性而",又称"诗无今古分,能深入而浅出者无不佳",并举"群山万壑出荆门"为诗中"大开阖"之例。①

17 日 据鲁迅日记,鲁迅致函郁达夫,因北新长期拖欠版税和《奔流》稿费,拟停编《奔流》并向北新书局提出法律诉讼。鲁迅得郁达夫函。

18 日 据鲁迅日记,鲁迅复函。

20 日 据鲁迅日记,鲁迅得郁达夫函,次日复函。

23 日 据鲁迅日记,应李小峰电请,专程从杭州赶回上海。是晚,为鲁迅与北新书局交涉版税事访鲁迅,"提出再商量一次","会议的人名中,由我和达夫主张","据达夫口述,则他们所答应者,和我所提出的相去并不远"②。

25 日 据鲁迅日记,与李志云、李小峰一同列席杨律师在其寓召集的鲁迅与北新书局版税商议会,是事基本议定:北新书局当年分四期偿还拖欠鲁迅的版税共计 8000 多元,次年起继续偿还,总共偿还款约 2 万元;鲁迅作价收回旧著纸型。此后北新出版鲁迅著作,须加贴版税印花并每月支付版税 400 元。鲁迅续编《奔流》,每期稿费由北新交鲁迅分发各作者。

同日 与蔡元培、鲁迅、林语堂、戴望舒、赵景深、汪静之、傅抱石、陈抱一③、李小峰、叶绍钧、潘天寿、夏丏尊、林风眠、丰子

---

① 陈紫荷《郁达夫与王二南》,《大地》(周报)1948 年 11 月 7 日第 134 期。
② 鲁迅致章廷谦 8 月 24 日函,《鲁迅全集》第 12 卷第 203 页。
③ 陈抱一(1893—1945),原籍广东,生于上海。油画家。1921 年毕业于东京美术学校,1925 年于上海创办中华艺术大学。组织"东方画会""晨光美术会"等。

恺①、许寿裳②、许钦文、钱君匋③等40人联名发起"追悼陶元庆氏启事",拟于其生辰10月12日在西湖国立艺术院展览陶氏遗作,并集资筹葬西湖畔。④

陶元庆为西湖国立艺术院教授,8月6日病逝。

27日 据鲁迅日记,下午访鲁迅,并交厦门文艺书社信及所赠《高蹈会紫叶会联合图录》一册,"先寄在现代书局,匿而不出,今乃被夏莱蒂搜得者"。

28日 据鲁迅日记,下午访鲁迅,李小峰送来纸版,与章廷谦一同作证,计收回548元5角。晚应李小峰之请同赴南云楼晚宴,杨骚、章衣萍、吴曙天⑤、林语堂夫妇等同席。

席间,为张友松与北新书局之关系和版税问题,鲁迅与林语堂就北新书局开纱厂传闻发生争执。"席将终,林语堂语含讥刺,直斥之,彼亦争执,鄙相悉现。"郁达夫从中调解,与川岛"在场作中间人"。林语堂则记:在宴席上,鲁迅是多心,我是无猜,两人对视像一对雄鸡一样,对了足足一两分钟。幸亏郁达夫作和事佬……

---

① 丰子恺(1898—1975),原名丰润,号子恺,浙江桐乡人。漫画家,散文作家,美术、音乐教育家。著有《缘缘堂随笔》等。

② 许寿裳(1883—1948),字季茀,又作季黻,浙江绍兴人。教育家。曾任《浙江潮》编辑,在浙江两级师范学堂、教育部、北京女子师范大学、广州中山大学等与鲁迅共事,后赴台湾大学任教。著有《亡友鲁迅印象记》《我所认识的鲁迅》等。

③ 钱君匋(1907—1998),名玉堂、锦堂,字君匋,号豫堂等,浙江桐乡人。擅书籍装帧。

④ 《申报》1929年8月25日第2版。

⑤ 吴曙天(1903—1942),女,山西翼城人,居于杭州。曾就读于浙江省立女子师范。1924年与章衣萍一起发起《语丝》周刊。著有《曙天日记三种》等。

9 月

月初　得开明版税 200 多元，买书 20 余元。

3 日　郁达夫辞去主编，现代书局之《大众文艺》遂暂停刊。

7 日　楼建南、史济行自宁波来，谈到夜。

8 日　鲁迅致函郁达夫，告知《奔流》稿费 16 日可奉上，请为《奔流》第 5 本"翻译的增大号"作一篇译文，期限可迟至 9 月底。

10 日　下午 3 点多出去，看了几位朋友，包括鲁迅。

11 日　晨起致函周作人。午前购 Hanns Heinz Ewers 著 *Indien und Ich*。午后，朝鲜京城大学文科讲师辛岛骁^①来访，询以中国新文艺的事情，在内山书店与鲁迅一起谈至晚。

同日　致函鲁迅，鲁迅当天得函，下午即复。戏称"Tieck 似乎中国也没有介绍过。倘你可以允许我分两期登完，那么，有两万字也不要紧的"，又小峰集稿时间从"拟于 16"，改为"15 以后"，"虽然从本月十六起到地球末日，都可以算作'十五以后'，然而，也许不至于怎样辽远罢"。^②

12 日　午前购美国教授编美术教材一本。午后 3 时，访徐志摩。

13 日　晨起读小说数篇，为《奔流》第 5 期找材料。

14 日　午前汪静之送来建设大学文学系主任的聘书。午后与陶晶孙去江湾吴淞一游。

同日　据周作人日记，周作人得郁达夫函，次日复函。

---

① 辛岛骁（1903—1967），日本中国文学研究家。东京大学中国文学科毕业，任朝鲜京城大学教授，1926 年在北京结识鲁迅。

② 参陈子善《鲁迅郁达夫曾合编"奔流"杂志 两人书信往来甚密》，《东方早报》2014 年 1 月 26 日。

15 日　午前读贺川丰彦小说《偶像支配的地方》。晚访鲁迅。

16 日　午前翻书，有 *Das Skandinavierbuch* 一册，总有一两篇可取。

17 日　接安徽大学来电，被聘为文学教授，月薪 340 元。复电答应去教半年。

18 日　早起至书铺买书，预备带往安庆。午后接安庆汇来月薪 340 元。

19 日　接周作人函并复，慨叹"现在上海，沉闷得非常，文艺界是革命文学家的天下，而且卑鄙龌龊，什么事情都干，我以后想不再做什么东西了"，同时告知鲁迅与北新算版税和被谣传将去燕京大学任文学系主任等事，并称将动身去安庆安徽大学。

同日　购德文小说两册，打算船上阅读。

同日　据鲁迅日记，晚访鲁迅。

20 日　晨起译芬兰作家 Juhani Aho（约翰尼·阿河）的 *Ein Wrack*（《一个败残的废人》）。

21 日　译书过半。午后遇日本近代生活社新居格①和山田一夫氏，同游半日。

22 日　早起继续译书。午后上新开河口看去安庆的官舱，价为 14.5 元。

同日　据周作人日记，周作人得郁达夫函。

23 日　译毕 *Ein Wrack*（《一个败残的废人》），约万余字。载 1929 年 12 月 20 日《奔流》月刊第 2 卷第 5 期"翻译专号"。收

---

①　新居格(1888—1951)，日本评论家、作家。毕业于东京大学政治学科，曾任《读卖新闻》《东京朝日新闻》等报记者。1934 年到中国，拜访周作人、鲁迅等。

入《小家之伍》,收入《达夫所译短篇集》。

24 日　忙行李船票烟酒等,晚作快信一,通知安徽大学 26 日江安轮动身。

25 日　下午访鲁迅作别。晚赴陶晶孙宴。购 Moulton 的 *The Moral System of Shakespeare* 一册。

26 日　午后 3 时左右登江安轮,晚上上海文艺漫谈会在新雅设宴送行,卢梦殊①、田汉、郑伯奇、张资平、傅彦长、内山完造等同席,并欢迎新居格和山田一夫。未终即上船。

27 日　凌晨 5 时起锚,赴安庆。

29 日　午前 11 时抵达安庆,遇政变兵变,午后 3 时,才到百花亭安徽大学内住下。

"本校新聘教授郁达夫先生,业于九月二十九日由沪到校。"②

30 日　上街购《戴南山集》和蔡孑民文选两本,名《文变》。

同日　晚接从上海转来安庆的北大电报,促北行。除令学校打电报陈情外,又作一书致北大代理校长陈百年,称"顷接由上海转来沁电,敬悉先生招我去北平膺讲席,感激之至。但王星拱先生因安大接手过迟,找不到人教书,硬拉我来此相助。北平电报来时,已在我到安庆之后,所以今年年内,无论如何,是已经不能上北平来了。敢请给假半年,使得在这半年之中稍事准备,一到明年春期始业,定当奉命北上,与先生等共处。此事前已与启明先生谈及,大约此信到日,启明先生总已将鄙意转达。好在

---

① 卢梦殊,广东人。鸳鸯蝴蝶派作家。1926 年 9 月出任良友图书公司《银星》杂志主编。曾任《星岛日报》总编辑。以"罗拔高"笔名著有《山城雨景》。

② 《本校教授陆续到校》,《安徽大学校刊》第 2 期(1929 年 10 月 4 日)。

北平教书者多,缺席半年,谅亦无大碍耳"。① 同时致函鲁迅、周作人等。

秋 北大张贴布告,登记郁达夫所开课程的听课学生:

> 1930 年秋天,在沙滩的北大红楼门口的教务处布告栏上贴了一张布告,大意是说本学期邀请郁达夫先生来校授课,希望听课的同学来登记云云。布告张贴出去后,要求听课的同学蜂拥而至,甚至外校的学生也来要求旁听。由此足见郁先生的影响之大了,可惜不知为什么他没有北来,使许多青年同学大失所望。②

10 月

1 日 晚饭后,偕同学数人上东门城上走了一圈,想起《茫茫夜》里的描写。

同学伴之登城眺望,告以望夫亭之名,并请以文艺观点,赐以新名。郁笑曰:此名诚佳,不宜更易,吾以为阴阳相生,物必有偶,此亭既名"望夫",则吾辈所履之处,可以命名为"望妻山"矣。③

同日 作寄夏莱蒂信,附诗《寄夏莱蒂》,刊于 1930 年 11 月上海《墨海潮》第 3 期,题《别后寄夏四》。

2 日 据鲁迅日记,鲁迅得郁达夫函并复。

3 日 得鲁迅"10 月 2 日夜"复函,讨论出一"稍稍驳杂一

---

① 《郁达夫先生致陈代校长函》,《北大日刊》1929 年 10 月 14 日第 2254 号。

② 张白山《我所知道的郁达夫》,《回忆郁达夫》第 346 页。这里 1930 年之说应有误,或为 1929 年秋。

③ 《大学新闻周刊》1934 年 3 月 19 日。

点"的"类似《奔流》之杂志",并述及北新版税履行情况。

3日 晨起为编级考试出题。预科课表排定,为周 2 小时文学概论。

4日 搬定住处。改《幸福的摆》。

同日 据周作人日记,周作人得郁达夫函。

5日 午前改《幸福的摆》。支到薪水 100 元,后天开课。晚约旧友吃饭,"谈到十年前旧事,黯然神伤矣"。

同日 据曾朴《病夫日记》,是日史济行来见曾虚白①,谈起见郁达夫的几句谈话,称病夫《鲁男子》,其描写"别有一种风味,我们无论如何,决写不出来,它的作风,也完全和别人不同";称《孽海花》,"从前做小学生时,我非常喜欢看,现在可感觉不出什么趣味了"。②

6日 因不满当局罢免校长刘文典③,"遭到安徽省教育厅厅长程天放④的攻击,并把他列入'赤化分子'名单,图谋加害,幸得友人邓仲纯⑤事前通知",从安庆坐下水船赴沪,行李衣箱均不带,仓皇出走——离安庆回沪。

《青岛杂事诗》(第五首注):"遇邓君仲纯,十年前北京邻舍也。安庆之难,蒙君事前告知,得脱。"

---

① 曾虚白(1895—1994),江苏常熟人,原名曾焘,字煦白。曾朴之子。报业家,曾创办《大晚报》。

② 参苗怀明主编《曾朴全集》第十卷第 250 页,广陵书社 2018 年版。

③ 刘文典(1889—1958),原名文聪,字叔雅,笔名刘天民,安徽合肥人。文史学家,校勘学家,庄子研究专家。著有《淮南鸿烈集解》《庄子补正》等。

④ 程天放(1899—1967),原名学愉,字佳士,号少芝,谱名时然,江西新建人,生于杭州。曾任浙江大学、四川大学校长。国民党党务系统官员。

⑤ 邓仲纯(1888—1959),即邓初,安徽怀宁(今安庆)人。1908 年与陈独秀一起赴日本留学。1930 年任山东大学校医,后出任青岛市卫生局技正。

《避暑地日记》(1934 年 8 月 3 日):"因去青岛在即,又做了几首对人的打油诗:'京尘回首十年余,尺五城南隔巷居,记否皖公山下别,故人张禄入关初。'系赠邓仲纯者。与仲纯本为北京邻居,安庆之难,曾蒙救助。"

时洪传经①有诗《郁达夫先生授书安大,闻有通缉之令,匆促出奔,诗以送之》相赠:"一书竟报逐高贤,行色仓皇尽室捐。鸥嚇狼贪何日了,与公再结未来缘。"

10 日 据鲁迅日记,下午访鲁迅,赠以佳酿一小瓶。

15 日 据鲁迅日记,下午访鲁迅。

21 日 据鲁迅日记,鲁迅寄致郁达夫函。

同日 据周作人日记,周作人致函郁达夫。

29 日 据鲁迅日记,下午访鲁迅。

31 日 据周作人日记,周作人致函郁达夫。

本月 作《〈达夫代表作〉改版自序》。

11 月

2 日 致函史济行,称"我于上月因事来沪,不日就要再去安徽教书,大约就在七八天内,一定动身。你若有空,可以前来谈谈"。原书以《达夫书翰(六)》为题编入 1936 年 3 月 16 日汉口《人间世》第 1 期。

8 日 鲁迅致函章廷谦,"我和达夫则生活,实在并不行,我忙得几乎没有自己的工夫,达夫似乎也不宽裕,上月往安徽去教书,不到两星期,因为战事,又逃回来了"。

---

① 洪传经(1906—1972),安徽怀宁人。1924 年考入中央大学,1934 年在法国获经济博士。回国后执教于安庆、长沙、成都、兰州各大学。

13 日　据鲁迅日记,鲁迅寄致郁达夫函。

15 日　据鲁迅日记,下午偕陶晶孙、张凤举同访鲁迅。晚鲁迅收郁达夫复函。

17 日　据鲁迅日记,下午访鲁迅。

26 日　据鲁迅日记,下午访鲁迅。

本月　完成德国作家菲力克斯·璞本白耳格《阿河的艺术》的翻译,与阿河小说《一个败残的废人》同载 1929 年 12 月 20 日《奔流》月刊第 2 卷第 5 期"翻译专号",后收入译文集《几个伟大的作家》。

12 月

20 日　《奔流》第 2 卷第 5 期出版,鲁迅在《编校后记》中称《阿河的艺术》是"很好的论文"。由于北新书局无意维持,与鲁迅合编的《奔流》自此停刊,共出 2 卷 5 期。

本年　春,在杭州作旧体诗《拟唐人作》(七律)一首;秋,在杭州作旧体诗《晚兴》(七律)一首。均收《郁达夫诗词抄》。

1930 年(庚午,民国十九年)　34 岁

▲3 月,中国左翼作家联盟在上海正式成立。

▲3 月,国民政府公布《训政时期民众训练方案》。

▲5 月,中国社会性质问题论战发生。

▲12 月,国民政府颁布《出版法》。

1 月

1 日　晚与林语堂同赴大夏大学观看大夏剧团排演的林语堂话剧《子见南子》。

同日　山口慎一《郁达夫的书》,刊于 1930 年 1 月 1 日日本《书香》第 10 号。

3 日　读 Gower 所著 *Confessio Amantis* 一卷。

4 日　在四川北路遇见鲁迅和日本汉学家今关天彭和内山完造等,共约去五马路川味饭店进晚餐。

5 日　据鲁迅日记,下午偕王映霞访鲁迅。

7 日　下午发电报至安徽大学,索薪水。

8 日　鲁迅、许广平函:"我们消息实在是太不灵通,待到知道了令郎的诞生,已经是四十多天以后了。然而祝意是还想表表的,奉上粗品两种,算是补祝弥月的菲敬,务乞哂收为幸。"此处"令郎"即年前 12 月出生不久即送乡间的女孩静子。王映霞称,因此事未告知鲁迅,故有"令郎"之误。

9 日　据鲁迅日记,鲁迅与广平以绒衫、围领各一事相赠,贺得子(女儿静子)。

10 日　本日日记称:"大多数同时代的人会笑我,会诽谤我所说的和所做的一切事情。但是时间是最好的公证人。我只寄希望于后代的人们。让那些当代英雄们去逗英雄。等着吧,昔日的积雪是会消融的。"并称将全力写作《蜃楼》。

11 日　一学生来访,交谈有关中国新文学的种种话题。

15 日　午后发快信去安庆催款。冒"大雨杂雪"去访鲁迅,谢其所赠贺礼。

17 日　午前购 Robert Herrick 著 *Wanderings* 一册。下午

读新买的英译尼采书简集,准备翻译几篇给北新。

18 日　午前访自安庆回上海的屠孝寔^①,知安徽大学一切情形,"气愤之至,我又被杨亮工(功)^②卖了"。

20 日　完成《超人的一面——尼采给 Madame Q. Luise 的七封信》的翻译,晚上送稿去北新。译文载《北新》半月刊第 4 卷第 1、2 期特大号。预备续写《蜃楼》。

同日　删去原序和钱杏邨《后序》,增《改版自序》的《达夫代表作》改由上海现代书局出版。

同日　是日出版之燕京大学学生自治会《燕大月刊》第 5 卷第 4 期,《现代中国文学家汇志》介绍郁达夫生平创作,称其为"一个很健全的时代病之表现者""极端颓废派"。

22 日　晚赴陶乐春,与陶晶孙吃晚饭。

23 日　上西门购书 10 余册。

24 日　被鲁迅推荐为左联发起人。

同日　午后史济行来访。

26 日　据鲁迅日记,午后访鲁迅,并赠《达夫代表作》改版本(现代书局版)一册。

29 日　旧历除夕。安徽大学只给一百元过年。购新书 10 余册,"几乎将这个冤钱花去了一半"。

31 日　"想起安徽的事情,恼恨到了万分",傍晚发安庆快信一封,待回信来,决定是否再去安徽大学。

本月　为春野书店"无形中停顿"和"这几年失业的结果",

---

①　屠孝寔(1898—1932),字正叔,江苏武进(今属常州)人。哲学家。早年留学日本。曾任《国故》月刊特别编辑。著有《名学纲要》等。

②　杨亮功(1897—1992),安徽巢县(今巢湖人)。教育家。斯坦福大学教育学硕士,纽约大学哲学博士,1930 年任安徽大学校长。

《达夫代表作》改由上海现代书局出版。

　　这是郁达夫先生全集中的精髓,由著者自己手编过。所有达夫先生优美的文笔,伤感的情怀,以及对于身世的感怀,都在这里面表现到了最高潮。①

2 月

1 日　午后安徽大学代理人来访,称该大学负责无人,故不无薄待。

4 日　据鲁迅日记,介绍东吴大学学生王佐才②访鲁迅。

10 日　晨 8 时快车去杭州,下午坐快班轮至富阳。

13 日　坐早班车从富阳回杭州。

同日　与鲁迅、冯雪峰③、郑伯奇、沈端先④、潘汉年等 51 人共同发起的中国自由运动大同盟在爱文义路圣公会圣彼得教堂举行成立大会。鲁迅 2 月 13 日日记作“晚邀柔石⑤往快活林吃面,又赴法教堂”。鲁迅并在会上作演讲。

　　而据 2 月 18 日《上海日日新闻》报道,中国自由运动大同盟成立于 2 月 16 日:“前天十六日午后七时发起人会议,议决规

---

　　①　《申报》1930 年 1 月 23 日第 3 版广告。

　　②　王佐才(约 1904—?),江苏无锡人。诗人。时为东吴大学学生。

　　③　冯雪峰(1903—1976),原名福春,笔名雪峰、画室、洛阳等,浙江义乌人。诗人,文艺理论家。1934 年参加长征。1958 年作有《郁达夫生平事略》及《郁达夫著作编目》。

　　④　夏衍(1900—1995),原名沈乃熙,字端先,浙江杭州人。剧作家,社会活动家,左翼电影运动开拓者。创作有话剧《上海屋檐下》《法西斯细菌》和电影剧本《狂流》《祝福》等。

　　⑤　柔石(1902—1931),原名赵平福,后改为平复,笔名柔石、金桥等,浙江宁海人。作家,左联五烈士之一。著有《二月》《为奴隶的母亲》等。

则、宣言、职员及进行方法等。"梁实秋则作 2 月 14 日下午 7 时，"讨论四小时之久，议决非事项甚多"。①

据《新思潮月刊》刊出的宣言全文，落款时间为 1930 年 2 月 15 日：

> 我们处在现在统治之下，竟无丝毫自由可言，查禁书报，思想不能自由；检查新闻，言论不能自由；封闭学校，教育读书不能自由；一切群众组织，未经委派整理，便遭封禁，集会结社不能自由；至于一切政治运动与劳苦群众争求改进自己生活的罢工抗租的行动，更遭绝对禁止，甚至任意拘捕，偶语弃市，身体生命，全无保障。不自由之痛苦，真达于极点！我们组织自由运动大同盟，坚决为自由而斗争。感受不自由痛苦的人们团结起来，团结到自由运动大同盟旗帜之下来共同奋斗！发起人：郁达夫、鲁迅、田汉、郑伯奇、赵南公、周全平等 51 人。一九三〇，二，一五。②

上述任何时间，作为发起人的郁达夫都当缺席中国自由运动大同盟成立大会。

14 日　上城站购书，得定远方濬师《蕉轩随录》、吴修龄《围炉诗话》。

15 日　午前游紫阳山，午后去西湖，为拓碑（永福寺碑）事去艺术院。

17 日　坐早车回上海。途中买《字林西报》，知中原又将大战。

18 日　晨去北四川路打探安徽的消息，并发电报询问究竟。

---

①　参王锡荣《鲁迅上海时期演讲考略》，载《鲁迅研究资料》第 13 辑。
②　参《新思潮月刊》1930 年 4 月 15 日第 5 期。

同日　"中国自由运动大同盟宣言"在《上海日日新闻》（日文报）刊出。①

　　同日　因发起组织"中国自由运动大同盟"，国民党浙江省党部呈请通缉"堕落文人"鲁迅和郁达夫等人。鲁迅于本日离寓暂避，郁达夫也被迫居家。

　　19 日　傍晚接安庆来电，谓上期薪金照给，并嘱约林语堂暂代。访林氏，知林氏亦有去意。

　　同日　据周作人日记，周作人得郁达夫快信。

　　20 日　接北大来电，催动身赴教。另据鲁迅日记，晚访鲁迅，谈到子夜，受赠越酒两瓶。

　　21 日　晨发电报去安庆催薪水。林语堂或不能赴安庆代理。中午约同乡数人在正兴馆吃饭。

　　同日　是日版《安徽大学校刊》刊有《预科课程暨教员一览》，列郁达夫名下课程有文预科选修课《文学概论》一门，每周 2 课时。②　此或系"约林语堂暂代"者。

　　23 日　国民党上海市党部以郁达夫、鲁迅、田汉、周全平、叶灵凤等 50 余人新组建之中国自由大同盟，宣言争思想、言论、读书、集会、结社之自由，身体、生命之保障，"言论荒谬，将严予取缔"。③

　　24 日　周作人来函，催去北大。

　　同日　电复北京大学校长，允本学期赴北京大学授课。④

　　据中文系课程指导书，北大给郁达夫排的课是"小说论"，每

---

①　参王锡荣《鲁迅上海时期演讲考略》，载《鲁迅研究资料》第 13 辑。

②　《安徽大学校刊》第 24 期。

③　《取缔中国自由大同盟》，《益世报》1930 年 2 月 24 日第 2 版。

④　参《国文学系通告》，《北大日刊》1930 年 2 月 27 日第 2349 号。

周 2 课时。①

25 日 午前完成《小家之伍》并《〈小家之伍〉译者后叙》,自认是一个不想当官尤其不想做领袖的落伍者。午后交稿至北新。

26 日 北京大学国文系通告,称"顷校长得郁达夫先生二十四日复电,已允本学期来校授课。其上课日期及时间俟郁先生莅平后再行宣布"。②

28 日 晚上送王映霞上船,去安庆搬取书。

下旬 夏衍举鲁迅建议加入郁达夫的"左联"发起人名单来征求意见,郁达夫表示"你们要我参加,我就参加吧"。③

3 月

1 日 日记称,《申报》刊有一家小书铺《达夫散文选》的出版广告,"完全不知情,托北新写信去问"。查《申报》1930 年 3 月 1 日广告版刊有上海四马路中市乐华图书公司"新书出版"广告 26 种,含《达夫散文选》。

同日 据周作人日记,周作人得郁达夫快信并复。

2 日 日记称,"今天在家里看了一天的家"。

同日 中国左翼作家联盟在宝乐安路中华艺术大学召开成立大会,50 余人到会。通过纲领,产生常务委员会。经鲁迅提名,郁达夫列名左联发起人之一;同年 11 月 16 日,郁达夫为左联第四次全体大会表决开除。据冯雪峰回忆,会上投票反对开

---

① 参《北平大学的状况》第 22 页。
② 《国文学系通告》,《北大日刊》1930 年 2 月 27 日第 2349 号。
③ 夏衍《忆达夫》,《人民日报》1985 年 9 月 16 日。

除者仅冯雪峰、柔石等四人。①

左联成立后，郁达夫在《回忆鲁迅》一文中曾称"并不愿意参加，原因是因为我的个性是不适合于这些工作的……所以，左联成立之后，我就在一月之内，对他们公然的宣布了辞职"。

在答许雪雪提问时，郁达夫曾说："因为我是一个小资产阶级出身的人，共产党方面要派我去做实际工作，我对他们说，分传单一类的事我是不能做的，于是他们就对我更不满意起来了。所以在左翼作家联盟中，最近已经自动地把'郁达夫'这名字除掉了。"②

据郑伯奇回忆："据说，他曾对徐志摩先生说'I am a writer，not a fighter'这句话引起青年朋友们的不满。在我主持的一次大会席上，通过了请他退出的决议案。"③

3 日　想做《蜃楼》，终于不能动笔。晚上赴"新半斋"内山完造宴。另据鲁迅日记，下午访鲁迅。

4 日　午后接张凤举寄自法国的卢梭的 *The Reveries of a Solitary Walk*，"喜欢得不得了"。

5 日　读 Oskar Maria Graf 的 *Wir Sind Gefangene*，是一种轻妙的自叙传。痔疾发作。

6 日　傍晚接王映霞安庆来电，谓钱已汇出，即将动身返沪。

7 日　北平马幼渔来信促速去北大，复信称3月底去北平。

郁达夫先生原定本学期到校授课，3 月 7 日曾由沪致马幼渔先生，函定由海北上，约本月底抵平，不料临行之前郁

---

① 参冯夏熊整理《冯雪峰谈左联》，原载《新文学史料》1980 年第 1 期。
② 许雪雪《郁达夫先生访问记》，原载 1933 年 5 月杭州《文学新闻》第 3 期。
③ 郑伯奇《怀念郁达夫》，《书报精华》1945 年第 12 期。

先生忽然患病,暂时中止来平。[①]

9 日　晨起复书乐华图书公司,告以不准未经同意印行选集。午后王映霞到家,带回安庆的书,只缺少了十几本。

10 日　决定不去北平,托李小峰作信通知周作人。

同日　沈从文所作《郁达夫张资平及其影响》一文,刊于是日上海《新月月刊》第三卷第 1 期"零星"栏。

11 日　汇 50 元至富阳。午后出去印版权证。

14 日　知所患为结核性痔漏,"医治颇费时日,或许致命,也很可能。"

15 日　复《大众文艺》征稿《我希望于〈大众文艺〉的》,载 1930 年 5 月 1 日《大众文艺》第 2 卷第 4 期"新兴文学专号"(下册)。同期征稿的,还有郭沫若、柔石、冯乃超、潘汉年、戴平万、洪灵菲、穆木天、沈端先等 26 人。

17 日　晚上校《小家之伍》第一篇校稿,改名《废墟之一夜》。

同日　致函周作人,称"前函发后,已决定北行,但于启行之前,忽又发生了结核性痔漏,现在正在医治,北平是不能来了。已托李小峰和陶晶孙两兄写信通知,大约总已接到了罢?今日于第一次割治之后,剧痛稍减,故再作书。幼渔先生处,乞代告"。函见 3 月 27、28 日《北大日刊》所载《国文学系教授会通告》中。[②]

19 日　午后去求诊。"须三个月医治断根,包治洋 120 元。"《小家之伍》第二篇《幸福的摆》校稿到。

同日　因发起组织"自由运动大同盟"运动,与鲁迅同被国

---

① 参《国文学系教授会通告》,1930 年 3 月 27 日《北大日刊》2372 号。

② 参《国文学系教授会通告》,1930 年 3 月 27、28 日《北大日刊》2372、2373 号。

268

民党浙江省党部许绍棣①、叶潮中等联名以"堕落文人"罪名呈请中央政府通缉,鲁迅暂避内山书店,4月1日返寓,6日再度暂避,4月19日返家。②

21日 校毕《幸福的摆》。"因有不利于我的谣言,所以不敢出去",并告医生不能上中国界之故,请医生来住所敷药看病。

同日 鲁迅致函章廷谦:"自由运动大同盟,确有这个范本,也列有我的名字,原是在下面的,不知怎的,印成传单时,却升为第二名了(第一是达夫)";"达夫本有北上之说,但现在看来,怕未必。一者他正在医痔疮,二者北局又有变化,大约薪水未必稳妥,他总不肯去喝风。所以,大约不去总有十层之八九。自由同盟上的一个名字,也许可以算是原因之三罢"。

22日 《小家之伍》第三篇《一个败残的废人》一天校毕,午后送去。

23日 据周作人日记,周作人得郁达夫快信,次日作复。

26日 《中国自由运动大同盟宣言》载天津《益世报》,宣言中发起签名者改为郁达夫、鲁迅、彭康③、田汉、郑伯奇、周全平、

---

① 许绍棣(1900—1980),字尊如,浙江临海人。曾任国民党浙江党部执行委员兼宣传部长、南昌行营秘书兼设计委员等,1934年出任浙江省教育厅厅长,主持浙江省教育厅10余年。

② 参张广海《政治与文学的变奏——中国左翼作家联盟组织史考论》第176页,三联书店(香港)有限公司2017年9月版。

③ 彭康(1901—1968),字子劼,江西萍乡人。哲学家,教育家。1924年入东京帝国大学学习哲学。

画室、王任叔①、潘汉年、姚蓬子②、顾凤城③、叶灵凤、沈端先、王弼、黄素等46人。④

同日 据周作人日记,读 Zola 小说日译本《兽人》。

28 日 北新送《小家之伍》第四篇 *A New England Nun* 译稿《一位纽英格兰的尼姑》的校稿来。

30 日 校毕《小家之伍》第四篇《一位纽英格兰的尼姑》的译稿。

31 日 午后访林语堂,并得赠英文读本若干册,嘱为写一批评。

本月 由陶晶孙接编的《大众文艺》被当局查禁。

4 月

1 日 午前过中美和商务印书馆,购书数册。午后接周作人转寄之北平大学和北平师范大学聘书。据于听《郁达夫风雨说》,4 月作《自囚日记》。

3 日 复函《大众文艺》编者关于《我的文艺生活》征稿,称"等到我们把'生活'造成,'生路'打开,'文艺'做出之后",许能够写一些自叙传供补白。载 1930 年 6 月 1 日《大众文艺》第 2 卷第 5、6 期合刊《我的文艺生活》征文栏。

---

① 王任叔(1901—1972),谱名运镗,字任叔,号愚庵,笔名巴人等,浙江奉化人。
② 姚蓬子(1891—1969),原名方仁,字裸人,浙江诸暨人。曾就学于上海中国公学与北京大学。曾任左联党组宣传部长。1934 年脱离共产党。
③ 顾凤城,江苏无锡人,谢冰莹丈夫。曾是左联成员,上海沦陷后附逆。著有《新文艺辞典》《新兴文学概论》等。一说以"黄人影"为名,编有《文坛印象记》《郭沫若论》《创造社论》。
④ 《郁达夫鲁迅等组织自由运动大同盟发表宣言广招同志》,天津《益世报》1930 年 3 月 26 日第 3 版。

4日　据鲁迅日记,下午王映霞访鲁迅。

6日　迁入某地"自囚"。日记称若不如此"自裁","恶社会就要加我以恶制裁,强迫我入狱去了"。

17日　据鲁迅日记,下午偕王映霞访鲁迅。

20日　鲁迅20日函,讨论翻译高尔基全集之事:"Gorki 全集内容,价目,出版所,今钞呈,此十六本已需约六十元矣,此后不知尚有多少本。将此集翻入中国,也是一件事情,最好是一年中先出十本。此十本中,我知道已有两种(四及五)有人在译,如先生及我各肯认翻两本,在我想必有书坊乐于承印也。"①

25日　据周作人日记,周作人致函郁达夫。

30日　日记称:"租界中国地界戒备得水漏不通。几日来青年学生及工人之被捕者共达二百多人。"

5 月

1日　因"近闻宁波、上海等处,颇有不良青年,或以书涵,或以稿件,或以个人口头,大事宣传,横施讹骗",故拟《郁达夫启事》刊于《北新》半月刊第4卷第9号。

同日　租界上杀气横溢,107名示威者都已被囚。"我蛰居屋内,不敢出门一步","今天为表示对被囚者的敬意,一天不看书,不做事情,总算是一种变相的志哀"。

2日　傍晚接周作人来信,即复告以病状,预定北行日期。

3日　所译小说集《小家之伍》由上海北新书局出版。目次:《废墟的一夜》《幸福的摆》《一个败残的废人》《一位纽英格兰的尼姑》《浮浪者》《译者后叙》。每篇译作后有"译者后记"。

---

① 《鲁迅全集》第12卷第231—232页。

5日　午后开明书店《中学生》杂志托林语堂来征文：《中学生的出路》。看到新出的译本《小家之伍》。

9日　据周作人日记，周作人得郁达夫函。

13日　午前访邵洵美，赠以《小家之伍》一册。

14日　据周作人日记，午前出门订《上海日日新闻》一份，买书数册。周作人复函郁达夫。

16日　计划写《东梓关》。

21日　复函周作人，告知《小家之伍》方才寄出，并称与鲁迅一样，空被沪上文学家"利用了一场"。

22日　致函张凤举、周作人、夏莱蒂等，并寄赠《小家之伍》。

24日　鲁迅函章廷谦："捉人之说，曾经有之，避者确不只达夫一人。但此事似亦不过有些人所想望，而未曾实行。所以现状是各种报上有用笔的攻击，而对于不佞独多，搜集起来，已可成一小本。"

25日　患痛稍好一些，口述《中学生的出路》一篇。

27日　据周作人日记，周作人得郁达夫函。

31日　午前去北新，收款百元。

6月

1日　应允于"暇时"为林语堂作一关于英文读本的批评，以《关于〈开明英文读本〉的话》为题刊于是日上海《开明》周刊第1卷第24期。

4日　汇80元至富阳。

5日　送《奇零集》《过去集》重印的印花6000枚去北新。

8 日　读田山花袋①小说《缘》,其"描写的最美之处,就是在于'印象的'一点"。

10 日　午前去内山书店。午后访林语堂,赠以新生小孩衣被各事。

12 日　"痔漏总算全好了,可以在坐位上直坐了,算是一天之喜。"晚上想了许多题目,《梅雨时晴》是一个短篇,写一位没落的资产阶级的悲哀;《二十年间》可以作《迷羊》《蜃楼》《春潮》三部曲的总名。设想在两个月中间,把《蜃楼》《春潮》写成功。

13 日　据鲁迅日记,下午偕映霞访鲁迅,谈到了夜,冒大雨回来。

14 日　小说未完稿《没落》开首部分断片,6 月 14 日、6 月 21 日分两期在上海《草野》周刊第 2 卷第 11、12 期"中国现代名家作品专号"发表,署名"郁达夫",文末均注"未完",为作者所不知情者。该专号"因为稿子多,所以分了上下两期出版",编者王铁华在《前提》中介绍称:

> 达夫先生是好久不见到他底作品,现在竟能在我们小小草野上读到他底长篇《没落》,或许会出人意外,至于他的内容,是不须我再来介绍了。②

> 编排既竣,我还要郑重申说几句:这两期的稿子,大半是由我们的老友史济行供给,因为他和达夫、鲁彦诸先生都属很要好的知交。③

---

①　田山花袋(1871—1930),原名田山录弥,日本小说家。早期作品有浪漫主义色彩。1902 年中篇小说《重右卫门的末日》后,转向自然主义。著有表现个我生活和心境的"私小说"《缘》。

②　王铁华《前提》,1930 年 6 月 14 日《草野》2 卷 11 号。

③　王铁华《前提(二)》,1930 年 6 月 21 日《草野》2 卷 12 号。

15 日　晚内山完造招饮于"觉林"，鲁迅、郑伯奇和日本新闻工作者室伏高信、太田宇之助和日本中国文学研究者山县初男、藤井元一、高久攀等同席。晚发现文学青年史济行窃盗了《没落》原稿头上的几页。

> 郁达夫自从安徽大学回来后，忽然失去未完成的原稿《没落》一篇，后来忽然相继在上海及宁波的刊物上登出，所以先由北新书局代等(登)广告，代达夫追寻原稿，后来达夫自己在《北新》半月刊登一启事，语多牢骚感慨，闻其底细，在因达夫去年至安庆时，曾与某君同去，回来时，达夫之行李书籍均由某君带回，某君乃并未取得达夫同意，私将其原稿取出发表，以致有些误会云。[①]

> 郁达夫从安徽来沪时史济行与他同行，并为他照料行李。遗失了一篇未写完的小说名《没落》的原稿，后在《草野》上竟发现一篇小说与《没落》完全相同，著者则是史济行。郁以面情关系，亦未追究。[②]

17 日　以未完之创作稿《没落》原稿数页佚失，登《申报》三日重酬找寻，题《私窃创作原稿者赐鉴》，迄能将该稿送还，或报知北新书局编辑所。[③]

23 日　致函周作人，称病后预备完成李小峰预告的几篇未完稿，并告知文学青年史济行窃稿、行骗情节，又称"鲁迅先生，近来被普罗包围得厉害"，同时决定下半年"也想不再上北平来

---

① 《郁达夫失窃原稿》，1930 年 11 月 1 日《读书月刊》创刊号"国内文坛消息"。

② 《偷窃原稿乎?》，1931 年 4 月 13 日《文艺新闻》第 3 版。"著者则是史济行"之说实不确，《草野》刊出的《没落》署名郁达夫。

③ 《申报》1930 年 6 月 17、18、19 日。

了,横竖在南在北,要被打倒是一样的"。

30 日　《申报》称,与章太炎等一起,被上海书画联合会主编的《墨海潮美术月刊》聘为特约撰著员。①

7 月

1 日　杂文《中学生向那里走——中学生的出路问题》一文刊于《中学生》第 6 号"中国现在中学生的出路"专题,收入《达夫全集》第七卷《断残集》。1935 年 6 月,收入"中学生杂志丛刊"第 30 种《中学生的出路》(开明书店);1935 年 9 月,收入严沉芷《现代青年成功之路》"出路问题"栏,为"青年必读书之一"(国光书店)。

15 日　据鲁迅日记,上午访鲁迅。

16 日　《申报》称,7 月 21 日起,苏州青年会利用暑期,组织第三期暑期学术讲演,以提供学术研究,沟通中西文化,延聘硕学通儒,分任演讲。被聘讲"文学"。②

22 日　据鲁迅日记,晚偕王映霞访鲁迅。

本月　小说《纸币的跳跃》载《北新》半月刊第 4 卷第 12 号。收《达夫全集》第六卷《薇蕨集》。

8 月

6 日　据鲁迅日记,出席内山完造在"功德林"素菜馆设宴举行的"文艺漫谈会",鲁迅、田汉、欧阳予倩等与日本文艺界人士山崎百治、神田喜一郎等同席。会后合影,是目前留存郁达夫与

---

①　《申报》1930 年 6 月 30 日"本埠增刊"第 3 版。
②　《苏青年会暑期演讲》,《申报》1930 年 7 月 16 日第 10 版。

鲁迅同框的唯一一张照片。①

8 日 据鲁迅日记,晚偕王映霞访鲁迅。

26 日 据鲁迅日记,下午访鲁迅。

30 日 据鲁迅日记,鲁迅托内山书店寄柔石等译之《戈里基文录》一本予郁达夫。

本月 作小说《杨梅烧酒》,载《北新》半月刊第 4 卷第 13 号,收《达夫全集》第六卷《薇蕨集》。

9 月

18 日 据鲁迅日记,上午访鲁迅。

19 日 与鲁迅一起出席内山完造为林芙美子所设的筵席,并为林芙美子题写杜牧七绝《过华清宫绝句》。②

30 日 据鲁迅日记,下午鲁迅得郁达夫函。

本月 《文学概说》(编号 0753)被收入王云五③编"万有文库"第二期,列文库"文学类",1930 年由商务印书馆出版。④

"万有文库",系由多种丛书组成的综合性大型丛书,凡 1721 种、4040 册,王云五主编,1929 年至 1937 年由商务印书馆排印、影印。第一集收 13 种丛书:《国学基本丛书初集》100 种、《汉译世界名著初集》100 种、《百科小丛书》300 种、《新时代史地丛书》80 种、《工学小丛书》65 种、《学生国学丛书》60 种、《国学小丛书》

---

① 于听《郁达夫风雨说》第 154 页。

② [日]铃木正夫著、李振声译《苏门答腊的郁达夫》第 149 页,上海远东出版社 2004 年版。

③ 王云五(1888—1979),广东香山(今中山)人,生于上海。出版家。1925 年发明四角号码检字法,编《王云五大词典》。1930 年出任商务印书馆总经理,编有《百科小丛书》《万有文库》等。

④ 参《申报》1930 年 9 月 24 日广告。

60 种、《师范小丛书》60 种、《农学小丛书》50 种、《商学小丛书》50 种、《算学小丛书》30 种、《医学小丛书》30 种、《体育小丛书》15 种,计 1000 种 2000 册。附大本参考书 10 种 12 册。第二集收 4 种丛书:《国学基本丛书二集》300 种、《汉译世界名著二集》150 种、《自然科学小丛书初集》200 种、《现代问题丛书初集》50 种,计 700 种 2000 册。附大本参考书《十通》《佩文韵府》共 11 种 28 册。被美国《纽约时报》称赞为"为苦难的中国提供书本,而不是子弹"。

10 月

1 日　完成小说《十三夜》,载《北新》半月刊第 4 卷第 17 号,收《达夫全集》第六卷《薇蕨集》。

月初　"将近中秋的某一天中午刚过",郁达夫出现在杭州孙百刚寓,称刚从上海来,已在里西湖觉园借得一个房间,预备住一个时期,译一本书(从德文直接译一本德国小说)。①

6 日　中秋节,"夜间九十点钟光景",郁达夫去孙百刚寓,约去"紫阳山上望月",同找生肖石。②

9 日　据鲁迅日记,上午访鲁迅。

17 日　据傅彦长日记,晨访傅彦长,偕往镇上茶馆吃茶,到宝山,在海滨散步,坐独轮车,在三兴园午餐。

11 月

6 日　完成法国作家卢骚《一个孤独漫步者的沉思》"第一漫步"的翻译,刊于《现代学生》1930 年 12 月第一卷第 3 期,1931

---

①　孙百刚《郁达夫外传》第 44、45 页,浙江人民出版社 1982 年版。
②　孙百刚《郁达夫外传》第 46—47 页,浙江人民出版社 1982 年版。

年1、2月第一卷第4、5期,收入《达夫全集》第七卷《断残集》,改题为《卢骚三漫步》。

16日　出席在沧州别墅举行的国际笔会中国分会(蔡元培任会长)成立大会暨青年作家盛成①归国欢迎会,杨杏佛、胡适、徐志摩、陆小曼②、邵洵美、林语堂、舒新城③、沈从文等到会。④

同日　下午6时,左联在会所召开第四次全体大会,30余人与会,左联常委之一的郑伯奇主持大会,其中第6项决议是"肃清一切投机和反动分子——并当场表决开除郁达夫"。⑤

28日　据鲁迅日记,上午访鲁迅。

本月　为《达夫全集》第六卷《薇蕨集》作《题辞》,《薇蕨集》出版时该题辞被上海国民党当局抽去,收入《达夫全集》第七卷《断残集》时改题为《〈薇蕨集〉序》。"薇蕨"之名,取"夷齐远逝,首阳山似乎也搬了家,现世的逆民,终只能够写点无聊的文字来权当薇蕨。薇蕨之集,也不过是想收取一点到饿乡的旅费而已"之意。

本月　七绝三首《西京客舍赠玉儿》《西京客舍又赠玉儿》《别后寄夏四淮阳》刊《墨海潮美术月刊》1930年第3期。

---

①　盛成(1899—1996),江苏仪征人。作家,诗人,翻译家,语言学家。著有自传体小说《我的母亲》。抗战期间一度从戎,曾与郁达夫一同赴台儿庄劳军。

②　陆小曼(1903—1965),又名陆眉,女,江苏武进(今属常州)人。画家。1926年与徐志摩结婚。曾与徐志摩合作创作五幕话剧《卞昆冈》。

③　舒新城(1893—1960),原名玉山,学名维周,字心怡,湖南溆浦人。出版家,教育家。1928年,应中华书局总经理陆费逵之聘,任《辞海》主编。

④　参盛成著《盛成回忆录》第9页,山西人民出版社2012年版;参陈子善《国际笔会中国分会活动考》,《文人事》第404页,浙江文艺出版社1998年版。

⑤　《左联作家联盟第四次全体大会补志》,载1930年11月22日上海《红旗日报》第91期。

12 月

1 日 上海《读书月报》第一卷第 2 期《国内文坛消息》刊出消息《郁达夫脱离左联》,称"近来达夫在林语堂、徐志摩等宴会上,曾当众表示'自己是一个文人,不是一个战士',同时,他又写信给左联,说他自己因为不能过斗争生活,要求脱离关系"。

6 日 据舒新城日记,赴刘大杰请宴,徐志摩等同席,舒新城未至。

21 日 据周作人日记,周作人得郁达夫函,次日复函。

24 日 据舒新城日记,晚六时,赴舒新城宴,徐志摩等同席,"畅谈文艺界事,甚欢"。

本月 完成文论《学文学的人》,认为学文学的人须有天禀气质和牺牲精神,并提出五条"卑卑之论",作为对于想学文学的人的最低要求。载 1931 年 1 月 1 日《读书月刊》第一卷第 3、4 期合刊"各科研究法专号",收入光华书局 1933 年印行"光华小文库"《文学研究入门》(署名"郁达夫等著"),收入《达夫全集》第七卷《断残集》。

本月 《达夫全集》第六卷《薇蕨集》由上海北新书局出版。目次:《题辞》(存目,后改为《〈薇蕨集〉序》,收入《断残集》),以及《二诗人》《故事》《逃走》《纸币的跳跃》《在寒风里》《灯蛾埋葬之夜》《感伤的行旅》《杨梅烧酒》《十三夜》。

本月 完成法国作家卢骚《一个孤独漫步者的沉思》"第二漫步"的翻译,刊于《现代学生》1931 年 4 月、6 月第一卷第 6、8 期,收入《达夫全集》第七卷《断残集》。

1931 年(辛未,民国二十年) 35 岁

▲2 月,左联五烈士和其他 18 位中共干部被杀于上海龙华。
▲9 月,"九一八"事变爆发,日军占领东三省。

1 月

1 日 译文《两位日本作家的感想》,即细田源吉《出家与自杀》,叶山嘉树《自己短评》,文末附记称,两位作者"都是日本无产阶级作家中的中坚分子",两篇感想登载在 1930 年 12 月号《文艺战线》杂志上,"读后觉得很有意思,所以就译了出来"。载《新学生》1931 年创刊号。

同日 大内隆雄作《关于郁达夫的〈迷羊〉》一文,刊是日日本《书香》第 22 号。

17 日 自该日起至 21 日,由于叛徒告密,林育南①等 35 名中共干部,分别在东方旅社、中山旅社、沪新小学等地先后被捕,

---

① 林育南(1898—1931),湖北黄冈人。1919 年在中华大学发起组织"新声社",曾任中国劳动组合书记部武汉分部主任。1931 年 2 月 7 日在上海龙华就义。

包括左联文艺青年柔石、李伟森①、胡也频②、冯铿③、殷夫④等。

23 日　鲁迅致函李小峰，"倘见达夫先生，并乞传语平安为托"。鲁迅已于 1 月 20 日暂避于日本人开设的花园庄旅馆，"不住在旧寓里"。

同日　"旧友二三，相逢海上，席间偶谈时事"，"因而有作"。因其后题于严子陵钓台，故诗题又作《钓台题壁》。

27 日　据舒新城日记，晚 6 时，赴中央大菜社舒新城宴，曾觉之、盛成、林语堂、刘大杰、夏丏尊、张梦麟等同席，商世界文学名著事。决第一期出一百种，其要项：(1)小说 19 世纪下溯至现在。(2)为文学而文学，不分派别国籍，凡有永久价值者，一律选入，以扩大中国读者眼界为目的，不含文学以外之任何作用，将来结果如何，亦不过问。(3)材料不限门类，诗歌、小说、戏剧、散文均选入；诗及戏剧用选集。(4)指定英、法、俄各 50 种，德 15 种，日 5 种，南欧及北欧各 10 种。(5)定价求一律，长者一部分数册，短者集数种为一册。(6)任何种类均于书前撰一长序，叙著者身世和作品特点。(7)各种著作以从原文翻译为原则。谈

---

①　李伟森(1903—1931)，原名伟生，学名国纬，字北平，笔名李求实，湖北武昌(今属武汉)人。1923 年参加京汉铁路"二七"工人大罢工。1924 年赴苏联学习。1931 年 2 月 7 日牺牲于上海龙华。

②　胡也频(1903—1931)，原名胡崇轩，福建福州人。1924 年与女作家丁玲结婚，1928 年到上海主编《红与黑》杂志。1930 年被选为"左联"执行委员。1931 年 2 月 7 日被害于上海龙华。

③　冯铿(1907—1931)，女，原名岭梅，广东潮州人。作家。1930 年加入"左联"，1931 年 1 月 17 日下午 1 时 40 分，与柔石、殷夫、胡也频以及林育南、彭砚耕等 8 人同时在上海三马路 220 号(今汉口路 613 号)东方旅社 31 号房间被捕，2 月 7 日被害于上海龙华。著有创作集《重新起来》。

④　殷夫(1910—1931)，原名徐白，学名徐祖华，又名白莽，浙江象山人。诗人。曾入上海同济大学德文补习科学习。1931 年 2 月 7 日被害于上海龙华。著有《孩儿塔》等。

到 10 时方散,"各项之结果甚善"。舒新城称,当使曾、盛负责法文卷,夏负责日文卷,郁、林负责英、德卷,俄文最困难。

2 月

1 日　所译论文《关于托尔斯泰的一封信》,署款"郁达夫重译",分载于 2 月 1 日《新学生》第一卷第 2 期和 3 月 1 日《新学生》第一卷第 3 期,文末落款"1921 年 2 月译",或为 1931 年 2 月之误。2 月号所载前半部分信末并附记称:

> 上面译出的,是戈里基附在他的《托尔斯泰回忆杂记》后面的一封信。这回忆杂记我在三年前曾译出了它的前半部,发表在北新发行的《奔流》杂志的"托尔斯泰纪念号"上,然而后半的这一封信却始终没有译成。后来经柔石先生译出,先在《萌芽》杂志的一二号上发表,后收在光华出版的《戈里基文录》里。我现在拿它来一对,觉得我的解取英文——因为柔石先生和我所根据的都是由 S. S. Kotelian Sky & Leonard Woolf 两人合译的英文本——的意义,和柔石先生的意见,有些地方大不相同。所以想再来重译一遍,可以和柔石先生及其他的爱读戈里基作品的诸先生来讨论讨论。……

7 日　柔石、殷夫等左联五烈士与林育南、何孟雄①等 18 位中共干部一起被杀于龙华淞沪警备司令部,史称"龙华二十四烈士"。

12 日　题七律《读大杰词》,又作《题刘大杰诗词稿后》,刊

---

①　何孟雄(1898—1931),原名定礼,字国正,湖南炎陵人。中国工人运动活动家。"龙华二十四烈士"之一。

1932 年 12 月 1 日上海《申江日报·江声》。

14 日 日记称："与友人数辈,谈到了近来文字狱的屡兴,各为之唏嘘不已,因为兔死狐悲,我们都不免为无意义的牺牲者。"

3 月

4 日 晚北新来人称门市部已被封,特为拜访蔡元培,请为缓颊,感叹中国之黑暗,实在是世界上无论哪一国所没有的。[①]

10 日 1930 年 12 月所作书评《读刘大杰著的〈昨日之花〉》,载是日《青年界》第一卷第 1 期"书评"栏。

同日 中篇小说《蜃楼》(一至六),载是日《青年界》月刊第一卷第 1 期。

12 日 北上北平。[②]

或为参与徐志摩邀请之笔会。此前,徐志摩曾致函郁达夫,称其将去北平,寓胡适之家。邀与笔会,奉还友人诗稿,并询"允与中华一书"之进展等。[③]

29 日 上午,北京大学国文学会在北大第一院第一教室召开全体大会,会上通过临时动议一件,即"郁达夫先生是否能来请函询本系主任"[④]。

4 月

1 日 《评〈开明英文读本〉》以《郁达夫评》为题,刊于《中学

---

① 《郁达夫风雨说》第 159 页。

② 参 1931 年 3 月 23 日上海《文艺新闻》第 2 号"每日笔记"。

③ 参《徐志摩全集》第六卷(书信)第 219 页。

④ 《国文学会全体大会记录》,《北大日刊》1931 年 4 月 2 日第 2597 号。

生》第 14 号。

2 日 周作人致函翟永坤:顷见北大日刊载国文学会询问郁先生事,有所知一事可以奉告,以供参考。上星期五(3 月 27 日)晨得王映霞女士来电,问达夫已到平否,关于此事以前毫无所知,因即复一电,据实相告。次日又去一信给王女士,询问详情,惟截至今日不见达夫到来,不知何故。大约达夫已离沪,或声言来北平,至于何以未到则是疑问,亦稍令人忧虑也。大约一星期后王女士回信可到,或可知其详情。[①]

5 日 周作人致函翟永坤:顷得达夫来信,知曾暂离上海,现已回去。关于功课事亦曾说及,云"暑假之后决计北上,以教书为活,大约暑假前后当有详信奉告"云云。[②]

7 日 午后,至上海《文艺新闻》社,"告记者说是为取书籍从北平来,明日有船即再北去。并谓上海各书局现状如此,生活很难,决暂移居北平。然又殷殷垂询《文艺新闻》现状,记者告他广告没有办法,苦于经济。他又热心写信为记者介绍现代书局老板洪雪帆[③],以求广告之帮助,函中且有'达夫亦穷愁潦倒,爱莫能助'之句"[④]。

10 日 中篇小说《蜃楼》(七至十),载是日《青年界》第 1 卷第 2 期。

24 日 日记称:"匆匆二十天中,内忧外患,一时俱集,曾几次的想谋自杀,终于不能决行……"

---

① 参《翟永坤启事》,1931 年 4 月 4 日《北大日刊》第 2599 号。
② 参《翟永坤启事》,1931 年 4 月 10 日《北大日刊》第 2601 号。
③ 洪雪帆(?—1934),浙江镇海人。实业家,出版家。1928 年春与张静庐合办现代书局。
④ 参《郁达夫移居北平,下年在北大教课》,1931 年 4 月 13 日上海《文艺新闻》第 5 号。

本月 "一九三一岁在辛未,暮春三月,春服未成"之时,接到当局警告,仓皇离去寓居,再避杭州、富阳。

5 月

10 日 中篇小说《蜃楼》(十一至十二),载是日《青年界》第一卷第 3 期。据郁飞《郁达夫的星洲三年》,此作或有续作,手稿疑佚于南洋。

同日 大内隆雄作《中国文学杂记——关于郁达夫的作品》一文,刊是日本《书香》第 26 号。

18 日 作论文《关于小说的话》,载 6 月 10 日光华书局《文艺创作讲座》第一卷"创作指导讲座",收入《达夫全集》第七卷《断残集》。本卷《编辑后记》称该文"在简短的文字中,说出重要的意义",并特别指出"达夫先生更允许每卷都撰述这种文章"。但后来编辑发行的两卷并无郁氏文章。

本月 王二南先生以中风(脑溢血)去世。接电后与王映霞赶回杭州,老先生尚"读了几首新做的诗"。陈紫荷《郁达夫与王二南》文中为"辛未二月",并称郁达夫自此有居杭之意。

6 月

1 日 大内隆雄作《中国现代作家评论(2)时代的作家郁达夫》一文,刊是日大连《满蒙》12 年第 6 号。

2 日 据鲁迅日记,上午访鲁迅。日本歌人柳原白莲①女士来到中国,想见见中国的文学者,故是晚内山完造招饮于功德

---

① 柳原白莲(1885—1967),原名柳原烨子。大正到昭和时期女诗人,有筑紫女王之称;又以为大正天皇的表妹,和九条武子及江木欣々并称"大正三美人"。

林,鲁迅、增田涉①等同席。②

4日 匡亚明作《郁达夫印象记》：

> 他是被目为中国的颓废作家的。但据我的观察,一般人所举出的理由,不足以证明他自身是一个颓废者。在小说里,他仅仅很忠实的表现了人们所不敢表现的生活的一面,而其实这一面往往是人们所共有的经验,不过程度略有差异而已。他的日常生活,就我所见到的,也都和常人一样,并不显示着反常的浪漫和颓废。倒是在言谈之间,显示出他是深于世故,而能应付世故的一个人。

> 在我的眼中,他确不是一个浪漫、颓废的人。富于热情的他,在根源上还是有着冷静的识力的。他不会取巧,不愿投机,处处地方,都保持着相当的纯洁。或者这所谓纯洁里面也含着多少"洁身自好"的成分,这成分在现在也是一个近乎个人主义的讥诮的名词,但比那些投机取巧以至作恶多端的人,还是非常可敬的。

10日 上海光华书局《文艺创作讲座》第一卷出版,文论《关于小说的话》收入其中。收入《达夫全集》第七卷《断残集》。

7 月

6日 复函周作人,检讨"五年来的无心创作,无心做事情",源自"自广东回沪之后……因为一时的错迷,就铸下了大错,遇人不淑","妇人难养,古今中外似乎是一例的"。表示恐不能"北

---

① 增田涉(1903—1977),日本中国文学研究家,鲁迅研究专家。1920年毕业于东京大学中国文学科,历任岛根大学、大阪市立大学、关西大学等校教授。
② 《郁达夫风雨说》第31页、155页。

来"，且"近来消沉更甚，苦痛更深"。

14 日　致函邓铁①，描述午前八九点间，在静安寺路派克路口电车上望见平山（山人）草帽被吹到空中的情形。刊 1931 年 8 月 22 日《草野》第 6 卷第 1 期。

8 月

18 日　据《申报》广告，郁达夫和鲁迅、叶圣陶、沈从文、郭沫若、茅盾、谢冰心等七位代表作家的作品被推荐入陈思编《小说甲选》上册《中国短篇小说名家集》，被誉为"是现代中国小说的总集，也是中国新文艺的总结帐"。

31 日　据鲁迅日记，下午偕王映霞访鲁迅。

同日　蒋光慈病逝于上海。

本月　完成法国作家卢骚《一个孤独漫步者的沉思》"第三漫步"的翻译，连载于《现代学生》1931 年 7 月、8 月第一卷第 9、10 期，收入《达夫全集》第七卷《断残集》。

9 月

15 日　据鲁迅日记，下午访鲁迅。

18 日　"九一八"事变爆发。

28 日　就"九一八"事变接受中国左翼作家联盟领导的刊物《文艺新闻》笔谈，由记者笔录《军阀的阴谋，消灭异己的政策》，载是日《文艺新闻》周刊第 29 号第 2 版"文化界的观察与意见"

---

①　邓铁（1898—1963），原名菊初，字钝铁、散木，别号有粪翁、一足等，以字行，上海人。篆刻家，书法家，诗人。一生清高孤傲，落拓不羁。著有《篆刻学》《中国书法演变史》等。

栏。同时接受访问和笔谈的,还有鲁迅、周予同、陈望道、郑伯奇、夏丏尊、胡愈之①、叶绍钧、王独清等。

本月 为译文集《几个伟大的作家》作《译者序引》。该译文集收录 1928—1929 年间《奔流》月刊出版中间译成的几篇文字。

10 月

20 日 为中华书局"洽议翻译世界文学百种名著目录会议",作笔谈《歌德以后的德国文学举目》,载是日出版的《现代文学评论》第 2 卷第 3 期、第 3 卷第 1 期合刊。收入《达夫全集》第七卷《断残集》。

11 月

13 日 据《志摩在回忆里》,是日访徐志摩于寓。"在他遇难之前,从北京飞回来的第二天晚上,我也偶然的,真正是偶然的,闯到了他的寓里",与许多朋友聚谈到 12 点过。

19 日 徐志摩在济南附近坠机遇难。灵柩暂厝于济南福缘庵,22 日晚运回上海,后由万国殡仪馆重殓,在静安寺设奠。1932 年 12 月 25 日,归葬诗人故乡浙江海宁硖石镇东山万石窝,墓碑系书法家张宗祥②所题。

21 日 早晨得知徐志摩飞机遇难,探望陆小曼两次,见状很凄惨。③

---

① 胡愈之(1896—1986),原名学愚,浙江上虞(今属绍兴)人。作家,出版家,社会活动家。1940 年赴新加坡办《南洋商报》,后流亡苏门答腊。

② 张宗祥(1882—1965),名思曾,后改名宗祥,字阆声,号冷僧,浙江海宁人。1914 年任教育部视学。

③ 参于听、周艾文编《郁达夫诗词抄》第 254 页。

下旬 离沪赴京小住。①

沿途作《北征杂感》七绝两首,《过南京》和《过徐州、济南》,后者又题《过徐州、济南吊十四人》。作七绝《道经天津赠董秋芳》,1934 年 9 月 6 日在天津扶轮中学,又以《赠董秋芳》为题,书赠董秋芳。

12 月

6 日 北京文学界借马神庙北大第二院大礼堂召开徐志摩追悼会,追悼仪式拟从"简单诚敬"。② 会场由林徽因③设计布置,丁文江致悼词,胡适介绍诗人生平,当日到会 200 多人。

7 日 书评《毁灭》刊于《文艺新闻》第 4 版"新刊介绍",称《毁灭》"是一部惊动了苏联文坛代表着新兴文学的新的发展阶段的作品"。

同日 日记称,"北新版税不送来,已陷于绝粮的境地"。

11 日 作散文《志摩在回忆里》,刊于 1932 年 1 月 1 日《新月》第 4 卷第 1 期"志摩纪念号",收入《忏余集》,收入《达夫散文集》。1934 年 10 月,作为徐志摩评传材料被收入贺炳铨编《新文学家传记》(上海旭光社)。

13 日 据《看联合公演后的感想》,是晚,至河南路上海市商会剧场看上海抗日救国各团体(上海左翼话剧工作者联合会)联合演出,剧目有《血衣》《工场夜景》《双十节》《七个暴风雨中的女

---

① 袁庆丰《欲将沉醉换悲凉——郁达夫传》第 412 页,上海文艺出版社 1998 年版。
② 《北京大学日刊》1931 年 12 月 4 日第 2750 号。
③ 林徽因(1904—1955),女,福建闽侯(今福州)人,生于浙江杭州。建筑师,诗人,作家。1924 年 9 月入读美国宾夕法尼亚大学美术学院,回国后受聘于东北大学建筑系、北平中国营造学社、清华大学。

性》等四个剧本。史沫特莱①女士同席观看。②

15 日　与夏丏尊、周建人、胡愈之、傅东华③、叶绍钧、丁玲④、楼适夷等 31 人共同发起成立"上海文化界反帝抗日联盟"。⑤

19 日　著"附记"于《志摩在回忆里》,修定《挽志摩》一联:"三(两)卷新诗,廿年旧友,与君同是天涯,只为佳人难再得;一声河满,九点齐烟,化鹤重归华表,应愁高处不胜寒。"

20 日　赴静安寺出席上海教育界、文化界举行的公祭诗人徐志摩追悼会,于右任⑥、蔡元培、胡适、章士钊等亲自参加或致挽联。⑦

同日　为小说、散文集《忏余集》作序言《忏余独白》,载是日《北斗》月刊第一卷第 4 期。

21 日　剧评《看联合公演后的感想》,载 1931 年 12 月 21 日《文艺新闻》周报第 41 号第 3、4 版。

26 日　"北新的版税,尚未送来",午后寒雨,无钱买米和菜,"将一张四年来用惯的铜床卖去"。

----

①　艾格尼丝·史沫特莱(Agnes Smedley,1892—1950),女,美国记者,作家,社会活动家。1928 年底来华,在中国 12 年,著有《中国红军在前进》《中国的战歌》等。

②　参王啸平《作家与战士》,《回忆郁达夫》第 511 页。

③　傅东华(1893—1971),浙江金华人。作家,翻译家。文学研究会成员,参与主编《文学》月刊,曾任《救亡日报》编委,参与翻译斯诺《西行漫记》。译有名著《飘》等。

④　丁玲(1904—1986),女,原名蒋伟,字冰之,湖南临澧人。作家,社会活动家。1936 年 11 月到达陕北保安,是第一个到延安的知名作家。代表作有《梦珂》《莎菲女士的日记》《太阳照在桑干河上》等。

⑤　张广海《政治与文学的变奏——中国左翼作家联盟组织史考论》第 192 页。

⑥　于右任(1879—1964),原名伯循,字诱人,后以谐音"右任"为名,晚年自号"太平老人",陕西泾阳人。政治家,教育家,书法家。

⑦　《徐志摩在静安寺设奠》,《申报》1931 年 12 月 22 日第 16 版。

28日　"上海文化界反帝抗日联盟"召开第一次执委会，与楼适夷、丁玲、夏丏尊、叶绍钧等同被推荐负责出版机关杂志。①

本月　素雅（李赞华）②编《郁达夫评传》，由上海现代书局出版，为"现代文学讲座"之一，亦为"四大评传"（郭沫若、茅盾、郁达夫、张资平）之一。

除素雅之《序》外，全书收论文和纪传18篇：素雅《郁达夫传》，匡亚明《郁达夫印象记》，周作人《〈沉沦〉》，成仿吾《〈沉沦〉的评论》，师鸠《〈日记九种〉》，钱杏邨《〈达夫代表作〉后序》，黎锦明《达夫的三时期》，陈文钊《〈达夫代表作〉》，欧阳竞文《读了〈达夫全集〉以后》，缦影《读了达夫的〈过去集〉后》，胡梦华《〈茑萝集〉读后感》，浩文（邵洵美）《〈小家之伍〉》，刘大杰《〈小家之伍〉》，张若谷《郁达夫与一女侍》，沈从文《郁达夫张资平及其影响》，张若谷《创造社访问记》，王独清《创造社》，素雅编《郁达夫先生著译一览》。

1932年（壬申，民国十一年）　36岁

▲1月，日军进犯上海，爆发"一·二八"淞沪抗战。

▲3月，日本在东北扶持溥仪成立伪满洲国傀儡政权，年号"大同"。

▲12月，宋庆龄、蔡元培等发起的中国民权保障同盟在上海成立。

---

① 张广海《政治与文学的变奏——中国左翼作家联盟组织史考论》第192页。

② 李赞华，笔名素雅、李芷香，20世纪30年代曾担任上海现代书局总编辑。著有短篇小说集《变动》。

1 月

4 日　"宿醉未醒,睡起成对一联",即"岂有文章成海内,欲将沉醉换悲凉",收《郁达夫诗词抄》。并誓言"想再恢复一下当时在创造社吃苦奋斗的精神,来恶战它四年"。

5 日　据《傅彦长日记》,在新雅,遇傅彦长、周大融①、曹礼吾②、汪馥泉、夏莱蒂等。

7 日　在国立暨南大学作题为《文学漫谈》的演讲,明确表示"文学是宣传"(但必须写得动人才能达到宣传的目的),"文学是革命的先驱"(文学家对于社会破绽必在一般人所感到之先就有所感触),"文学是进化的"(一切艺术都是时代和社会的产物,天才作家则善于将作家的自我通过艺术作品融入时代精神,从而影响和促进时代),从而"到了这样内忧外患一时俱集的时候","我们要用文学来作宣传,唤醒我们本国的群众,叫他们大家起来反抗帝国主义。我们要用文学来作水门汀,使我们和世界各国的被压迫群众都能联合起来,站在一条战线之上。我们要用文学来鼓吹世界革命,用以抵抗帝国主义者和资本家的世界第二次大屠杀。最后我们还要用了文学来促成最合理最进步的新社会的实现"。演讲词载 1932 年 10 月 20 日《青年界》月刊第 2 卷第 3 号,收入《达夫全集》第七卷《断残集》。

《新时代》月刊 1932 年 1 月第 2 卷第 1 期"文坛消息"曾刊消息:

---

①　周大融,曾出任 1927 年 3 月成立的上海艺术协会监察委员,1929 年发起成立上海音乐协会。

②　曹礼吾(1901—1966),湖南长沙人。曾担任《芒种》《涛声周刊》编委。抗战时期曾任西南联大教授。著有《鲁迅旧体诗臆说》等。

国立暨南大学晓风文艺社,组织以来,尚称努力,该社除发刊壁报外,多趋向于理论的研究,前曾请适夷、丁玲女士、郁达夫先后在该校致远堂公开讲演,听众每次均有 700 人以上,甚感兴趣云。①

20 日　为丁玲《北斗》月刊"创作不振之原因及其出路"或"创作的宿见"征文所作之短论《中国近来文艺创作不振的原因》,载是日《北斗》月刊第 2 卷第 1 期。方光焘、张天翼、戴望舒等同题征文。

28 日　"一·二八"淞沪抗战爆发,日本海军陆战队对上海驻军第 19 路军发起攻击。商务印书馆被焚毁。据《"一二八"的当时》,是日感风寒,卧床一日;晚与邵洵美等在陆小曼寓商谈。据《沪战中的生活》,"晚饭后有友人来谈,便一同出去上一家新故的友人的家里,大家又聚谈到了夜半"。

29 日　据日记和《沪战中的生活》,与友人在马路上走了一个下午,且走且谈且梦想,从沪西一直走到外滩、走到法界。两边的商店全罢了市,新闻报纸、号外、标语和不正确的谣言,飞满了全市。此外便是帝国主义的传令兵车和调防队伍,与难民的"出埃及"的长蛇大阵。

30 日　据鲁迅日记,为避战火,鲁迅全寓中人俱迁避内山书店三楼。坊间则盛传鲁迅被宪兵击伤,下落不明。

本月　作论文《现代小说所经过的路程》。以历来中国小说不为儒家、朝廷所重视,至晚清更被落在一般轻薄文人手里,五四运动后,中国小说才"接上了欧洲各国的小说系统,而成了世界文学的一条枝干",故翔实介绍"西欧小说的古今趋势"。载

---

①　《暨大晓风文艺社请丁玲郁达夫讲演》,《新时代月刊》第 2 卷第 1 期。

1932年6月4日《现代》月刊第一卷第2期(6月号),收入《达夫全集》第七卷《断残集》。

本月　王映霞"叫郁达夫请来了律师徐式昌,和北新书局经理李小峰,当着众人的面,郁达夫写下了一式三份的'版权赠与书'",律师、书局和王映霞各执一份。"赠与书"称"著作者郁达夫愿意将所著《寒灰集》、《鸡肋集》、《过去集》、《奇零集》、《敝帚集》、《薇厥集》、《日记九种》、《迷羊》及译稿《小家之伍》等书版权及附属于各书之权益全部赠与王映霞氏"。①

2 月

3 日　因传鲁迅、周建人被宪兵殴伤,下落不明,故化名鲁迅"至戚冯式文"拟《寻找鲁迅启事》,刊于1932年2月3日《申报》临时专刊"脱险与失踪"专栏。

同日　与鲁迅、茅盾、叶绍钧、胡愈之、丁玲、陈望道、田汉等43人共同签名发表《上海文化界告世界书》,谴责日本帝国主义发动"一·二八"侵沪战争,呼吁全世界无产阶级和革命的文化团体及作家们,立即起来用全力,反对日本帝国主义惨无人道的屠杀,转变帝国主义战争为世界革命的战争。载2月4日上海《文化新闻》战时特刊"烽火"第2号。

4 日　前往内山书店三楼,看望在此避难的鲁迅。

《回忆鲁迅》一文有述,"就在这一个下午,我却在四川路桥南,内山书店一家分店的楼上,会到了鲁迅",但对照文中其他描述,郁达夫首次访问避难中鲁迅的时间或在鲁迅"在报上看到寻人启事"(2月3日后)和"向世界文化人呼吁"(2月5日前)之

---

①　王映霞著《王映霞自传》第106页,黄山书社2008年版。

间,故酌为 2 月 4 日,地点应该还在内山书店,而非 6 日以后才移居的支店。

6 日　大年初一。据鲁迅日记,鲁迅脱身至英租界内山书店支店,即四川路福州路附近内山书店中央支店,10 人一室,席地而卧。鲁迅和家人一直住到 3 月 13 日。

9 日　被"中国著作家抗日协会"第一次执行委员会公推为编辑委员和国际宣传委员。因愤日本之暴行,2 月 8 日,"中国著作家抗日协会"由戈公振①、胡秋原、陈望道、郑伯奇、丁玲等上海著作家讨论组织,戈公振为协会主席,陈望道为秘书长,下设总务部、宣传部、组织部并经济委员会、民众运动委员会、编辑委员会、国际宣传委员会等。②

15 日　收到上海中华书局舒新城、钱歌川③来信。

20 日　复函舒新城、钱歌川,称"待大局稍定"再动手翻译《某妇之一生》,并附寄中华书局图书馆藏书一册。

25 日　据鲁迅日记,午后,鲁迅偕三弟周建人到访,感谢郁达夫在"一·二八"期间对两家的关心。

27 日　据周作人日记,周作人得郁达夫函,次日作复。

29 日　据鲁迅日记,下午访鲁迅,并以干鱼、风鸡、腊鸭赠鲁迅。

本月　一·二八战火后,于逃难之余,"得了十日的空闲",完成中篇小说《她是一个弱女子》。在后叙中,自述写小说十几

---

①　戈公振(1890—1935),名绍发,字春霆,江苏东台人。新闻记者,新闻学家。曾任《时报》总编,曾创办《图画时报》《申报星期画刊》。

②　《上海著作家一致抗日》,《申报》1932 年 2 月 11 日第 7 版。

③　钱歌川(1903—1990),原名慕祖,笔名歌川,湖南湘潭人。散文家,翻译家。上海中华书局编辑,1931 年参与主编《新中华》杂志。

年来,"比这一次写这篇小说时的心境更恶劣的时候,还不曾有过。因此这一篇小说,大约也将变作我作品之中的最恶劣的一篇"。

小说 10 天速成,在 1932 年 2 月"上海战事紧张,百业凋零,经济压迫得无可奈何的时候",换钱度过"当时极其窘迫的日子"。[①]

1932 年 4 月 20 日,这部小说先被列为"文艺创作丛书"之一由上海湖风书局出版,9 月即告再版;湖风书局被查封后,上海现代书局接收其纸型于当年 12 月重印,为躲避检查,倒填年月作"1928 年 12 月初版";1933 年 5 月,因内容有碍风化而遭上海市公安局查扣,6 月被以"暗示阶级意识,描写淫秽情节"禁售;1933 年 12 月,小说单行本《她是一个弱女子》经删改并易名为《饶了她》,由上海现代书局重排出版;1934 年 4 月又被指"诋毁政府"再次遭禁。

3 月

2 日　作杂文《悼罗佩脱·孝脱义士》,刊于 1932 年 4 月 16 日《文化通讯》第一卷第 1 期。据《沪战中的生活》称,"为一个抗日反帝团体要出周刊之故",赶写一篇不满千字的短文,"当时是在美国那位浪漫技师萧脱刚在苏州阵亡之后","只说了些称颂他的义烈,与愤恨中国军队的不抵抗和阴谋的废话",一个多月以后,于周刊第一期刊发。

3 日　据鲁迅日记,下午偕王映霞访鲁迅。

---

①　刘大杰《读郁达夫的"一个弱女子"》,《申江日报副刊·海潮》第 2 期,1932 年 9 月 25 日第 4 版。

7 日 据鲁迅日记,下午偕王映霞访鲁迅。

10 日 回富阳老宅,寓居一周。

12 日 据舒新城日记,下午 4 时,应田汉之约,赴联华影片公司便餐,客人甚多,男女 30 余人,均电影界、文艺界及新旧戏剧界之人物,且多"左倾"者。7 时半入席,8 时后,田汉请舒新城报告中华书局情形,卜□群报告电影,欧阳予倩报告新旧剧,郁达夫报告文学,刘宝禄报告新剧运动,至 9 时半尚未终席。

13 日 据鲁迅日记,因海婴出疹,鲁迅离开避居一月有余的内山书店支店,移入大江南饭店,3 月 19 日回寓。

15 日 据鲁迅日记,鲁迅寄致郁达夫函。

19 日 致函北新书局赵景深[①],出于种种原因,怕写不成《蜃楼》,请待稍迟。函收 1936 年 5 月《现代作家书简》。

20 日 1931 年 12 月所作时论《学生运动在中国》一文刊于《青年界》第 2 卷第 1 号,收入《达夫全集》第七卷《断残集》。文章认为,只有这些"年龄在二十左右,血气方强,没有同污恶的社会接触过,家累全无,只在向未来着眼而不顾左右过去的青年",才是纯洁勇敢的,只为正义呼号,才能前进、奋斗、牺牲,从而"学生运动在中国,就必然的成了推进社会的一大原动力";同时指出,学生运动若仅有"请愿游行这些形式",是不能够发生什么社会意义的,他预言,"现在的学生运动,将来必然地要和劳苦群众联合起来,结成一条共同战线"。

本月 完成《她是一个弱女子·后叙》。

春 开始在吴淞中国公学兼课。当在吴淞中公任教时,"案

---

① 赵景深(1902—1985),曾名旭初,笔名邹啸,祖籍四川宜宾,生于浙江丽水。戏剧研究家,文学史家。1927 年任开明书店编辑,并主编《文学周报》,1930 年任北新书局总编辑。

头吟稿,积若牛腰",这些旧诗"诗情激越,浑雄悲壮",石岳崧记下了其中三首(《和冯白桦〈重庆五羊城〉原韵》《赠吾友王沉》《过徐州》)。①

4 月

11 日 作旧体诗《自况》一联"绝交流俗因耽懒,出卖文章为买书"。收《郁达夫诗词抄》。

5 月

17 日 据鲁迅日记,下午偕王映霞访鲁迅。

22 日 鲁迅在致增田涉信中,推荐郁达夫《二诗人》编入《世界幽默全集》第 12 卷"中国篇",认为其中"很多挖苦人的话""有点'幽默'"。

30 日 据傅彦长日记,赴"红梅"应林微音宴,傅彦长同席。

本月 作《沪战中的生活》,于记录一·二八沪战期间"幻像消灭的悲哀"之外,对战时里作的"两篇吃力不讨好的文字",即《悼罗佩脱·孝脱义士》和《她是一个弱女子》,作了一些说明。刊载于《读书杂志》月刊 1932 年 4 月 1 日(或延期出版,《申报》相关广告刊于 6 月 29 日)第 2 卷第 4 期"反日民族战、歌德百年祭专号",为"战时生活自述"同组散文之一,同题作者有陈望道、钱君陶、孙福熙等。收入《忏余集》,收入《达夫散文集》。

本月 乐华图书公司编辑出版《当代文学读本》第一种《当代小说读本》(上册),《银灰色的死》《过去》《一个人在途上》《感

---

① 石岳崧《记郁达夫诗》,《时代日报》1935 年 10 月 31 日第 3 版。

伤的行旅》等 4 篇作品收入其中,书中附《郁达夫传略》,并每部作品之后有介绍。

《当代文学读本》共 6 册,计小说 2 册,散文 1 册,诗歌戏曲 1 册,文艺论选 1 册,作家论 1 册。编辑目的在于以中等学校学生为对象,选集国内优秀作家代表作,适于中等学校采作教本。编选以作家为单位,附所选作家传略,介绍该作家艺术思想和文学特点;每部作品之后有介绍,分析该作品的意义、思想及于时代的影响,并写作方法及所属文学流派等。

6 月

16 日　日记称"数日来睡眠不足","又兼以日日有家庭间的吵闹,所以什么事情也不想做"。

本月　作小说《马缨花开的时候》,载 1932 年 8 月 1 日《现代》月刊第一卷第 4 期,收入《忏余集》。

本月　作文论《关于黄仲则》,载金民天编校、上海光华书局 1932 年 9 月版《黄仲则诗词》,收入《达夫全集》第七卷《断残集》。

本月　为左联青年董每戡①自选词集《永嘉长短句》作《唱出自己的情绪——〈永嘉长短句〉序》,载 1933 年 2 月 1 日《新时代月刊》第 4 卷第 1 期"词的解放运动专号"。曾载 1932 年 7 月 15 日《文坛》第 4 期,题为《〈永嘉长短句〉读后附注》;又载 1932 年 12 月《文艺茶话》月刊第一卷第 4 期,题为《〈永嘉长短句〉序》。收入《达夫全集》第七卷《断残集》。

---

①　董每戡(1907—1980),原名国清,入学取名董华,笔名每戡,浙江温州人。戏剧家,戏曲史研究专家。20 世纪 30 年代初加入"左联"和"剧联",创作有三幕话剧《C夫人的肖像》等。

本月　贺玉波编《郁达夫论》由上海光华书局出版。

全书收各类专论 27 篇：凌梅《郁达夫小传》，郁达夫《五六年来创作生活的回顾》，匡亚明《郁达夫印象记》，黎锦明《达夫的三时期》，钱杏邨《〈达夫代表作〉后序》，若谷（张若谷）《从郁达夫说到珈琲店一女侍》，沈从文《论中国创作小说》，甲辰（沈从文）《郁达夫张资平及其影响》，周作人《〈沉沦〉》，成仿吾《〈沉沦〉的评论》，陈文钊《〈达夫代表作〉》，欧阳竞文《读了〈达夫全集〉以后》，刘大杰《郁达夫与〈迷羊〉》，邵洵美《〈迷羊〉》，贺玉波《郁达夫与〈迷羊〉》，缦影《读了郁达夫的〈过去集〉后》，邵洵美《〈小家之伍〉》，孙梅僧《郁达夫的末路》，章克标《尊题拜借（给郁达夫的信）》，言返《自己经验与自画像》，言返《向郁达夫先生声明》，郁达夫《翻译说明就算答辩》，贺玉波《关于〈寒灰集〉》《〈过去集〉的三种作品》《对于〈奇零集〉的杂感》《论郁达夫作风的转变》《写在〈郁达夫论〉的后面》。

7 月

2 日　据傅彦长日记，在"再生时代"遇林玉堂、全增嘏①、储安平②、傅彦长、孙福熙、邵洵美、章克标③等。

5 日　为光华《读书月刊》提出的三个问题（文学是否有阶级

---

①　全增嘏（1903—1984），浙江绍兴人。曾任《天下月刊》（英文）编辑，中国公学、大同大学教授，复旦大学教授、外文系主任。著有《西洋哲学小史》及《西方哲学史》（上、下册）等。

②　储安平（1909—1966?），江苏宜兴人。新月社成员。主持《客观》《观察》等刊物。1957 年曾任《光明日报》总编。1966 年后不知所终。

③　章克标（1900—2007），原名章恺熙，浙江海宁人。日本京都帝国大学留学。1928 年进开明书店，主编《开明文学词典》，后又参与创办时代图书公司，曾任时代图书公司总经理。

性,文学应否大众化,大众化是否妨碍文学的尊严等)而作文论《文艺论的种种》,载 1932 年 12 月 20 日《读书月刊》第三卷第 5 期"文艺论战"一栏。收入《达夫全集》第七卷《断残集》。

8 日　参观天一制片公司。"因为没有看见过有声电影的摄制情形","由前新东方剧场的经理胡规芬介绍,到天一公司去参观摄影,邵老板竭诚招待,领他在各处参观了一转,然后到摄影场去。那时摄影场里正在开拍全部歌舞的《芭蕉叶上诗》。""邵老板因为近来天一摄片取材,极力改良,当下商请郁达夫编制一个剧本,郁达夫满口答应。"①

10 日　发起部分著作家茶话会,与会者有鲁迅、柳亚子、茅盾、田汉、丁玲、洪深等,讨论营救正在狱中绝食的泛太平洋产业同盟上海办事处秘书牛兰夫妇②。会后致电国民党当局,要求立即释放牛兰夫妇,"以重人道"。

据《柳亚子自述》,"一·二八事变以后,为了第三国际党人牛兰夫妇在南京狱中绝食的事情,好像由达夫发起,在一个虹口的什么酒家开了个茶话会,到的人我和鲁迅先生外,有丁玲、茅盾、田汉、洪深、陈望道、楼适夷、姚逢子等,都是一时知名之士,大家决议打电报到南京司法院院长居觉生③处去请愿,签名的三

---

①　《郁达夫参观天一》,《正气报》1932 年 7 月 10 日第 1 版。
②　牛兰、汪得利曾为第三国际党人,1930 年 3 月,牛兰被派为第三国际远东局主任来华,1931 年 6 月 15 日与汪得利曾一同被捕,1932 年 8 月 29 日以危害中华民国罪被判处无期徒刑。此案审理颇受国际社会关注。开庭审理期间,牛兰夫妇绝食四次,宋庆龄、蔡元培、胡适、杨杏佛等组织"牛兰营救会",一些国际名人亦通过"国际救护委员会"等组织,多方发起营救;而此案之经过曲折和过受干预在法律界也颇有不同声音。
③　居正(1876—1951),原名之骏,字觉生,号梅川,湖北广济(今武穴)人。政治家,法学家,居士。

十六人,恰合梁山三十六罡的数目"①。

11日 牛兰夫妇第三次绝食第十日,与柳亚子②等作为"世界营救牛兰总会"成员,与孙夫人宋庆龄领导的"营救牛兰会"共同发表英文宣言:"我侪与欧美各国之著作家、医学家、法学家、科学家、艺术家、教育家及政治家,凡关心牛兰夫妇案者,共同联络,为人道正义及不可侵犯之政治自由权,而请求应准牛兰夫妇之请求,将案移沪,或将其全部释放。此种请求,须立时应允。今日为牛兰夫妇在南京绝食之第十日,世界最高思想所系之二人之生命,国民政府视之如儿戏,牛兰夫妇果因绝食而死,任何歉意、任何理解,皆不能涤此污点。我侪欣然与世界营救总会合作,以达成功。谨此宣言。"③

12日 据鲁迅日记,上午,鲁迅访郁达夫,当为确认《二诗人》中颇费解的"奇异的语言"。

16日 据鲁迅日记,鲁迅寄致郁达夫函。

18日 据鲁迅日记,上午,鲁迅得郁达夫复函。

同日 鲁迅致增田涉信中,称郁达夫《二诗人》"作者太喜用奇异的语言,颇多费解处",且已为此"写信问过原作者"。

19日 作读书笔记《在热波里喘息》,就暑热里所读《食蓼之虫》(谷崎润一郎)、《菩提珠》(柳无忌、柳无非、柳无垢④)、《将军底头》(施蛰存)三部作品作评点,载 1932 年 9 月 1 日《现代》第

---

① 《柳亚子自述(1887—1958)》第 229 页,人民日报出版社 2012 年 1 月版。

② 柳亚子(1887—1958),名弃疾,号亚子,江苏吴江人。诗人,南社创始人之一。著有《磨剑室诗词集》《磨剑室文集》等。

③ 参《申报》1932 年 7 月 12 日第 13 版。

④ 柳氏三兄妹。柳无忌(1907—2002),柳亚子长子,诗人,旅美散文家,耶鲁大学博士;柳无非(1911—2004),柳亚子长女,毕业于上海大同大学,翻译家;柳无垢(1914—1963),柳亚子次女,翻译家,宋庆龄秘书。

一卷第 5 期"夏之一周间"特辑。

8 月

本月　作游记《钓台的春昼》,刊于 1932 年 9 月 16 日《论语》半月刊第 1 期,收入《忏余集》《达夫自选集》《达夫散文集》。1936 年,被收入朱剑芒遵教育部审定"新课标世界中学教本"编《初中新国文》(第四册)"名胜景物描写"一节(世界书局);1937 年 3 月,被收入新绿文学社编《名家游记》(中华书局)。

9 月

16 日　出席新创刊《论语》半月刊首次编辑会议,并被邀为经常撰稿人。

30 日　作杂文《"天凉好个秋"》,以片言只语,讥刺世事百态。刊于 1932 年 10 月 16 日《论语》半月刊第 3 期。1939 年 4 月,被收入林语堂编《现代幽默文选》第二/三辑(大夏书店)

本月　完成小说《东梓关》,文末附记称此篇"是《烟影》《纸币的跳跃》两篇的续篇",载 1932 年 11 月 1 日《现代》月刊第 2 卷第 1 期,收入《忏余集》《达夫短篇小说集》。1936 年 7 月,被收入逯夫编《模范小品文选》(一名《现代模范文选》,上海希望出版社)。被收入三通书局编辑部编《落花》,为"三通小丛书"之一(上海三通书局)。

10 月

2 日　据鲁迅日记,上午访鲁迅,得鲁迅所赠《铁流》《毁灭》《三闲集》各一册。

5日　偕王映霞在聚丰园宴兄长郁曼陀,为其出任上海江苏高等法院第二分院刑庭庭长,鲁迅和柳亚子夫妇作陪。席间,鲁迅题《自嘲》诗"横眉冷对千夫指,俯首甘为孺子牛"一联,其后有跋云"达夫赏饭,闲人打油,偷得半联,凑成一律,以请亚子先生教正"。

月初　良友编辑赵家璧①由郑伯奇陪同首次得见郁达夫,并请为新策划的"良友文学丛书"赐稿。之后,赵家璧亦去函联系,"勤加追问"。②

6日　晨离沪去杭,住湖滨沧州旅馆,"静养沉疴,细写东西"。11月中旬回沪。自该日起至10月13日日记称《沧州日记》,收《达夫日记集》。

1935年1月,所作《沧州日记》被颜友松收入新课标《初中国文教科书》第二册,选为教学日历第16周精读课文,并列《水明楼日记》为略读文,用以补充阅读(大华书局);1937年1月,被收入姚乃麟编"新编文学读本"《现代创作日记选》(上海中央书店)。

7日　早餐后,由清波门坐船至赤山埠,翻石屋岭,出满觉陇,上翁家山,在老龙井旁喝茶三碗,又上南高峰走了一圈,下来出四眼井,坐黄包车回旅馆。"今天的一天漫步,倒很可以写一篇短篇。"

8日　重阳节,上里西湖葛岭去登高。题诗《登杭州南高峰》(七律),刊1933年1月11日上海《申江日报·江声》;又题《寄映霞》,刊1933年3月1日《新时代月刊》第4卷第2期。晚上读

---

①　赵家璧(1908—1997),上海松江人。编辑出版家,作家,翻译家。策划并编选出版有《良友文学丛书》《中国新文学大系》《晨光文学丛书》《晨光世界文学丛书》等大型丛书。

②　参赵家璧《回忆郁达夫与我有关的十件事》,陈子善编《回忆郁达夫》第281页。

卢骚《漫步者的遐想》。

9 日　"迟桂开时日日晴",计划动手写点东西,先想写一短篇,名《迟桂花》。

10 日　开始写《迟桂花》,午前写了千字不到。"写出来怕将与《幸福的摆》有点气味相通,我也想在这篇小说里写出一个肺病者的性格来。"

11 日　同七八年前一样痰里有血点。晚寄《不亦乐乎》于林语堂,为《论语》第 4 期用,为杂感四则,具名"子曰"。经陈子善先生考证,杂感刊出其中一则,即《论语》第 4 期上《Huala! Huala》,署名"达"。

12 日　二兄养吾来杭,同去西湖医院。据鲁迅日记,鲁迅得王映霞函,次日复函。

13 日　准备搬入段家桥西湖病院。

同日　据《半日的游程》,午后,作书于"既是同乡,又是同学,而自美国回来之后就在这母校里服务的胡君"继瑗①,并同于之江大学作"半日的游程"。越明年,郁达夫至之江文理学院国文系任教,即经了其乡人、经济系教授胡继瑗的推荐。胡与郁"少时同学,且有戚谊","既能诗词,又工书法",其时乃之江大学经济系主任。②

14 日　搬至友人杨郁生借断桥东张公祠经营的西湖医院水明楼。致函良友编辑赵家璧,告以出书事有待自杭州回沪。自该日起至 11 月 10 日,所作日记作《水明楼日记》,载 1933 年 3 月

---

①　胡继瑗(1897—1971),名传寿,号鲁声,以字行,祖籍安徽歙县,生于浙江富阳。先后在清华大学、之江大学、燕京大学、南开大学任教。

②　参陈从周《郁达夫早年经历》,《陈从周全集》第 12 卷《梓室余墨》第 332 页,江苏文艺出版社 2013 年 12 版。

《现代学生》第 2 卷第 6 期"学生生活专号"。收入《忏余集》《达夫日记集》。

1933 年 10 月,《水明楼日记》被收入新绿文学社编《名家日记》(上海文艺书局);1934 年 3 月,被收入谢美云编"模范文学读本"之《模范日记文读本》(上海光华书局);1934 年 5 月,被赵景深编入新课标《初中混合国语》第五册,选为"日记文"精读课文(青光书局);1934 年 10 月,被收入赵景深编"中学国语补充读本之一"《现代日记选》(上海北新书局);1935 年 4 月,被收入陈子展《注释中外名人日记选》(中华书局);1936 年 4 月,被收入钱公侠、施瑛编"中国新文学丛书"之《日记与游记》(上海启明书局);1937 年 1 月,被收入姚乃麟编"新编文学读本"《现代创作日记选》(上海中央书店);被收入巴雷编标准补充读物《新编中学生模范日记》"名家日记精选"(上海大方书局)。

15 日 预计 11 月底,必须做好《蜃楼》。"偶来旗下",在龙翔里外邮局写明信片给王映霞。

16 日 因心终郁郁,午后搭车上四眼井,又上翁家山视察一回,下龙井风篁岭,过二老亭,出至洪春桥搭车回。题诗《过岳坟有感》(七律),刊 1932 年 11 月 20 日上海《申江日报·江声》,收入《郁达夫诗词抄》时改题为《过岳坟有感时事》)。

同日 被列为《论语》"长期撰稿员"。①

17 日 据致王映霞明信片,午前做《迟桂花》二千多字,"或将成为今年的我作品中的杰作"。近来不出门户一步,只在读书写作。有诗寄柳亚子。

18 日 据致王映霞明信片,午前写《迟桂花》四千字,午后做

----

① 《论语》半月刊第 3 期。

一千字，"几个人物的性格还没有点出，明日再写一天，大约总该有点眉目了"。至湖滨买书喝酒，酒保耽读小说，将酒烫过了头，得"酒冷频温为对书"一句。向王映霞表示不做好《蜃楼》，决不回去。

19 日　据致王映霞明信片，午前写《迟桂花》四千字，午后做两千字。"这一篇《迟桂花》，也是杰作，你看了便晓得。"

20 日　据致王映霞明信片，午前写四千字，完成《迟桂花》，共合 2.1 万字，傍晚付邮寄出。"《迟桂花》我自以为做得很好，不知世评如何耳"，"这一回的一篇，没有一段败笔，很得意"。《迟桂花》载 1932 年 12 月 1 日《现代》月刊第 2 卷第 2 期，收入《忏余集》《达夫自选集》《达夫短篇小说集》等。

22 日　午前出游，坐黄包车至万松岭上，在双吊坟小坐，抄"双节坟碑记"一道。又涉历四五个山峰，西至将台山，出南星，游至花牌楼，复上山，经梵天寺、胜果寺遗址等，跑尽了凤凰山全部。

23 日　午前出游拱宸桥，果然萧条之至。访大关诸暨斯氏不遇，过马塍庙，寻东西马塍、王庵等不见。

24 日　据致王映霞明信片，午前至旗下，买《湘湖志》《唐诗鼓吹》各一部，继上太平门、大学路、艮山门、坝子桥等处。去浙江大学图书馆看书。

同日　《现代》杂志社收悉郁达夫自杭州来书，称新作《迟桂花》已寄至沪寓，即晚便到赫德路郁宅去取了来。郁夫人并示以达夫家书，称此作"没有一段败笔，我很得意"①。

25 日　晨起搭杭余路车至留下，由石人坞，越过两三峰，遵

---

① 《社中日记》(10 月 24 日)，载 1932 年 12 月 1 日《现代》月刊第 2 卷第 2 期。

九曲岭下,出西木坞,历访风木庵、伴凤居等别业。作诗《访风木庵、伴凤居等别业,偶感寄映霞》(又题《游杭州风木庵等名胜偶感寄映霞》)、《过西溪法华山觅厉征君墓不见》(七绝)。此诗亦寄柳亚子请教。

26 日　晨起考厉太鸿生卒年月,想做一篇小说,当名作《溪楼延月图》,或《碧湖双桨图》,或《碧浪湖的秋夜》。下午去天竺,上最高峰。

28 日　午前上图书馆看《湖州府志》。

29 日　晨致函北新李小峰、《现代》施蛰存①。午前写《碧浪湖的秋夜》10 页,已布好全篇大局。打算先写《蜃楼》。

30 日　据致王映霞明信片,午前写《碧浪湖的秋夜》二千字。预备将《碧浪湖的秋天》《迟桂花》和其他短篇集合成册,交良友出书。

31 日　据致王映霞明信片,午前将《碧浪湖的秋夜》写完,共一万字。从明日起,当再写《蜃楼》。嘱请映霞照抄一份,将抄清之稿送去《东方》,原稿留待结集成书。

本月　作七律《题剑诗》,诗后有"壬申九月达夫自刊"等字,收《郁达夫诗词抄》。

11 月

1 日　据致王映霞明信片,午前将《碧浪湖的秋夜》寄出。下午去大关湖墅等处跑了一个下半日,想做一篇拱宸桥的小说。自日起,"不管它好坏,想硬写《蜃楼》"。

---

①　施蛰存(1905—2003),原名德普,笔名安华等,浙江杭州人。作家,翻译家,学者,曾主编《现代》月刊。

《碧浪湖的秋夜》载 1933 年 1 月 1 日《东方杂志》月刊第 30 卷第 1 号,收入《达夫短篇小说集》《忏余集》。

同日　短论《Huala! Huala》刊于 1932 年 11 月 1 日《论语》第 4 期,署名"达"。呼吁报上的油墨不是江湖神汉的紫苏水,劳苦群众为战争所出的义捐不是"Huala! Huala"被欺索的赏钱。

2 日　去图书馆看书。晚与陈紫荷①同进晚餐。

3 日　晨起决将上月《沧州日记》编入《忏余集》。午前在图书馆翻阅旧报,查阅关于郭松龄的材料,大约从明日起动手续做《蜃楼》,"预定于二十日中间写它完来"。买《湖墅小志》一部,并之前所购《湖墅诗钞》和《湖墅杂诗》,关于湖墅的文献,已够做关于拱宸桥的小说的参考。

4 日　又看一天书。晚与杭州画家陈紫荷、王薇子等在奎元馆喝酒。

"王薇子以陈紫荷画《秋风马背图》索题"一事或发生在此间。是年"冬",回上海后,郁达夫即作《王薇子以陈紫荷画〈秋风马背图〉索题》,收《炉边独语》,刊于 1933 年 1 月 18 日《申报·自由谈》。

5 日　据致王映霞明信片,正聚精会神写《蜃楼》。

同日　致函叶灵凤,表示有稿将先给《现代》,以与洪雪帆老板"交往多年"。手迹以《墨滴》为题载上海《文艺春秋》1945 年第 5 期。

6 日　书对联两幅:"直以慵疏招物议,莫抛心力作词人""莫对青山谈世事,休将文字占时名"。中午钱潮、马巽伯约去楼外楼吃饭。晚赴陈紫荷招饮。另据致王映霞明信片,"计划来写的

---

①　陈紫荷,杭州画家,王映霞外祖王二南先生弟子。

《蜃楼》尚无眉目,心中焦急之至"。

7 日　傍晚钱潮、马巽伯约去见研究佛学的马一浮。

9 日　近来思想弛散,终于不能捏起笔写《蜃楼》的笔。晚上湖滨漫步,以高价购明末宦官刘若愚所撰《海山仙馆丛书》之《酌中志》一部,对于拟做的历史小说《明清之际》很有参考之处。

14 日　与蔡元培、徐新六①、杨杏佛、林玉堂、潘光旦②、全增嘏、章克标、邵洵美等发起《徐志摩先生逝世周年纪念公祭启事》,启事称:同人拟于 11 月 19 日上午由沪乘九时十分特快车,在硖石徐先生柩前致祭,下午五时四一分快车回沪。凡徐先生亲友愿参加公祭者请准时乘车在硖石车站聚齐同往。③

17 日　致函蔡元培,询前恳题字之"迷羊",当前去拜领;又受赵家璧之托,恳为所编之书题书名。

20 日　据致王映霞明信片,发两信,致中华书局和李小峰。

27 日　致王映霞函中,称"赵家璧的那一本东西,……我将勉力地写去"。

12 月

1 日　据致王映霞明信片,路遇钱潮,约次日下午去看马一浮。

3 日　致王映霞函中,称"赵家璧的那篇(本),我一定为他写

---

① 徐新六(1890—1938),字振飞,浙江杭县(今杭州)人。银行家。1938 年 8 月 24 日,应邀自香港回重庆参加国民政府代表团赴英国商谈借款事宜,飞机被日机击落,不幸罹难。

② 潘光旦(1899—1967),原名光亶,又名保同,字仲昂,笔名光旦,江苏宝山(今属上海)人。社会学家,优生学家,民族学家,教育家。著(译)有《优生概论》《性心理学》等。

③ 《申报》1932 年 11 月 17 日第 5 版广告。

310

好了才回来"。

6日 据致王映霞明信片,这几日写《新中华》约稿《瓢儿和尚》。小说《瓢儿和尚》载 1933 年 1 月 10 日《新中华》月刊创刊号,收入《忏余集》。

9日 作《〈达夫自选集〉序》,收入《达夫全集》第七卷《断残集》。另据致王映霞明信片,称 20 元汇票已到,决马上回沪,但何日何时尚未定。

11日 应邀赴浙江萧山湘湖师范学校,作《教育要注重发展"创造欲"》之演讲,鼓励湘师学生"能够以读书之力来求创造",因为"人最不容易做到的事,还是'创造'……'创造'不是跟了人家依样画葫芦,'创造'是以自己的精神来发明一种新的事物。而且这新的事物须与大多数人有利益者"。演讲词由张龙骧记,刊 1933 年 1 月《湘湖生活》第 2 卷第 2 期(总第 14 期)。

演讲结束后,郁达夫还于当晚出席学生自治会召开的文艺座谈会,当场吟诵黄仲则《少年行》以勉学子,并为湘湖师范壁报《锄声》题七绝(《题湘湖师范〈锄声〉壁报》)。校长金海观①陪同游览湘湖越王城山、一览亭等古迹。离别时,金校长、两位老师和四位学生至闻家堰船埠为郁达夫送行。②

12日 中苏恢复邦交。与柳亚子、鲁迅、茅盾、叶圣陶、陈望道、沈端先、胡愈之等 55 人联名发表《中国著作家为中苏复交致苏联电》,电载 1932 年 12 月 15 日出版的《文学月报》第一卷第 5、6 期合刊。

16日 选抄长洲尤桐所撰之《论语诗》,题作《论语诗抄》,共

---

① 金海观(1897—1971),字晓晚,浙江诸暨人。1932 年任湘湖师范学校校长,提倡"做学教"三位一体的工学制。

② 参《闻堰镇志》第 294 页,西泠印社出版社 2011 年版。

有"语语诗""思无邪""曾子曰唯""子见南子""伯夷叔齐饿于首阳山下""予欲无言"六首。刊《论语》半月刊第 7 期。

21 日　找出旧作断篇《〈血泪〉之续》作"达夫附记",改题为《批评家与酒》,交邵洵美编刊,文末并注"未完不续",载 1933 年 1 月 16 日上海《时代》图画半月刊第三卷第 10 期,后收入《达夫全集》第七卷《断残集》。似在影射讽刺那些做些"不绞榨脑筋而适应时代的论文"的批评家。

同日　作文论《说翻译和创作之类》,讽刺翻译和创作界的乱象,载 1933 年 1 月 1 日《论语》半月刊第 8 期。1939 年 4 月,被收入林语堂编《现代幽默文选》第二/三辑(大夏书店)。

22 日　作杂文《说死以及自杀情死之类》,从人类对死亡的恐惧,到为自杀之罪辩护,到详细介绍德国诗人亨利的情杀身死,直面死亡这一"全部生物必须经过的最后的一重门",并称"伟大善良,有作为的人,是不怕死的"。分刊于 1932 年 12 月 24、25 日《申报·自由谈》,收入《达夫全集》第七卷《断残集》。

30 日　杂文《说食色与欲》刊于《申报·自由谈》,从中西物质文明和精神文明比较的角度,针对"守旧者,就说物质文明害了中国,急进者就说先知先觉、先圣先贤,便是造成现代中国积弱的罪魁"的观点,指出"时机"和"取舍"的重要性。收入《达夫全集》第七卷《断残集》。

同日　据鲁迅日记,下午访鲁迅,告知《自由谈》编辑已易为刚从法国归来的黎烈文①,请鲁迅为之写稿。

31 日　据鲁迅日记,鲁迅"为知人写字五幅,皆自作诗",其

---

① 黎烈文(1904—1972),湖南湘潭人。作家,翻译家,教育家。1922 年进商务印书馆任编辑,1932 年法国留学归国后任《申报·自由谈》主编。

中为达夫题《无题》诗"洞庭浩荡楚天高"和《答客诮》两首。

本月　遴选 10 篇小说、5 篇散记总计 10 余万字,合编为《达夫自选集》。

本月　黄人影编《创造社论》由上海光华书局印行,收王独清、张资平、郭沫若、鲁迅等人关于创造社的文字。

本月　《五六年来创作生活的回顾》《故事》《立秋之夜》《一封信》《劳生日记》《日记文学》等 6 篇小品散文、书信、日记,被收入乐华图书公司编辑出版的《当代文学读本》丛书第 3 种《当代散文读本》。

1933 年(癸酉,民国二十二年)　37 岁

▲1 月,茅盾《子夜》由开明书店出版。

▲2 月,爱尔兰文豪萧伯纳抵上海,开始访问中国。

1 月

1 日　上海《东方杂志》半月刊"新年特大号"就"新年的梦想"(《梦想的中国》《梦想的个人生活》两题),于 1932 年 11 月 1 日向全国各界知名人物遍发通启,在 12 月 5 日截止前,收到 160 余封回函。郁达夫复题两个梦想均颇具乌托邦色彩,刊于《东方杂志》第三十卷第 1 期。

4 日　山海关被日军攻占的第二天,作随笔《山海关》,刊于 1933 年 1 月 8 日《申江日报·海潮》第 17 期,又刊 1933 年 1 月 21 日天津《白河》第 2 卷第 16 期。收入《达夫全集》第七卷《断残集》。

6日　据舒新城日记,晚,舒新城阅郁达夫《瓢儿和尚》,称"郁文最著精彩"。

7日　据鲁迅日记,鲁迅得郁达夫函。

10日　据鲁迅日记,鲁迅寄《无题》(洞庭浩荡楚天高)、《答客诮》"自写诗二幅并信",以向郁达夫并请郁达夫代向柳亚子索字:"字已写就,拙劣不堪,今呈上。并附奉笺纸两幅,希为写自作诗一篇,其一幅则乞于便中代请亚子先生为写一篇诗,置先生处,他日当走领也。"

13日　作杂文《营救郑毓秀[①]博士的提议》,基于中国法制精神之不彻底,"凡事大有商量的余地",故以戏讽之手法,对"恶贯满盈"之郑犯,作"营救"的建议。刊1933年2月1日《论语》第10期。

14日　杂文《寒冬小品——节季气候及迷信》刊于《申报·自由谈》,抄录江浙乡下农民宝典《田家五行》中关于冬季气候及迷信若干条。收入《达夫全集》第七卷《断残集》。

16日　诗赠刘大杰夫人李辉群《赠女学生李辉群》。1925年在武昌大学任教时结识刘大杰、李辉群,并指导刘大杰、贺扬灵、胡云翼等在武昌师范大学组织艺林社,借《晨报》副刊出版《艺林旬刊》专刊。

同日　据舒新城日记,晚,舒新城赴庐隐处闲谈,得郁达夫邀次日晚餐之名片。

---

①　郑毓秀(1891—1959),女,广东新安(今深圳)人。中国历史上第一位女性博士,第一位女性律师,第一位省级女性政务官,第一位地方法院女性院长与审检两厅厅长。1933年1月,检察院委员高友唐弹劾前上海地方审判厅厅长郑毓秀与上海特区法院院长杨肇熿贪婪不法,但此案最终确如郁达夫所"提议"的,郑博士得以全身而退。

17日 宋庆龄、蔡元培、杨杏佛、鲁迅等人发起成立中国民权保障同盟上海分会。

同日 据舒新城日记,晚6时,邀庐隐、舒新城、钱歌川等赴日本餐,"畅谈出版界及本局(中华书局)情形"至10时半。

18日 杂文《炉边独语》,刊1933年1月18、19日《申报·自由谈》,收入《达夫全集》第七卷《断残集》。

19日 据鲁迅日记,下午访鲁迅,并呈"诗笺二",其一为柳亚子所写。郁达夫题为七绝《赠鲁迅先生》:"醉眼朦胧上酒楼,彷徨呐喊两悠悠。群盲竭尽蚍蜉力,不废江河万古流。"初收于许广平《留存于鲁迅先生处的几位友人的旧诗集录》,刊于1940年8月3日《上海周报》第2卷第8期。

22日 据舒新城日记,晚饭后,刘大杰、舒新城等过访郁达夫,适外出,未得。

24日 杂文《从法治转向武治的日本》,刊《申报·自由谈》,收入《达夫全集》第七卷《断残集》。

25日 据鲁迅日记,鲁迅"寄达夫信并小文二"函,托将《"逃"的合理化》(即《逃的辩护》)、《观斗》二文转交《申报·自由谈》主编黎烈文。

26日 据周作人日记,周作人得郁达夫函并复。

29日 据周作人日记,周作人得郁达夫函。

2月

1日 作文论《萧伯纳与高尔斯华绥》,刊1933年2月2日《申报·自由谈》,收入《达夫全集》第七卷《断残集》。

3日 据鲁迅日记,鲁迅"寄达夫短评二",托将《航空救国三愿》《崇实》二文转交《申报·自由谈》主编黎烈文。

8 日　据鲁迅日记,鲁迅"寄达夫短评二则",托将《不通两种》《电的利弊》二文转交《申报·自由谈》主编黎烈文。下午并访郁达夫不遇。

9 日　据鲁迅日记,晚访鲁迅。

14 日　杂文《非法与非非法》,驳斥国民党当局诬蔑民权保障同盟为"非法团体"的谰言。刊《申报·自由谈》,收入《达夫全集》第七卷《断残集》。

15 日　据鲁迅日记,鲁迅得郁达夫函。

16 日　题诗《立春日》(七绝)。见本日日记,称立春日(2 月 4 日)先得此诗后两句,12 日后"在去买药的途中,将立春日所欲作而未成之句续成了……就写了一个立轴,以应绩溪葛文华之索"。

17 日　1925 年诺贝尔文学奖得主萧伯纳访华。短论《介绍萧伯纳》刊《申报·自由谈》"萧伯纳专号",收入《达夫全集》第七卷《断残集》。

19 日　据《申报》"将出诸书预告","十万余字创作长篇"《狭巷春秋》将与鲁迅《一日的工作》、施蛰存《善女人行品》、老舍《猫城记》、丁玲《母亲》等一起,由良友图书公司出版发行。①

23 日　为《自由谈》出"萧伯纳专号",郁达夫所作《萧伯纳与高尔斯华绥》"遍觅不得",鲁迅致函黎烈文,以能"见借一抄"。

25 日　杂文《一文一武的教训》,称萧伯纳和日本侵略者是中国最近接触的"一文一武的导师",刊《申报·自由谈》,收入《达夫全集》第七卷《断残集》。文中并录《改昔人咏长城诗》(七绝)一首。

---

①　《申报》1933 年 2 月 19 日第 3 版广告。

本月　小说、散文集《忏余集》由上海天马书店出版。目次：《忏余独白》，小说《马缨花开的时候》《东梓关》《碧浪湖的秋夜》《迟桂花》《瓢儿和尚》，散记《钓台的春昼》《志摩在回忆里》《沪战中的生活》《沧州日记》《水明楼日记》。

《忏余集》一度与良友有缘，但据天马书店创办人楼适夷回忆："天马书店于1932年成立后，我就约鲁迅、茅盾等出自选集，郁达夫也有一本。"天马书店是左联外围出版机构，郁达夫或是用这本书表示支持。

3 月

1 日　据鲁迅日记，下午访鲁迅，未遇。

同日　上海黎明书局出版谢六逸编《模范小说读本》，收《过去》《茫茫夜》《一个人在途上》等作品以作讲注，并收《五六年来创作生活的回顾》作教学参考资料。

2 日　杂文《谣言预言之类的诞生》，刊《申报·自由谈》，收入《达夫全集》第七卷《断残集》。

7 日　作创作谈《再来谈一次创作经验》，刊鲁迅等16人执笔的《创作的经验》，上海天马书店1933年版。

9 日　应天马书店之邀，赴"致美楼"晚宴，鲁迅、茅盾、冯雪峰、丁玲、洪深、阳翰笙[①]、沈起予[②]、楼适夷等20余人同席。

17 日　作杂文《说宣传文字》，刊于次日《申报·自由谈》，收入《达夫全集》第七卷《断残集》。

---

①　阳翰笙(1902—1993)，原名欧阳本义，笔名华汉等，四川高县人。戏剧家，电影家，作家。1930年参加左联。

②　沈起予(1903—1970)，重庆巴县人。作家，翻译家。毕业于日本京都帝国大学，回国后参加创造社和左联。

18 日　下午 4 时,赴上海八仙桥青年会,出席中国民权保障运动同盟上海分会会员大会,同席者宋庆龄、杨杏佛、鲁迅、周建人、洪深等 40 多人,蔡元培、林语堂因病、因事请假未到。会议由陈彬龢主持,陆诒为大会计票员。主要议程有两项:(一)补选上海分会执行委员,(二)通过以中国民权保障同盟上海分会的名义参加国民御侮自救会的决议。根据中央执委不得兼任分会执委的规定,宋庆龄、蔡元培、杨杏佛、林语堂、伊罗生①、邹韬奋②、胡愈之等请辞执委,会议补选郁达夫、洪深、吴迈③、沈钧儒④、王造时⑤、钱华⑥、宁明予等七人为上海分会执行委员,郁达夫得票最多(郁达夫 27 票,洪深 26 票,吴迈 22 票,沈钧儒 19 票等)。⑦

本次分会会员大会并通过再声援王慰三、刘煜生案,及请政府停止检查新闻案。⑧

---

①　哈罗德·伊罗生(Harold R. Isaacs,1910—1986),美国人。1931 年来华,任职于《大晚报》和《大陆报》。后在上海主办《中国论坛报》。1933 年任中国民权保障同盟执行委员。

②　邹韬奋(1895—1944),原名恩润,曾用名李晋卿,江西余江人。记者,政论家,出版家。1922 年在黄炎培等创办的中华职业教育社任编辑部主任,1926 年接任《生活》周刊主编。

③　吴迈(1885—1936),字良翰,江西余江人。律师。1936 年冬,在飞返香港时被特务暗杀。著有《运动收回领事裁判权写真》等。

④　沈钧儒(1875—1963),字秉甫,号衡山,浙江嘉兴人,生于江苏苏州。爱国民主人士,法学家,政治活动家。

⑤　王造时(1903—1971),原名雄生,祖籍江西安福。创办《主张与批评》半月刊和《自由论坛》杂志。

⑥　钱华,《申报》记者,被史量才派往民权保障运动同盟,及时为同盟作报道。

⑦　陆诒《忆郁达夫先生》;参《民权保障同盟昨日召开会员大会 改选上海分会执委》,《申报》1933 年 3 月 19 日第 11 版。

⑧　《郁达夫等被选为民权保障同盟沪分会执委》,《华北日报》1933 年 3 月 19 日第 4 版。

21日 短论《说文章的公式》，刊是日《申报·自由谈》。又刊1933年4月10日（天津）《国闻周报》第10卷第14期；改题作《文章的公式》，载1933年4月10日《国际文化》第一卷第1号。

22日 据鲁迅日记，在内山书店遇鲁迅，得鲁迅转交之黎烈文"聚丰园"晚宴请柬。

24日 据鲁迅日记，晚应黎烈文之邀赴"聚丰园"晚宴，鲁迅、胡愈之、方保宗①、杨幸之②等同席。

25日 作《光慈的晚年》，刊载于1933年5月1日《现代》月刊第4卷第4、5期合刊，后又刊于《月刊》1946年3月10日第一卷第4期（二、三月号合刊），收入《达夫全集》第七卷《断残集》。

27日 作"讲稿"《略举关于文艺批评的中国书籍》，介绍自秦汉至明清的历代文艺批评论著，刊1933年5月5日《青年界》月刊第三卷第3号，收入《达夫全集》第七卷《断残集》。

同日 复函《新时代》曾今可③，称"无赖"一语系误传。函以《关于"无赖"》为题，与曾函同刊1933年5月1日《新时代》月刊第4卷第4、5期合刊，末有编者文字说明：达夫先生此信原系托交《艺术新闻》嘱其更正者，但该《艺术新闻》自出第四期（3月21日）后至今月余未见续出，恐已停刊，故发表于此。

30日 杂文《谈健忘》刊于《申报·自由谈》，又载《达夫全集》第七卷《断残集》。

---

① 方保宗，茅盾化名，曾用作笔名。

② 杨幸之，湖南平江人。曾代理编辑《申报·自由谈》。曾任国民革命军第18军政治部党务特派员，第19集团军总司令部政治部主任，第六战区司令长官部政治部少将衔副主任，1940年因车祸殉职。

③ 曾今可（1901—1971），名国珍，江西泰和人。早年留学日本，入读早稻田大学政治经济系。1931年，在上海创办新时代书局，主编《新时代》月刊。

本月　为白杨①女士所著小说《爱情的梦》作序《序〈爱情的梦〉》,刊 1933 年 5 月 28 日《大晚报·火炬》,又载 1933 年 5 月《现代学生》月刊第 2 卷第 8 期。

本月　《达夫自选集》由上海天马书店出版。目次:《自选集序》《二诗人》《采石矶》《离散之前》《烟影》《迟桂花》《过去》《在寒风里》《春风沉醉的晚上》《薄奠》《微雪的早晨》《海上通信》《一个人在途上》《病闲日记》《钓台的春昼》《给一位文学青年的公开状》。

4 月

3 日　据鲁迅日记,下午访鲁迅,赠《达夫自选集》一册,并向鲁迅介绍了民权保障同盟全国执委会研究营救共产党人的情况。

同日　下午 4 时,赴亚尔培路 331 号,出席中国民权保障同盟全国执行委员会及上海分会联席会议。宋庆龄、蔡元培、杨杏佛、陈彬龢、王造时、胡愈之等 30 余人出席。② 会议讨论研究营救共产党员廖承志、罗登贤等人。

同日　杂文《说妥洽》刊于《申报·自由谈》,收入《达夫全集》第七卷《断残集》。

6 日　据鲁迅日记并参《郑振铎年谱》《谢六逸年谱》《王伯祥日记》,应郑振铎、傅东华、胡愈之之邀,赴"会宾楼"晚宴,与鲁

---

①　白杨,女作家。郁达夫称与其有"十几年的交往"。

②　《民权保障同盟昨开联席会议》,《申报》1933 年 4 月 4 日第 10 版。

迅、茅盾、陈望道、徐调孚①、巴金②、王伯祥、谢六逸、叶绍钧、施蛰存、洪深、夏丏尊、周建人等 15 人同席,决创办《文学杂志》(后改称《文学》)月刊。

几部日记所记名单略有区别。王伯祥日记中有(樊)仲云,无夏丏尊:"赴会宾楼振铎、东华、愈之之宴。到十五人,挤一大圆桌,亦殊有趣也。计主人之外,有乔峰、鲁迅、仲云、达夫、蛰存、巴金、六逸、雁冰、望道、调孚、圣陶及予十二客。纵谈办文学杂志事……至十时三刻始散。"③

9 日　杂文《政权和民权》刊是日《申报·自由谈》,收入《达夫全集》第七卷《断残集》。

15 日　杂文《说木铎少年》刊于《申报·自由谈》,收入《达夫全集》第七卷《断残集》。

18 日　杂文《说春游》刊于《申报·自由谈》,收入《达夫全集》第七卷《断残集》。

同日　据周作人日记,周作人得郁达夫函。

22 日　据鲁迅日记,应邀出席鲁迅为介绍文学青年姚克与上海文艺界人士见面而在"知味观"举行的晚宴,座中另有茅盾、黎烈文等,共 12 人。

23 日　据鲁迅日记,上午访鲁迅,未得见,留字而去。同日,《现代妇女》编辑黄振球女士持郁达夫所具介绍信往见鲁迅。

25 日　移家杭州。据《移家琐记》,是日时雨蒙蒙,晨 5 时即

---

① 徐调孚(1901—1981),名名骥,以字行。浙江平湖人。文学研究会成员,协助编辑《小说月报》《文学周报》。译有《木偶奇遇记》《母亲的故事》等。

② 巴金(1904—2005),原名李尧棠,字芾甘,祖籍浙江嘉兴,生于四川成都。文学家,出版家,翻译家。著有《家》《春》《秋》《寒夜》等。

③ 《王伯祥日记》卷 10 第 116 页,国家图书馆出版社 2011 年 8 月版。

起床料理行装,赶赴北站,自上海移居杭州,午后 1 时到城站。新居在浙江图书馆侧面的一堆土山旁边,三间旧屋。晚读《两地书》。

> 达夫在杭居,喜交游,达官显贵以至穷人学生,对之如一,邵力子系渠在沪旧识,宣铁吾、周象贤、赵龙文等人与郁交谊俱深。[①]

下旬　作旧体诗《迁杭有感》(七律),收《郁达夫诗词抄》。

5 月

1 日　日本进步作家小林多喜二于 1933 年 2 月 22 日被日本政府逮捕并迫害致死,旋作杂文《为小林的被害檄日本警视厅》,刊 1933 年 5 月 1 日《现代》第三卷第 1 期。

4 日　自日起至 5 月 6 日,散文《移家琐记》连载于《申报·自由谈》,收入《达夫全集》第七卷《断残集》。1943 年 5 月,被收入小原一雄、王之淳编《今古中国小说小品文精选》(东京外语学院出版部)。

5 日　作杂文《说冒骗》,刊于 1933 年 5 月 16 日《论语》半月刊第 17 期,收入《达夫全集》第七卷《断残集》。

6 日　杂文《声东击西》刊于《申报·自由谈》,署名"旭",收入《达夫全集》第七卷《断残集》。

同日　致函李小峰:"书信集阅后,觉得不便出书,已为编好另一集矣。大约十日后来沪,即可交稿也。《迷羊》印花两千,亦于十六日左右同时送上。大约今年上半年只有全集(即已编好

[①]　马彬《达夫二三事》,《申报》1947 年 12 月 2 日第 9 版。

者)一册及《文艺批评论》(此书于一月后在上海编成)一册交你去印,余稿当待暑假期中。"

上海北新书局易名青光书局,于 1933 年 4 月出版鲁迅、许广平《两地书》后,曾约稿郁达夫出版书信集,被作者以"不便出书"取消;"另一集"是指《断残集》;而《文艺批评论》则没有实现。①

中旬 离杭去沪。

14 日 左翼作家丁玲、潘梓年被国民党特务逮捕。

15 日 杂文《自力与他力》刊于《申报·自由谈》,收入《达夫全集》第七卷《断残集》。

同日 为"表示中国著作界对小林君之敬意",特发起募捐慰恤小林多喜二家族,领衔发表《为横死之小林遗族募捐启》,联名发起人有陈望道、鲁迅、茅盾、洪深、田汉、叶绍钧、杜衡②、丁玲等,载 1933 年 5 月 20 日《文艺月报》创刊号。

17 日 据鲁迅日记,下午访鲁迅,未遇。

同日 致函李小峰:"我打算于五月底边回杭州去。回杭州之先,想把集子里的稿编好交你,而由你那里拿到三百块钱。"

18 日 据鲁迅日记,鲁迅得郁达夫函。

同日 离沪返杭。

5 月居沪期间,或在中国公学讲演《文学上的智的价值》,刊 1933 年 6 月《现代学生》第 2 卷第 9 期。

20 日 《生活周刊》公布《文学》月刊编委会名单,与茅盾、胡

---

① 参郁云《郁达夫传》第 120 页。
② 杜衡(1907—1964),原名戴克崇,笔名杜衡、苏汶等。浙江杭县(今杭州)人。现代作家,文艺理论家。1926 年与戴望舒创办《璎珞》旬刊,后又与施蛰存等合办《无轨列车》月刊、《新文艺》月刊、《现代》月刊。

愈之、洪深、陈望道、徐调孚、傅东华、叶绍钧、郑振铎等同被列为
9人编委。

同日 作小说《迟暮》，载1933年7月1日《文学》月刊创刊
号，收入《达夫短篇小说集》。1935年，被收入姚乃麟编"新编文
学读本"《现代创作小说选》（上海中央书店）。

同日 作杂文《著书与教书》，刊于1933年5月22日《申
报·自由谈》，署名误植为"郭达夫"，次日更正。收入《达夫全
集》第七卷《断残集》。

21日 作游记《半日的游程》，刊于1933年6月30日《良
友》图画杂志第77期，收入《达夫游记》。1934年，收入《半日游
程》（良友图书公司）。

22日 因查得郁达夫小说《她是一个弱女子》内容有碍风
化，上海市公安局向第一特区地方法院请求签出搜查票，是日上
午饬派警员会同巡捕房华探，前往福州路93号现代书局，查抄
上项书18册带回捕房。①

23日 与蔡元培、杨杏佛、叶圣陶、邹韬奋等38人，以中国
民权保障同盟的名义，联名致电国民政府行政院院长汪精卫②和
司法部部长罗文干③，要求当局释放上星期被本市公安局拘捕的
丁玲、潘梓年等作家：

　　南京国民政府行政院汪院长、司法行政部罗部长钧鉴：

---

① 《两本妨碍风化的书 由捕房查抄没收》，《申报》1933年5月24日第12版；
参《郁达夫 刘天声名著查禁》，《大同报》1933年6月4日第472号。
② 汪兆铭（1883—1944），字季新，笔名精卫，祖籍浙江，生于广东佛山。曾留学
法国。创办《建设》杂志。抗战期间投靠日本，沦为汉奸。1945年8月16日，汪精卫
政权宣布解散。
③ 罗文干（1888—1941），字钧任，广东番禺（今属广州）人。外交官。早年留学
英国，回国后历任清政府广东审判厅厅长、政府检察厅检察长、北京大学法律教授等。

324

比闻著作家丁玲、潘梓年,突被上海市公安局逮捕,虽真相未明,然丁潘两人,在著作界素著声望,于我国文化事业,不无微劳。元培等谊切同文,敢为呼吁,尚恳揆法衡情,量予释放,或移交法院,从宽办理,亦国家怀远右文之德也。①

28 日　致函李小峰:"《蜃楼》志在必作,大约今年总可以做成。不过《文艺批评论》与《蜃楼》冲突殊甚,两者必不能同时写出。"并告以下午去北新,拿到 150 元庄票,收条请寄往杭州盖章,下月的钱,亦请汇往杭州王映霞处。

这部难产的《蜃楼》最后的归宿可能是留在了新加坡的烽火中。据郁飞《郁达夫的星洲三年》回忆:

> 日后深感遗憾而无法挽回的是,我怎么没想到把他的一包原稿带回国内。这包稿件,我平日明明看到是紫色墨迹的早年作品《蜃楼》(可能是《创造月刊》一卷四期上发表过的未完稿的续稿),大约移家杭州以来始终随身带着。……我不知带出,他离去时也必不会带着,那么下落可想而知了。

29 日　散文《暗夜》刊于《申报·自由谈》,收入《达夫散文集》。

同日　武汉警备司令部司令叶蓬签发训令《训令本部邮件检查所以准中央宣委会函知〈达夫全集〉〈三个叛逆的女性〉〈果树园〉三种均非共党刊物转令嗣后毋得查扣文》(参字第 253 号),对四月下半月呈报中央宣传委员会查扣的此三种刊物不得查扣。②

---

①　参《申报》1933 年 5 月 24 日第 10 版。
②　《警备专刊》1933 年第 7 期。

30 日　赴上海,在中国公学作演讲,演讲词《文艺与道德》刊1933 年 7 月 5 日《青年界》月刊第三卷第 5 号。

本月　收论文、书序、短论、译稿等集成《断残集》,作《〈断残集〉自序》。

6 月

1 日　陈企霞①书评《〈她是一个弱女子〉》,载 1933 年 6 月 1日《无名文艺》月刊第一卷第 1 期"书评"栏。

2 日　与鲁迅、柳亚子、邵洵美、夏丏尊等上海文艺界同人同在《为林惠元惨案呼冤宣言》上签名,抗议国民党军队杀害福建龙溪抗日常委林惠元②的暴行。

4 日　据《在春秋社公演座上的感想》,晚与新从北平逃难来沪的侄儿侄女们闲逛至宁波同乡会,遇春秋社第一次公演,观《梅雨》《名优之死》等剧。

5 日　文论《批评的态度》及《英文文艺批评书目举要》,刊1933 年 6 月 5 日《青年界》第三卷第 4 期。

其中,《批评的态度》一文又题《怎样批评》,收入 1935 年 3月华北文艺社编《怎样研究文学》(北平人文书店)。

7 日　观剧短论《在春秋社公演座上的感想》刊《申报·自由谈》,"说白的清爽,动作的自然,剧中人态度的沉着,处处都使我吃了一惊",对话剧的进步由衷慨叹。

---

①　陈企霞(1913—1988),原名陈延桂,浙江鄞县(今属宁波)人。文学评论家,作家。因"丁陈反革命集团"被划为右派后,曾任杭州大学教授。

②　林惠元(1907—1933),福建漳州人。1933 年被推为龙溪县抗敌后援会主任委员。5 月 18 日,因查抄奸商贩卖日货,拒绝行贿说情而遭嫉,被诬以"通匪"罪名而遭杀戮。

上旬 离沪返杭。

18 日 上海中国民权保障同盟执行委员、总干事杨杏佛遭特务暗杀。郁达夫获知噩耗后，作七绝《闻杨杏佛被害感书》(和钟敬文①原韵)。

25 日 作杂文《清谈的由来》，刊于 1933 年 6 月 28 日《申报·自由谈》。

26 日 离杭赴沪。

27 日 据鲁迅日记，下午与夏莱蒂同访鲁迅，并持二幅代黄萍荪②、陶轩向鲁迅乞字。

28 日 据鲁迅日记，鲁迅为黄萍荪书《无题三首·其一》("禹域多飞将")，为陶轩书《悼丁君》。

30 日 杂文《说模仿》刊于《申报·自由谈》。

本月 由鲁迅、郁达夫、丁玲、张天翼、叶圣陶、茅盾、田汉、施蛰存、郑伯奇、鲁彦、适夷、杜衡、洪深、华汉、沈起予、柳亚子等16 人合写的《创作经验》由上海天马书店发行，收郁达夫《再来谈一次创作的经验》和《五六年来创作生活的回顾》二文。

本月 乐华图书公司编辑出版《当代文学读本》第六种《当代中国作家论》，除《郁达夫评传》外，内收《达夫的三时期》(锦明)、《〈沉沦〉》(周作人)、《〈沉沦〉的评论》(成仿吾)、《郁达夫与迷羊》(刘大杰)、《〈迷羊〉》(邵洵美)等 5 篇郁达夫研究文献。

夏 作《癸酉夏居杭十日，梅雨连朝》(七绝)一首。

---

① 钟敬文(1903—2002)，原名钟谭宗，生于广东汕尾。民俗学家，散文作家。曾在中山大学、浙江大学任教。

② 黄萍荪，浙江杭县(今杭州)人。早年任职于浙江省教育厅，后任杭州《东南日报》记者，主编《越风》杂志。

7 月

1 日 《文学》月刊创刊,生活书店发行,郁达夫任编委。小说《迟暮》和短论《五四文学运动之历史的意义》刊于《文学》月刊创刊号。其中"五四运动"一文系由《文学》编辑部发起的同题讨论,同题作者有金兆梓、适夷、胡秋原、杜衡、沈起予等。

同日 杂评《无事忙者闲谈》,刊《现代》月刊第三卷第 3 期。

8 日 短稿《屠格涅夫的临终——为屠氏逝世五十周年纪念作》刊《申报·自由谈》,收入《闲书》。

9 日 作作家论《屠格涅夫的〈罗亭〉问世以前》,刊 1933 年 8 月 1 日《文学》月刊第 7 卷第 2 号("屠格涅夫纪念"专号),收入《闲书》。

20 日 作杂文《有目的的日记》,刊于 1933 年 7 月 23 日《申报·自由谈》。

22 日 和蘅子《采桑子》作词《采桑子·和蘅子先生》,刊是日杭州《民国日报·越国春秋》第 22 期。

28 日 作文论《清新的小品文字》,刊 1933 年 10 月《现代学生》月刊第三卷第 1 期,收入《闲书》。

30 日 杂文《大学教育》刊于《申报·自由谈》。

本月 邹啸(赵景深)编《郁达夫论》由上海北新书局出版。

除邹啸之《序》外,全书收论文和纪传 28 篇:钱杏邨《郁达夫》,沈从文《论郁达夫》,沈从文《郁达夫张资平及其影响》,黎锦明《达夫的三时期》,彭基相《读了〈给一位文学青年的公开状〉以后》,周作人《〈沉沦〉》,成仿吾《〈沉沦〉的评论》,胡梦华《〈茑萝集〉读后感》,殷公武《〈茑萝集〉的读后感》,萍霞《读〈茑萝集〉》,《〈过去集〉短评(6 篇)》,《〈奇零集〉短评(4 篇)》,邵洵美《读郁达夫的《薇蕨集》,曾虚白《〈日记九种〉》,刘大杰《郁达夫与〈迷羊〉》,邵洵美《〈迷羊〉》,韩侍桁《〈迷羊〉》,贺玉波《郁达夫与〈迷羊〉》,杜蘅《〈她是一个弱女子〉》,刘大杰《读郁达夫的〈她是一个弱女子〉》,赵景深《郁达夫的自己描写》,杨大荒《郁达夫的〈她是一个弱女子〉》,余慕陶《郁达夫的新作》,邵洵美《〈小家之伍〉》,刘大杰《〈小家之伍〉》,匡亚明《郁达夫印象记》,张若谷《郁达夫与一女侍》,许雪雪《郁达夫先生访问记》。

在《序》中,赵景深称:

> 郁达夫先生的名,将在现代中国文学史上永垂不朽,无论评者是怎样的称誉他,或是指摘他,这都没有什么关系,他那独特的作风已经表示出他将屹然地存在。谁也知道,他的作风是凄清的、愁苦的、感伤的;他所常写到的是女人、酒、烟以及眼泪,还有那"幽幽的说"……虽然他受到别人的影响,也影响到别人,他还是有他独特的作风,我们看他的作品,即便掩了他的名字,还是可以知道是他的,不是别人的。

本月 乐华图书公司编辑出版《当代文学读本》第五种《当代中国文艺论集》,《艺术与国家》《文学上的阶级斗争》《农民文艺的提倡》《农民文艺的实质》等4篇文论收入其中。

8 月

1 日 文论《想象的功用》刊《青年界》月刊第 4 卷第 1 号。

10 日 作随笔《略谈幽默》,刊 1933 年 9 月 1 日《青年界》月刊第 4 卷第 2 号,收入《闲书》。

15 日 据《申报》15—17 日广告,单行本《废墟的一夜》将收入徐葆炎主编的"文艺丛书",9月10日由新地社出版。《西京日报》9月26日亦有报道,称徐葆炎与其妹夫成绍宗创办新地社,出版郁达夫小说。①

16日 为欢迎即将在上海举行的世界反帝大同盟远东反战会议,参与并联名签署的《中国著作家欢迎巴比塞代表团启事》正式发表。②

18日 作七律《再游高庄偶感续成》。此诗系1927年6月13日游高庄时"未成全首"的两句偶感之续成。收《郁达夫诗词抄》。

19日 午后去图书馆看书报,"见有许多国民党的杂志,全在抨击我的近作"③。

21日 是日晚访鲁迅。因8月1日出版的《文学》第二号刊出伍实(傅东华)《休士在中国》一文攻击鲁迅,鲁迅写信声明退出文学社。故应"文学社"之邀,由杭去沪,调解鲁迅与"文学社"的关系。

22日 据傅彦长日记,是日与施蛰存、黎烈文、马国亮、赵家璧、傅彦长等同在新雅茶室。

24日 致函赵家璧,建议比利时木刻家麦绥莱勒(Maser-eel)画集译作《我的忏悔》比较适当,并称"序文这几日内写好"。函收1936年5月孔另境编《现代作家书简》。

此前,赵家璧在叶灵凤处看到鲁迅曾经推荐的麦绥莱勒四种木刻连环画,决翻印出版。他将原作分成两组各两册,附言寄送鲁迅、郁达夫,请他们将原来的德文序译成中文并各写新序,

---

① 《西京日报》1933年9月26日第8版。
② 陈其强《郁达夫年谱》第270页。
③ 参于听《郁达夫风雨说》第163页。

还请他们将无字的木刻连环画加写文字说明。鲁迅、郁达夫均接受一种,鲁迅拿下了《一个人的受难》,郁达夫是《我的忏悔》。①

　　良友图书近出版麦绥莱勒所作之木刻之连环图画计四册:《一个人的受难》(鲁迅序),《光明的追求》(叶灵凤序),《没有字的故事》(赵家璧序),《我的忏悔》(郁达夫序),前三册价各三角,后一册五角。②

　　27 日　杂文《杂谈七月》刊于《申报·自由谈》,署名"文",收入《闲书》。

　　同日　致函舒新城,咨询译文集《几个伟大的作家》,"交去已将三载,不知此稿已付排否","若未付排,则颇思设法将原译稿赎回,因有一位朋友新开书店,很想出一册书"。

　　29 日　杂文《睡病颂》刊于《申报·自由谈》,署名"文"。

　　本月　《达夫全集》第七卷《断残集》由上海北新书局出版。目次:《自序》《关于小说的话》《现代小说所经过的路程》《文艺论的种种》《学文学的人》《文学漫谈》《学生运动在中国》《中学生往哪里走》《歌德以后的德国文学举目》《略举关于文艺批评的中国书籍》《〈达夫自选集〉单行本序》《〈薇蕨集〉序》《关于黄仲则》《〈在寒风里〉序》《〈永嘉长短句〉序》《说死以及自杀情死之类》《说食色与欲》《山海关》《萧伯纳与高尔斯华绥》《介绍萧伯纳》《一文一武的教训》《说宣传文字》《从法治转向武治的日本》《非法与非非法》《政权与民权》《说木铎少年》《说冒骗》《自力与他力》《声东击西》《说春游》《说妥洽》《著书与教书》《谣言预言之类的诞生》《谈健忘》《寒冬小品》《批评家与酒》《移家琐记》《炉边独

---

① 　参赵家璧《回忆郁达夫与我有关的十件事》,《回忆郁达夫》第 283 页。
② 　参 1933 年 10 月 21 日《西北文化日报·每周情报》。

语》《光慈的晚年》《我俩的黄昏时候（译文）》《祈祷（译诗）》《超人的一面（译文）》《卢骚三漫步（译文）》。

9 月

1 日　杂文《暴力与倾向》刊于《文学》月刊第一卷第 3 号"社谈"栏，未署名，收入《闲书》。

同日　为比利时木刻家麦绥莱勒连环木刻画本《我的忏悔》作《〈我的忏悔〉序》，该画本作为"良友木刻画"第 3 种，1933 年 9 月由上海良友图书印刷公司出版。

在这部出版物中，郁达夫未翻译托马斯·曼的长序，但利用部分资料写入序中，并将 165 幅图所叙述的故事，"用他那支散文家的妙笔作了简单扼要的描述"。①

4 日　短论《传记文学》刊于《申报·自由谈》，收入《闲书》。

6 日　杂文《错误的悲剧》刊于《申报·自由谈》。

8 日　据鲁迅日记，晚偕王映霞访鲁迅。

此来上海，或驻沪两周。"上星期《文学》因开编务会，他特地搭车来到上海，将逗留两个礼拜，然后返去。据说下学期他不担任学校教席，专心著述，并且在年内要完成一篇长篇小说。"②

12 日　短论《查尔的百年诞辰》刊于《申报·自由谈》，收入《闲书》。

15 日　武汉警备司令部司令叶蓬签发训令《训令所属各机关、部队为据报密查汉口市各书店刊物经过情形附抄中国普罗文学作家姓名表令，仰查扣以杜流传文》（参字第 451 号），所附

---

①　参赵家璧《回忆郁达夫与我有关的十件事》，《回忆郁达夫》第 284 页。
②　《摄影画报》1933 年 9 月 23 日第 33 期"文艺界"。

"中国'普罗文学'作家姓名表",名单包括鲁迅、茅盾、叶圣陶、夏丏尊、郁达夫、沈端先、洪深、田汉、穆木天、郑伯奇、穆时英、适夷、祝秀侠、沈起予、丁玲、杨骚、祝百秀、张天翼、沙汀、钱杏邨、李剑华、陶晶孙、谷非、汤艾芜、何家槐、冯乃超、蓬子、郭沫若、蒋光慈、森堡、巴金、洪灵菲、张资平、华汉、陈望道等35人。①

16日 五律《无题》刊是日《论语》第25期"周年纪念号",诗前小序称为"丁死杨亡"之故实,"缀成四十字,聊代万言书"。收《郁达夫诗词抄》。

20日 致函李小峰:"自端午节开账来后,又过了四月,我对北新的欠款,不知其中有无增减,望将存书目及款向进出,详细开一账单来。"

27日 散文《杭州的八月》刊于《申报·自由谈》,收入《闲书》。

29日 据鲁迅日记,鲁迅得郁达夫信片。

本月 被之江文理学院聘为国文系兼任教员,讲授《比较文学》《文艺批评》两门课程,每周4小时,月薪104元。②

张白山回忆:

"秋天开学了,郁先生来校授课,他只担任《文艺批评》一课。我和别的爱好文学青年一样便去听他的课",郁先生"跟布店店员一样朴素平实:平头,驼背,青衫,布鞋","说话缓慢,声音低哑","手里拿一本硬皮面的活页笔记本,每一页上都密密麻麻地用各种文字写的教材和参考资料。他把

---

① 《警备专刊》1933年第7期。
② 《之江校刊》第57期;浙江省档案馆藏之江大学档案 L052—1—195—240、248。

这些东西抄在黑板上,便开讲了","讲的多是十九世纪西欧文艺思潮和文艺批评","这在当时就惊动了不少学生,因为郁先生是国文系请来的,而当时的国文系,如钟泰、夏承焘、余绍宋等先生讲的全是中国古文学乃至经学、训诂学,而郁先生却讲西欧文学",这使我们感到新鲜,"后来英语系同学闻讯也赶来旁听了。大家听了大开眼界"。[1]

温梓川[2]回忆郁达夫开课:

"除了文学系本系必修同学,别系选修的和旁听的同学也有二十多人,足足挤满了一个教室。第一次上课,当然是由经济系主任陪他进教室,给他正式地介绍了一番。他当时是紧着一袭派立司的长衫,一双反底鞋,拎着一包袱沉重的西书,精神局促得近乎忸怩,连讲话的声音都有点嗫嚅,好久好久才恢复常态。"

"从荷马到伊利亚特讲起,把世界文学史随意地划分几个时间,再从每一个时间中抽出三五种有代表性的名著介绍一遍。"

"他的许多见解,还是很平常和稳健的,也没有迎合教会的心理","他每次带来借给学生看的书,大部分是德文,没有人懂,但英文书又是冷僻的居多,并不是学校图书馆里所备置的。上面每一页都有红铅笔标记"。[3]

---

① 张白山《我所知道的郁达夫》,《回忆郁达夫》第 344 页。

② 温梓川(1911—1986),又名温玉舒,马来西亚华文作家。祖籍广东惠阳,生于马来西亚槟榔屿。早年在马来西亚求学,1927 年考入上海暨南大学西洋文学系。抗战胜利后出任槟城《光华日报》副刊主编。

③ 温梓川《郁达夫别传》第 94 页,宁夏人民出版社 2006 年 12 月版。

据 G. M 回忆：

"他在之江教了几点钟文艺批评,适逢他的藏书偏偏缺少这一方面的材料,特地到上海跑了两次,广搜穷索,仅仅找到一本 Saint Beuve 的法文本,一本美国琉依荪 Lewison 编的,很通行,已给傅××先生译了出来。向朋友借了一本文却斯特(Winchester)的批评原理,可是它太常见了……"①

静闻《忆达夫先生》：

之江大学底当局,因为他是校友(他在未赴日本以前,曾经在那里读过书),也因为他底声名,就请他去兼点功课——每周教三小时"文学批评"。在未开始上课之前,他就那么费劲地在到处搜寻参考书(其实,他自己底藏书就已经不少了)。上了一两个月之后,他忽然苦笑着对我说：

"我做这个生意太赔本了!"

"为什么呢?"

"三个钟头的功课,足足要化去我三天时间。一天浪费在讲书和来往的道路上,两天化费在准备功课上。"②

夏承焘回忆：

"十余年前,尝与郁达夫共事之江大学,时时晤谈。郭沫若尝谓达夫谦恭过人,诚非过语。"③

---

① G. M《留影——忆郁达夫》,《申报》1947 年 1 月 21 日第 11 版。
② 静闻《忆达夫先生》,《文艺生活(桂林)》1947 年 10 月(光复版)第 17 期(总第 35 期)鲁迅纪念号。
③ 夏承焘《天风阁学词日记》卷三,《夏承焘集》第七册,第 122 页。

10 月

2 日 在之江文理学院作纪念周演讲,题为《中国人的出路》。演讲词由亚谋笔录,刊于 1933 年 10 月 31 日《之江校刊》第 58 期。

6 日 致函刘大杰,和来诗《秋兴寄怀达夫先生》,作《和刘大杰〈秋兴〉》,并称欲改编全集,另觅可靠书店出书。

15 日 《秋荫蓑记》刊于 10 月 15、16 日《申报·自由谈》。其中述及"前几日因为落雨,曾在岳墓前大醉过一场,顺口唱来",即是文中所收《酒后挥毫赠大慈》(七绝)一首。诗题又作《醉宿杏花村》,刊 1934 年 1 月 31 日杭州《民国日报·越国春秋》第 53 期。1936 年在福州时,曾以此诗赠友人,题《丙子暮春,客游八闽,清明前后,颇忆杭州,书此以赠友人》,收《郁达夫诗词抄》。

31 日 《之江校刊》第 58 期第一版《校闻·纪念周名人演讲》,介绍郁达夫在之江文理学院所作纪念周《中国人的出路》之演讲,称"听者极为满堂"。

11 月

1 日 文论《查尔诞生百年纪念》刊《文学》月刊第一卷第 5 期"社谈"栏,未署名。收入《闲书》时改题为《查尔的百年诞辰》。

5 日 致函钱歌川,称不日将去杭江路一带游行一次,"或可为写一点杂感游记之类的小品"。并询已交中华书局三年的《几个伟大的作家》进展如何。

杭江铁路,今浙赣铁路主体部分。1929 年开始筹备,原拟沿钱塘江左修筑,自杭州,经富阳、桐庐、建德、兰溪、龙游、衢县、江山而至江西玉山,后因大江难越,山洞难开,改从钱塘江右岸西兴筑起,经萧山、诸暨、义乌、金华、龙游、衢县、江山,仍至江西玉山,全长 333 公里,中由金华筑支线至兰溪,长 32 公里。1933 年 12 月通车。

6 日　复函杜衡《现代》稿约,称"《弱女子》改题了,想已无问题,印出来后,乞赐一册"。又答应 12 月以前"总可以有一篇给《现代》"。并称将去杭江路旅行两周,11 月底当去上海。函收 1936 年 5 月《现代作家书简》。

8 日　杂文《说公文的用白话》刊于《申报·自由谈》。

同日　"因远在闸口,往返不便",毅然辞去之江教席。[①]

9 日　据《杭江小历纪程》,午后 5 时,渡江至西兴,应新建成的杭江铁路车务主任曾荫千之邀,搭杭江铁路夜车出发赴诸暨、兰溪、金华等地,遍游浙东,历时周余。是夜宿诸暨。

杭江路局为刊该路旅行指南,特请文艺家郁达夫及浙省医院院长、摄影专家陈万里[②],摄取全路风景及游记,以广宣传。[③]

同日　作《渡西兴口占》断句一联:落日半江红欲紫,几星灯火点西兴。收《郁达夫诗词抄》。

10 日　游诸暨五泄。

11 日　游诸暨西施故地苎萝村,午前上杭江路客车,午后 3 时过义乌,到金华。途中所题七绝,题旧体诗两首,《题西施庙》(七绝)、《过义乌》(七绝),均收《郁达夫诗词抄》。其后,《杭江小

---

①　参《越国春秋》第 42 版"文坛小讯"。

②　陈万里(1892—1969),江苏吴县(今属苏州)人。摄影家,陶瓷学家。1923 年发起中国第一个摄影艺术团体"艺术写真研究会",后改称"光社"。

③　《大公报》1933 年 11 月 10 日第 2 版。

历纪程》中《苎萝村》一题,收入谭正璧编著"国文必读第一辑"《国文入门》,1944年世界书局初版。

12 日　游金华北山,游双龙、冰壶两洞。七绝两首《秋日偕曾荫千游金华,承黄志雄导游北山诸胜,并示新辑〈双龙记胜〉,读后题诗两首》,或作于此行当日或日后,收《郁达夫诗词抄》。

13 日　晨自兰溪西门边渡江,游居三江合流要冲之兰溪横山。题七绝《过兰江》,收《郁达夫诗词抄》。

14 日　游兰溪东面洞源山,游白云洞,题诗栖真寺,《兰溪栖真寺题壁》(七绝),收《郁达夫诗词抄》。

15 日　晨上兰溪大云山,揽胜亭,午前 10 时搭汽车去龙游,游凤凰山,成七绝《凤凰山怀汤显祖》,收《郁达夫诗词抄》。

30 日　《之江校刊》第 59 期《中国文学会近讯》,报道文学会得郁达夫、孙智敏诸先生掖助,"会务蒸蒸日上",并预告郁达夫已应之江国文系中国文学会之请,将在 11 月底作演讲。

郁达夫在之江的演讲,较明确的是纪念周上所作的《中国人的出路》,而此项 11 月底的中国文学会讲座预告,或与张白山下述回忆约略吻合:

> 我还记得郁先生在大礼堂做了一次学术报告,题目是《宗教与文艺》。因为这所大学是教会办的,所以他谈宗教与文艺的关系,材料也是从西欧来的。他准备得很充分,讲的十分透彻。从宗教和音乐、绘画、雕刻一直谈到文学;他对《圣经》的文学价值评价很高。[①]

---

① 张白山《我所知道的郁达夫》,《回忆郁达夫》第 346 页。

12 月

4 日　游记《方岩纪静》刊于 1933 年 12 月 4、5 日《申报·自由谈》。1935 年 10 月,与《仙霞纪险》《住所的话》同被收入萧逸山编《现代文选》(上海合众书店)。

9 日　杂文《谈结婚》刊于《申报·自由谈》,收入《闲书》。

12 日　杂文《说产业落后国的利益》刊于《申报·自由谈》。

14 日　游记《仙霞纪险》刊于 1933 年 12 月 13、14 日《申报·自由谈》。又载东南交通周览会宣传部编《东南揽胜》。1935 年 10 月,被收入萧逸山编《现代文选》(上海合众书店)。

29 日　据鲁迅日记,下午偕王映霞同访鲁迅,请为杭寓题字"补壁"。

30 日　据鲁迅日记,鲁迅应"补壁"之请,为王映霞书诗幅一律,即《阻郁达夫移家杭州》。原诗无题,收入《集外集》时作是题。

1936 年以后,此联被挂在"风雨茅庐"寓所客厅,并配上自撰对联一副:"两口居碧水丹山,妻太聪明夫太怪。四野皆青磷白骨,人何寥落鬼何多。"①

本月　作游记散文《冰川纪秀》,载 1934 年 1 月《良友图书杂志》第 84 期。收入良友图书公司 1934 年版《半日游程》。

本月　杭江铁路游历之《方岩纪静》(永康)、《烂柯纪梦》(衢州)、《仙霞纪险》(江山)、《冰川纪秀》(玉山)各纪游散文,收入"杭江铁路局导游丛书之一"《浙东景物记》,1934 年 5 月收入《屐痕处处》时,合题为《浙东景物纪略》。收入《达夫游记》。1935

① 参于听《郁达夫风雨说》第 164—165 页。

年,《浙东景物纪略》被收入姚乃麟编《现代创作游记选》(上海中央书店)。

本月 散文集《浙东景物记》作为"杭江铁路局导游丛书之一",由杭江铁路局出版,目次《二十二年的旅行》《静的文艺作品》及《浙东景物纪》四篇。

本年 署名"郁达夫等著"之《文学研究入门》(上、下)列为"光华小文库",由光华书局印行,《学文学的人》收入其中上册。

1934年(甲戌,民国二十三年) 38岁

▲10月,中国工农红军开始长征。

▲11月,《申报》总编史量才自杭州返沪途中遭伏击身亡。

1月

1日 杂文《元日感想》刊于《申报·自由谈》。

同日 与冰心、老舍、靳以、丰子恺等15位作家一起,为《文学》月刊第2卷第1号(新年号)作《新年试笔》,同期,短稿《在圆圈子上前进》刊"文学论坛"栏,署名"达"。

同日 散文《二十二年的旅行》刊于1934年1月1日《十日谈》旬刊"新年特辑"。

5日 据鲁迅日记,下午访鲁迅。

6日 据鲁迅日记和唐弢《记郁达夫》,午黎烈文为宴请鲁迅及《自由谈》作者,并为下午回杭的郁达夫夫妇饯行,于上海三马路(汉口路)湖南菜馆古益轩行"岁首欢聚",偕王映霞出席,同席

作陪者胡风①、阿英、徐懋庸②、陈子展、曹聚仁③、林语堂、唐弢④等 12 人。下午回杭州。

15 日　文论《静的文艺作品》,刊是日杭州《黄钟》月刊第 4 卷第 1 期,收入《闲书》。

19 日　杂文《小学教育与社会》刊于《申报·自由谈》。

24 日　杂文《说"沉默"》刊于《申报·自由谈》,收入《闲书》。

31 日　杂文《说谎的衰落》刊于《申报·自由谈》,收入《闲书》。

同日　旧体诗《酒后挥毫赠大慈》(七绝),载是日杭州《民国日报·越国春秋》第 53 期。

本月　为《新中华》杂志发起的《上海的将来》征文所作同题短文,1934 年 1 月由中华书局结集,作为"新中华副刊"刊行。该征文是为配合上海成为特别市政府后,国民当局拟订"大上海计划"专门设计的,共有 79 位各界作者征文入选,郁达夫一文列第"21"。

本月　《一月日记》被收入上海生活书店《文艺日记》,其中一日记有:午后开始执笔,写《明清之际》的一段,成二千字。

---

①　胡风(1902—1985),湖北蕲春人。文艺理论家、诗人。

②　徐懋庸(1911—1977),原名徐茂荣,浙江上虞(今属绍兴)人。任左联常委、宣传部长、书记。1938 年赴延安,任抗日军政大学政教科长等职。

③　曹聚仁(1900—1972),浙江浦江(今属兰溪)人。记者,作家。曾主编《涛声》《芒种》等杂志。抗战全面爆发后,作为战地记者,报道淞沪战役、台儿庄之捷。

④　唐弢(1913—1992),原名唐端毅,笔名风子、晦庵,浙江镇海(今属宁波)人。杂文家,鲁迅研究家,文学史家。曾任左联行政秘书。著有《推背集》《海天集》等,主编《中国现代文学史》(三卷)。

2月

14 日　据《婿乡年节》和《寂寞的春潮》，旧历元旦，上城隍山（吴山）登高。

3月

3 日　散文《婿乡年节》刊于 1934 年 3 月 3 日《人言》周刊第一卷第 3 期，收入《闲书》。

6 日　为钱子祫女士译《日本少年文学集》作序（《〈日本少年文学集〉序》），1934 年 6 月上海儿童书局出版。

14 日　杂文《驻美德国大使的抗议》刊于《申报·自由谈》。

17 日　美子《郁达夫别传》出版信息刊于乐华图书公司《出版消息》半月刊第 32 期。

24 日　东南五省交流游览会筹备处，为宣扬五省文物起见，特聘国内新旧作家吴稚晖①、郁达夫等 40 余人前往实地游览，撰述游记。②

27 日　杂文《说姓氏》刊于《申报·自由谈》，收入《闲书》。

同日　据《西游日录》《游白岳齐云之记》，得上海信，知此次"奉宪"去黄山，是应东南五省周览会之约，除有四五位同游者外，膳宿旅费，皆由建设厅负担，公路局派员沿路陪伴。

28 日　据《西游日录》，晨起读歙县黄秋宜《黄山纪游》。午

---

　　①　吴稚晖（1865—1953），原名敬恒，一名朓，以字行，江苏武进（今属常州）人。政治家，教育家，书法家。

　　②　参《东南五省交流游览会聘吴稚晖郁达夫等撰述》，《西北文化日报》1934 年 3 月 25 日第 3 版。

后 4 时,知同游黄山者已到西湖饭店,同去王饭儿吃私菜,再赶中行别业之建设厅官宴。全堂四五十人,将分五路出发,分别是南京芜湖、天台雁荡、绍兴宁波、杭江沿线、徽州黄山各线。同去黄山者,林语堂、全增嘏、潘光旦、叶秋原及徐天章、吴宝基两位报人。

29 日　据《西游日录》,晨 8 时赶到湖滨,开始西行,与林语堂等人同游浙西、皖东名胜,历时近一周。登临安西十里的玲珑山,游城东安国山之钱王墓,宿西天目山下之禅源寺。作七绝两首《临安道上野景》和《琴操墓》(又题《玲珑山寺琴操墓前翻阅〈临安县志〉不见琴操事迹,但云墓在寺东》),诗收《郁达夫诗词抄》。《香海画报》1938 年 5 月 20 日第 10 号刊有手迹《临安道上书所见》。

30 日　据《西游日录》,晨 7 时起,游西天目山,夜宿禅源寺。

31 日　据《西游日录》《出昱岭关记》,游东天目山,夜宿昭明禅院。作七绝三首:《西天目妙高峰积雪未消,因两宿禅源寺》《东天目昭明太子分经台》《偕钱甫、成章、宝基三人登东天目绝顶大仙峰望钱塘江》,收《郁达夫诗词抄》。

本月　作旧体诗《步何君〈半山娘娘庙题壁〉续成》(七绝),收《郁达夫诗词抄》。

本月　应《中学生》杂志编者之约而作散文《杭州》(《杭州——地方印象记》),载 11 月 1 日《中学生》月刊第 49 号。后收入中学生杂志丛书《都市的风光》,由开明书店印行。内收茅盾《上海》、鲁彦《厦门》、王统照《青岛》、靳以《哈尔滨》、朱自清《南京》、郑振铎《北平》等 16 篇,介绍中国 16 座都市。

本月　译文集《几个伟大的作家》由上海中华书局出版,为"现代文学丛刊"之一。目次:《译者序引》、《托尔斯泰回忆杂记》

（附《一封信》）、《哈孟雷特和堂吉诃德》（俄国 I. Turgenjew 讲）、《易卜生论》（英国哈孚洛克·蔼理斯作）、《阿河的艺术》（德国菲力克斯·璞本白耳格作）。

4 月

1 日　据《出昱岭关记》，晨起下山，午后过昱岭关，傍晚 6 时到徽州休宁屯溪，宿屯溪船上。得七律《出昱岭关，过三阳坑后，车道曲折，风景绝佳》，收《郁达夫诗词抄》。

2 日　据《屯溪夜泊记》，在屯溪游街市。得七绝《屯溪夜泊》（诗题又作《宿屯溪》），收《郁达夫诗词抄》。

3 日　据《游白岳齐云之记》，同行全、林、潘、叶四人自休宁原车回杭。与报人徐、吴等继游休宁白岳齐云山。得七绝《登白岳齐云仙境，徘徊半日，感慨系之，因不上黄山，到此乃西游终点也》四首（诗题又作《白岳》），收《郁达夫诗词抄》。

5 日　林语堂主编的《人间世》半月刊在上海创刊，与周作人、阿英、老舍①、沈从文、叶绍钧、朱自清②等同被聘为特约撰稿人。

同日　散文《临平登山记》载是日《人间世》半月刊第 1 期，收《达夫游记》。1934 年 9 月，被收入何光霈编《模范散文选注》（上海光明书局）。

上旬　作旧体诗《白狱》（七绝）3 首，载《东南揽胜》。

11 日　西游临安、屯溪、白岳齐云诸地所作旧诗辑题《西游

---

①　舒庆春（1899—1966），字舍予，笔名老舍，满族人，生于北京。小说家、剧作家，被称为"人民艺术家"。著有《骆驼祥子》《四世同堂》《茶馆》等。

②　朱自清（1898—1948），原名自华，号秋实，后改名自清，字佩弦。原籍浙江绍兴，生于江苏东海（今属连云港市）。散文家，诗人，学者。

诗纪》有七绝 10 首、七律 1 首:《临安道上野景》《玲珑山寺琴操墓前翻阅〈临安县志〉不见琴操事迹但云墓在寺东》《偕钱甫、成章、宝基三人登东天目绝顶大仙峰望钱塘江》《东天目昭明太子分经台》《西天目妙高峰积雪未消因两宿禅源寺内》《出昱岭关过三阳坑后车道曲折风景绝佳》《宿屯溪》《登白岳齐云仙境徘徊半日感慨系之,因不上黄山到此乃西游终点也》,刊是日杭州《民国日报·越国春秋》第 63 期。

13 日　游记《西游日录》分 11 期刊于 4 月 13、14、16—21、23 日《申报·自由谈》,收入《达夫游记》《达夫日记集》。1934 年 10 月,被收入赵景深编"中学国语补充读本之一"《现代日记选》(上海北新书局);1935 年,被收入姚乃麟编《现代创作游记选》(上海中央书店);1936 年 4 月,被收入钱公侠、施瑛编"中国新文学丛书"之《日记与游记》(上海启明书局)。其中一节被拟题为《春日的乡村》,载 1936 年 4 月 9 日《儿童晨报》新第 27 期第 3 版。

15 日　致函中华书局编辑所,乞寄《几个伟大的作家》至"杭州大学路场官弄 63 号"。

18 日　作游记《出昱岭关记》,载 1934 年 5 月 5 日《人间世》半月刊第 3 期,收入《达夫游记》。

22 日　作七律《三月初九过岳王墓下改旧作》(又题《过岳王墓》),刊 1934 年 4 月 25 日杭州《民国日报·越国春秋》第 65 期,收《郁达夫诗词抄》。

29 日　作游记《游白岳齐云之记》,收入 1934 年版《屐痕处处》,后收入《达夫游记》。1935 年,被收入姚乃麟编《现代创作游记选》(上海中央书店)。

春　为宁海干人俊①诗集《天台游草》题诗《题宁海干人俊〈天台游草〉》。

5 月

1 日　短论《中国目前为什么没有伟大的作品产生?》,认为"目前的中国,没有伟大的作品产生的原因,我想是因为伟大的批评家太多了的缘故","至于政治上的压迫,与作家经济待遇的苛刻,那只是不产生伟大作品的种种近因中间的一个",同时认为鲁迅的《阿 Q 正传》和茅盾的《子夜》都是伟大的。为《春光》文艺社发起"中国为什么没有伟大的作品"的讨论而作,刊《春光》第一卷第 3 期。

19 日　据鲁迅日记,下午访鲁迅,鲁迅赠以《唐宋传奇集》《南腔北调集》各一册。

本月　与艺专校长林风眠等发起成立"杭州作者协会"。该协会系由《艺风》《黄钟》《沙发》等刊作家及编辑人共同参与,凤称为杭州唯一文学集团。曾于杭州艺专礼堂举行作者联欢大会一次,共到会员百余人,为况极盛一时。②

本月　为友人赴广东作七绝《送友人之广东》,收《郁达夫诗词抄》。

6 月

1 日　游记《屯溪夜泊记》刊于施蛰存主编纯艺术月刊《文艺

---

①　干人俊(1901—1982),字庭芝,号梅园,浙江宁海人。毕业于杭州宗文中学、上海复旦大学国文系,有诗作多卷。

②　参《杭州作者协会复兴大会纪盛》,《上海报》1935 年 7 月 27 日第 3 版。

风景》创刊号。收入《达夫游记》。

5 日 序文《自序〈屐痕处处〉》,刊是日《人间世》半月刊第 5 期,收入游记散文集《屐痕处处》。

12 日 致函赵家璧,预约《海涅全集》德文补充本,并一星期后去沪。而维拉·凯塞四本,"不知为何人借去",书库中已不在了。函收 1936 年 5 月《现代作家书简》。

是年春,赵家璧曾往杭州,访郁达夫于场官弄未遇,下午,郁达夫即赴西湖饭店回访,聊及美国"中代"女作家维拉·凯塞,并索借郁达夫所购之书。①

17 日 致函赵景深,称因久有将《达夫全集》全部改编之计划,故请嘱李小峰"勿思再行重版"《过去集》《薇蕨集》等。函收 1936 年 5 月《现代作家书简》。

本月 游记散文集《屐痕处处》由上海现代书局出版。目次:《自序》《杭江小历纪程》《浙东景物纪略》《钓台的春昼》《临平登山记》《半日的游程》《感伤的行旅》《西游日录》《出昱岭关记》《屯溪夜泊记》《游白岳齐云之记》《黄山札要》,附录《黄山纪游》。

> 达夫先生近年来对于文艺作品,极少写作。此次应杭江铁路局通车纪念旅行之邀,更参加杭徽公路旅行,于浙中浙西名胜风景,凭着他清闲隽逸的笔锋,纵横豪放的天才,写成这部十万余言的《屐痕处处》,诗情画意,尽在其中。②

1937 年 1 月,《杭江小历纪程》被姚乃麟编入"新编文学读本"之《现代创作日记选》(上海中央书店)。

本月 上海民智书店印行《郁达夫文选》,余研因选注,收有

---

① 参赵家璧《回忆郁达夫与我有关的十件事》,《回忆郁达夫》第 285—286 页。
② 《申报》1934 年 7 月 8 日广告。

《一封信》《故事》《血泪》《人妖》《秋河》《清晨》《忏悔》《北国的微音》《郊外》《月下》等作品。《序言》称："他那种特有的凄艳的笔调，悲酸的情怀，无论写小说写散文，无往而不一贯的！人家或许以个人主义的文学或感伤主义的文义菲薄他，但是这种种并不能推倒他文章的真价值。一切他会自己承认的！他是一个勇于并成功表现自己性格的作家。"

本月　为"林刘两氏"翻印袁中郎全集作《重印〈袁中郎全集〉序》，刊 1934 年 7 月 5 日《人间世》半月刊第 7 期。该全集 1935 年 5 月由上海时代图书公司出版。1935 年 11 月，以《重印袁中郎全集序二》为题，载于今知社丛书第一种《袁中郎》（今知社出版部）。

初夏　参观吴山聋哑学校①，两天后专程上山，书赠导游诸同学，"哑者能言，聋者能听，中国无废人矣"，落款"甲戌初夏，参观吴山聋哑学校，书赠导游诸同学。郁达夫"，另有一款赠余瑾，"一寸光阴一寸金，寸金难买寸光阴。赠书余重庆同学，甲戌初夏郁达夫"。②

初夏　作七绝《题六和塔》。

夏　作七律《读〈武训公乞食兴学传〉》，手迹影印于 1934 年 12 月山东临清私立武训小学编《武训先生九七诞辰纪念册》。

7 月

6 日　自该日起至 8 月 14 日，所作日记作《避暑地日记》，收

---

①　因迁至城隍山上的阮文达公祠内办学，杭州聋哑学校改名"吴山聋哑学校"。
②　余瑾《遗墨——回忆郁达夫先生》，原载《散文》1981 年第 1 期，见《回忆郁达夫》第 333 页。

入《达夫日记集》。因杭州酷热，应时在青岛市立中学任教的汪静之、卢叔桓①等之邀，晨8时早车赴上海，偕王映霞及长子郁飞拟附便船去青岛。

上海候船期间，《良友》主编马国亮"向他约稿。他同往常一样，一口答应，说到了那边就把稿寄来"②。

12日 上午9时，偕王映霞及汪静之等上船，出吴淞口往青岛。

13日 午后1时抵青岛，在西北大港外第二码头上岸，借宿汪静之同事卢叔桓寓。

同日 作散文《北航短信》，"征程未洗"，即向家乡读者汇报旅途经历。刊于1934年7月19日杭州《东南日报·沙发》第2033期。

14日 因市中被军训队借用，移至青岛广西路38号骆氏楼上，成一避暑客。

同日 据鲁迅日记，鲁迅收函并《屐痕处处》一册，赠以《引玉集》一本，以供郁达夫侄女郁风③学画。

同日 杂文《武士道的活用》刊于1934年7月14日《人言周刊》第一卷第22期，将日本军国主义者企图以各种口实挑起冲突、扩大侵略的行径，斥为"武士道的活用"。

同日 刘复（半农）在北京逝世。郁达夫曾作一联挽刘复，载1934年10月29日《每周评论》第140期，1934年11月1日

---

① 卢叔桓，汪静之姨丈，时同在青岛市立中学任教。
② 马国亮《郁达夫先生》，《良友忆旧》第144页，生活·读书·新知三联书店2002年1月版。
③ 郁风（1916—2007），女，郁达夫侄女，原籍浙江富阳，生于北京。画家、美术评论家、散文家。

《论语》第 52 期。

16 日　拟定暑假中工作程序,包括卢骚的译稿,汪水云的诗,德文短篇一二篇。接天津王余杞信,称可办胶济、津浦路免票,约秋后去北平一游。

17 日　欲作一"从前想做而未写的题材,是暴露资产阶级的淫乱的",题为《芜城夜话》的小说,"或可以作成自叙传中的一篇",书名《我的青春,我的梦!》。

18 日　上青岛贮水山、青岛山、信号山等处登眺,与上海来访的林微音海滨漫步。青岛《正报》刊有署名蜂巢者《欢迎郁达夫》一文表示欢迎。

19 日　午后与汪静之同游汇泉炮台。

20 日　午后,青岛《正报》馆赵怀宝(蜂巢)、张紫城来访。后成《郁达夫先生访问记》一文,刊《正报》。

21 日　买柳田国男著之《雪国之春》。午后为《东南日报》写一篇通信。

22 日　午前在家读《珂雪词》。午后与房东骆氏夫妇上四方乡区公园一游,"会同友好至四方各乡区游览,定于日内再赴崂山游览云"。①

23 日　午后《北洋画报》记者陈绍文等来访。

24 日　晨读青岛、崂山地志。再读田山花袋之《缘》,觉得不满之处颇多。

25 日　午前访杨振声不遇。午后李同愈②来访,并赠其所著小说集《忘情草》。

---

①　《郁达夫昨游览乡区,将再往崂山》,《青岛时报》1934 年 7 月 23 日第 6 版。

②　李同愈(1903—1943),祖籍江苏常熟。青岛电报局电报员。参与创办文学期刊《青潮》《避暑录话》。著有短篇小说集《忘情草》等。

26 日　午前访同学闵星荧于胶济铁路,托办免票。午杨振声来访。晚上山东大学四学生来访。

27 日　晚上同学闵星荧在可可斋请吃饭,潘国寿等老前辈同席。

28 日　午前至隆兴纱厂参观。中午与杨振声共餐。

29 日　午后汪静之、卢叔桓、邓仲纯来访,一同晚餐。

30 日　午后汪静之来访。

同日　复函徐寒梅,邀以晤谈。"不佞自前函投邮之后,越二日,即得郁先生复函,邀往晤谈。"①

8 月

1 日　晨 9 时出发,赴崂山清游一日,成诗两首。

2 日　午与新闻界同人共餐,以《正报》《光华报》为多。

3 日　补成《崂山杂诗》,并赠北京邻居邓仲纯、邓家姐妹、居停主人骆氏和杨金甫诸友人诗。

4 日　应校长杨振声之邀,午后 3 时半赴国立青岛大学,与男女生 30 余人座谈,讲述自己的创作经验。"这一天的天气很热……郁先生虽然背后正靠近着窗子,可是仍把纺绸的便褂被汗浸湿了背后的一半。大家都过于客气了,案上的水果和汽水,并没有动大些,杨郁二人除了一枝接一枝的吸着长城的香烟外,只吃了几片脆梨。……这个会却从下午四点起,一直开到快要七点的样子。"②诗赠汪静之、卢叔桓。

---

① 徐寒梅《旅青杂记》(附言),《幽燕》1934 年第 3 卷第 7 期。徐文中收有《给郁达夫先生的信》,日期落款为"7 月 27 日灯下"。

② 萧村《杨振声与郁达夫》,《十日谈》1934 年第 48 期。

6 日 晨作王余杞信,告以 13 号去北平。

7 日 计划在青岛为《人间世》《论语》各写一点东西,并完成《当代文学》《文史》《良友》《东南日报》稿约。为《正报》抄录《青岛杂事诗》一份。《青岛杂事诗》(七绝)10 首,刊 1934 年 9 月 5 日《人间世》第 11 期,第一首手迹题《青岛杂事诗之一》载 9 月 16 日《论语》第 49 期,又见《一四七画报》1947 年第 14 卷第 3 期。收《郁达夫诗词抄》。

9 日 诗赠青岛市《正报》《光华报》《民国日报》等各报记者。午后吴伯箫①来访。购文学书十余种。

同日 苏雪林完成《郁达夫论》,寄南京《文艺月刊》社。"把这位颓废派作家作总检阅式的批判,对他殊无好评。"②

10 日 晚赴卢叔桓亚东饭店招饮。

离青岛赴济南前一二日,复马国亮辗转寄来之催稿函,称"青岛友人日日邀去喝酒游山,所以文章写不来",允到北京后"可为良友写一点短稿"。③

12 日 晨 7 时青岛上车,来站相送者,有房主人骆氏夫妇,汪静之,卢叔桓,山东大学吴伯箫,王瑈,李象贤,闵星荧,闵龙井叔侄,《正报》蜂巢,社会局萧觉先,《北洋画报》陈绍文等。傍晚 6 时到济南,宿平浦宾馆。访李守章④夫妇。

---

① 吴伯箫(1906—1982),原名熙成,山东莱芜人。文学家,教育家。曾任青岛大学校长办公室职员、简易济南乡村师范教务主任兼国文教员。1938 年 4 月投奔延安。著有《南泥湾》《记一辆纺车》等。

② 林晖编者《苏雪林年谱长编》第 51 页,时代出版传媒公司、安徽文艺出版社 2017 年 1 月版;参《文坛零星》,《西京日报》1934 年 12 月 15 日第 5 版。

③ 马国亮《郁达夫先生》,《良友忆旧》第 145 页。

④ 李守章(1905—1993),字俊民,江苏南通人。作家,学者,编辑家。毕业于国立武汉大学。

"郁先生还是老样子,清癯而不过于清瘦,体魄还是健康的。王映霞女士较在上海时肥胖了一些,并不减其秀丽,不过使人增添了一种少妇的感觉",当晚约定次日游览济南几个著名的去处。①

13 日　晨起与李守章夫妇访趵突泉、金线泉、黑虎泉、千佛山、大明湖、历下亭、张公祠、北极阁、铁公祠等处后,赶至津浦车站,坐五点零五分特快车北行。

第二天一大早,"我们雇好人力车,他们夫妇来了,我住处距趵突泉很近,所以先到了那里。……那里旧时是商场,人声嘈杂,所以没有久留。……后来去到金线泉,在池边找到一定的角度,金线显现在目……接着去到黑虎泉……留连一刻后,就顺路到了南郊山麓,走下人力车,爬上千佛山山腰。郁先生登上高岗,清风徐来,溽暑全消,他向北平眺华、鹊二山,中间是洛口的黄河铁桥,……遥望这山川胜处,郁先生的心情是爽朗而且愉快的"。回到济南城中,在院西大街一家餐馆吃午餐,点了三种济南名产:黄河鲤鱼、大明湖蒲菜、青稻米。午后过曲水亭,雇船出大明湖,访历下亭、张公祠、铁公祠、北极阁等处,"尽情徜徉,欢快之至"。②

14 日　晨 8 时许抵正阳门车站,住西四巡捕厅胡同郁曼陀宅,历访同乡金任父、孙百刚等,晚与张水淇夫妇、傅墨正等共餐。抵平后"连日赴三海天坛等处观光,并分访在平诸旧友"。③

---

①　李俊民《落花如雨拌春泥——郁达夫先生殉国四十周年祭》,《回忆郁达夫》第 134 页。

②　参李俊民《落花如雨拌春泥——郁达夫先生殉国四十周年祭》,《回忆郁达夫》第 134—136 页。

③　参《郁达夫来平》,天津《益世报》1934 年 8 月 20 日第 8 版。

15 日　自该日起至 9 月 10 日,所作日记作《故都日记》,收入《达夫日记集》。晨起访旧友孟氏于其寓,上东安市场买书十余册,卖旧书的伙计还记得 10 年前旧事,"像是他乡遇见了故知"。晚孙百刚招宴于五道庙春华楼。

16 日　晨访旧友名医吴道益。接《人间世》社、王余杞快信,均系催稿者。

17 日　晨起为王余杞写二千字,题《故都的秋》,刊于 1934 年 9 月 1 日天津《当代文学》月刊第一卷第 3 期,收入《闲书》。晚金任父在大美菜馆请吃饭。

18 日　晨起往访白经天、陈惺农、孙席珍①等,午王余杞来索稿,午后同往丰泽园,遇邓叔存②、陈西滢、凌叔华③、沈从文、杨振声等。

19 日　晨与白经天同去史家胡同甲 5 号访陈通伯、凌叔华。晚 8 点偕王映霞、曼陀夫人与孙百刚坐快车赴北戴河。

20 日　晨 7 时至北戴河,住铁路宾馆,早餐后即至老虎洞、西联峰山、南天门等处游。

据孙百刚述,抵北戴河后与孙百刚"再乘北宁路车往东北行,过秦皇岛,即抵山海关",在天下第一关上"徘徊唏嘘了一阵",并吟诵了一首经其改写的前人咏长城诗(即 1933 年 2 月所作《改昔人咏长城诗》)。④

---

①　孙席珍(1906—1984),原名彭,学名志新,以字行,浙江绍兴人。曾与赵景深等组织绿波社,编辑《京报文学周刊》。参加八一南昌起义后曾流亡日本。

②　邓以蛰(1892—1973),字叔存,安徽怀宁人。邓稼先之父。美学家。1923 年夏留美回国后,历任北京大学、清华大学哲学系教授。

③　凌叔华(1900—1990),女,原名凌瑞棠,原籍广东番禺(今属广州),生于北京。曾任教于武汉大学、燕京大学。著有《花之寺》。

④　孙百刚《郁达夫外传》第 53—54 页,浙江人民出版社 1982 年版。

21 日 晨重游鹿囿、霞飞馆等处,晚 7 时 50 分搭北宁车自北戴河抵天津,王余杞与当地新闻界等接站并宴请。下榻法租界交通旅馆,《中国新报》记者来访。郁氏夫妇并与王余杞合影。①

22 日 午姜公伟②在天津川菜馆蜀通请吃饭。午后两点复乘北宁车离津,晚 6 时抵北平。③

23 日 上景山,游故宫,过东安市场,买英文、德文小说数册。

24 日 中元节,北海放荷花灯。午在西长安街芳湖春,孙席珍请吃饭,晚白经天约吃饭。

在平期间,孙席珍称曾"和王余杞、澎鸟(许寿彭)、紫阳(臧恺之)等同志轮流请客作陪,间或出游听戏,平均每人与他相见,都不少于七八次"④。

25 日 晨起上万牲园、北海等处,晚在沈从文家吃饭。杭州信来,耀春病重。

26 日 王映霞偕子阳春午后 3 时南归。

27 日 午王余杞来约吃饭,并到东安市场看戏剧学校学生演剧。晚在邓叔纯家吃饭,遇钱道生氏。⑤

28 日 午前历访友人六七处。晚川岛来,请去吃饭。

---

① 《郁达夫昨偕夫人由津赴平》,天津《益世报》1934 年 8 月 23 日第 6 版;参《郁达夫在天津》,1934 年 9 月 16 日《时代》第 6 卷第 10 期。

② 姜公伟,《庸报》副刊编辑。燕京大学"绿波社"成员,曾主编《国民公报》。

③ 《郁达夫昨偕夫人由津赴平》,天津《益世报》1934 年 8 月 23 日第 6 版。

④ 参孙席珍《怀念郁达夫》,《回忆郁达夫》第 79 页。

⑤ 参廖太燕《郁达夫与翟永坤、王余杞:从一封佚函谈起》,《广播电视大学学报(哲学社会科学版)》2015 年第 2 期。

29 日 午前章靳以①、卞之琳②来访，未遇。午后上平则门外闲步。晚席间，遇北平教授文士。

30 日 午前撰《俞谷仙身后募捐启》一篇，为凌叔华题册页一面。得王映霞信云，杭州热，西湖涸。

下旬 赴北平艺文中学观王君、王华叔侄之书、画、版画联合展，并在批评薄上留言：王氏一家天才辈出。③

9 月

1 日 苏雪林《郁达夫论》载南京《文艺月刊》第 6 卷第 3 期。长近万言，详细评析郁氏自《沉沦》至《她是一个弱女子》《迟桂花》等小说，认为其所表现的思想是一贯的，即以"自我主义""感伤主义""暴露狂""颓废色彩"为特征。

同日 午前去东城访杨塑夫人、江绍原、林如稷等。作贺联《赠曾觉之伉俪》，以"东南才子，西北佳人"贺其新婚。

2 日 晨起与陈楚雄上中南海居仁堂。饭后赴中央公园，与王余杞、章靳以、卞之琳等会，同上广和楼听富连成④的戏。

同日 北平文艺界假太庙公园长美玉茶座举办北平市文艺

---

① 章靳以（1909—1959），原名章方叙，天津人。作家，编辑家。曾编辑《文学季刊》《文季月刊》《文丛》《现代文艺》《中国作家》和《国民公报·文群》《大公报·星期文艺》等副刊。

② 卞之琳（1910—2000），祖籍江苏南京，生于江苏海门。诗人，文学评论家，翻译家。1933 年毕业于北京大学英文系，曾任北大西语系教授。

③ 《叛徒的艺术》，天津《益世报》1934 年 11 月 21 日。

④ 富连成社，中国京剧科班，创办于 1904 年。前期称"喜连成"，招收学生没有定期，只收男生，随到随考。1912 年因财东更换，改名"富连成"。富连成是京剧教育史上公认的办学时间最长、造就人才最多、影响最为深远的一所科班。

茶话会筹备会,特邀"最近留平之郁达夫"。①

3 日 据周作人日记,晨 8 时半,访前一日刚从日本探亲返京的周作人氏。

同日 参观平津书画版画联合展览会,并作《参观平津书画版画联合展览会的题词》,手迹载《北辰报·荒草》第 34 期。

4 日 下午欧查、焦菊隐②来访,晚在川岛处吃饭。

据周作人日记,晚 7 时,周作人夫妇在东不压桥宴请,季茀、季谷、废名、孙百刚、刘雪亚和川岛夫妇同席。

5 日 晨 8 时三刻上车,午至天津,住王余杞家。

6 日 在天津,午前去北仓铁路局办的扶轮中学演讲,晚饭后上俄国公园,并去天津各外国书铺。晚 10 点半上车,南下回杭。

7 日 晨 8 时过黄河,午过泰安,晚 8 时过徐州。夜读《查泰来夫人的情人》。

8 日 晚 8 时到上海,宿曼兄家。

9 日 下午 3 时特快车抵杭州。

10 日 据鲁迅日记,鲁迅致函郁达夫,称生活书店要出《太白》半月刊,"推定编辑委员十一人,先生亦其一"。

编辑委员会 11 人为:艾寒松、傅东华、郑振铎、朱自清、黎烈文、陈望道、徐调孚、徐懋庸、曹聚仁、叶绍钧、郁达夫。

12 日 据鲁迅日记,鲁迅夜得郁达夫复函,答应担任《太白》编委。

---

① 《北平文艺界组织茶话会今日开始筹备》,天津《益世报》1934 年 9 月 2 日第 8 版。

② 焦菊隐(1905—1975),原名焦承志,生于天津。导演,戏剧理论家,翻译家。北京人民艺术剧院奠基者之一。曾任北平中华戏剧曲艺学校校长。

16 日 《青岛杂事诗》(之一,手迹)载《论语》半月刊第 49 期"二周年特大号"。同页刊 1934 年 5 月赠"林语堂惠存"相片一张。

20 日 致函李小峰,了解北新欠款,希望北新将存书数目及款项进出详细开一账单。

同日 陈望道主编语言艺术半月刊《太白》创刊号出版,被聘为编辑委员会成员。①

21 日 复函叶圣陶,答应节后写成《杭州印象记》奉上,并称中秋过后当去上海"和诸君一晤"。函收 1936 年 5 月《现代作家书简》。

23 日 《时代日报》刊"达友"《郁达夫最近访问谈》,称此次赴京,"我去买了一些书,是关于历史方面的,因为今年下半年,我打算作一部描写明末清初的小说,字数约在二十万三十万之间。这是我很久以前,许下的心愿,预备最近把他完成了"。

29 日 《大同报》刊消息《郁达夫氏将着手长篇小说的创作》,称"以明清两代轶闻为题","他为这部小说搜集材料,已有数年之久,所获甚多,此次从平津返杭后,将材料整理就绪之后,即可动笔",全书大约有几十万字,预备两年内写成。此作未见留传。

本月 作旧体诗《无题》(七绝)一首(夕阳红上海边楼),收《郁达夫诗词抄》。

本月 小说《迟暮》单行本由上海生活书店出版,为"文学创作选"之一。

---

① 参《申报》1934 年 9 月 21 日第 2 版广告。

10 月

1 日　池田孝作《中国现代作家列传·(十四)郁达夫传》载是日日本《同仁》第 8 卷第 10 号。

10 日　杂文《东南地狱》刊于是日杭州《东南日报·沙发》第2117 期。

20 日　游记《半日游程》(合集)由上海良友图书公司出版，收有郁达夫《半日游程》《冰川纪秀》，另有茅盾、丁玲、叶恭绰、老舍、丰子恺、穆木天、梁得所、简又文、适夷、袁殊、王莹、何家槐、谢六逸、马国亮、赵家璧等共 17 人 18 篇作品，封面署名"郁达夫等作"。

同日　晨起与北京来的友人王文伯经富阳、新登至桐庐，登桐君山，当日回杭。

据《桐君山的再到》，是日还"在桐君山上"做了"一首歪诗"，"因语意平淡，无留存的价值"，未抄入《桐君山的再到》一文中。

该诗题《游桐君山口占》："三面青山一面云，秋风江上吊桐君。鲈呈颊尾刚盈寸，霜染枫林未十分。德佑宫中歌浩荡，谢翱襟上泪纷纭。凭栏目送归鸿去，酒意浓时日正曛。"载 1934 年 11 月 2 日上海《金钢钻》第 2 版。又题《秋风江上吊桐君》，见《郁达夫秋风江上吊桐君》，载 1934 年 11 月 8 日汉口《大同日报》第 10版"大同副刊"第 802 号"文坛的是是非非"栏，及 1934 年 11月 12 日汉口《每周评论》第 142 期"文坛杂俎"栏。

同日　杂文《说肥瘦短长之类》刊于 1934 年 10 月 20 日《新语林》第 6 期，收入《闲书》。

同日　论文《读劳伦斯的小说——〈却泰来夫人的爱人〉》，刊 1934 年 10 月 20 日《人间世》半月刊第 14 期，收入《闲书》。

22 日　据《南游日记》,午后陪王文伯游湖,下午 5 时返家,为上海生生美术公司作游记散文《桐君山的再到》,载 1935 年 2 月 1 日《生生周刊》创刊号;被 1937 年 5 月 10 日出版的《好文章》第 8 期转载。收入《达夫游记》。

23 日　据《南游日记》,晨起与王文伯驱车渡江,至西兴搭车,过柯岩、绍兴、新昌,至天台县城东北国清寺宿,开始"天台雁荡之游",同时作《南游日记》以记之。日记中并有《入天台山口占》一联,"山到天台难识面,我非刘阮也牵情"。

24 日　据《南游日记》,晨起过金地岭,上方广寺看"石梁瀑布",登天台山最高峰,宿山顶华顶寺。

25 日　据《南游日记》,凌晨起上拜经台看日出,未及,下山返塔头寺、高明寺,回国清寺借宿。

26 日　据《南游日记》,晨起寻道观桐柏宫。晚读徐霞客游记和《天台山全志》,预备第二天驱车上雁荡山去。

27 日　据《雁荡山的秋月》,晨自国清寺出发,经临海、黄岩、温岭、乐清到雁荡,住灵岩寺西楼。

28 日　据《雁荡山的秋月》,晨三四时起,黄岩中学学生整队出发,遇见雁荡山的秋月。游大龙湫、罗汉寺、西石梁瀑布、梅雨潭等。

29 日　据《雁荡山的秋月》,晨 3 时起,预备踏月东下,再赏胜景。沿途游灵峰寺、观音洞等,出雁荡返杭州。

本月　贺炳铨编《新文学家传记》由上海旭光社出版,收有茅盾、丁玲、郁达夫、周作人、鲁迅等 14 位作家的相关评传文字。

秋　《中国新文学大系》编辑工作开始酝酿,议定请郁达夫、周作人编选"散文集"。据赵家璧回忆,"散文编选者的人选,我和伯奇、振铎、阿英、蛰存个别交换意见时,都想到了郁达夫",另一位则请周作人,赵家璧建议"周作人久居北方,他选北方的散文家;郁达夫一直在南方各地跑,是否选南方的散文家"。[①]

11 月

1 日 文论《谈诗》,对新诗发表看法,对其"将来"抱有希望。刊 1934 年 11 月 1 日《现代》月刊第 6 卷第 1 期,收入《闲书》。

3 日 完成天台山游记《南游日记》,载 1935 年 2 月 1 日《文学》月刊第 4 卷第 1 号(新年号)。收入《达夫游记》。

5 日 评论《钱唐汪水云的诗词》刊《人间世》半月刊第 15 期,收入《闲书》。

9 日 作游记《雁荡山的秋月》,载 1934 年 12 月 15 日《良友》图书杂志(半月刊)第 100 期"纪念特号"。收入《达夫游记》。

20 日 文论《所谓自传也者》,回应苏雪林"哭诉",载 1934 年 11 月 20 日《人间世》半月刊第 16 期。

28 日 作游记《青岛、济南、北平、北戴河的巡游》,收入《达夫游记》。

本月 作词《减字木兰花》(寄刘大杰)一阕,收《郁达夫诗词抄》。

12 月

5 日 自传《悲剧的出生——自传之一》刊于《人间世》半月刊第 17 期。

6 日 致函刘大杰,抄近作《岁暮穷极有某府怜其贫,嘱为撰

---

① 赵家璧《话说〈新文学大系〉》,《新文学史料》1984 年第 1 期。

稿,因步钓台题壁诗韵以作答》助兴。

10 日　作散文《祝赵母王太夫人的寿》,中有贺寿诗一联。刊于 1934 年 12 月 11 日《东南日报·沙发》第 2177 期。

上旬　"这一年阳历底边",一次会面中,王映霞对正在整理院产的省立救济院地产颇感兴趣,想买下救济院在场官弄一所废庵的地皮。那块地后来用 1700 元买进 17 亩山地与救济院交换而得,用以修造"风雨茅庐"。①

16 日　杂文《苍蝇脚上的毫毛》刊于 1934 年 12 月 16 日《论语》半月刊第 55 期,分"解题""尚方宝剑""相""出气店"四则。

20 日　自传《我的梦! 我的青春!》刊于《人间世》半月刊第 18 期。

23 日　据《艺专剧社乐社公演的第二晚》,上大光明公演场听音乐,看艺专剧社乐社公演《新年节》《秋》。

24 日　作戏剧观感《艺专剧社乐社公演的第二晚》,对剧场环境和舞台设备颇有微词。刊 1934 年 12 月 25 日杭州《东南日报·沙发》第 2191 期。

本月　作文论《Mabie 氏幽默论抄》,刊 1935 年 1 月 1 日《论语》半月刊第 56 期,收入《闲书》时,改题为《Mabie 幽默论抄》。1936 年 11 月,被收邵洵美选"论语丛书"之《幽默解》(时代图书公司)。

本月　编短篇译文集《达夫所译短篇集》,并作《自序》,总结自己译书三条标准:"非我所爱的东西不译""务取直接译而不敢重译,在不得已的时候,当以德译本为最后凭借""译文在可能范围之内,当使像我自己写的文章"。

---

①　孙百刚《郁达夫外传》第 55—57 页,浙江人民出版社 1982 年版。

1935年(乙亥,民国二十四年)　39岁

▲1月,遵义会议。

▲10月,中央红军到达陕北吴起镇。

▲12月,北平爱国学生举行抗日救国示威游行,又称"一二·九"抗日救亡运动。

1月

1日　应《妇女旬刊》征文而作专题杂论《中国妇女应上哪儿跑》,讨论"离开家庭,去找职业"或者"丢掉职业,回到家庭"的问题,刊于1935年1月1日《妇女旬刊》第十九卷第1期"复兴号"。其他作者有周作人、夏丏尊、罗家伦、吴研因、易君左、孙伏园、俞子夷、沈兹九①、钱君匋、徐悲鸿等。

同日　游记《玲珑山游记》《天目山游记》(均为《西游日录》之一部),载《东南揽胜》。

5日　散文《两浙漫游后记》刊于1935年1月5日《太白》半月刊第一卷第8期。1935年10月,被收入夏丏尊等著《幽默的叫卖声》(生活书店)。

同日　作自传《水样的春愁——自传之四》,刊于1935年1月22日《人间世》半月刊第20期。

---

① 沈兹九(1898—1989),女,名慕兰,浙江德清人。1941年被派去新加坡,主编《南洋商报》妇女副刊。1942年后流亡到印尼苏门答腊。与胡愈之合著有《流亡在赤道线上》。

7日　为刘半农博士起稿的人物传记《赛金花本事》作书评《读〈赛金花本事〉》，刊于 1935 年 1 月 8 日杭州《东南日报·沙发》第 2200 期。

8日　作杂文《残年急景》六则："遗嘱""天路历程""醉司命词""一元航空券""挽活佛联""月夜听诗"，刊于 1935 年 2 月 1 日《论语》半月刊第 58 期"中国幽默专号"。

9日　作游记《超山的梅花》，载 1935 年 2 月 15 日《新小说》创刊号，收入《达夫游记》。

此前某日，作为杭州国立艺专语文教授，与艺专师生一同游超山，吊吴昌硕墓，并合影。同行者中，有艺专校长林风眠夫妇及女儿，国画系主任潘天寿①，西画系主任吴大羽②，西画教授蔡威廉③，教务长林文铮④，雕塑教授刘开渠等。⑤

10日　偕王映霞自杭州赴沪。为庆祝《中国新文学大系》筹备就绪即将发售，并对鲁迅、郁达夫两位编选者表示感谢，郑伯奇、赵家璧、马国亮⑥等良友编辑部同人借郁达夫来沪之机，于北四川路味雅酒楼招饮午宴，郁达夫偕王映霞，鲁迅、许广平偕海

---

①　潘天寿(1897—1971)，浙江宁海人。画家，教育家。曾任杭州国立艺术专科学校校长。

②　吴大羽(1903—1988)，江苏宜兴人。油画家，艺术教育家。1928 年起任杭州国立艺术专科学校教授兼西画系主任。

③　蔡威廉(1904—1939)，浙江绍兴人。蔡元培之女。1928 年起任杭州国立艺术专科学校西画系教授。

④　林文铮(1903—1990)，出生于印尼雅加达，美术理论家。杭州国立艺术专科学校教务长、西洋美术史教授。

⑤　参郑朝著《国立艺专往事》第 29 页照片说明，中国美术学院出版社 2013 年版。

⑥　马国亮(1908—2001)，广东顺德人。民盟成员。曾任上海良友图书公司编辑。

婴出席。①

同日 自传《书塾与学堂(自传之三)》刊于《人间世》半月刊第 19 期"新年特大号"。

上旬 偕王映霞赴虹口新亚饭店,出席孙百刚婚礼,并以一幅装裱好的七绝"逋窜禅房昼闭关"(即《觉园独居寄孙百刚》)为贺礼。②

12 日 中国儿童文艺社在沪成立,是日假八仙桥青年会举行成立大会。与章衣萍、汪馥泉、刘大杰、钱子衿、汪静之等同为该会发起人。凡研究儿童文学及艺术者,经社员介绍、理事会认可皆得入社。③

13 日 周作人致函郁达夫,认为郁信建议之以人分选"庶几可行",商量《中国新文学大系》"散文卷"如何分编事。④

15 日 周作人致函赵家璧,称"达夫来信拟以人分,庶几可行,已复信商定人选矣"。⑤

18 日 作杂文《答〈申报·妇女园地〉沁一先生》,刊于 1935 年 1 月 20 日《东南日报·沙发》第 2212 期;又 21 日《妇女旬刊》第 19 卷第 3 号。《致〈妇女旬刊〉编辑》函同期刊出,称因旬刊社址已迁,无法投递,故"答沁一先生"一文,已"借《沙发》,先行发表"。

21 日 复函周作人,讨论《新文学大系散文集》编选方案,赞成"以人名决定界限",并分列各作编选的名单,再作补充。亦复

---

① 参赵家璧《回忆郁达夫与我有关的十件事》,《回忆郁达夫》第 288 页。
② 孙百刚《郁达夫外传》第 56 页,浙江人民出版社 1982 年版。
③ 《儿童文学会定期成立》,《申报》1935 年 1 月 7 日第 13 版;参《中国儿童文艺社理事会》,《申报》1935 年 3 月 11 日第 14 版。
④ 《周作人年谱》第 464 页。
⑤ 《周作人年谱》第 464—465 页。

赵家璧以决定的标准。①

24 日　为刘开渠在西湖湖滨作淞沪抗战纪念碑,专为纪念淞沪对日作战中立下功勋的 88 师阵亡将士,而作散文《雕刻家刘开渠》,刊于 1935 年 4 月 1 日《漫画漫话》创刊号。

31 日　所译美国作家马克·土苑小说《理发匠》,载杭州《黄钟》月刊第 6 卷第 1 期。

本月　大高岩②《支那新文学运动的展望(六)郁达夫》,载1935 年 1 月大连《满蒙》16 年第 1 号。

2 月

4 日　旧历新年。据《寂寞的春朝》,是日读退补斋刻《陈龙川集》,上城隍山(吴山),下山路上作旧诗《乙亥元日,读〈陈龙川集〉有感时事》,又题《乙亥元日读〈龙川文集〉暮登吴山》《乙亥元日,读〈陈龙川集〉,薄暮登吴山》,刊 1935 年 10 月 1 日《论语》第 73 期。

同日　作散文《寂寞的春朝》,刊于 1935 年 2 月 6 日杭州《东南日报·沙发》第 2229 期,收入《闲书》。

同日　作散文《追怀洪雪帆先生》,刊于 1935 年 3 月 1 日《现代》月刊第 6 卷第 2 期,收入《达夫散文集》。

5 日　自传《远一程,再远一程! ——自传之五》刊于《人间世》半月刊第 21 期。

6 日　正月初三。据《〈西施〉的演出》,赴杭州国立艺专大礼

---

①　《周作人年谱》第 464 页。

②　大高岩(1905—1971),日本红学家。大学毕业后自费来中国,于 1929 年 6 月到 1932 年 1 月间在大连、北京、上海等地"流浪"两年零七个月。曾负责"郭沫若文库"。

堂观看艺专剧社的《西施》，为林文铮所作历史剧。

15 日 作散文《春愁》，刊于 1935 年 3 月 5 日《文饭小品》半月刊第 2 期，收入《闲书》。

16 日 剧评《〈西施〉的演出》刊于杭州《东南日报·沙发》第2239 期，称誉西湖艺专剧社演出的成功。

19 日 作自传《孤独者——自传之六》，刊于 1935 年 3 月 5 日《人间世》半月刊第 23 期。

24 日 以中国字"笔划过于繁多，而手写体与印刷品又不一律，实为民族教育之一大阻力"，故由文化界人士共同研究，主张减省汉字笔画，第一期"手头字"共 300 字推报刊发表。系与蔡元培、丰子恺、巴金、郭沫若、邵力子、胡风、洪深、叶圣陶、苏雪林、李公朴[①]等 200 余人共同签名发起。[②]

本月 作小说《唯命论者》，载 1935 年 3 月 15 日《新小说》月刊第 1 卷第 2 期，收入《达夫短篇小说集》。《新小说》月刊编辑郑伯奇在《编辑后记》中介绍称"他给读者实现了'名作家写通俗文学'的希望"。

本月 作太白社征文《小品文杂感》，刊于 1935 年 3 月上海生活书店出版之"《太白》一卷纪念特辑"《小品文和漫画》。

本月 叶青《郁达夫论》刊于《世界文学》第 1 卷第 3 期。

本月 《瓢儿和尚》单行本署郁达夫著，收有 9 位作者的创作小说，由上海中华书局出版，为"新中华丛书文艺丛刊"之一。

---

① 李公朴(1900—1946)，谱名永祥，字晋祥，少时自名公朴，原籍江苏武进(今属常州)，生于江苏淮安。政治活动家，社会教育家，民盟早期领导人。1946 年 7 月 11 日遇刺，次日身亡。

② 《手头字之提倡》，《申报》1935 年 2 月 24 日第 14 版。

3月

12日 致函许犖父,为"救济院举办集团结婚",应命作白话词《西江月》(白话词一首贺救济院举办之集团结婚)一阕。载1935年3月16日杭州《东南日报·吴越春秋》第266期,收《郁达夫诗词抄》。该词亦被易庐居士《杭州的集团结婚 郁达夫有词为证》引录,"喜其事其词,两俱新颖",称为"开风气之先",刊于《中央日报》"中央公园"栏。

15日 《〈中国新文学大系·散文二集〉编选感想》刊于《新小说》第一卷第2期。《编选感想》是《大系》出版前,良友图书公司为宣传广告之用而编印的一个样本,以各编选者手迹制版发表。[①]

17日 作散文《惜掌之歌》,刊于1935年3月20日杭州《东南日报·沙发》第2270期。

18日 作《两位英国的东方学者》,哀悼相继去世的《中国文学史》作者迦尔斯和日本诗学者张伯伦,刊于1935年3月21、22日《时事新报·青光》。

同日 时在中国留学的小川环树[②]和目加田诚[③]自北京到江南旅行,是日上午,往场官弄访郁达夫,"赐食简单之午饭,饮五加皮酒","午后,四人经图书馆及大学校园,往访苏氏",即浙

---

① 参赵家璧《回忆郁达夫与我有关的十件事》,《回忆郁达夫》第290页。
② 小川环树(1910—1993),日本汉学家。毕业于京都大学,文学博士。日本京都大学教授,曾任日本中国学会理事长。著有《唐诗概说》《中国小说史的研究》等。
③ 目加田诚(1904—1994),日本学者。1929年东京大学毕业。1933年10月留学中国。九州大学、早稻田大学教授。

江大学苏步青。①

19 日　杭州日本领事松村在天香楼设晚宴招待小川环树和目加田诚,郁达夫同席。②

20 日　午后,带小川环树和目加田诚乘小艇游西湖,自孤山起,经清波门登吴山,晚被邀往聚丰楼宴,走访苏步青氏辞行。③

同日　致函鲁迅,介绍日本中国文学教育者目加田诚和小川环树前访。

24 日　作游记散文《花坞》,收入《达夫游记》。

27 日　作游记散文《皋亭山》,载 1935 年 4 月 5 日《文饭小品》月刊第 3 期,收入《达夫游记》。文中收一年前旧作七律《步何君〈半山娘娘庙题壁〉续成》和"前几天在万安桥头散步"见各地香船而作的七绝《万安桥头闲步忆旧游》。

28 日　作散文《说(劝)杭州人》,刊于 1935 年 3 月 31 日《东南日报·沙发》第 2281 期。

本月　《现代十六家小品》由上海光明书局出版,阿英作《〈郁达夫小品〉序》。

本月　东南交通周览会宣传部编《东南揽胜》印行,郁达夫为编委之一。其中,《杭徽公路沿线之部》收郁达夫《玲珑山游记》《天目山游记(附诗)》《白岳(七绝三首)》《屯溪夜泊(七绝一首)》等游记诗文。

4 月

1 日　据《申报》是日广告,张凡夫主编理论与综合文化杂志

---

① 参稻叶昭二《郁达夫——他的青春和诗》,《郁达夫传记两种》第 300—301 页。
② 参稻叶昭二《郁达夫——他的青春和诗》,《郁达夫传记两种》第 301 页。
③ 参稻叶昭二《郁达夫——他的青春和诗》,《郁达夫传记两种》第 301 页。

《研究与批判》创刊特大号出版,载易逢春《郁达夫底小说》。

5 日 作游记散文《龙门山路》,载 1935 年 4 月 10 日杭州《学校生活》旬刊第 101 期,收入《达夫游记》。文中收游龙门山当日所作七绝《龙门坑纪胜》,收《郁达夫诗词抄》。

10 日 文论《林道的短篇小说》,刊于《新中华》月刊第三卷第 7 期,收入《闲书》。

13 日 旧体诗《游白龙潭途中口占》(七绝),刊杭州《东南日报·沙发》第 2294 期"作家动静"栏。

16 日 小品文《毫毛三根》,中有"骂的礼让""建设的双重意义""揩油的出典"三则,刊于《论语》半月刊第 63 期。

20 日 自传《大风圈外(自传之七)》刊于《人间世》半月刊第 26 期。

22 日 《申报》广告,傅东华主编、"全国著名作家学者合力撰著"的《文学百题》,将由上海生活书店出版发行,与蔡元培、鲁迅、茅盾、郑振铎、谢六逸、陈望道、张天翼①、丰子恺、黎烈文、叶圣陶等 60 余人同被列为"执笔者"。郁达夫《怎样叫做世纪末文学思潮?》《什么是"传记文学"?》收入其中。

29 日 作随笔《伟大的沉默》,刊于 1935 年 6 月 15 日《良友》图书杂志第 106 期。

30 日 据鲁迅日记,上午访鲁迅,受赠《准风月谈》一本。

本月 作《中国新文学大系·散文二集·导言》,收入 1935 年 8 月 30 由上海良友图书印刷公司出版的《中国新文学大系·散文二集》。1936 年 4 月收入《达夫散文集》时,改题为《良友版

---

① 张天翼(1906—1985),原名元定,字汉弟。祖籍湖南湘乡,生于江苏南京。小说家,儿童文学作家。曾任《救亡日报》编委、中华全国文艺界抗敌协会理事。

新文学大系散文选集导言》，并为代序。

本月 小说合集《迟暮》由上海生活书店出版发行，为"文学创作选"之一，封面题签、署名均为郁达夫。收有郁达夫、老舍、鲁彦、王统照等9位作者的创作小说。

本月 《中国新文学大系·小说三集》由良友图书公司出版，收入创造社作家19人代表作品37篇，郑伯奇作序。所收郁达夫小说有《沉沦》《采石矶》《茑萝行》《春风沉醉的晚上》《过去》等5篇，与张资平同为该卷收入作品最多的作家。

春 作旧体诗《赠宋某》（七绝），收《郁达夫诗词抄》。

春 1935年四五月间某日，浙江省民政厅秘书贺扬灵邀沈松泉同去访问郁达夫。宾主欢谈，漫无拘束。当时住房的建筑和陈设都并不讲究。郁达夫很随便地对贺扬灵说，"我倒很想当个莫干山管理局局长"。①

5 月

1日 《申报》广告，郑振铎主编"一九三五年文坛的伟大工程"《世界文库》，每月一册，全年12册，"全国作家总动员"，上海生活书店出版发行。被列为"特约撰述"的作家有：蔡元培、鲁迅、茅盾、胡愈之、傅东华、谢六逸、胡适、朱光潜②、周作人、许地山、郁达夫、俞平伯、徐霞村③、叶绍钧、巴金、洪深、陈望道、丰子恺、谢冰心、黎烈文、朱自清、阿英等百数十位。

---

① 参沈松泉《回忆郁达夫先生》，陈子善编《回忆郁达夫》第51页。
② 朱光潜（1897—1986），字孟实，安徽桐城（今枞阳）人。美学家，文艺理论家，教育家，翻译家。
③ 徐霞村（1907—1986），原名徐元度，祖籍湖北阳新，生于上海。作家，翻译家。曾任中华全国文艺界抗敌协会常务理事。

8 日 作游记散文《城里的吴山》,载 1935 年 7 月 15 日《创作》创刊号。

15 日 致《新小说》编者郑伯奇函刊于 1935 年 5 月 15 日《新小说》月刊第一卷第 4 期《作者·读者·编者》栏,题为《(一)郁达夫先生》,文后有《(二)编者的回答》。

20 日 游记散文《扬州旧梦寄语堂》载《人间世》半月刊第 28 期,收入《达夫游记》。

同期《人间世》半月刊,载许钦文《郁达夫丰子恺合论》。

22 日 作散文《记耀春》,刊于 1935 年 5 月 25 日杭州《东南日报·沙发》第 2335 期;题《记三子耀春的生死》,刊 1935 年 7 月 11 日《妇女与儿童》1935 年第 19 卷第 13 期;收入《达夫散文集》时,改题为《记耀春之殇》。

24 日 杂文《清贫慰语》,刊于 1935 年 5 月 24 日《时事新报·青光》,收入《闲书》。

27 日 为亡儿耀春所作七绝六首《志亡儿耀春之殇》,载 1935 年 5 月 27、28 日《东南日报·吴越春秋》第 337、338 期。

30 日 作随笔《对于杭州作者协会的希望》,刊于 1935 年 6 月 1 日杭州《东南日报·沙发》第 2342 期。

本月 短篇译文集《达夫所译短篇集》由上海生活书店出版。目次:《自序》,《废墟的一夜》(〔德〕F. 盖斯戴客),《幸福的摆》(〔德〕R. 林道),《马尔戴和她的钟》(〔德〕T. 史笃姆),《一个败残的废人》(〔芬兰〕J. 阿河),《一位纽英格兰的尼姑》(〔美〕M. 衣·味尔根斯),《一女侍》(〔爱尔兰〕G. 摩尔),《春天的播种》(〔爱尔兰〕L. 奥弗拉赫德),《浮浪者》(〔爱尔兰〕L. 奥弗拉赫德),共 8 篇短篇小说。均据德文本转译,每篇末有作者简介。

本月 作文论《什么是"传记文学"?》《怎样叫做世纪末文学

思潮？》，刊于 1935 年 7 月傅东华编、上海生活书店出版的"《文学》二周年纪念特辑"《文学百题》。

本月 为《青青电影》月刊书录东坡词"清夜无尘"，刊《青青电影》月刊 1935 年 5 月 20 日第 2 卷第 2 期。

6 月

1 日 据《东南日报》，下午 4 时，杭州作者协会第二届会员大会假西湖国立艺术专科学校召开，到会 80 余人，议程有主席胡健中报告协会成立一年来工作情形、市党部代表致辞、修改会章、讨论提案、选举理事等。大会通过确立文艺著作之中心意识应建立在国民道德之涵养、国家地位之保障和民族生存之培养三者之上，举办文艺座谈会，组织本会会员观光团等三项提案；被选为 21 人理事之一，另有 7 人为候补理事。[①]

《上海报》之《杭州作者协会复兴大会纪盛》报道则称，有鉴于杭州作者协会工作进展不力，与孙福熙共同召集以"复兴作协"为主题的第二届会员大会，并被推为理事长，发表"复兴作协"意见。两者侧重有所不同：

> 除讨论"严密组织"新方案，并规定会员负担"集团工作"种种办法，并借以集中"作协"力量，纠正过去"会务散漫""会员玩忽"之弊也。按本届复兴大会，仍假西湖"国立艺专"举行，出席作家，计有郁达夫、孙福熙、林风眠、娄子匡……等数十人。首由孙福熙报告召集"复兴作协"大会之经过后，次讨论提案十余件及选举郁达夫、林风眠等 21 人

---

① 《杭州作者协会昨召开第二届会员大会》，《东南日报》1936 年 6 月 2 日第 8 版。

为理事（推郁氏为该会理事长），末后，理事长郁达夫发表"复兴作协"意见，及朗诵《对杭州作者协会的希望》一文。该文主要点即系，第一，希望各作家同志，大家起来做"启蒙运动"，启蒙者，就是启发一般昏聩糊涂的人，不要再去开倒车，再去干"读经""念佛""复古"等等不合时代的事情；第二，希望各作家发挥共同团结及合作精神，倘遇国内有作家在思想研究或合理的言论上，有失去自由的时候，大家应当起来主持正义，互相扶持；第三，希望各作家发挥"亲爱同文"精神，若遇在实际生活上有艰难困苦的作家，大家都应该想法子救济救济他，以祈能达到"同文互助"之目的云云。①

5 日　与柳亚子、周建人、夏丏尊、郑振铎等 149 人，及文学社、文学季刊社、文艺画报社等 17 个文学团体，针对王新命、何炳松、黄文山等 10 位教授提出的重建以孔孟之道为基本内容的"中国本位文化建设"复古思潮，联名发表的《我们对于文化运动的意见》刊是日《芒种》第 7 期。该意见声明"复古运动发展的结果，将是一服毒药，对于民族前途，绝对没有起死回生的功效"，并表示救国不必读经，民族自救的路径，唯"维新"而已。

7 日　据《申报》广告，郁达夫为新课程标准初级中学用各科教科书国文科特约撰述人，并被列入"已专撰若干篇"课文者名单。

10 日　杂文《娱霞杂载》，连载于 1935 年 6 月 10—14 日《东南日报·沙发》第 2351—2355 期，收入《闲书》。

同日　文论《怎样研究文学》刊于 1935 年 6 月 10 日杭州

---

①　《杭州作者协会复兴大会纪盛》，《上海报》1935 年 7 月 27 日第 3 版。

《学校生活》旬刊第 107、108 期合刊"研究专号"。

15 日 完成《中国新文学大系·散文二集》的编选,交付排印。

18 日 离杭去沪。

同日 日本冈崎俊夫《粗陶器上的郁达夫》,刊于 1935 年 6 月 18 日东京《中国文学月报》第 4 号。

22 日 自上海回杭,车中见田间男女农民劳作,吟七绝一首《沪杭车窗即景》,收《郁达夫诗词抄》。

24 日 自该日起至 7 月 27 日,所作日记编作《梅雨日记》,载《宇宙风》1935 年 9 月 16 日第 1 期。本期《编辑后记》称:达夫先生的《日记九种》行销数万本。承对本刊特别赞助,允将最近日记赐予逐期发表。

同日 午接日本寄来的 3 册杂志。开始读 A. J. Cronin 的小说 *Hatter's Castle*,笔致沉着,写法周到,是"新写实主义的另一模范"。

25 日 午前购书《诗法度针》《皇朝古学类编》《经义述闻》。晚与诗人戴望舒①谈至深夜。

28 日 午前完成为杭州一句刊作的杂文(或为刊于《学校生活》旬刊的《弄弄文笔并不是职业》),午后读梁启超②《饮冰室诗

---

① 戴望舒(1905—1950),名承,字朝安,浙江杭县(今杭州)人。诗人,翻译家。曾任《现代》编辑。1938 年 5 月抵香港,主编《星岛日报·星座》副刊。

② 梁启超(1873—1929),字卓如,一字任甫,号任公,又号饮冰室主人。思想家,政治家,教育家,史学家,文学家。戊戌变法(百日维新)领袖之一,中国近代维新派、新法家代表人物。

话》①,"殊不佳"。

29 日　晨起开始写自传。

同日　作书于长篇小说《丽丽》作者徐寒梅,称其小说"从你告诉我的内容看来,是既通俗又艺术的,大约有目者,当能共赏",并同意作者留着作序。该函手迹刊印于 1935 年 9 月醒民印刷局出版的《丽丽》,题作《郁达夫先生序》。②

30 日　晨起上吴山看大水,"钱塘江两岸,都成泽国了"。午后赵龙文③夫妇来谈天喝酒,同吃夜饭。

本月　为《达夫日记集》作《再谈日记》,刊于 1935 年 8 月 1 日《文学》月刊第 5 卷第 2 号。

7 月

1 日　午前写自传,又成千字。

同日　散文《住所的话》刊于 1935 年 7 月 1 日《文学》月刊第 5 卷第 1 号(二周纪念号),收入《闲书》。1935 年 10 月,被收入萧逴山编《现代文选》(上海合众书店)。

2 日　久雨初晴,带郁飞坐火车上闸口看大水。

3 日　迭见各地报水灾之函电。

4 日　晨起读《荒原丛莽》一篇,文具诗意,当译出给《译林》。为刘开渠画题七绝《为刘开渠题画》,收《郁达夫诗词抄》。

---

①　《饮冰室诗话》,梁启超所作诗话著作。通过评介康有为、黄遵宪、谭嗣同、夏曾佑诸"诗界革命"主将的名篇名句,总结"诗界革命",推崇"新意境",即以资产阶级新思想和资本主义新事物为其"诗料",以爱国主义为标榜。

②　参金传胜《新见郁达夫佚文佚简考述》,待刊。

③　赵龙文(1902—1968),原名华煦,字凤和,浙江义乌人。曾任浙江省会警察局局长兼警官学校校长。1937 年任浙江省第四行政督察区专员兼省抗日自卫总队第一支队司令。

5 日　致函李小峰,约于本月 10 日去上海取款。

同日　自传《海上〈自传之八〉》刊于《人间世》半月刊第 31 期。

6 日　译《荒原丛莽》二千字,不能译下去了,只能中断。另行开始改正全集的工作。

7 日　自该日起至 10 日,将全集中 32 篇短篇改编一次,重订成 20 万字《达夫短篇小说集》。

10 日　偕《达夫短篇小说集》去上海。

11 日　遇暨南大学文学院院长兼中文系主任郑振铎,略谈下学期暨南大学教授之课程计划等。被推聘讲授日本史。

据上海《铁报》称,聘书已发出,为新任校长何炳松之主张;① 而据上海《金钢钻》报,称教育部接得暨大聘郁公文,已予驳斥。②

此事后来确未成功。据郭沫若《论郁达夫》:"记得有一次在日本报上看见过一段消息,说暨南大学打算聘达夫任教授,而为当时教育部长王世杰所批驳,认为达夫的生活浪漫,不足为人师。"③郁本人则在《郭外长经星小叙记》中,记有与郭外长"王雪艇先生对我有点误解了,所以要请大使去为我解释解释""这当然不成问题,可是同时你也得循规蹈矩的做人!"的对话。

15 日　杂文《璨霞道情》载于是日《东南日报·沙发》第 2386 期。

16 日　作《为姜丹书题〈丹枫红叶图〉》(七绝)一首,收《郁达夫诗词抄》。

---

① 《暨南大学之新猷 聘郁达夫为教授》,上海《铁报》1935 年 7 月 29 日第 1 版。

② 《郁达夫教授成泡影 郑院长援助有心教部驳斥》,上海《金钢钻》1935 年 8 月 22 日第 2 版。

③ 郭沫若《论郁达夫》,《回忆郁达夫》第 7 页。

《丹枫红叶图》作于1930年冬。为原配夫人中风瘫痪，姜丹书①置副室硖石朱红君，小字小红，图卷即为定情纪念。其后五年间，为该图题画、咏诗、题跋者有潘天寿、张大千、邵裴子、黄宾虹、柳亚子、经亨颐、马叙伦等四五十人，郁达夫为长卷压轴题卷者。

17日 作《我爱读的短篇小说》，载1949年1月20日出版之《幸福》第24期（小说专号）。文末有编者按：上文乃得之于钱君处，乃钱昔年编《小文章》时未刊稿，亟为刊布，以飨读者。

同日 录近作3首，七绝《乙亥夏日楼外楼坐雨》（又题《咏西子湖》）、《乙亥夏日听丹书画伯述小红事有赠》（又题《为姜丹书题〈丹枫红叶图〉》）和步陆竹天氏韵《中年（次陆竹天氏二叠韵）》（又题《中年次陆竹天氏韵》，五律），寄《东南日报》，刊1935年7月20日杭州《东南日报·沙发》第2391期。

20日 杂文《弄弄文笔并不是职业》，载1935年7月20日《学校生活》旬刊第111、112期合刊"升学就业指导专号"，认为弄文笔"绝对不是青年的正业"，而"养成一种可以营独立职业的技术，才是做人的正道"。

21日 据《国道飞车记》，晨起与朱渊明（惠清）②夫妇、赵龙文夫妇一同驱车于京杭国道，沿途经瓶窑、太湖，游善卷洞、庚桑洞、英士墓等，当日回杭。

24日 作游记散文《国道飞车记》，载1935年7月30日、31日，8月1日《东南日报·沙发》第2401、2402、2403期，收入《达夫游记》。

---

① 姜丹书（1885—1962），字敬庐，号赤石道人，斋名丹枫红叶楼，江苏溧阳人。画家、美术理论家、美术教育家。著有《美术史》《丹枫红叶室诗稿》等。

② 朱渊明，字惠清，时杭州商会会长。

27 日　傍晚接林语堂自西天目禅源寺来书,谓山上凉爽如秋。成七绝一首,《接语堂自天目禅源寺来书,戏成一绝,欲寄而未果》,收《郁达夫诗词抄》。

本月　《达夫日记集》由上海北新书局出版。目次:《日记文学》《再谈日记》《日记九种》《沧州日记》《水明楼日记》《杭江小历纪程》《西游日录》《避暑地日记》《故都日记》。

8 月

2 日　据鲁迅日记,下午访鲁迅,受赠特制《引玉集》一本。

10 日　《怎样消夏——唯有读书好》一文提倡以读书消夏,并透露下半年或去上海教"日本史"课。载 1935 年 8 月 10 日杭州《学校生活》旬刊第 113、114 期合刊"消夏专号"之"怎样消夏"同题征文,同题作者有许杰、倪贻德等 15 人。

17 日　作旧体诗《送暑迎秋之记》(七律)一首,载 1935 年 8 月 20 日《东南日报·沙发》第 2421 期。

20 日　和曼兄《乙亥中伏迤暑牯岭》,答诗《海上候曼兄不至,回杭后得牯岭迤暑来诗,步原韵奉答,并约于重九日同去富阳》,载 1935 年 8 月 20 日《东南日报·沙发》第 2421 期。

30 日　所编《中国新文学大系·散文二集》被编为"大系"第 7 卷,由良友图书公司出版。

同日　在湖滨路宝记照相馆门口,遗失照片一包,次日刊出寻物启事,题为《寻找相片》:

> 昨日(三十日)下午七时许,在湖滨路宝记照相馆门口,遗失照片一包。如有拾得者,请送至大学路场官弄六十三

号，当予以相当酬谢。郁达夫启①

9 月

1 日　自该日起至 9 月 20 日作《秋霖日记》，载 1935 年 10 月 16 日《宇宙风》半月刊第 3 期。为《时事新报》写短杂文《文坛的低气压》，不满千字，载 1935 年 9 月 4 日《时事新报·青光》。

2 日　开始为《文学》写一中篇，《出奔》，午前午后各成一千字。晚为即将出任《立报》副刊《言林》主编的谢六逸写短文一篇（或为随笔《人与书》）。② 接沈从文为《大公报》文艺副刊《国闻周报》催稿函。

同日　《申报》广告，施蛰存主编《中国文学珍本丛书》凡 150 种，上海杂志公司出版发行，被列为"编选委员"：周作人、胡适之、郑振铎、沈起予、林语堂、虞冀野、叶圣陶、郁达夫、吴瞿安③、任中敏④、俞平伯、朱自清、龙榆生⑤、周越然⑥、钱南扬⑦、刘大杰、丰子恺、废名、阿英、曹礼吾。

3 日　晨送王映霞至车站赴上海。晚叶秋原来，偕去湖上痛饮。

---

①　见 1935 年 9 月 1 日杭州《东南日报》第九版"社会服务"第 432 号，参金传胜《新见郁达夫佚文佚简考述》。

②　参《谢六逸年谱》第 104 页。

③　吴瞿安（1884—1939），名梅，以字行，江苏长洲人。曲学家。

④　任中敏（1897—1991），原名讷，江苏扬州人。词曲学家，戏曲理论家，敦煌学家。

⑤　龙榆生（1902—1966），名沐勋，晚年以字行，自称龙七。别号忍寒居士、风雨龙吟室主等。江西万载人。词学家。曾先后创办《词学季刊》《同声月刊》等词学期刊。

⑥　周越然（1885—1962），本名周之彦，字越然，以字行。浙江吴兴人。民国藏书家。

⑦　钱南扬（1899—1987），名绍箕，以字行，浙江平湖人。戏曲史家，教育家。

5 日　欲以写至高等学校生活末期结束自传。晚上过湖滨，访友二三人，夜9时防空演习，灯火暗一小时，飞机只两架。

6 日　晚刘开渠来，请去吃饭。

10 日　至中午完成《出奔》前半篇，即以快信寄出，后作为"特约中篇"载1935年11月1日《文学》月刊第5卷第5期。

12 日　中秋节。接上海寄来之《宇宙风》第1期。晚约刘开渠、叶秋原等共饮。又访诗僧，共饮于邻近人家，酒后成诗一首，《中秋无月，风紧天寒，访诗僧元礼，与共饮于江干，醉后成诗，仍步曼兄〈逭暑牯岭〉韵》。

13 日　晨起读德国小说《冷酷的心》，一篇文艺童话。上午上湖滨，购《瓯北诗话》等书数册。

14 日　晨3时起床，上吴山看晓月。午与友人共饮，写对5幅，屏条两张，炕屏一堂。晚邵洵美自上海来访，知王文伯、胡适之在杭州。

15 日　中午曼陀兄自上海来，送至江干上船，回富阳。

同日　作短文《出版界的年轮》，寄《时事新报》。载1935年9月20日《时事新报·青光》。

16 日　终日不出，续写《出奔》。

同日　致函赵家璧，称"总集稿"将缓期。另亲友信稿"全部烧了"，徐志摩生前信札"找了数天，终找不着一封"，并建议与胡适之、陈通伯、凌叔华、冰心等索函。称月底将去上海。

此前，赵家璧策划"良友文学丛书特大本"，请已有定评的小说家自选认为满意的作品，编成一部字数较多的总集，郁达夫也是集稿对象之一，但或因版权关系未能得偿。后来，"特大本"在出版了张天翼《畸人集》、沈从文《从文小说习作选》、鲁迅《苏联作家二十人集》、巴金《爱情三部曲》4种作品后，因抗战爆发被迫停止。①

同日　《梅雨日记》载《宇宙风》半月刊第 1 期。本年,被收入《廿四年度的中国创作选集》。

18 日　晨起独步上吴山,看流云白日。晚在湖上饮,回遇王余杞于途中。王余杞将去黄山,绕道杭州。

同日　接施蛰存来函,嘱为珍本丛书《柳亭诗话》题签,写好寄出。1935 年 9 月 21 日,《柳亭诗话》30 卷作为"中国文学珍本丛书"第二部由上海杂志公司出版。

同日　作杂文《中国是一个灾国》,载 1935 年 9 月 20 日《立报·言林》。

19 日　晨作一短文,《送王余杞去黄山》,寄《东南日报》,刊于 1935 年 9 月 21 日杭州《东南日报·沙发》第 2453 期。

同日　与王余杞、董秋芳等同去溪口、杨梅岭、石屋岭而岳坟,晚在杏花村饮。向市长周象贤(企虞)②借其二号车去富阳。

20 日　晨 8 时,驱市长车去富阳。

同日　杂文《出版界的年轮》,载是日《时事新报·青光》。

21 日　郁母陆氏 70 寿辰。《东南日报》"作家动静"栏报道,刘开渠、叶秋原、雷圭元③、戴克庄④等一行 17 人同往拜寿,并与郁氏三兄弟在鹳山春江第一楼前合影。

22 日　从富阳坐江轮回杭州。

27 日　随笔《人与书》载 1935 年 9 月 27 日《立报·言林》。

---

①　参赵家璧《回忆郁达夫与我有关的十件事》,《回忆郁达夫》第 292—293 页。

②　周象贤(1880—1960),字企虞,浙江定海人。清华留美公费生,毕业于美国麻省理工学院。1928、1934、1945 年,三度出任杭州市市长。王映霞"表姐夫"。

③　雷圭元(1906—1988),字悦轩,江苏松江(今属上海)人,生于北京。工艺美术家,工艺美术教育家,书画家。被誉为"中国现代设计之父"。

④　戴克庄,女,雷圭元夫人。

本月 某日从万松岭行至凤山门，"成口号诗一首"，《自万松岭至凤山门怀古有作》，载1935年12月16日杭州《越风》半月刊第5期"湖上文苑"栏。书赠曾今可手迹又题注《郁达夫手写诗》，载1937年1月1日《新时代》月刊第7卷第1期。收《郁达夫诗词抄》。

10月

1日 赶写小说《出奔》之隙，复函尹贞淮，乞游龙泉时为购"一柄小小的剑形匕首，可以裁书，可以做小摆设"，"若需刻字，可刻上一句成语，曰'剑不虚施细碎仇'"。①

同日 题陶亢德②诗《乙亥元日读龙川文集暮登吴山》手迹刊《论语》第73期"三周年纪念特大号"。

同日 杂文《中国文学让外国人来研究》《不幸而为中国女子》，载《宇宙风》半月刊第2期"姑妄言之"栏。

3日 致函刘大杰，"暨大事，早就等于儿戏，我也不愿去，彼也不相强也。但一登广告，多添几个学生耳"。③

7日 据《过富春江》，是日与全增嘏兄妹和英国军官晏子少校驱车游富春江，至富阳鹳山脚下，登春江第一楼，作七绝《偶过西台有感》，诗收《郁达夫诗词抄》。

9日 作游记散文《过富春江》，并《偶过西台有感》，文载

---

① 贞淮《由郁达夫先生遗札所想起的》，吴心海《大战勃发，我辈将不能生存——郁达夫遗札两通释读》，2019年12月31日《上海书评》。

② 陶亢德（1908—1983），字哲庵，浙江绍兴人。编辑家。曾接编《生活》周刊和《论语》《人间世》，与林语堂创办《宇宙风》。上海沦陷后，创办《古今》《风雨谈》和太平书局，抗战胜利后，被定为"文化汉奸"。

③ 郁云《郁达夫传》第129页。

1935 年 10 月 10 日杭州《东南日报·沙发》第 2472 期,收入《达夫游记》。

16 日　散文《记曾孟朴先生》刊是日杭州《越风》半月刊第 1 期,收入《达夫散文集》。被收入《曾公孟朴讣告》。

同日　《秋霖日记》载《宇宙风》半月刊第 3 期。

同日　据《申报》广告,郁达夫为生活书店 1936 年《文艺日记》作《三月献辞》,题《一年最好唯三月》。其他各月献辞作者有夏丏尊、郭沫若、叶圣陶、吴组湘、欧阳山、洪深、老舍、祝秀侠、王任叔、丰子恺、茅盾等。

22 日　作游记散文《西溪的晴雨》,载 1935 年 10 月 24 日杭州《东南日报·沙发》第 2485 期,收入《达夫游记》。

27 日　散文《雨》刊是日《立报·言林》,1937 年 7 月 10 日被(上海)《好文章》月刊第 10 期转载,收入《闲书》。

本月　作旧体诗《和刘大杰〈秋兴〉》(七律)一首,见刘大杰《忆郁达夫》,载 1946 年 1 月 1 日《文选》创刊号。

本月　为上海杂志公司刊行的"中国文学珍本丛书"第一辑第 6 种赖古堂刊本周亮工《尺牍新钞》题签。

本月　《达夫短篇小说集》(上下册)由上海北新书局出版。上册目次:《银灰色的死》《血泪》《采石矶》《空虚》《怀乡病者》《茑萝行》《秋河》《落日》《春风沉醉的晚上》《离散之前》《十一月初三》《薄奠》《烟影》《纸币的跳跃》《东梓关》《清冷的午后》《寒宵》。下册目次:《街灯》《祈愿》《逃走》《微雪的早晨》《过去》《在寒风里》《杨梅烧酒》《十三夜》《马缨花开的时候》《迟桂花》《瓢儿和尚》《迟暮》《碧浪湖的秋夜》《唯命论者》《二诗人》。

11 月

1 日　《出奔》作为"特约中篇"刊载于《文学》第 5 卷第 5 号（11 月号，总第 29 号）。

5 日　晚，偕王映霞与日本领事夫妇等同在联华影剧院月楼上观看李万春演八大锤。此前，被之江剧社延为顾问。消息刊 1935 年 11 月 10 日上海《戏世界》第 236 号第 4 版。

10 日　作短论《却说平剧》，对"想与有声电影争观众""想侵犯话剧的领域"的平剧的改良，应该"保持住它的特点，而加以训练，发展，与精进"。刊于 1935 年 11 月 12 日杭州《东南日报·小筑》第 12 期。

16 日　旧体诗《卜筑和龙文》（七绝）二首，刊于杭州《越风》半月刊第 3 期。

19 日　开始做《王二南先生传》。自该日起至 12 月 8 日所作日记编为《冬余日记》，载 1936 年 1 月 16 日《宇宙风》半月刊第 9 期。

下旬　应陈伯昂①之请，为宁波作者协会之刊物《大地》题写刊名。

25 日　晨作散文《玉皇山在杭州》，载 1936 年 1 月《文学时代》第一卷第 3 期，收入《闲书》时，改题为《玉皇山》。

26 日　应陆小曼要求，写追怀志摩一篇（《怀四十岁的志摩》），即为《宇宙风》所作之《志摩全集序》。

---

①　陈伯昂，浙江鄞县（今属宁波）人（一说诸暨人）。浙江文化金融界知名人士。1945 年任杭州《浙江日报》副社长。曾参与创办"浙江地方建设协会"，发起浙江地方实业股份有限公司。

27 日　午前追怀志摩稿寄陆小曼。刊 1936 年 1 月 1 日《宇宙风》半月刊第 8 期,题为《怀四十岁的志摩》,收入《达夫散文集》。

"这篇先发表于《宇宙风》第八期上题为《怀四十岁的志摩》的文章,陆小曼是准备把它刊在商务版《志摩全集》前作为序文的。"①

本期《编辑后记》,则称:

> 郁达夫先生去年没有给本刊多写文章,从本期起,他已答应每期撰惠一篇,如无特殊阻碍的话。大概先发表自传,达夫先生的自传在《人间世》发表时是得到无数读者的赞赏的。

28 日　四十岁生日,终日闭门思过,不作一事。复函宁波作者协会,感谢寄赠《大地》。

同日　作和赵龙文七绝两首,"倒好做我的四十言志诗看",报上发表时,题《赵龙文录于右任并已作诗题扇贻余,姑就原诗和之,亦可作余之四十言志诗(两首)》,载《越风》第 3 期,收《郁达夫诗词抄》。

赵龙文原题两首以《题赠郁达夫》为题,刊《越风》1935 年第 2 期。

29 日　防空演习第二日,路上交通断绝,晚上灯火管制。午前作《江南的冬景》。下午刘开渠来。

30 日　为《文学》续写散文《江南的冬景》(文末落款作 12 月 1 日),刊 1936 年 1 月 1 日《文学》月刊第 6 卷第 1 号(新年号),

---

① 赵家璧《回忆郁达夫与我有关的十件事》,《回忆郁达夫》第 294 页。

收入《闲书》。至此,文债"已约略还了一个段落"。《申报》月刊嘱为写《山水及自然景物的欣赏》。

12 月

1 日 午后有日本历史学家增井经夫[①]夫妇由内山书店伙计王宝良陪同自上海来访,约在座之赵龙文夫妇、钱潮夫妇,并请日本驻杭领事松村夫妇同至天香楼用晚餐。[②]

2 日 午前将《王二南先生传》写毕,刊于杭州《越风》半月刊第 3、4 期,收入《达夫散文集》。午后上吴山。

同日 旧体诗《日本大森海滨望乡》(七绝)一首,载杭州《越风》半月刊第 4 期"湖上文苑"栏。

3 日 午前整理散文集稿。午后接北新书局信,称书局营业不佳,版税将绝。

4 日 午前作散文《山水及自然景物的欣赏》上半部分。

5 日 晨 8：15 车去上海,并携为《申报月刊》写的《山水及自然景物的欣赏》文稿一件。

7 日 晨起访良友图书公司赵家璧,访鲁迅,午后访曼兄于新衙门,坐 15：15 车回杭州。

8 日 午写信数封,其一致函良友赵家璧。

25 日 下午,应张彭年之约,赴杭州艺术专科学校作演讲《谈谈民族文艺》。[③] 同题文论刊于 1936 年 1 月 10 日杭州《学校

---

① 增井经夫(1907—?),"文求堂"老板田中庆太郎女婿。1930 年东京帝国大学东洋史科毕业,曾任日本东京东洋高等女子学校、日本大学、东京外国语大学等校教授。

② 参王宝良《忆达夫先生与内山书店》,《回忆郁达夫》第 237 页。

③ 参郁云《郁达夫传》第 129 页。

生活》旬刊第 128、129 期合刊"文艺专号",收入《闲书》。该文于考察欧洲民族文艺理论起伏经过之后,以目下所提倡的民族文艺之偏狭,认为民族文艺"当以整个民族为中心,以世界人类为对象,本着先图自强,次求共存的精神",进入世界文学之林,方才能够稳定。

27 日 上海《时代日报》刊出消息,称"新展望"社将于 1936 年 1 月 1 日成立,出版计划包括"文学杂志"和"文艺丛书"。郁达夫与郭沫若、施蛰存、穆时英、叶灵凤、戴望舒、杜衡、刘呐鸥、魏金枝等 9 人,为"念五年文坛的新展望"编辑委员会成员。

本月 散文《上海的茶楼》作为"上海地方生活素描之四"刊于 1935 年 12 月《良友》第 112 期。同期并于"读者广播台"栏刊出叶永年摄"文学家郁达夫先生与其夫人王映霞女士近影"。"上海地方生活素描"另刊有曹聚仁《在回力球场》(109 期)、穆木天《弄堂》(110 期)、茅盾《证券交易所》(114 期)等。

本年 作旧体诗《题诸真长〈病起楼图〉》(七绝)4 首,收《郁达夫诗词抄》。题《赠周黎庵》一联"满地淡黄月,中酒落花天",刊 1943 年 1 月上海《古今》第 15 期。

1934—1935 年间 闲居杭州的郁达夫不时赴沪,某日与复旦大学英语教师孙俊在往上海汉口路"马上侯"酒店小饮,席间戏作《联句七绝》(四首·蝉联体)。①

---

① 孙俊在《与郁达夫先生联句》。

1936年(丙子,民国二十五年) 40岁

▲2月,中国左翼作家联盟宣布解散。

▲10月,鲁迅在上海逝世。

1月

1日 杂文《新年的旧事》,刊是日杭州《东南日报·沙发》第2553期。

同日 《东南日报·小筑》第61期刊出七律《读靖陶①兄寄旧都新艳秋诗,为题看云楼觅句图》。

同日 《二十四年我爱读的书》载《宇宙风》第8期。

9日 七绝《读壁山阁存稿寄二明②先生》(四首),刊是日杭州《东南日报·小筑》第62期,亦刊于同年3月9日福州《华报·小华园》第410期。

10日 晨作散文《记风雨茅庐》,载1936年2月15日杭州《黄钟》第8卷第1期,收入《闲书》。

同日 作杂文《读明人的诗画笔记之类》,刊于1936年1月20日杭州《正气》第一卷第2期。

同日 完成日本兼好法师《〈徒然草〉选译》,刊于1936年2月1日《宇宙风》半月刊第10期。

---

① 曹靖陶(1904—1974),名熙宇,字憪生,号看云楼主,安徽歙县人。诗人,戏剧评论家,书画家。暨南大学肄业,曾任《时事报》编辑。善诗,尤以五言诗蜚声诗坛。

② 黄华表(1897—1977),字重光,别字二明,广西藤县人。曾任浙江省政府秘书长。

15 日　接福建省主席陈仪（公洽）①函,谓若有闽游之意,无任欢迎。

16 日　散文《浙江的今古》,载是日杭州《越风》半月刊第 6 期,收入《闲书》。

19 日　《山水及自然景物的欣赏》刊于《申报·每周增刊》第一卷第 3 期,收入《闲书》。其中一节被拟题为《一服清凉散》,载 1936 年 2 月 3 日《儿童晨报》新第 8 期第 3 版。

20 日　"俚语"旧体诗《无题》(七律,颇闻有公祭东坡者,故作俚语以簿之),刊 1936 年 1 月 20 日杭州《东南日报·小筑》第 73 期。

29 日　游灵隐寺,偶遇苏雪林。苏与从妹苏爱兰、方干民夫妇同游灵隐寺,"巧遇郁达夫。简单寒暄,未及深谈"。②

本月　为上海杂志公司刊行的"中国文学珍本丛书"第一辑第 19 种清初文学怪杰李笠翁著之《闲情偶寄》题签。

2 月

2 日　自该日起至 3 月 31 日,所作日记为《闽游日记》,收《闲书》。

同日　晨出发赴上海,下午搭三北公司靖安轮往福州。据《继编〈论语〉的话》,此去福州,是应陈仪之邀,日记称为"多看一点山水,多写一点文章","南下泉漳,去看一看倭寇的故垒及前明末世的遗踪;北上武夷,好品评品评三三六六的山水和水貌"。

----

①　陈仪(1883—1950),字公侠,后改字公洽,自号退素,浙江绍兴人。曾任福建省政府主席、台湾省行政长官兼台湾省警备总司令部总司令、浙江省政府主席。1950 年 6 月 18 日,以"勾结共党,阴谋叛乱""拒不认罪"被杀害于台北。
②　《苏雪林年谱长编》第 60 页。

在坊间,却引起颇多猜测和议论。

郁达夫兄赴闽过官瘾,他没有同我谈是什么目的,据我想,一则他是在杭州造了房子的,说不定要弄一点钱还债;再则,离一离杭州,也许可以写出点文章来,你知道,他是很久没有正式写过文章了,老闷在杭州的家里大约是很不利于他底文字生涯的。①

4 日 靖安轮由沪抵闽,下榻南台江上基督教青年会四层高楼。

这是一间窄小的卧室:一单床、两椅、一桌。桌上堆满了宣纸和笔砚,看来求他写字的人不少。这时的郁达夫身上打扮与杭州迥然不同。他头戴白帆布做的硬壳圆顶的"巴拿马"帽,也就是当时在华侨中极为流行的一种帽子。身穿藕色湖绸长衫,手提黑皮包。②

其卧所仅是斗室,除了矮榻椅几数事以外,别无长物,出入上办公厅,总是乘坐代价低廉的公共汽车,毫无官僚习气,依然书生本色。③

同日 日记中有"译德国汤梦斯曼的短篇小说三张"的计划。

5 日 福建教育厅厅长郑贞文、闽侯县长陈世鸿、省立科学

---

① 戏剧家李朴元致《东南日报》函,见 1936 年 4 月 21 日《东南日报》副刊《沙发》"消息"栏。
② 张白山《我所知道的郁达夫》,《回忆郁达夫》第 347 页。
③ 憨公《郁达夫南行的动机》,《海燕》(上海)1946 年 6 月 24 日第 15 期。

馆馆长黄开绳①同至青年会寓所访晤，并在青年会茶厅共进晚餐。②

同日　下午5时，在青年会寓所接待《福建民报》记者方之采访，"态度甚为和蔼，一见如故，倾谈至欢。郁氏身穿哔叽长衫，面清瘦，然精神焕发"，声称来闽"纯系游览"，在福州逗留10日后将往闽南及闽北各地，一月后返沪。"至此后我国文坛，因国难严重，刺激更深，前途当必有长足之进展，而民族及反抗文学，势将应运而生云云"。③

6日　晨9时福建省主席陈仪约于私邸晤谈，"畅谈多时，言下并欲以经济设计事相托，谓将委为省府参议，月薪三百元"。④午后3时至夜半12时，接见"不识之客"达39人之多。晚发快函于王映霞，"告以陈公欲留我在闽久居之意"。

"参议"是直属主席的一个虚衔，除备主席咨询外，亦被请在总理纪念周上作学术演讲等。一般参议月薪100元起支，郁达夫的月薪相当于厅长一级，在时福建省府参议中是特殊的。⑤

同日　瑰珢诗社同人来访，为其题七字"月色溪声共一楼"。落款云"瑰珢诗社同人来访，属留墨迹，以志因缘，为题七字，实属当时眼前风景。一九三六年一月六日 郁达夫在福州青年会四楼"。"一月"应为"二月"之误。⑥

同日　在闽江万寿桥偶遇邓锜昌，为其题断句"几时归隐西

---

　　① 黄开绳(1895—1954)，字直斋，福建闽清人。1933年春任福建省科学馆馆长，兼福建省师专、省立医学院、私立协和大学教授。

　　② 《福建民报》1936年2月6日第7版。

　　③ 方之《新任闽省参议郁达夫抵闽情形》，1936年2月18日《申报》第12版。

　　④ 参《福建民报》1936年2月6日第7版。

　　⑤ 参陈觉民《郁达夫在福州》，《回忆郁达夫》第376页。

　　⑥ 手迹载1936年2月15日福州《瑰珢诗刊》第1期。

湖去,应对春风忆建溪"。落款云"一九三六年二月六日,在闽江万寿桥上,偶遇邓君锜昌,嘱为其题字,成此断句"。

7日 午前接省政府参议委任状,即去省府到差。下午偕旧友、教育部特聘观察各省教育专家杨振声、省府刘参议和省科学馆馆长黄开绳等至百合浴温泉,并与记者称浙省山川美丽明媚,而闽省则另有一种伟大气度。[①]

同日 晚赴元宵花朝,吟成《毁家诗纪》诗一:"离家三日是元宵,灯火高楼夜寂寥。转眼榕城春渐老,子规声里又花朝。"后编为《毁家诗纪》第一首。

9日 本埠报刊《福建民报》《求是报》等,同时报道被委为福建省政府参议一事。与郑贞文、陈世鸿、杨振声等游鼓山。

11日 参观仓前山华南女子文理学院、鹤龄英华学校及省立第四小学、小学儿童国语讲演竞赛会、惠儿院等。晚赴万国青年会例会,餐后作一演讲。

12日 晚接邵洵美电,坚嘱担任《论语》编辑。据《继编〈论语〉的话》,答应负起"拉拉稿子,陈述陈述编辑的意见",或者"写篇把不三不四的文章"的责任。预备月底前编好良友《闲书》,并为开明写一万字之小说。

同日 致函陶亢德,只身来闽,《自传》不能续写,"但游记是有的",允《闽游滴沥》一两日内写成寄出。以前所定每月50元稿费,改作"先交货而后交稿费的方法"。

13日 午前赴福建学院,参观乌山图书馆,借阅《福建通志》。午后游洪山桥、金山塔。[②]

---

① 参《求是日报》1936年2月8日第3版。
② 参《求是日报》1936年2月15日第2版。

14 日　午前致函戴笠。晚与陈世鸿和日人所办汉文报《闽报》社长松永荣氏乘山舆上鼓山,宿涌泉寺,题五言诗《夜偕陈世鸿氏、松永氏宿鼓山》。①

同日　《电影时报》刊出英子报道《胡蝶郁达夫现身福州》,报道称:

> 郁来已数日,住南台青年会,连日与政界教育界酬酢甚忙。据谈:此行纯为游历性质,借便采访一般社会农工商生活经济之实况,兼访昔年旧雨,并无其他任务。并谓本人于民国十六年曾来闽一次,彼时殊觉言语不通,举动扞格,今日重游,不但街市建设,较前进步;在前每就途人问道,多有瞠目不知所对,以笔代口,又不识字,现则除黄包车夫外,途中每有询问,闽人皆能操普通方言应对;故此行所得印象极佳。但福州话难懂,本人极力学说,数日来仅说得食饭一句。在福州拟作两月勾留,然后赴闽北闽南各地考察云云。

15 日　应福建各界之请,下午 3 时,在南台青年会电影场演讲《中国新文学的展望》,到会听众千余人,挤得讲堂上水泄不通。演讲记录稿以《上海日报》所载菊池勇译《中国文学的展望》为"更详尽而得要领"。

此次演讲为郁达夫赴闽首场公开演讲,本埠及外埠报刊多有记录和报道。《南京日报》题中有"普罗文学在中国是永远不会成功的,目前需要的是表现民族思想的文学"字样。②

---

① 参《求是日报》1936 年 2 月 15 日第 2 版。

② 参《福建民报》1936 年 2 月 16 日第 7 版;《求是日报》1936 年 2 月 16 日第 3 版;《南京日报》1936 年 2 月 23 日第 5 版;上海《新闻报》1936 年 2 月 24 日;《上海日报》(日)1936 年 3 月 13 日。

而素以浪漫颓废气息示人的郁达夫,给了听众全新印象:

> 这次文学演讲会里,我们所得到的却恰然相反。他不但勇敢地提出了"文学正如政治或社会一样而逃不出环境与时代的支配",而且他还说:"中国目下的萎靡不振正迫着另一种文学的产生""民族文艺应是产生于被压迫或是想去侵略别人的国度里""文学虽然不能当饭吃,不能当衣穿,而在这个时代,总当个思想的先锋……"激进的思想和对目下的认识,使人们得个与前者全相反的印象。①

题七绝《下鼓山回望》(又作《宿鼓山寺》),该诗又书赠《华报》郑丽水,收《郁达夫诗词抄》。②

16 日　《求是报》以《郁达夫昨日演讲 中国文学的展望》为题载南台青年会演讲要旨,"对五四运动及各派文学详细批判,以目前的困难唤起努力民族文学"。

同日　于《论语》第 82 期发布《郁达夫启事》,意"自下期起接受《论语》半月刊编辑事务"。

17 日　三山中学三青年来访,为写条幅两张,横额一块。

18 日　午前读《福州志》。同松永氏上日本馆子吃饭,席间直斥日本人侵略的不该。晚晋江地方法院院长李书农来访。

19 日　午后去福州广播电台演讲《新生活与现代生活》,演讲词刊于《南方日报》。为《论语》写《编辑者言》。

---

① 黑雪《一个印象——郁达夫先生文学演讲会听讲后》,《求是日报》1936 年 2 月 25 日第 5 版。

② 参《闽游滴沥》之三;参林建七《被称为颓废作家的郁达夫》,《实报半月刊》1936 年第 16 期。

20 日 老同学刘爱其^①约去参观电厂,省府秘书沈颂九同往。

21 日 应邀再赴福州英华中学,演讲《文艺大众化与乡土文艺》。

同日 《求是日报》报道《郁达夫即将离省赴沪接编〈论语〉杂志》,称因陶亢德擅自自行兼办《宇宙风》,致内容欠佳销路锐减,并王映霞已在沪代订合约云。

22 日 省主席陈公洽电话召见,系询以编辑出版等事务者,称大约一两月准备完毕。

23 日 午,应福州学术界赵石湖、沈祖牟^②、黄朴心、萨士武、张瑞美、沈祖彝等 40 余人之请,假乌山图书馆友社,作题为《福建学术界今后努力的一个贡献》的演讲,分为发展文化、研究并开发物产、协助建设事业、在生产方面必须可以自给等数点,并交换文学上各项意见,历时 1 小时,会后合影。^③

同日 受全球社记者采访,答已接受时代公司之聘为《论语》编辑,已商妥每期撰文,航邮寄沪。

同日 日记中再举近期要完成的文债信债:为《宇宙风》《论语》及开明书店三处写一万四五千字,开明限期在月底,《宇宙风》限期在后日,《论语》亦是月底前写一短篇,3 月 5 日前还要为

---

① 刘爱其(？—1937),福州电气公司及附属铁工厂经理。1937 年与堂伯刘崇伦一起遭军统绑架,被秘密杀害。刘氏叔侄是福州"电气刘"的代表人物。在福州期间,郁达夫一度借住光禄坊刘宅花厅。

② 沈祖牟(1909—1947),福州藏书家,新月派诗人,为"志摩之入室弟子"。郁达夫来闽后,曾以福州文艺组织"福州友社"社长的身份举行欢迎会,邀请郁达夫欣赏闽剧。

③ 《郁达夫应本市学术界公宴,郁仍留省短期内不返沪》,《求是日报》1936 年 2 月 25 日第 2 版。

《文学》作一散文《南国的浓春》,良友书一册,及自传全稿。

25 日　作两份履历,交省府去报到。

27 日　下午五时,在仓前山华南文理学院演讲,作"有关于这次日本政变的谈话"。

29 日　午后客去,为《宇宙风》完成游记散文《闽游滴沥》,写福州记游,以《闽游滴沥之一》为题刊 1936 年 3 月 16 日《宇宙风》第 13 期"春季特大号"。

同日　为《论语》写杂记《高楼小说》题解和之一《说我的做了官》,之二《说日本少年军人的发魇》,刊 1936 年 3 月 16 日《论语》半月刊第 84 期。

本月　作《继编〈论语〉的话》,刊于 1935 年 3 月 1 日《论语》半月刊第 83 期。

本月　某天假日,郁达夫与孙问西、陈觉民雇一叶小舟,溯闽江而上,到"距福州数十里"的洪山桥,上烹制梅鱼闻名的"义心楼"酒家小酌,达夫认为梅鱼可与"富春江鲥鱼"相匹敌,不禁勾起了思乡之情,旋即席作七律《偕孙问西、陈觉民至义心楼食梅鱼即兴》。[①]

3 月

1 日　应福建青年学术研究会邀请,上午 9 时半在南街友声剧场作文学讲座,题为《青年的出路与做人》,听众千余人;午后继为青年学术研究会题词"学问无止境"。演讲词和题词手迹均载 1936 年 4 月 15 日《青年学术研究会季刊》第 2 卷第 1 期,文末有"编者附志":

---

① 陈觉民《郁达夫在福州》,《回忆郁达夫》第 387 页。

郁先生于本年三月一日应本会之请,在上南路友声剧场作公开讲演,到会者计有一千余人。本稿系由《南方日报》邓锜昌君记录,经郁先生亲加详改,并许在本刊发表。郁先生近年来之精神、思想,在此篇里可窥一斑。

又以《郁达夫在福州:演讲〈青年与做官〉》为题,载 1936 年 3 月 14 日《南京日报》第 8 版。

同日 出席《南方日报》社长吴世□在王庄乐天泉所设午宴。午宴前后,写立轴无数,并即席题诗送报界同人,有《南方日报》施福生、《求是报》陈公珪、《华报》郑丽水等,其中《赠〈闽报〉同人》刊 3 月 3 日福州《华报》,《赠〈华报〉同人》手迹刊 1936 年 6 月 1 日福州《华报》第 1 版。题诗《赠福州报界同人两首》,收《郁达夫诗词抄》。下午偕往磨溪游览。

2 日 上午 11 时,赴福建学院米仓里第一院,为全体员生演讲近日日本政变经过及中日最近外交情形,"听者莫不动容"。继去省府。晚参观《闽报》社并为各记者题字 10 余幅。①

3 日 午后上省府,与专员斯燮卿约半月后去厦门时相访于同安。晚为顾弗臣氏招宴,写对及单条 10 余幅。

5 日 打电报,止住王映霞来闽。

6 日 复打电报,止住王映霞来闽。待回电说不来,如释重负。"明日打算把那篇《南国的浓春》写好寄出。"

8 日 晤蒋百里。复函厦门青年会沈志中,称拟于 3 月中到闽南一游,如能成行,届时当住于厦青年会。②

---

① 参《文艺家郁达夫先生莅院讲演》,《福建学院月刊》1936 年 3 月 20 日第 2 卷第 7 期。

② 《郁达夫将赴闽南游览》,《求是日报》1936 年 3 月 9 日第 2 版;《福建民报》1936 年 3 月 9 日第 3 版。

9 日　午前 10 时,应西湖财政人员训练班之邀,演讲《理财的理想》:

> 本人虽是研究财政,但是没有办理财政,所以讨论理财,只好谈谈理想的理财。理财大道,不外"人"与"财"。我国同胞四万万五千万,人口不为不多,贷弃于地,财物不为不富,可惜运用不得其法,才有这种国敝民穷的现象。古代时候,地大物博,人口稀少,理财较易,后人口滋生,生活方式也随着社会进化而转移,人类为着满足更上的欲望,便利用种种不正当的手段来攫取,在国际间,便有甚么侵略的行为;官僚中便有种种贪污的现象。真正理财的方法,不论为公为私,都要廉洁清白,但是善于理财,对公经济除廉洁清白外,还要运用财政政策,开发财源,巩固国民经济基础,政府虽重敛于民,而人民不以为苦,过去我国财政,可以说理不得其法,现在政府训练财政人才,即在扫除一切从前理财陋习,故此灌输以充分的学识以外,遣(还)要淬砺成纯白的操守,将来福建的财政澄清与否,都在诸吾身上云云。①

11 时返南台,以蒋百里将赴欧洲,送至靖安轮。

10 日　至省府。

11 日　为《论语》写《高楼小说》之三《说"中"与"一"》,之四《说谣言的滋长》,之五《说交通之与人情风俗》。文刊 1936 年 4 月 1 日《论语》第 85 期。

12 日　总理逝世纪念日。晨起即有人来访,写对联条幅无数。午后去于山戚公祠饮茶。晚运使刘树梅来访,谈至午前

---

① 《福建民报》1936 年 3 月 10 日第 7 版。

3时。

13日 午前赶写《闽游滴沥》之二,"只写到了鼓山的一半"。载1936年4月1日《宇宙风》半月刊第14期。

14日 在福州广播电台演讲《防空自卫庸谈》,演讲词刊于4月20日《福建民报·福建航空》第9期。午后去省府。

15日 致函尹贞淮,告以"此次来福建,本系应陈主席之招,半为游玩,半为转换转换空气,并非有意来做什么官,而沪杭京各报,似各惊为异事,竞载菲薄之辞,可气亦复可笑。此间事情不烦,日夕亦复执笔为文,不过应酬较杭州更多一些,要分去许多时间耳",并乞为《论语》写稿。[①]

同日 出城步行至东门外东岳庙、马鞍山游览。

20日 午后2时至协和大学讲演。

21日 晚为闽县陈贻衍(演白)[②]画集《西湖记游》题七绝《题闽县陈贻衍〈西湖记游〉画集》四首,并序文一《题闽侯陈演白画序》,刊1936年4月3日《华报》。

22日 据《闽海双鱼》,财政部陈国梁来闽视察,陪同一天。

23日 上午赴职业学校讲演。

同日 复函王映霞,告知在闽生活、工作、写作、旅行诸细节和计划,并建议"这一封私信,你阅后以为可以发表,请拿去交给大慈,头上加一个《闽海双鱼》的题目就对。杭州的友人,大约要想知道我的消息的,总也不少;借花献佛,可以省去我许多作信之劳,更可以省下我的几张五分邮票"。该函遂由陈大慈以《闽

---

① 贞淮《由郁达夫先生遗札所想起的》,吴心海《大战勃发,我辈将不能生存——郁达夫遗札两通释读》,2019年12月31日《上海书评》。

② 陈贻衍(1896—1944),字演白,号叛禅,祖籍长乐,生于福州。自学国画,尤擅山水。1944年1月,借眷撤退途中遇难于广东曲江。

海双鱼》为题,刊于 1936 年 3 月 31 日《东南日报·沙发》第 2635 期,又载 1936 年 4 月 2 日南京《新民报》,1936 年 4 月 6 日天津《庸报》。

同日 欲为福州三赛乐闽剧班旦角林芝芳题诗,未果,仅得一联,即《观〈王昭君〉赠林芝芳》,收《闽游日记》。

26 日 午后 3 时,赴军人监狱训话,并施肉馒头 240 个,为在监者作点心。

27 日 午后去省府,又上图书馆,看到上海日文报纸《上海日报》译载的青年会演讲,译者名菊池生(勇),"比中国记者所记,更为详尽而得要领"。晚在南台看闽剧《济公传》。

同日 致函看云楼主曹靖陶,录《离家三日是元宵》一诗"呈一笑"。刊 1936 年 4 月 15 日福州《华报》。

28 日 作《闽游滴沥》之三,载 1936 年 4 月 16 日《宇宙风》半月刊第 15 期。

29 日 受邀访沈祖牟,陈宝琛长子陈几士、林则徐曾孙林汾贻作陪,得赏明人诗稿画作。①

30 日 上午 10 时后去省府。

31 日 晨起赴省府,探听最近本省政情。午后、晚上,继续为人题写屏联对子,写了百幅内外。

同日 作散文《记闽中的风雅》,载 1936 年 4 月 1 日《立报·言林》,收入《闲书》。作杂记《高楼小说》之六《说历史的循环》,之七《说文人的出路》,刊 1936 年 4 月 16 日《论语》第 86 期。三篇文字落款均为"一九三六年三月末日"。

---

① 参《郁达夫与福州藏书家》《郁达夫与福州友社》《"书迷"郁达夫与福州藏书家》。

本月　游记散文集《达夫游记》由上海文学创造社出版，为"文学创造社丛书"之一。目次:《杭江小历纪程》《浙东景物纪略》《钓台的春昼》《桐君山的再到》《过富春江》《杭州》《西溪的晴雨》《花坞》《皋亭山》《超山的梅花》《临平登山记》《龙门山路》《半日的游程》《感伤的行旅》《国道飞车记》《扬州旧梦寄语堂》《南游日记》《雁荡山的秋月》《西游日录》《出昱岭关记》《屯溪夜泊记》《游白岳齐云之记》《青岛、济南、北平、北戴河的巡游》。

春　达夫初到福州，第一次见到中间有孔的"光饼"。相传戚继光入闽剿倭时，以麦粉制作了一种中间有孔的饼，可穿绳索挂在颈上，可作行军时的干粮。经店中人说明原委，并告知于山上有戚公祠，他"就买了许多'光饼'，用绳子串贯了，像当年戚军中征倭寇的战士似的套在颈项上，一个人跑到于山戚公祠凭吊戚继光将军"，并题诗《游于山戚公祠》。①

春　某日晚，月色皎洁，郁达夫"一个人跑到闽江边兀然独坐，看江中月亮，直到十点多钟才回寓所，当时做了两句即景诗，还未联缀成篇"，即"大度乾坤容废物，无边风月属闲人"。②

4 月

1 日　自该日起至 4 月 20 日所作日记，题为《浓春日记》，收《闲书》。

同日　《论语》第 85 期刊"编辑部启事"，称"郁达夫因事羁闽，约一月后方能返沪，蒙赐稿件，请直接寄交论语编辑部，勿写私人姓名，以免往返周折，至幸"。

---

① 陈觉民《郁达夫在福州》，《回忆郁达夫》第 381、377 页。
② 陈觉民《郁达夫在福州》，《回忆郁达夫》第 381、377 页。

同日　《中央军校图书馆月报》第 29 期"新书介绍"栏,刊出郁达夫游记散文集《达夫游记》之介绍:著者对于新旧文学,都有相当之根底,写小品文及新体散文,多能注重性灵。此编虽系游记体裁,叙述各地风光、事物,细腻贴切,如亲见其人,亲临其地,可称近来游记中之佳作。

2 日　晨起上省立图书馆看《福州府志》。《福建民报》嘱为《小民报》作文,即作短文《说写字》,刊于《小民报》1936 年 4 月 6 日副刊《新村》。

3 日　晨起即上省立图书馆。

4 日　儿童节,上文华小学会场作讲演。为"私立文华小学庆祝儿童节暨恳亲展览游艺大会"所题"儿童是复兴民族的后备军",刊于《求是日报》1936 年 4 月 4 日"私立文华小学庆祝儿童节暨恳亲展览游艺大会特刊"。

5 日　清明节,与刘爱其、刘树梅、黄匡生、何熙曾等同游鼓岭、白云洞等处。

10 日　至省府开水灾赈务会。接王映霞信,知杭州新屋草地已铺好,树也已种成,将全部竣工。

同日　完成散文《记富阳周芸皋先生》,载 1936 年 5 月杭州《越风》半月刊第 13 期。

11 日　作《高楼小说》之八《说预言》,之九《说开卷有益》,之十《说登高而望远》。刊 1936 年 5 月 1 日《论语》半月刊第 87 期。

13 日　作《闽游滴沥》之四,载 1936 年 5 月 1 日《宇宙风》半月刊第 16 期。

同日　《旅闽杂诗》收"男种秧田女摘茶""闽中风雅赖扶持"二诗,载是日上海《金钢钻》第 1 版。

15 日　午后参观萃文小学,4 时至省署,"领薪俸",即至南后街,买《秦汉三国晋南北朝八代诗全集》一部,《癸巳存稿》十五卷,《道古堂全集》16 册。

17 日 为航空建设协会草成播音稿。依韵附和清明日何氏纪行诗,题《游白云洞》(又作《步何熙曾〈游鼓岭白云洞〉》),题记曰"清明日偕刘爱其父子刘运使黄匡生何熙曾氏上鼓岭,息白云洞;何氏有诗纪行,依韵奉和",载 1936 年 4 月 28 日上海《立报·言林》,并抄寄协和大学校刊,收《郁达夫诗词抄》。

18 日 陈仪启程南巡,欲回里省亲,并于日内"当把《闲书》编好,预备亲自带去交给良友也"。闽中日记,也将附入良友《闲书》。

19 日 至科学馆参加帝大在闽同学会,到会 20 余人。

20 日 为《闽报》撰文《祝闽报之生长》。良友之书,"打算到船上去编"。

同日 日本驻福州总领事中村丰一致函日本外务大臣有田八郎,提议邀请中国著名文学家郁达夫访日。①

26 日 乘靖安轮赴沪转杭,拟偕王映霞同来福州,并携《闲书》书稿至上海。②

30 日 回到杭州。作《闲书与闲人》,载 1936 年 6 月《青年界》月刊第 10 卷第 1 号,收入《闲书》时,改题为《自序》。

本月 《达夫散文集》由上海北新书局出版。目次:《〈良友版新文学大系散文选集〉导言》《归航》《立秋之夜》《还乡记》《还乡后记》《海上通信》《北国的微音》《零余者》《给沫若》《小春天气》《故事》《骸骨迷恋者的独语》《给一位文学青年的公开状》《暗

---

① 武继平《1936 年郁达夫访日史实新考》,《中国文化研究》2011 年第 1 期。
② 《郁达夫昨赴杭接眷》,《福建民报》1936 年 4 月 27 日第 3 版。

夜》《送仿吾的行》《南行杂记》《一个人在途上》《灯蛾埋葬之夜》
《沪战中的生活》《志摩在回忆里》《怀四十岁的志摩》《雕刻家刘
开渠》《追怀洪雪帆先生》《光慈的晚年》《记耀春之殇（附〈志亡儿
耀春之殇〉七绝六首）》《王二南先生传》《记曾孟朴先生》。

　　本月　徐沉泗、叶忘忧编选《郁达夫选集》，由上海万象书屋
初版，为"现代创作文库第三辑"。收入《五六年来创作生活的回
顾》和小说《出奔》《迟暮》《过去》《薄奠》《春风沉醉的晚上》《采石
矶》《沉沦》，散文《杭江小历纪程》《沧州日记》《说食色与欲》《山
海关》《萧伯纳与高尔斯华绥》《一文一武的教训》《说宣传文字》
《非法与非非法》《自力与他力》《声东击西》《说春游》《说妥洽》
《谣言预言之类的诞生》《谈健忘》《炉边独语》《光慈的晚年》《给
沫若》等。文库第三辑包括鲁迅、郭沫若、郁达夫、周作人、叶绍
钧、徐志摩、王独清、张资平、冰心、庐隐、郑振铎、王统照、田汉、
老舍、沈从文、茅盾、鲁彦、巴金、丁玲、张天翼等作家选集 20 辑
（部）。

　　本月　高语罕编《现代名人书信》由上海光华书局出版，收
郁达夫致《现代评论》记者和致郭沫若、成仿吾等函 4 通。

5 月

　　1 日　迁入新居风雨茅庐。

　　这座自建新居位于杭州横河桥大学路场官弄，共有 3 间住
屋 2 间书房，占地一亩一分四厘，耗资一万五六千元。郁达夫并
为题"王旭界"刻碑石，而其在此居住时间不足一个月。门额"风
雨茅庐"四字由马君武题，郁达夫自称藏书"五百万卷"。郁、王
离异后，此屋于 1946 年为王映霞出售。

　　5 日　为在杭州之新居风雨茅庐作杂记《高楼小说》之《移家

别纪》,刊 1936 年 5 月 16 日《论语》半月刊第 88 期。

9 日 赴凤山门大营盘,为全省高中一年级集中军训学生作大报告。时蕙兰中学高一新生陈从周有记:"另一位是郁达夫先生,我难忘他穿着长衫马褂的瘦影。"[①]

勘定 5 月 9 日,从宁波中学高中生背影刊于宁波中学校刊《浙东》1936 年第一卷第 8 期《听郁达夫先生的演讲——柳营日记的一页》一文,时郁达夫"穿着老布的蓝色长衫,上面还罩着一件黑色的马褂",他向军训学生讲的题目是国际政治方面的"战争与和平"的话题,"他所讲的大意:首先是说二十年前,他在日本东京的回忆。他说他们在那时留学生们怎样的开会,和怎样的抵抗惨酷的二十一条件。其次他就提起欧洲形势的紧张,和日本乘机的侵略。他说'战争本来是残酷的,是不人道的。本来没有比那和平的好。不过没有战争是不能和平的'。他又说'有备战才有和平'。"最后他还说明我国的复兴民族,洗雪国耻,需要我们自身起来努力的准备,否则想靠外交的手腕,去哀求国际的帮助,是不成功的。[②]

15 日 作《闽游滴沥》之五,载 1936 年 6 月 1 日《宇宙风》半月刊第 18 期。

同日 七绝《醋鱼》刊 1936 年 5 月 15 日杭州《东南日报·小筑》第 185 期。

19 日 由杭抵沪,乘靖安轮返闽。[③]

---

① 陈从周《"军训"杂记》,《陈从周全集》第 11 卷 273 页。
② 背影《听郁达夫先生的演讲——柳营日记的一页》,宁波中学校刊《浙东》1936 年第 1 卷第 8 期。参曾祥金《新发现郁达夫佚文考释》,《新文学史料》2018 年第 2 期。
③ 《福建民报》1936 年 5 月 20 日第 6 版。王自立、陈子善《郁达夫简谱》作 6 月 9 日返回福州。

27 日　作散文《北平的四季》,载 1936 年 7 月 1 日《宇宙风》半月刊第 20 期。1936 年 12 月,收入陶亢德编《北平一顾》(宇宙风社);1942 年 10 月,被刻意改题为《北京的四季》收入周作人、老舍、郁达夫等作散文特辑《北京城》(新京开明图书公司)。

30 日　生前编定的最后一部散文集《闲书》由上海良友图书印刷公司出版,为"良友文学丛书"第 26 种。目次:《自序》《清贫慰语》《说肥瘦长短之类》《说"沉默"》《说姓氏》《说谎的衰落》《传记文学》《谈结婚》《暴力与倾向》《雨》《婿乡年节》《杂谈七月》《杭州的八月》《寂寞的春朝》《春愁》《玉皇山》《浙江的今古》《住所的话》《记风雨茅庐》《故都的秋》《江南的冬景》《山水及自然景物的欣赏》《屠格涅夫的〈罗亭〉问世以前》《屠格涅夫的临终》《查尔的百年诞辰》《林道的短篇小说》《读劳伦斯的小说〈却泰来夫人的爱人〉》《钱唐汪水云的诗词》《静的文艺作品》《清新的小品文字》《略谈幽默》《Mabie 幽默论抄》《谈谈民族文艺》《谈诗》《娱霞杂载》《记闽中的风雅》《梅雨日记》《秋霖日记》《冬余日记》《闽游日记》《浓春日记》。

本月　孔另境编《现代作家书简》由生活书店出版,收郁达夫致叶灵凤函一通、致赵家璧函三通、致杜衡函一通、致叶圣陶函一通。

本月　与邵洵美合编《论语》"鬼故事"号,合作征文启事《"鬼故事"号征文启事》和《"鬼故事"号征文例》,载《论语》半月刊 1936 年 6 月 1 日第 89 期、1936 年 6 月 16 日第 90 期,并见《申报》1936 年 6 月 1 日第 5 版广告。

本月　上海仿古书店印行《郁达夫文选》,少侯编。收有小说《碧浪湖的秋夜》《二诗人》《春风沉醉的晚上》《薄奠》《落日》《微雪的早晨》《迟桂花》《银灰色的死》《烟影》《离散之前》《采石矶》等,散文《海上通信》《病闲日记》《文学漫谈》《炉边独语》《寒冬小品》《山海关》《说春游》等作品。

6月

1日　杂文《战争与和平》刊发于《论语》半月刊第89期。书录《礼记·丧大记》用于《论语》第89期封面。

2日　作散文《饮食男女在福州》,载1936年7月《逸经》半月刊第9期。

7日　中国文艺家协会在上海四马路大西洋餐馆举行成立大会。被列为该协会在福州的唯一会员。[①]

11日　以原主任沈吉逮另有任用,被调为福建省秘书处公报室主任:"调任本府参议郁达夫为本府秘书处公报室主任。此令。二十五年六月十一日。"[②]专事"省政府的公报与整理全省各地方消息的事",编辑《福建省政府公报》《建民周刊》《公余月刊》《闽政月刊》等。

对这一段经历,蔡圣焜在《忆郁达夫先生在福州》一文中回忆:

> 他上下班往往不按时,偶尔醉意盎然而来,就伏在办公桌上酣睡一番。不在上班时间,多是搞社交活动,也很少在他寓所。上班时来访者亦络绎不绝,多不报门而进,真是"座上客常满"。常来者有福州闽报社社长日人某(不识其姓名)、省立医院院长黄丙丁、福州电灯公司经理刘爱其等人。他们都是操日语交谈。

---

① 参郁云《郁达夫传》第134页。
② 1936年6月13日《福建省政府公报》第606号发布。

达夫先生喜欢为人家写条幅与对联,求字者甚众,但因忙不能即时应付,致宣纸盈橱。他每趁酒后挥毫。一般的多用前人诗句;至交者才用自撰诗句。这样一写就是二三十幅。求字者多托我乘其余兴犹浓将纸铺好,他便顺笔直书。未取的仍放橱中,任其自来索取。

当时公报室除发行定期刊物——《闽政月刊》外,还发行数种不定期刊物,编辑人除杨骚、董秋芳、许钦文外,还有项衡方(原上海《字林日报》编辑)。任公报室主任后不久,筹办省政府印刷所,初隶属公报室,后直属秘书处。还陆续调来几个青年人担任编辑工作,原闽侯县县长陈世鸿、原莆田县县长夏涛声先生以参议派公报室任编辑,可谓"人才济济"。"此皆达夫先生惨淡经营,努力求进之功。"①

15 日　作《闽游滴沥》之六,载 1936 年 8 月 1 日《宇宙风》半月刊第 22 期。

16 日　书录李义山诗,用于《论语》第 90 期封面。杂记《高楼小说》之《纸上谈兵两则》(一、《爱国心的功过》,二、《国防是一时的还是永久的?》)刊《论语》第 90 期。

19 日　应全球通讯社福州分社之约,为"全球通讯社闽分社二周年纪念"题词"全球驰誉",落款"丙子暮春 郁达夫"。全球通讯社总部设在南京,李公朴任社长;福州分社成立于 1934 年 4 月 23 日,地址在福州福泉路三友小筑,全克谦任社长,白菊任总编辑。同时作杂文《福建的文化》,刊 1936 年 7 月福州《全球通讯社福州分社两年纪念特刊》,被誉为"抵闽后对于闽省文化研

---

①　以上三节,分别节自蔡圣焜《忆郁达夫先生在福州》,《回忆郁达夫》第 369、370、371—372 页。

究的一篇珍贵作品"（白菊《篇后一页》）。该文分析民国以后福建文化事事落后的原因，一在旧文化的残渣过于积滞，二是山海阻隔，交通不便，提议开拓交通，强迫教育，以振兴实业，提倡文化，以期诸事迎刃而解。

同日　七绝《寄题龙文兄幼儿墓碣》刊是日福州《华报·小华园》。

22 日　书赠《南方日报》。

24 日　因《闽报》记者郭尽民加入中华民族革命同盟，涉嫌参与颠覆福建省政府运动而被当地警方逮捕，《闽报》社不便再派郁达夫作为该报特派员赴日本考察，中村丰一再就此事致函外务大臣，并呈修改的新计划，为"福建省政府派遣、日本外务省文化事业部出资。"

此前，中村曾约见陈仪，建议召回在家乡的郁达夫，郁知悉后表示愿于秋日择日东渡，并接受讲演安排。

后来，日本驻福建新任总领事内田五郎亦致函外务大臣，汇报外务省文化事业部计划赠予福建省立医院 X 光机，由与郁达夫一同前往的医学博士黄丙丁代为接受，郁黄二人计划于 10 月末离沪，预计 11 月 10 日前后到达东京。[①]

本月　《达夫代表作》由上海复兴书局出版。除增加《改版自序》和删除钱杏邨作《后序》外，内容同 1928 年上海春野版《达夫代表作》。

7 月

1 日　《论语》出版第 91 期"鬼故事专号"上册。

---

① 武继平《1936 年郁达夫访日史实新考》。

3 日 借《东南日报·小筑》刊发曹天风①所寄诗作,以在杭地址不明,以复函作"附记",刊于《东南日报·小筑》第 233 期。

16 日 《论语》出版第 92 期"鬼故事专号"下册。

本月 作文论《小说与好奇的心理》,刊 1936 年 8 月 1 日福州《文座》第一卷第 2 期。

8 月

5 日 为商务印书馆创办四十周年和《同舟》月刊创刊四周年纪念刊题书"稳渡四周 前程远大",落款"同舟周刊四周纪念闽馆同人谨祝,郁达夫书",刊是日《同舟》第 4 卷第 12 期。

14 日 在福州中等学校校长教职员暑期讲习会上作《福建的新闻事业》的演讲,分析福建新闻事业落后的原因、不足和对策。演讲词由郑文蔚笔记,刊于 1936 年 8 月 22 日福建省政府秘书处公报室编辑的时事政治刊物《建民周刊》第 6 期。

15 日 五绝《题丰子恺〈建设的起源〉》刊是日福州《华报·小华园》。

16 日 出席福州《小民报·新村》组织的宴会,与 20 余位文艺青年交流中国文艺动向。

22 日 是晚,应反省院之请,对该院全体反省人员作精神训话,其大意略谓:

> 诸君过去对现实不满,想以暴力手段去打破现状,因而
> 走入歧途,兄弟亦曾以改进现状为中心思想,致被当局误
> 解。但就现在中国的环境、国际的关系与中国民族性三方

---

① 曹天风(1903—1992),原名祖建,号国材,后改名天风,浙江天台人。擅旧体诗。1931 年郁达夫与邂逅于杭州,一见如故,赞其诗为"楚骚绝唱"。

面看来,此种手段问题,确须重行估定。现阶段的中国,陷于空前未有之危机,全国同胞,上自政治工作人员,下至从事生产事业之工农分子,均须以解放民族为唯一目标,此外则别无道路可走。诸君在此反省,获有修养机会,希望改正过去错误,锻炼自己体力,以备将来为国家民族而努力云云。

训辞以《反省人应有的认识》为题,载《福建反省院期刊》1936 年 8 月号。

29 日　致函《江西民国日报》副刊《国防文艺》何勇仁(识夫)[①],作《为国防文艺致何勇仁书》,函中并附《感时》七律一首,同刊于《国防文艺》1936 年创刊号,收入《国防文艺汇刊》第 1 集。10 月 15 日《南京日报》以《跟着"陈主席"苦干的郁达夫》为题,摘引此函;10 月 27 日又摘发于福州《华报》,均未具收信人,未收全信。

郁达夫在福州做官,常与何勇仁通信,称其近作将在汗血书店出版,郁、何并将合著《唯生主义的国防文艺论》一书。[②]

本月　知鲁迅患病,特从福建回沪探望,并赠以《闲书》一册,鲁迅回赠《凯绥·珂勒惠支版画选集》(编号第 37)一册。[③]

据《回忆鲁迅》:"记得就在他作故的前两个月,我回上海,他曾告诉了我以他的病状,说医生说他的肺不对,他想于秋天到日本去疗养,问我也能够同去不能。我在那时候,也正是想去久别

---

①　何勇仁(1901—1987),广东肇庆四会人,字智夫,又字识夫,曾在广西、海南、江西等地任职,曾任国立中山大学中国文学教授。

②　参《民族文艺月刊》1937 年 1 月 15 日第 1 卷第 1 期"文艺情报"。

③　陈其强《郁达夫年谱》第 336 页,浙江大学出版社 1989 年版。(以下本著出版信息从略。)

了的日本一次，看看他们最近的社会状态，所以也轻轻谈到了同去岚山看红叶的事。可是从此一别，就再没有和他作长谈的幸运了。"

10月22日，在鲁迅葬礼上，郁达夫对《辛报》记者说，"当我在福州时，已在通信中约好，我和他一道到日本去，他预备在日本休养些时，谁知却死了"。①

本月　为厦门《正报》题字"正大光明"。

9 月

1日　杂文《东门老圃放言——多事之秋》，刊1936年9月1日《论语》半月刊第95期。

6日　列鲁迅《野草》、茅盾《子夜》、沈从文《阿丽思中国游记》，为"我所喜爱的文艺读物"。②

16日　杂文《日本的文化生活》，载是日《宇宙风》半月刊第25期"日本与日本人特辑"。1936年12月，被收入陶亢德编"宇宙丛书"之《日本管窥》（宇宙风社）。

24日　为《福建民报·回声》同人题祝词："在广义的国防之下，文艺当然是重要的一面。《回声》同人，在过去曾有不少的成绩，希望将来，更能够突飞猛进，为复兴民族的先驱。"载9月26日《福建民报》。

25日　在福州格致中学演讲《国防统一阵线下的文学》，向格致中学师生介绍"国防文学""民族革命战争的大众文学"两大文学口号，并从唤醒中华民族的意识，鼓励向上奋斗的革命的文

---

① 《郁达夫年谱》第338页。
② 《小民报》1936年9月6日《新村·每周文坛》。

学,和暴露现实以利改良、造就高尚人格等几方面,认为两大口号虽有出入,但最终却是相成的。演讲词刊于福建《小民报》1936年10月2、3日《新村》,又载1936年10月3日《建民周刊》1936年第12期。

28日 收到井伏鳟二①8月31日函,并复函告以《鸡肋集》书名借用态度。

本月 为编《论语》"家"专号,作《"家"的专号征文启事》,载1936年9月16日《论语》半月刊第96期。

本月 负责编选的《论语文选》第二集由上海时代图书公司发行,为"论语丛书"之一,收有郁达夫《说冒骗》《毫毛三根》二文。

10月

10日 作杂文《关于使用国货》,刊载于福州《妇女与国货》第2卷第4期。

同日 将福州格致中学演讲记录稿略作修改,改题《国防阵线下的文学》,落款"一九三六年,双十,改作",载何勇仁主编《国防文艺》1936年汇刊第1集。

15日 弘一法师②致广洽法师③函中提到:"又郁居士托代

---

① 井伏鳟二(1898—1993),日本小说家,辍学于早稻田大学法学部,其时创作受西方现代派影响,多采用象征手法,为新兴艺术派成员之一。

② 李叔同(1880—1942),谱名文涛,幼名成蹊,学名广侯,字息霜,别号漱筒;出家后法名演音,号弘一,晚号晚晴老人,祖籍浙江平湖,生于天津。艺术家,艺术教育家,佛教大家。

③ 广洽法师(1900—1994),福建泉州人。1921年在厦门普照寺剃度,取法名照润,字广洽,后至南普陀寺任执事。1928年冬,弘一法师南游暹罗,留驻南普陀寺前后十年,得以随侍大师并得亲炙。

订《佛教公论》一份,乞仁者代付大洋一元交订,住址附呈。定单乞直接寄与郁居士。此费,俟他日晤时奉还也。"①可知郁达夫曾于此前致函弘一法师,托代订厦门南普陀寺佛教养正院出版之期刊《佛教公论》。

19 日　鲁迅在上海去世。

据《回忆鲁迅》,是晚在南台一间饭馆吃饭,席间某日本记者告知鲁迅病故消息,即委上海《申报》电唁许广平,"上海转景宋女士鉴乍闻鲁迅噩耗未敢置信万祈节哀郁达夫叩",祈景宋女士节哀。

20 日　据《回忆鲁迅》,搭三北公司靖安轮赴上海。

21 日　赴沪轮中题"鲁迅虽死,精神当与我中华民族永在"。手迹最初载 23 日上海《辛报》第一版,10 月 30 日上海《海燕报》第 24 期发表时,加"对于鲁迅死的感想"一题。

22 日　据《回忆鲁迅》,船至上海,中午赶至万国殡仪馆参加鲁迅葬礼。与郑振铎、王统照、夏丏尊、叶圣陶、许钦文等数十人作为"执拂者"为鲁迅送行。

上午 10 时,到达上海,着"藏青色哔叽夹衫,黑色马褂",接受紫薇采访,称特地赶来参加下午鲁迅先生的殡仪,认为"鲁迅先生的死是可悲的,虽然鲁迅先生已是五十多岁的人,但他正有着一颗活跃的年青人的心;他还可以努力,假是他再活五年的话,他的成就,或者还不止此",并称"当我在福州时,已在通信中约好,我和他一道到日本去。他预备在日本休养些时,谁知他却死了"。②

---

①　参林子青编《弘一法师书信》第 392 页,生活・读书・新知三联书店 1990 年版。

②　紫薇《郁达夫访问记》,《大光图书月报》1936 年第 1 卷第 2 期。

在虹桥路万国公墓纪念堂,接受《立报》记者采访:"鲁迅先生逝世的消息,是我将离福州来沪时知道的,当时我真不敢深信……因为我跟鲁迅是这样约定的,等我这次抵达上海后,我们一同到日本去。"郁达夫这次去日本,先到东京住一个月,再花一个月时间旅行各地。之后去台湾演讲,题目是《中国文学界的现状与社会动向》。之后回到福建。①

24 日 作《怀鲁迅》,载 1936 年 11 月 1 日《文学》月刊第 7 卷第 5 号"鲁迅先生纪念特辑"。

28 日 浙大学生自行发起鲁迅先生追悼会,是晚召开追悼会筹备会,"确定郁达夫先生届时讲演"。②

本月 与鲁迅、郭沫若、茅盾、巴金第 27 人联合签名的《文艺界同人为团结御侮与言论自由宣言》发表于《文学》月刊第 7 卷第 4 期。

秋 在风雨茅庐为前去探望的施蛰存、戴望舒各写一联以留纪念。用李义山诗"阆苑有书多附鹤,女床无树不栖鸾"赠施蛰存;为戴望舒写的一联为 1920 年 6 月所作《送文伯西归》中的一联"夜静星光摇北斗,楼空人语逼天河"。③

11 月

1 日 鲁迅先生追悼大会在浙江大学文理学院举行,"到会

---

① 《万国公墓纪念堂里 郁达夫谈赴日讲学》,(上海)《立报》1936 年 10 月 24 日第 5 版。

② 《鲁迅追悼会筹备会记录》,《国立浙江大学日刊》第 51 号,1936 年 10 月 30 日。

③ 施蛰存《郁达夫墨迹》,《北山谈艺录》第 53—54 页,文汇出版社 1999 年 12 月版。

者不下二百人,空气至为沉肃","郁达夫、李絜非[①]、吴志尧[②]三位先生讲演"。[③]

2 日　日本外务省文化事业部都长冈田兼一批复《资助支那学者郁达夫考察本邦》的最高裁决案:"中华民国福建省政府本次高聘支那著名文学家郁达夫为该省参议,本着从文学角度使该国青年加深对日认识之目的,特派遣郁达夫来日考察本邦学界及社会现状,10 月 20 日从福建出发,11 月中旬抵达东京后巡视日本各地。关于赴日考察旅费和津贴,该政府有关部门已通过吾国驻福州总领事馆向有关方面提出了资助申请。"文件并称郁达夫"作为文学家于该国青年之中崇拜者甚多。促使其赴日各地考察之实现,作为一项文化事业,其意义业已得到认同。为此,决定从 1936 年度对支那文化事业特别会计事业费中'讲演及考察费用'一项支出考察费 1000 圆,交付郁本人"。[④]

4 日　鲁迅先生追悼大会讲演内容被部分节录于国立浙大校刊,曰:

> "鲁迅先生本人正从事于整理其三四万言之一生著作,
> 预备出一著作三十年的纪念册,可惜未能及见成功。继谓
> 自古文人得名者极多,但大抵在每十年,或数百年后,始为
> 人所渐渐习知,而鲁迅先生则不然,死后仅数小时,悼声已

---

①　李絜非(1907—1983),安徽明光人。曾任浙江省立图书馆辅导主任,1936 年 8 月入职国立浙江大学,1938 年 4 月,受校长竺可桢派遣,参与护送文澜阁《四库全书》内迁贵州。

②　吴志尧,又名吴衡、吴向、吴响,时任教于浙江大学教育学系,译有《裴斯泰洛齐》一书。

③　《鲁迅先生追悼大会志略》,《国立浙江大学日刊》第 53 号,1936 年 11 月 2日。

④　武继平《1936 年郁达夫访日史实新考》。

满整个世界，不论国别，不论人种，不论年龄，只要含一颗像青年一样的活跃的心之人，无不惋惜。①

8 日　由杭赴沪。

去沪赴日前，"丙子秋，龙章将出国，群宴之于西湖大礼堂。夜阑席散，数十辆汽车奔集南屏……随众参佛殿。达夫拈一谶，有孤鸾字句，讶其不祥，戏语达夫曰，倘做孤鸾，还随和尚出家，达夫大笑"②。

9 日　为《福建民报·节约运动特刊》所题"多难可以兴邦，节约乃能救国"刊是日《福建民报》。

10 日　词《满江红》，载是日《谈风》第 2 期，载 11 月 21 日《阳春小报》第 4 版，又载 1939 年 2 月 9 日新加坡《星洲日报·繁星》。诗注"福州于山威武毅公祠新修落成，为于社同人广征纪念文字，用岳武穆公原韵"。

11 日　上午 9 时，于汇山码头搭邮轮"上海丸"东渡扶桑，以为福建省政府公报室采购日本轮转印刷机和讲学的名义赴日，沪上好友，均往送行。

《申报》："现任福建省参议之文学界巨子郁达夫氏，上月二十二日由闽来沪，吊鲁迅之丧后，顷已于十日搭日邮轮上海丸东渡扶桑，赴日讲学，本市郁氏好友，均往送行。据郁氏表示，此行期定二月，即行返闽。"③

《大公报》："郁达夫自上月由闽来沪吊鲁迅后，复赴杭州等

---

①　《本校鲁迅先生追悼大会记详》，《国立浙江大学日刊》第 55 号，1936 年 11 月 4 日。文中"三四万言"成为"三四百万言"之误。

②　昔凡《吉祥草——怀郁达夫》，《万象》1943 年第 3 卷第 5 期。

③　《文学界巨子郁达夫赴日 行期两月专门讲学》，《申报》1936 年 11 月 13 日"本埠增刊"第 13 版。

地小游,前日返沪,昨日上午九时,乘日邮上海丸赴日本讲学,预定在东京勾留一月,归途拟在台湾勾留半月……"①

《上海报》:"郁达夫此次东渡,本预定与鲁迅同行,盖鲁迅患肺病,拟赴日疗养,同时,日方友人,亦来函欢迎,且与鲁迅预备住处者。乃不料鲁迅遽尔逝世,未能践约,郁氏于昨日出国时,心中颇多感慨云。"②

12 日 郁达夫等人抵达长崎。入境检查记录称郁"本次来日自称受外务省文化事业部之邀对本邦学校、图书馆以及其他文学方面之现状进行游历考察,并兼作有关支那文化、哲学和文学方面的讲演。本人持有驻福州日本官宪出具的致文化事业部以及其他相关部门的介绍信,似无嫌疑,抵本港后即日换乘火车进京"。③

13 日 下午抵东京。列车约"下午三点抵达",小田岳夫④接电后赴东京站接站,并带达夫入住麴町四巷的万平旅社,共进晚餐后,达夫独自一人坐出租车前往佐藤春夫家。⑤

在日本期间,三次专门赴千叶县与郭沫若会面、和诗、合影,消除隔膜,重叙友谊,并转达国民政府请其归国工作之意。

15 日 "中国文学研究会"竹内好⑥、松枝茂夫在茗荷谷一

---

① 《郁达夫赴日讲学》,《大公报》(上海)1936 年 11 月 12 日第 4 版。

② 《郁达夫昨日东渡》,《上海报》1936 年 11 月 12 日第 6 版。

③ 武继平《1936 年郁达夫访日史实新考》。

④ 小田岳夫(1900—1979),日本作家,中国现代作家研究者。毕业于东京第一外国语学校中国语科,曾任杭州日本领事馆书记官,曾译有《郁达夫短篇集》。1941年著有《鲁迅传》,1975 年著有《郁达夫传》。

⑤ 小田岳夫《郁达夫传》,《郁达夫传记两种》第 103—105 页。

⑥ 竹内好(1908—1977),日本中国现代文学研究家,1933 年组织"中国文学研究组",1934 年春毕业于东京大学中国文学科,毕业论文以郁达夫为研究对象,1944年出版《鲁迅》一书。

家咖啡店约见郁达夫,为准备欢迎会。题七绝《丙子冬日车过有明湾头之作》于香烟盒内赠二人。①

日本中国文学研究会,1933 年成立之初称"中国文学研究组",1934 年 1 月改称,1943 年 9 月宣布解散,为日本研究中国现代文学的第一个专业性社团。由日本年轻学者竹内好、冈崎俊夫、武田泰淳等人创立,希望"通过否定官僚化的汉学与支那学,努力获得内在的学术独立性","追求学问的全面改造,从而成为现代文化的批判者"。会刊《中国文学》积极介绍中国近现代作家作品。

同日 由佐藤春夫陪同,出席由改造社筹划发行的《大鲁迅全集》翻译讨论会,后用日文为全集撰写推荐文《伟大的鲁迅》。

改造社开始作《大鲁迅全集》"翻译时鲁迅尚还健在,每翻译完一部分都会拿去请他帮忙校阅,哪怕是一个片假名或一个汉字,他都会非常认真地校正。在他生前翻译的那些译作应该是非常完整的"②。

讨论会后,改造社社长山本实彦③欲筹划一个郁达夫欢迎会,因"与中国文学有关的人都在,与其另择他日,不如当晚便开"。又以"郁达夫提出要见郭沫若",山本实彦即安排秘书陪同郁达夫乘汽车专程赴市川郭沫若寓所接郭沫若。此当郁、郭分离十年之后首次重逢。

傍晚,郁达夫"突然在'玄关'门口现出了",郭沫若"喜不自

---

① 参高文君《郁达夫在名古屋》第 241 页,南京大学出版社 2015 年 7 月版。
② 参内山完造《漫谈鲁迅》,《我的朋友鲁迅》第 197 页。
③ 山本实彦(1885—1952),日本改造社社长,1915 年任《东京每日新闻》社长,1919 年创立改造社,1936 年春夏之间曾赴上海,就《鲁迅大全集》事与鲁迅交流并合影。

禁地叫了出来"。同来的是日本改造社社长秘书。①

宴会设在赤坂高级日本菜馆，席上，宾主吟唱题诗，气氛活跃。郁达夫或将日间所作七绝《丙子冬日车过有明湾头之作》又呈"沫若兄正"，抄录赠郭沫若，落款"一九三六年十一月十五日"；郭沫若则作七绝"十年前事今犹昨，携手相期赴首阳"相赠。②

在那次宴会上，增田涉受竹内好之托邀请郁达夫去给"中国文学研究会"作一次演讲，并出席欢迎会，时间定在 12 月 5 日。③

16 日 《就家字来说》一文刊载于《论语》半月刊第 100 期"百期纪念特刊·家的专号"。

19 日 离东京赴奈良。

同日 郭沫若致函田中庆太郎，告知郁达夫行踪，称郁达夫在日本有一月上下之勾留，与佐藤春夫过从颇密。④

20 日 电告闽省方，下月中旬即可完成课务，从日本返回福州。⑤

22 日 《立报》《华北日报》等报道郁达夫在日筹印日译鲁迅全集，称郁达夫正与改造社编辑小田岳夫共同筹备出版日译本《鲁迅全集》，拟在东京住一月，再赴关西一带游历，年底到

---

① 参郭沫若《达夫的来访》，《宇宙风》1937 年 2 月 16 日第 35 期。

② 参小田岳夫《郁达夫传》，《郁达夫传记两种》第 106 页。

③ 稻叶昭二《郁达夫——他的青春和诗》，《郁达夫传记两种》第 291 页；参武继平《1936 年郁达夫访日史实新考》。

④ 参《郭沫若年谱长编（1892—1978）》第二卷第 659 页，林甘泉、蔡震主编，中国社会科学出版社 2017 年版。以下该著出版信息从略。

⑤ 《福建民报》1936 年 11 月 21 日第 5 版。

台湾。①

　　24 日　　晚,赴神田中国饭店二楼,出席日本"中国文学研究会"的欢迎聚餐,竹内好、增田涉、武田泰淳、郭沫若等同席。席上题词"酒醉方能说华语",会后合影。

　　26 日　　应邀前往东亚同文会,在午餐会上用日语作题为《关于中国的现状》的讲演,75 名日本人听讲,内容涉及"支那士大夫阶级的衰微没落""军阀的跋扈""农村疲敝之状态""支那的知识阶级""日支互惠平等提携的必要性"等方面。据日本警视总监 12 月 11 日发布之《支那左翼作家郁达夫言行监视结果绝密通报》(外秘第 3062 号)。演讲词载 12 月 20 日日本《霞山会馆讲演》第 39 辑,署名"中华民国福建省参议郁达夫氏"。②

　　28 日　　日本《读卖新闻》第 4 版刊出《中华文坛之雄郁达夫来日欢迎会》。

　　29 日　　星期天。午前,拜访金子光晴、森三千代夫妇,得见评论家古谷纲武及其老师谷川彻三,共进午餐,并邀大家出席大雅楼与郭沫若家人的晚宴。午后赴市川看望郭沫若及其妻儿,邀往东京神田大雅楼一家北京馆子,与郭沫若家人共进晚餐,并购驼绒围巾赠予郭沫若。金子光晴等同席。③

　　此前,郁达夫曾为金子光晴诗集《鲛》题字。作七绝《赠金子光晴》。手迹载日本东大文献中心《郁达夫资料补编》(下)。

　　金子光晴回忆:郁达夫第一次来访时,我拿出我那部诗集

---

　　①　《郁达夫在日筹印日译鲁迅全集》,《立报》1936 年 11 月 22 日第 5 版;《郁达夫在日译鲁迅全集》,《华北日报》1936 年 11 月 22 日第 4 版。

　　②　武继平《1936 年郁达夫访日史实新考》。

　　③　参小田岳夫《郁达夫传》,《郁达夫传记两种》第 109 页;稻叶昭二《郁达夫——他的青春和诗》,《郁达夫传记两种》第 289 页;参郭沫若《达夫的来访》。

《鲛》，请他题了一个书名。记得那天家中还有余兴，排练戏剧，郁先生也凑热闹跟着一起学。①

夫人森三千代对题字一事有记：

> 恰好当时我们有一个"辉会"的活动，这是此前长谷川时雨编辑的杂志《女人艺术》遭到了停刊之后组织起来的一个会，聚在一起活动的几乎都是女性。于是这一年年末的忘年会准备上演女剧作家冈田祯子的戏剧，这天正好在我家排演。……就在紧张排演的时候，突然郁达夫进来了。这时金子恰好在二楼，我把郁达夫一一介绍给了我的朋友，这期间金子与女佣一起准备了很多菜，又从附近的中国菜馆里买来了叉烧和老酒等，然后收拾了一下刚才在排演的房间，大家一起围桌吃了起来。就在这时，金子请郁达夫题写了《鲛》的书名。②

同日　演讲稿《今日的中华文学——其动向和作品》（日文），载 1936 年 11 月 29 日、12 月 1 日日本《读卖新闻》"文艺"栏。

30 日　抵东京后多次联络增井经夫，下午终于在神明町增井经夫寓所得访，偕回苕溪会馆后又在地下室喝茶，谈到去世不久的鲁迅先生，惋惜不已。③

本月　写作经验《我与创作》由上海一心书店出版，署名郁达夫等。

秋　上海良友图书印刷公司赵家璧策划出版"小说年选"，

---

① 稻叶昭二《郁达夫——他的青春和诗》，《郁达夫传记两种》第 289 页。
② 《"放浪"前后(2)》，《金子光晴全集月报第 13 回第 11 卷》第 5—6 页。
③ 参稻叶昭二《郁达夫——他的青春和诗》，《郁达夫传记两种》第 294—295 页

由良友公司聘请20位著名编辑和作家,根据自己的标准推荐三篇最佳小说,合成《二十人所选短篇佳作集》,每年辑一册,但因抗战爆发,亦只出一卷。郁达夫寓居福州,良友请其推荐福建文艺报刊上的优秀小说。而据郁达夫所看到的,"仅有一篇值得推荐",即刊于1936年8月福州《文座》上秀子的《最后的管束》,一篇揭露国民党牢狱生活的小说。①

秋 上海良友图书印刷公司赵家璧策划出版"世界短篇小说大系",仍由蔡元培作总序。郁达夫应良友之请同意担任《北欧短篇小说集》的编选。至1937年7月前,已由傅东华编定英国集,戴望舒编定南欧集,郑伯奇编定日本集,准备发排并已开始预售。但因抗战爆发,计划中止,郁达夫的编选工作亦付之东流。②

12 月

1 日 致林语堂"书成后,忽想起近作一首,一并录呈",即《岁暮穷极,有某府怜其贫,嘱为撰文,因步〈钓台题壁〉原韵以作答》,或为抄旧诗拒绝一想借重作者文名以为写传记的"有钱的阔人",手迹刊是日出版之《宇宙风》第30期,收《郁达夫诗词抄》。

2 日 在东京神田区日华东方文化讲演会作《现代中国文坛的概况》的演讲。该场演讲会由日华学会和中华留日基督教青年协会联合举办,对象是500名中华留学生。大会于下午4时至5时30分在位于东京福田区西神田二丁目二番地的日华学

---

① 参赵家璧《回忆郁达夫与我有关的十件事》,《回忆郁达夫》第298页。
② 参赵家璧《回忆郁达夫与我有关的十件事》,《回忆郁达夫》第299—300页。

会楼上会议厅举行,会上安排了中日双方各一名著名作家讲演,日方是佐藤春夫,中方是郁达夫。佐藤用日文讲演,题目为"日本文坛的分野及其批评",东京帝大留学生萧正担任现场口译;郁达夫直接用中文讲演,题目为"中国现代文坛之概况"。据日本警视总监石田馨 12 月 4 日发给内外务、陆军三大臣以及东京地方法院首席检察官等的监视报告《有关郁达夫在中华留日学生讲演会上作反日讲演的通报》(外秘第 3002 号),其中引用了郁达夫演讲中的两句话:一是"中国当今的文学即抗日排日的文学",二是"只要中国国民不当亡国奴,必然会抗日"。①

萧红②致萧军③函称:"郁达夫的讲演今天听过了,会场不大,差一点没把门挤掉下来,我虽然是买了票的,但也和没有买票的人一样,没有得到位置,是被压在了门口。"④

5 日   据武继平考证,郁达夫被邀此日赴日华学会出席中国文学研究会第 16 次例会并作讲演,但由于前在留学生集会上作反日演说而被禁止出席,竹内临时顶替做了报告。据日本警视总监 12 月 11 日发给内外务、陆军三大臣以及东京地方法院首席检察官等的监视报告《支那左翼作家郁达夫言行监视结果绝密通报》(外秘第 3062 号):"中国文学研究会(秘书处设在芝区白金今里町 89 番地)于 12 月 5 日下行 2 时在神田区西神田 2—2 的日华学会 3 楼大会议室举办讲演会,出席者竹内好等 14 名,预定讲演题目为《中国新诗的变迁》。据前所报,鉴于在本月 2

---

①   武继平《1936 年郁达夫访日史实新考》。

②   萧红(1911—1942),女,学名张秀环,改名张廼莹,笔名萧红、悄吟等,黑龙江呼兰(今属哈尔滨)人。作家。著有小说《生死场》《马伯乐》《呼兰河传》等。

③   萧军(1907—1988),原名刘鸿霖,笔名萧军、田军、三郎等,辽宁锦州人。"东北作家群"领军人物。著有《八月的乡村》等。

④   《萧红全集·诗歌戏剧书信卷》第 143 页。

日下午 4 时于日华学会楼上举行的中华留日学生学术讲演会上出现了反日煽动,故接受同会主事高桥君平的善意忠告,取消了此次讲演。"①

同日 《台湾日日新报》第 7 版刊出郁达夫访台预告,《郁达夫氏 22 日抵台,预定为时两周的巡游》,介绍这位"代表当代支那文学的中华民国代表作家""出身日本东京帝大""在上海主办《大众文艺》"以及"参加左联不久后又退出"等简历。自此至 1937 年 1 月 16 日,《台湾日日新报》总共刊载与郁达夫相关的文字 19 篇,郁达夫访台照片 5 张。其中包含行程介绍 3 篇、访台活动跟踪报道 7 篇、郁达夫有关讲话以及讲演报道 6 篇和专栏点评 3 篇。②

6 日 星期天,再赴市川看望郭沫若及其妻儿,偕往真间山和江户川散步,在市川市内共进午餐。③

10 日 应增井经夫之邀,同往观看歌舞伎座的吉菊合同剧并合影。④

12 日 与郭沫若一同出席中央公论社社长岛中雄作在东京日比谷山水楼举办的欢迎会并合影,横光利一、村松梢风、大宅壮一、林芙美子等同席。⑤

13 日 下午 2 时,再赴日华大楼,为中华留日明治大学校友

---

① 武继平《1936 年郁达夫访日史实新考》。
② 参武继平《郁达夫访台史实考订》,《东岳论丛》2011 年第 3 期。以下该文出版信息从略。
③ 郁云《郁达夫传》第 137 页;参《郭沫若年谱长编(1892—1978)》第二卷第 661 页。
④ 稻叶昭二《郁达夫——他的青春和诗》,《郁达夫传记两种》第 296 页。
⑤ 参《郭沫若年谱长编(1892—1978)》第二卷第 664 页。

会作学术讲演,题目为《文学的时代性》。① 晚 6 时半,出席东京诗人俱乐部在新宿大山举行的欢迎会。

14 日 应邀赴东京日比谷陶々亭,出席《西安事变与日支关系》座谈会。②

15 日 出席新宿大山东京诗人俱乐部的欢迎会。

16 日 应日本笔会邀请,前往赴招待宴,同被邀请的还有美国"黑人之父"都波亚(Du Bois)教授,郭沫若同往参加。席后与郭沫若同往涩谷于立忱寓。③

东京期间,曾前往观看由我国留日电影戏剧专家吴剑声导演的赛珍珠小说《大地》改编的三幕同名话剧,并在与导演谈话中对演剧表示满意,称以后亦写点剧本。④

17 日 晨 9 时,搭"燕子号"特快车离东京赴京都,郭沫若、增井经夫等十二三人前来送行,郭沫若"在最后的一等车的车尾的凉台上才看见了达夫。他一个人立在那儿,在向着人挥帽"。⑤

同日 下午 4 时余抵京都。小川环树前往接站,并偕其下榻京大的乐友会馆,同进晚餐并祇园散步。⑥

18 日 自京都动身离日本去台湾前夜致函王映霞,告以抵京都后交游情形,并建议以《从鹿囿传来的消息》为题,转陶亢德。刊于《宇宙风》1937 年 1 月第 33 期。

---

① 武继平《郁达夫访台史实考订》。
② 武继平《郁达夫访台史实考订》。
③ 参《郭沫若年谱长编(1892—1978)》第二卷第 665 页。
④ 《〈大地〉在日本上演郁达夫观后亦表示满意》,1937 年 1 月 8 日《电声周刊》第六年第 2 期。
⑤ 参郭沫若《郁达夫的来访》;参稻叶昭二《郁达夫——他的青春和诗》,《郁达夫传记两种》第 296 页。
⑥ 参稻叶昭二《郁达夫——他的青春和诗》,《郁达夫传记两种》第 299 页。

同日 晨,小川环树陪同乘电车赴奈良,参观法隆寺。午后拜会"日本第一个寡作的小说家"志贺直哉①,并与志贺同游东大寺。②

19日 从神户出发,坐"朝日丸"号赴台湾。

离港之前,郁达夫对前来采访的《台湾日日新报》记者发表了关于访台的第一次公开讲话。这次讲话翌日以《正视跃进之台湾》为题在《台湾日日新报》第11版全文刊出。其要如下。③

本次渡台之目的有二。其一是从正面考察始政40年台湾的状况。关于台湾,过去通过书刊略知皮毛,本次访台则是为了获得精确的认识。其二是考察台湾督府之施政可借鉴之处,为此本想尽可能与各界人士广泛接触。不过本次访台日程方面一切听从台湾总督府坂本外事科长安排。就本人的专业方面而言,希望跟台大神田喜一郎教授以及台湾日日新报社的魏清德君交流。然而本次访台为时仅一周,也许难以如愿。考察结果准备以旅行散记的形式发表出来。

本次事件(即西安事变)的特殊性体现在蒋介石并未被暗杀这一点上。张学良乃纨绔子弟,无异于小孩子撒娇,这一点日本人也应该好好研究。事件如果发生在十年前,或许当场就被杀掉了。我相信,中日关系最终在于互让,而且也应该如此。只有双方携手才会有远东的明朗化。此乃中日两国上层人物亦持这样的观点,尤其是与本人同行的文

---

① 志贺直哉(1883—1971),日本作家。创办《白桦》杂志,结集一批年轻作家与美术家,提倡人道主义与理想主义的文学,形成"白桦"派。

② 参稻叶昭二《郁达夫——他的青春和诗》,《郁达夫传记两种》第299—300页。

③ 参武继平《郁达夫访台史实考订》。

428

们之人心所向。不过让人郁闷的是事情并非简单如愿。

抱着"宣传中国学术文化"的使命，郁达夫在日本期间做了下列各项工作：

（一）在日本学术机关和与中国学生有关的文化团体，共作学术演讲 14 次；（二）写编了《中国文学》和《中国社会情状》一类的文章若干篇（共 20 万言，交给日本杂志登载；（三）参加日本学术文化和戏剧界的集会共有 20 来次，每次均作有短时间的宣扬工作；（四）帮助留日学界各刊物的写作，并替他们解决许多困难问题；（五）在考古学上供给郭沫若一两桩较重要的材料。除此外，他个人对于日本的观察，也做上了十来篇的论文和游记到国内，供福建浙江一般杂志刊载。至最近新年前后郁氏在东京做的工作，据说是在"宣扬中国新文学的史迹"，其工作对象，系假东京某学术机关的"自由讲座"，逐日前去作演讲，听众多系日本大学生和教授作家。按郁氏宣传新文学之讲演内容，系（一）五四时新文学建设运动；（二）五四后之革命文学运动；（三）新青年时代的白话文学运动；（四）创造社与文学研究会；（五）革命后的话剧运动；（六）民族文学与普洛文学；（七）国防文学；（八）中国新文学前途的展望；（九）新文学与中国革命。①

21 日　论文《中国诗坛的现状》，刊日本《帝国大学新闻》第 653 号。

22 日　下午 2∶30 抵基隆，下榻台北铁道饭店。②

---

① 《郁达夫在日本宣扬中国新文学》，《上海报》1937 年 1 月 13 日第 3 版。
② 参陈松溪《郁达夫的台湾之行》，《新文学史料》1985 年第 3 期。

23 日　上午 11 时,在总督府翻译官越村陪同下,接受台湾总督小林跻造召见。被介绍的身份为"继鲁迅逝后支那文坛之巨匠"。①

下午 3 时至 5 时,出席《台湾新民报》社在铁道饭店 2 楼大厅举办的"郁达夫座谈会",台湾有关官员、教育界和文化界人士、报社主笔和记者 20 余人与会。会上就国内文艺界重大问题,如"国防文学"口号及中日、中苏文化交流等发表看法。《新民报》对此以《对郁达夫的咨询会》为题作了连续报道(6 回连载)。②

"郁达夫座谈会"由《台湾新民报》主笔林呈禄主持,他在座谈会开场白中,将郁达夫介绍为继鲁迅之后的中国文坛新领袖。日方主要与会人士有台湾总督府视学官大浦,府翻译官越村,台北帝大教授神田,大阪朝日新闻社台湾分社社长蒲田,大阪每日新闻社台湾分社社长平野等 5 人;台湾方面有府水产科科长刘明朝,府评议员黄纯青,法律界名士蔡式谷(日本明治大学毕业)、陈逸松(日本东京帝大毕业)、陈绍馨(日本东北帝大毕业)以及教育界名人杨云祥、著名作家郭秋生、台北帝大东洋文学科在校生作家黄得时和另 6 名《台湾新民报》记者。③

晚 7:35—8:25,应邀出席《台湾日日新报》社于铁道饭店"余兴场"面向市民举办的"郁达夫欢迎会"。会上,"郁文士言辞激烈",认为"日中两国很有相互理解的余地",并发表题为《支那文学的变迁》的演讲,"通过文学诉说日中友好"。会后接着出席"有志座谈会",至晚 9 时。④

---

①　参武继平《郁达夫访台史实考订》。
②　参陈松溪《郁达夫的台湾之行》。
③　参武继平《郁达夫访台史实考订》。
④　参《台湾日日新闻》12 月 22、23、24 日相关报道,参陈松溪《郁达夫的台湾之行》,参武继平《郁达夫访台史实考订》。

24 日 上午 8 时,参观台北帝国大学,访问台北帝大图书馆,赞其在汉籍收藏方面跟东京帝大图书馆相比毫不逊色。午 12:30,于警务局长官官邸接受八高前辈二见代理长官接见并共进午餐。下午 6 时,出席台北帝国大学东洋文学会举办的"郁达夫欢迎会",与该校教授、著名汉学家神田喜一郎和台湾高等学校教授、著名文学批评家岛田谨二、矢野峰人、原田季清等在台日本文化名人交流。①

25 日 上午 9:05,快车离台北南下。下午 5:10 分由台中抵嘉义,出席有志者于宜春楼举办的座谈会,当夜宿嘉义。②

26 日 乘火车自嘉义前往阿里山,当夜宿阿里山。③

在台中,曾与台湾文艺联盟常务委员长张深切④叙谈并合影。⑤

27 日 告别阿里山返回嘉义市,坐下午 3:33 火车往台南。台当局陪同参观清水汀一带旧街道、庙宇。宿台南铁道饭店。⑥

28 日 庄松林⑦等三人在铁道饭店拜访郁达夫,为庄松林签名簿上题写"四海皆兄弟,中原要杰才",书白居易"同是天涯沦落人",并为《达夫全集》一一签名。晚 9 时,庄松林等再次访问郁达夫,咨询中国文艺活动近况,中国作家近况,与郭沫若关

---

① 参武继平《郁达夫访台史实考订》。
② 参武继平《郁达夫访台史实考订》。
③ 参武继平《郁达夫访台史实考订》。
④ 张深切(1904—1965),名嘉裕,字南翔,笔名楚女等,台湾南投人。1934 年组织台湾文艺联盟,创办《台湾文艺》。战后"二·二八事件",其是主要组织者。著有《孔子哲学评论》等。
⑤ 参陈松溪《郁达夫的台湾之行》。
⑥ 参陈松溪《郁达夫的台湾之行》,参武继平《郁达夫访台史实考订》。
⑦ 庄松林(1910—1974),台南市文献委员会委员,台湾民俗研究的开拓者。

系,中国文字拉丁化和大众化等问题。①

同日 白天,独自持地图游览,了解当地民间情况,"亦曾往听其'评话'"。②视察安平、乌山头。③

29 日 晨从高雄港启程返厦门,庄松林等前往送行。④

30 日 乘"福建丸"自台湾抵厦门,下榻厦门天仙旅社三楼一号。⑤ 接受厦门《星光日报》记者赵璧(赵家欣)⑥采访,对台湾时政和台湾新文学提出了尖锐的批评。⑦

在厦门期间,在天仙旅社接待文学青年郑子瑜⑧、马寒冰⑨、赵家欣,为郑子瑜写二屏条和一副对联,书赠赵家欣《青岛杂事诗》一幅。

同日 因仰慕弘一法师盛名,下午,在《星光日报》记者赵家欣陪同下,郁达夫游览厦门名胜南普陀寺时,提出访晤弘一法师的愿望,赵家欣便请广洽法师通报。⑩

31 日 在厦门青年基督教青年会演讲《世界动态与中国》,演讲词由赵家欣、马寒冰记,刊于厦门《星光日报》。

---

① 参陈松溪《郁达夫的台湾之行》。

② 参陈松溪《郁达夫的台湾之行》。

③ 参武继平《郁达夫访台史实考订》。

④ 参陈松溪《郁达夫的台湾之行》。

⑤ 《福建民报》1936 年 12 月 31 日第 5 版。

⑥ 赵家欣(1916—2014),笔名诸葛朱、赵璧,福建厦门人。作家,资深报人。1935 年后任厦门《星光日报》记者,1937 年夏被选为厦门文化界救亡协会执委。

⑦ 参武继平《郁达夫访台史实考订》。

⑧ 郑子瑜(1916—2008),福建漳州人,20 世纪 50 年代初移居新加坡。文学家,学者。曾撰有《谈郁达夫的南游诗》《郁达夫诗出自宋诗考》等。

⑨ 马寒冰(1916—1957),原名马国良,福建海澄人。1937 年 6 月到缅甸,任《仰光日报》编辑、《兴商日报》总编辑。抗战全面爆发后,负责"缅甸华侨文艺界救国后援会"宣传工作。

⑩ 陈星《李叔同身边的文化名人》第 171 页,中华书局 2005 年版。

同日 接受厦门《江声报》记者采访,亦对台湾时政和台湾新文学提出批评。称台湾"在文学方面,他们的作品虽然很多,但很少好的",而其原因是"在统治者多方面的压迫下,年青人是苦恼的,他们彷徨在汉文和日文之间,汉文因环境关系,使他们不能长期间学习,故根柢很浅,日文亦因种种习惯,当然比不上日人"。同时,抨击日本对台湾的"白色恐怖"统治,"日本人对于台湾人思想的自由极端的防范,想尽法子使他们忘掉对中国的关系","台湾青年的作品无处发表,三五个人在马路旁说话便要受干涉"。①

同日 上午,广洽法师和赵家欣陪同渡海至鼓浪屿,访晤弘一法师于日光岩下,并受赠《佛法导论》诸书。赵家欣为此所作报道《郁达夫昨游鼓浪屿 访晤弘一法师》载 1937 年 1 月 1 日厦门《星光日报》第 5 版。②

经赵家欣向广洽法师接洽,郁达夫至鼓浪屿日光岩访晤弘一法师。弘一对郁达夫并不熟悉,只是拱手致意,合十问讯,略事寒暄,赠以佛书,即行告退。达夫先生对此会晤却念念不忘,返福州后,曾赋七律寄赠弘一。③

广洽陪同郁达夫至鼓浪屿日光岩访晤弘一法师。"两人一见如故",弘一法师"还以《佛法导论》和《清凉歌集》各一部"相送。④

离厦门前,广洽法师曾在虎溪岩寺设素宴为郁达夫饯行,席间,郁达夫曾挥毫题一段佛语:"我见他人死,我心热如火,不是

---

① 参武继平《郁达夫访台史实考订》。
② 参赵家欣《忆郁达夫先生》,《回忆郁达夫》第 402 页。
③ 参赵家欣《忆郁达夫先生》,《回忆郁达夫》第 402—403 页。
④ 参释广洽《忆达夫》,《回忆郁达夫》第 413 页。

热他人，看看轮到我。"

本月　为厦门馥香堂题词：垂帘不卷留此香也。

本年　曾作诗钟一联《无题》。那是在林则徐故宅举行的一次诗钟集社上，题目是《有、无，二唱》。作为唯一被特邀参加的人，郁达夫第一个交卷，"岂有文章惊海内，断无富贵逼人来"，集杜甫和龚自珍句为一联，被评定为当次诗钟之"元"。[1]

本年　致函郑子瑜，为"前次寄到福州去的一封信、一双红豆，以及其后的两首绝句"[2]和所托在省会找适当位置事，作复，并自称"在此间，亦只居于客卿地位，无丝毫实权"。[3]

本年　落款郁达夫等著的《我与创作》由一心书店发行，收郁达夫《五六年来创作生活的回顾》和《关于小说的话》二文。

1937年（丁丑，民国二十六年）　41岁

▲7月，卢沟桥事变发生，全面抗战爆发。

▲11月，上海失守，租界成为"孤岛"。

▲12月，南京失守，30万人遭屠杀，史称"南京惨案"。

1月

1日　《可忧虑的一九三七年》一文刊载于厦门《星光日报》。

---

①　陈觉民《郁达夫在福州》，《回忆郁达夫》第383—384页。

②　郑子瑜《天仙访郁达夫记》；参《琐忆达夫先生》，《回忆郁达夫》第407页。

③　参陈松溪《郁达夫的三封佚信》，《炎黄纵横》2009年8月号。

同日　应厦门天仙旅社主人吕天宝①之请,为他所编的《天仙旅社特刊》作序。《序〈天仙旅社特刊〉》载 1937 年 11 月厦门开明印刷公司出版的《天仙旅社特刊》。

吕天宝将自己多年收集的报刊书籍中有关厦门史地民俗、旅游物产方面的资料加以整理,辑成 10 万字,编为《天仙旅社特刊》,乞郁达夫为之序,1937 年 11 月正式刊行。该特刊图文并茂,既有厦门街市全景图及旅游景点详图,又有旅社简介及旅游提示,更有关于厦门城市历史沿革、地形地貌、物候特产的介绍以及社会经济的统计资料。

同日　《郁达夫自写诗》(七绝)手迹载《新时代月刊》第 26 卷第 1 号。

同日　日本竹内好《郁达夫备忘录》,刊 1937 年 1 月 1 日东京《中国文学月报》第 22 号。《郁达夫来日本》载是日《支那时报》第 26 卷第 1 号(复刊号)。

同日　午前冒雨游禾山。傍晚回旅社,为“一大堆的青年男女”挥毫题字。在天仙旅社与赵家欣、郑子瑜等合影。②

2 日　离厦门,经泉州,泉州一游。

3 日　经莆田返福州。

4 日　旅日回闽后谒见陈仪,并接受闽中新闻记者访问,称:日本人口不过七千余万,而全国的报纸达一千家以上,合各报之销路,每日在三百万份以上,男女老幼,均视阅报为常课,宜其新闻事业之发达也,当局对新闻统制颇严,每日必受检一次,各通讯社稿亦须受检查,年来日本百业俱有进步,马车人力车已归淘

---

①　吕天宝,厦门侨商,雅好文史,“绝不似一般商贾中人”。南洋经商归来投资旅社,取名“天仙”,意在旅客寄寓其间,能够“梦入黑甜,如登仙境”。

②　郑子瑜《琐忆达夫先生》,《回忆郁达夫》第 406 页。

汰,汽车送客,取价甚廉。又称:当陕变发生时,一般日人咸料我国内战将不能免,及蒋委员长返京,日人无不惊奇,而转生敬畏之心,足征民族团结之伟大矣。①

同日 旅日期间所作《日本朝野应重新认识中国》(日文)演讲词,刊载于大阪《每日新闻》。②

7 日 致函田中庆太郎③,感谢在日期间"备蒙照拂",并赠画册文具等。

8 日 郭沫若作散文《达夫的来访》,回顾 1936 年 11—12 月间与在日本羁留月余的郁达夫的六次交往。载 1937 年 2 月 16 日《宇宙风》第 35 期。其日文译本,刊于 1937 年 6 月日本中国文学研究会会刊《中国文学月报》第 27 号。

14 日 在台湾所作演讲《中国文学的变迁》(日文),载 1937 年 1 月 14—16 日台湾《日日新报》。

17 日 一月上旬回福州后所题长句《无题》(七律)一首,自序云"丁丑春日,偕广洽法师等访高僧弘一于日光岩下,蒙赠以〈佛法导论〉诸书,归福州后,续成长句却寄",载是日《星光日报·弘一法师特刊》,又载同年 1 月 30 日《越风》半月刊第 2 卷第 1 期。收《郁达夫诗词抄》,题为《丁丑春日,偕广洽法师等访高僧弘一法师于日光岩下,蒙赠以〈佛法导论〉诸书,归福州后,续成长句即寄》。

是日《星光日报·弘一法师特刊》报头"弘一法师特刊",由

---

① 《郁达夫返闽谈游日印象》,福州《铁报》1937 年 1 月 11 日第 2 版。
② 《中国二位新人所预见的未来的日中关系》,大阪《每日新闻》1937 年 1 月 4 日第 11 版。
③ 田中庆太郎(1880—1951),日本中国古书字画书店"文求堂"老板,一位"学者型书商"。郁达夫等常与之交往并出入文求堂。

郁达夫题。

21 日　致函学长黄华表,为寄小词人词集一种,并称旧历年后返杭。函以《来鸿去雁》为题刊 1937 年 2 月 10 日《东南日报·沙发》第 2924 期。

函称"内子杭州来",故王映霞或于此前不久(1 月中旬)偕次子郁云来闽。而王映霞《我与郁达夫》中作"1937 年的春 3 月,我奉他的命去福州……随身只带了郁云"。① 住城内光禄坊花厅。在福州住约五个月。

24 日　在福建文艺界发起鲁迅先生纪念奖金基金的募集,《鲁迅先生纪念奖金基金的募集》一文刊于《福建民报》1937 年 1 月 24 日《小园林》第 962 号。1936 年 11 月 1 日,鲁迅先生纪念委员会筹备会在上海成立,次日即发布《公告》,决定"筹集办理纪念事业之资金"。

本月　张均编《现代名人书信》由上海合众书店初版,收有郁达夫《给沫若的旧信》《一封信》《海上通信》《给沫若仿吾》,同时收有成仿吾《给郁达夫》函一。

2 月

17 日　完成《写作的经验》,刊于《小民报》1937 年 3 月 2、3 日《新村》"我的文学生活"栏。

20 日　唐弢杂文《不是新酒旧瓶》刊于是日《立报·言林》,通过评价郁达夫旧体诗,认为可以用旧诗表现"新出的现象",不存在"新酒旧瓶"问题。

---

①　王映霞《我与郁达夫》第 64—65 页。

3 月

1 日　《鲁迅的伟大》(日文)一文刊载于 1937 年 3 月 1 日日本综合性月刊《改造》第十九卷第 3 号"大鲁迅全集"广告页。

4 日　作散文《里西湖的一角落》,载 1937 年杭州《越风》增刊第一集《西湖》。

5 日　因福建图书馆馆长沈吉逵调充厦海税务局缺,曾被令派"兼本府图书馆馆长",至 4 月 30 日图书馆馆长遗缺由周蜀之兼代止。①

9 日　致函董秋芳,邀来福州做编译员。

应郁达夫邀请,先后来福州的还有楼适夷、杨骚、许钦文等。②

15 日　复函日本学者小田岳夫,允作《新潮》约稿,并欢迎杭州、上海之行。

22 日　"为增进一般公务员知识及供给公务上之考虑,借以促进工作效能",作为公报室主任,签发公报室准福建省通令,县政府机关学校人员须长期订阅《公余月刊》及《闽政月刊》(民财建辑),并指定各县金库主任代收刊物款等项,呈秘书长并省主席件。③

26 日　致函赵家璧,为《世界短篇小说大系》中文译本书籍材料之难,称有待五六月间回杭搬书,"才能动手"。

本月　请蔡圣焜代拟一函稿,系为郭沫若回国居住准备

---

①　参王国栋《关于郁达夫在闽任职情况和时间的考证》,《吉林师范学院学报(哲学社会科学版)》1986 年第 3 期。

②　参楼适夷《回忆郁达夫》,《回忆郁达夫》第 147 页。

③　福建省档案馆 0001—001—000090(1—5)。

住所。

　　一天上午将下班时,达夫先生手拿一卷宗袋走到我办公桌前说,近日因写文章与社交应酬甚忙,有一急件命我代拟函稿。我翻开卷宗一看,原来是绝密文件。一张是陈仪给当时行政院政务处长蒋廷黻的信稿,请他向蒋介石请示可否允郭沫若先生回国居住,另一张是旋得其复信,内云:经蒋介石许可,惟不得有"越轨行动",在福州居住由陈仪监视。达夫先生命我代拟一封便函告诉蒋廷黻说,已择定乌山路从前蒋光鼐任闽省主席所住私邸(已属公产)为郭住所,并负责保护与监视。同时说明该屋系洋式两层楼房一幢,孤立在乌山之麓。信中具体内容按陈仪"手谕"抄录。拟好之后交达夫先生审核送判。[①]

4月

6日　《大晚报》载《郁达夫谈台湾文学》,《语文》5月1日第一卷第5期摘引。其称:

　　台湾文学受了政治的高压当然更利害,而且有一个足以使每一个台湾青年都感觉难题的问题,便是用汉文写好呢,或者用日文写好呢? 我们知道台湾离开中国的时间太久了,他们汉文的基础当然非常的薄弱,但日本文字呢? 因为它是日本的殖民地,殖民地的人民,与日本本国的国民所受的教育程度不同,所以他们的日文程度也很肤浅,因之,虽有好的意思,但都苦于没有表现的工具(即文字),而他们

---

① 蔡圣焜《忆郁达夫先生在福州》,《回忆郁达夫》第369页。

的成就也就可想而知了。不过台湾文学，因为基于一班台湾青年非常吃苦的努力，将来是很有希望的。

10 日　唐弢杂文《文苑闲话（五）》刊于《谈风》第 12 期，对苏雪林《过去文坛病态的检讨》之攻击鲁迅、郁达夫，进行批评和反驳。

15 日　为厦门大学总务处文书课主任兼《厦大校刊》半月刊总编辑何励生[①]诗集《山居集》题七绝《题山居集》，刊是日出版的《厦大校刊》，诗云"东阁官梅西崦日，永嘉山水厦门涛。春来多少田园景？合让何郎再和陶"。[②]

同日　读者石麟在《求是报·复活》刊发短论《替郁达夫辩护几句》，针对时人攻击郁达夫为"俗吏"提出不同看法，称其是在实践自己的创作主张"体验生活"。

对此，在致郭沫若信中，郁达夫称："中国情形，与前十年有大不相同，我之甘为俗吏者，原因亦在此。"可见其抱负至伟。

26 日　作随笔《看闽剧》，对闽剧的改进"旁敲侧击"，刊载于1937 年 6 月 10 日福州《闽剧月刊》创刊号。

28 日　据《回程日记》，自马尾开船，离闽返杭。

30 日　晨 6 时，船抵上海。午至城站，遇航校教官多人，与校长蒋坚忍[③]取得航校毕业典礼参观证两枚。傍晚送朱家骅上南京。

是日起至 5 月 4 日，所作日记编作《回程日记》，载《青年界》第 12 卷第 1 号"日记特辑"。1937 年，被收入赵景深编《日记新

---

① 何励生，浙江人。1928 年到厦门大学任编译处编译员，1929 年调任厦大秘书襄理，时厦大总务处文书课主任兼《厦大校刊》半月刊总编辑。

② 《厦大校刊》1937 年 4 月 15 日第 1 卷第 13 期。

③ 蒋坚忍（1902—1993），原名斌，字孝全，浙江奉化人。蒋介石堂侄。曾任杭州笕桥航空学校副校长，中国现代空军创始人之一。

作》(上海北新书局)。

5月

1日 航校毕业典礼改期。约慕尹主任夫妇、邵裴子等在楼外楼小饮。

2日 午前11时,与许绍棣、周至柔①同去杏花村,在九溪遇程远帆②、邵裴子等,晚于东南日报馆"东南日报新厦大礼堂"观话剧《狄四娘》。③

3日 午前来客不绝,中午越风社约在大同共餐。

4日 启程返闽,晨8时赴上海,办了半天公私杂事,晚宿轮上。

5日 晨8时轮船起航回闽,7日返福州。"在轮船上伤了风"。④

12日 致函《东南日报·沙发》主编陈大慈。称在杭"只住了三天的样子",曾由时浙江省教育厅厅长许绍棣、杭州《东南日报》社社长胡健中陪同,参观《东南日报》建筑,作者协会客厅,以及报馆大厅之演讲场、机器间等;观看雨果原著、张道藩改译,"烽火剧社"首场演出的"四幕大悲剧"《狄四娘》,午后上九溪茶场,路见二龙头大桥桥墩都已打就,预想今年冬天桥路通行之杭市繁荣。⑤

---

① 周至柔(1899—1986),浙江临海(今属台州)人,曾任笕桥中央航校校长等。

② 程远帆,字万里,浙江绍兴人。曾任南京市财政局局长,北平特别市财政局局长,浙江省财政厅厅长。

③ 参《东南日报》1937年5月1日头版广告。

④ 参郁达夫《回杭观感》,载1937年5月18日杭州《东南日报》副刊《沙发》。

⑤ 郁达夫《回杭观感》,载1937年5月18日杭州《东南日报》副刊《沙发》。参吴心海《郁达夫佚函〈回杭观感〉》,《文汇报·文汇学人》2019年8月30日。

18 日　因接南京政府电,嘱致函郭沫若,建议郭沫若回国,故是日两度致函(一航空信,一平信)郭沫若,并致电南京政府。告以"委员长有所借重",建议政府取消通缉,并汇大批旅费,以便早日动身,"大团结以御外敌","为国家谋一线生计"。

19 日　致函郭沫若妹婿胡灼三,托为游说,请郭沫若"安心回来","来华供职"。

本月　张均编《郁达夫代表作选》由上海全球书店出版,为"当代名人创作丛书"。上部收《迟暮》《碧浪湖的秋夜》《出奔》《迟桂花》《微雪的早晨》《过去》《春风沉醉的晚上》《离散之前》《采石矶》《茫茫夜》《血泪》等 11 篇小说,下部收《闽游滴沥之一》《闽游滴沥之二》《闽游滴沥之三》《闽游滴沥之四》《闽游滴沥之五》《闽游滴沥之六》《屯溪夜泊记》《仙霞纪险》《方岩纪静》《住所的话》《北平的四季》《春愁》《雪夜》《日本的文化生活》《怀四十岁的志摩》《梅雨日记》《秋霖日记》《冬余日记》等 18 篇散文。

编者序称:"从他所作的前后三期的作品中,选出比较精彩的小说十一篇和散文十八篇,编成这部代表作选,以此贡献于爱好郁氏作品的读者们。"

6 月

21 日　在《福建民报》刊登《郁达夫启事》,提示民众谨防假冒受骗。

30 日　完成《对福建文艺界的希望》一文,发表于次日《福建民报》副刊《新村》第 38 号。收入 1937 年 6 月 30 日(福州)《平凡》第一卷第 4 期。

7 月

6 日 致函周建人,为鲁迅先生纪念委员会筹备会事宜联络柳亚子、何香凝、陈公洽等委员,并商议募集基金事。

同日 是日出版的《福建省政府公报》第 718 号刊出《福建省政府秘书处公报室启事》,"本室为统一出版事业,增进行政效率起见,自七月份起,将本府所出各项刊物,力事革新,并增多出版次数"。其中,"省府公报",改周三、六 2 次为周二、四、六 3 次,计每月出版 13 次,每年出版 156 次,"俾法令得以迅速传达,而行政效率,得以增进";《公余》改月刊为半月刊,每月 15、30 日各出版一期,"除载论著各科讲话外,撷取半月间国内外重要情报,暨有价值之读物,以有系统有组织之方法,介绍于全省各公务人员,为各该人员公余进修之用";《闽政月刊》,每月底出版,"汇合民财建、教育、警保三辑为一,以踏实之态度,报道本省施政情况,以客观之态度,介绍他省现况,俾供留心省政者研究稽考之需"。

7 日 卢沟桥事变爆发。

卢沟桥事变发生后,王映霞偕次子郁云从福州返杭。

10 日 《敬告日本朝野人士》一文中译版刊载于是日《汗血周刊》第 9 卷第 2 期,"本文为我国著名文学家郁达夫氏所作,登载最近出版之日文杂志《支那时报》上,从西安事变后我国之情况上指摘日本朝野人士对于中国现状之误解,以及暴露日本军人穷兵黩武之非计,促其朝野人士回头猛醒,以扫除两国之障碍"。署名"郁达夫原作,百宁译"。

同日 《说闽剧的布景》一文刊载于 1937 年 8 月 1 日福州《闽剧月刊》第 2 期,对闽剧"魔术似的布景"提出批评。

20日 致函赵家璧，询问《世界短篇小说大系》出版情况，说明两月前匆匆回沪杭，"关于北欧之藏书，全部带来福州"。

夏 郁达夫偕董秋芳、郁九龄[①]、孙问西、陈觉民等八九人，出福州西门上西禅寺品"十八娘"（荔枝别名），应当家和尚固请，即席题诗《偕董秋芳、郁九龄等游西禅寺品荔，应某方丈作》。陈觉民一个月后再去西禅寺，见题诗已裱挂在方丈室里。[②]

27日 郭沫若下午抵达上海，随即往大西路美丽园9号中法文化交流委员会主任沈尹默宅，被安排隐匿在该委员会办公处（孔德图书馆）。郁达夫得知消息后赶往孔德图书馆，随后同往喜来饭店为郭设宴洗尘，"邀郭赴福州，为郭拒绝"。[③]

郭氏"已于前日搭昌兴公司日本皇后号由日返沪，郁达夫氏特来沪欢迎，并将邀郭氏赴闽任事"。[④]

本月 郁达夫从福州到上海接迎郭沫若后顺道回杭，在"风雨茅庐"小住半个月，复回上海，取道海路返福州。[⑤]"郁达夫为了到上海去迎接一个从海外乔装归来的朋友，顺道回到了杭寓。……不到半个月，他又匆匆由海道赶回福州。不过在临走前，他曾说过，倘若上海吃紧，……先避到富阳，托养吾二哥为我们租一间房子住下再说。"[⑥]

本月 作散文《福州的西湖》，载1938年7月1日《宇宙风》

---

① 郁九龄，浙江萧山人，南社成员。

② 陈觉民《郁达夫在福州》，《回忆郁达夫》第384—386页。

③ 参《郭沫若年谱长编（1892—1978）》第二卷第665页；参《郭沫若的三十年（1918—1948）》第239页；参《沈尹默年谱》第353页。

④ 《郭沫若由日返国 郁达夫等来沪相晤》，《申报》1937年7月31日第13版。

⑤ 黄世中编《王映霞：关于郁达夫的心声》第380页，河南文艺出版社2013年12月版。（该著以下出版信息从略。）

⑥ 王映霞《我与郁达夫》第65页。

第 70 期。

8 月

2 日　致函许广平,称将"于八月五、六日去上海,住三四天后去闽",并将为鲁迅先生出全集事会李小峰,"自然要和他一说"。函载《鲁迅、许广平所藏书信选》。

后来在郑振铎、王任叔等鲁迅生前友好的关心支持下,第一部《鲁迅全集》20 卷于 1938 年 6 月至 8 月由上海"鲁迅全集出版社"分卷陆续出版。

5 日　与茅盾、郭沫若、郑伯奇、王任叔、胡愈之、巴金、张天翼、谢六逸、郑振铎、陈望道、欧阳予倩、叶圣陶、黎烈文、沈起予、夏衍、周扬、胡风等联名致电南开张伯苓①等:日寇夺我平津、摧残文化机关,南开、女师惨遭轰炸,继以有计划之烧毁屠杀,同人等无任悲愤,谨电慰问,并望转致全体同人,盼为国努力,抗敌到底。②

7 日　因邀许钦文赴福建师范教书,同自杭州经上海赴福州。

因"八一三"炮火打响,赴闽轮船南行不日即停航宁波,两人即从宁波回杭州。"回到家里一算,我们从杭州出发那天起,刚刚是十天。"③

----

①　张伯苓(1876—1951),名寿春,字伯苓,以字行。直隶省天津府(今天津)人。教育家,体育活动家,政治家,南开大学创建人、校长。

②　《茅盾等昨日慰问张伯苓等》,《申报》1937 年 8 月 6 日第 12 版。

③　许钦文《回忆郁达夫》,《回忆郁达夫》第 423 页。许钦文 1938 年 6 月发表于《大风》(香港)第 10 期的散文《从杭州到杭州》,所记赴闽入职一路为一人单行,未有与郁达夫同行,时间上也略有出入。

结合"致许广平函"和《全面抗战的线后》一文记录推算，郁达夫与许钦文这一趟"从杭州到杭州"的旅程或为 8 月 7 日到 16日这十天，故将离杭时间系于 8 月 7 日。

10 日　据《全面抗战的线后》，因事去上海北四川路，临街铺户紧闭，路上行人绝少，"从未见有如此凄惨萧条之市景"。

11 日　据《全面抗战的线后》，午后，适有三北公司之靖安轮南行，上船返闽。下午 4 时，船驶出吴淞口，又见有日本军舰二三十只，停泊在浦江上下，陆战队兵士，正在阳光下搬运弹药食品。

> 8 月 11 日午后，我和达夫都已到了在三北公司的靖安轮上。……傍晚，码头上忽然开到一辆小汽车，轮船公司的经理虞洽卿亲自来告诉船长，说是恐怕晚上有事情，要提前开航。①

13 日　据《全面抗战的线后》，船在宁波附近依岸行舟，晨传上海开战。因遇大风，下午不得不在舟山湾附近抛锚躲避。

15 日　据《全面抗战的线后》，因大风和敌舰，两日里靖安轮每天一进一退，只在海上作逍遥游。是日晨回宁波江北岸。坐火车北返，夜宿绍兴。

16 日　据《全面抗战的线后》，晨起赶车到江边，渡江至南星桥，自凤山门进城，商店亦大半关门，到家五分钟，已闻突袭警报。场官弄住所空无一人，妻儿们已回富阳。

中旬　据王映霞《我与郁达夫》，"八一三"淞沪战后，王映霞偕家中老小避居富阳。郁达夫返闽之程因战遇阻，船出吴淞口

---

①　许钦文《回忆郁达夫》，《回忆郁达夫》第 421 页。但许钦文《从杭州到杭州》（1938 年）文中却并无与达夫同行一说。

446

险遇日本军舰,即折回宁波,因航程未定,复返杭寓。到富阳后"没有数天","有一天夜间,郁达夫忽然回到富阳来了"。据称,是因为所乘海轮在吴淞口外遇见敌人的航空母舰,轮船折回宁波,他便从宁波回到杭州,回场官弄住所见空无一人,知道妻儿们已回富阳,便赶回富阳,"隔不了几天,他又单身从金华江山翻仙霞岭而去了福州"。

9 月

10 日 见闻录《全面抗战的线后》,以记者身份记载战争初起,与友人自沪赴闽又返杭的一路波折及目击琐事,连载于 1937 年 9 月 10、20、30 日福州省政府《闽政与公余(非常时期合刊)》旬刊第 1—3 号。

18 日 作短论《"九一八"六周年的现在》,刊于福州《小民报》"文化界抗敌后援会'九一八'特刊"。又改题为《文化界在抗战中的任务》,载 10 月 4 日上海《救亡日报》第 3 版。

20 日 离富阳返闽,途经严州(梅城)。

10 月

9 日 晚 7 时至 7 时 20 分,在福州广播电台播音,演讲《紧张到底》,以激励民众,共赴国难。①

10 日 福州召开"双十节"纪念、演讲会,作关于淞沪及平绥、平汉、津浦各线战况分析的演讲。②

---

① 《福建民报》1937 年 10 月 9 日第 4 版。

② 蒋增福、郁峻峰著《抗战中的郁达夫》第 34 页,学林出版社 2005 年版。(以下该著出版信息从略。)

同日　《双十节感言》一文刊载于 1937 年 10 月 10 日福州《小民报》副刊"文化界抗敌后援会双十节特刊",劝勉文化界同人当自警自勉。

11 日　《假使做了亡国奴的话》一文刊于是日《福建民报》"抗敌周刊"第 4 期。

17 日　假福建科学馆大礼堂举行"福州文化界救亡协会"成立大会暨鲁迅逝世周年纪念会,主持大会并致开幕词,与姜琦[①]、许钦文、杨骚等 23 人当选为救亡协会理事。[②]

19 日　作散文《鲁迅先生逝世一周年》,载 1937 年 10 月 20 日福州《小民报·怒吼》第 4 号。

20 日　作《战时教育》一文,涉及"战时教育方案""战时工作机制""战时培训班和救亡大学""研究院""战时教育之方法"等方案和措施,连载于福州《闽政与公余(非常时期合刊)》第 5、6 号。

21 日　福州文化界救亡协会召开理事会,被推为协会 11 位常务理事之一。

22 日　救亡协会第一次常务理事会议上,被推为救亡协会理事长,董秋芳为秘书长,许钦文为宣传部长。[③]

身处抗敌前线,福州文化界救亡协会组织了许多活动,包括创办《文救周刊》,成立工人夜校、民众学校,组织救亡歌咏团,举办"深入民间之干部训练班",还发起了"十万封信慰劳抗敌将士"活动。

---

①　姜琦(1885—1951),字伯韩,号柏盦。时任福建师范学校校长。出版有《中国国民道德概论》《现代西洋教育史》等。

②　参《抗战中的郁达夫》第 36 页,参《福建民报》1937 年 10 月 17 日。

③　参《抗战中的郁达夫》第 36 页,参《福建民报》10 月 31 日。

25 日　作《倭寇的穷技》,刊于次日福州《福建民报》;又载
11 月 6 日上海《战时日报》第 2 版。收入向愚编《抗战文选》第 6
辑(战时出版社)。

28 日　假《小民报》副刊创办《文救周刊》,与杨骚、楼适夷等
一起主持编务,并题写刊名,共出 3 期。创刊号发表《文化界的
散兵线》。

30 日　发表"福州文化界救亡协会宣言",刊于 10 月 31 日
《福建民报》。

11 月

4 日　时评《九国公约开会》,刊于福州是日《小民报·文救
周刊》第 2 号。

11 日　时评《对于九国公约国会议之要求》,刊于是日福州
《小民报·文救周刊》第 3 号。

12 日　据《小剧团公演之成功》,晚,福建省立民众教育处实
验小剧团公演田汉《回春之曲》于福州文艺剧场,前往观看。《介
绍〈回春之曲〉》一文刊载于是日福州《小民报》"福建省立民众教
育处实验小剧团《回春之曲》第二次公演特刊"。

15 日　《文救协会理事会告诸同志书》《"差不多"也好》二文
载 1937 年 11 月 15 日福州《小民报·救亡文艺》。

同日　为加强同一战线,福州文艺界救亡协会决定将《小民
报》几个文艺副刊合并为《救亡文艺》,仍与杨骚、楼适夷等一起
主持编务,并题写刊名。《救亡文艺》是日创刊,12 月 4 日停刊。

16 日　《小剧团公演之成功》载福州《小民报·救亡文艺》,
系《回春之曲》之观后感。

同日　据许钦文《万里寻妻记》,为许钦文回杭办旅行良民

证向公安局写介绍信，"我不便久待，只好去找熟人，于是碰到富阳才子。一知道了我的来意，他就戏笑着说：'孟姜女万里寻夫，许钦文万里寻妻！'这就是本文题目的由来"。①

17 日 时评《预言与历史》载是日福州《小民报·救亡文艺》。

18 日 时评《救亡是义务》，认为"救亡是义务"，而"并不是出风头，也不是争夺私人的权益名位"，载是日福州《小民报·救亡文艺》。

19 日 时评《日语播音的宣传要点》载是日福州《小民报·救亡文艺》。

20 日 杂文《手民之误》载是日福州《小民报·救亡文艺》。

21 日 时评《这假冒还胜似那假冒》载是日福州《小民报·救亡文艺》。

22 日 《福建民报·抗敌周刊》刊发短论《大家振作起来》。

24 日 时评《不厌重复的一件事情》，即以"个人的力量——金钱、时间与精力——去慰劳前线的士卒，与已经退入病院的受伤的勇士"这一义举，载是日福州《小民报·救亡文艺》。

27 日 杂文《自大狂和幼稚病》，呼吁民众不动摇信心，不抱悲观之情绪，载是日福州《小民报·救亡文艺》。

12 月

1 日 时评《读胡博士的演词》，对胡适在美国向侨胞发表的演讲中有关日本的分析表示异议，载是日福州《小民报·救亡文艺》。

---

① 钦文《万里寻妻记》，载 1938 年 5 月《宇宙风》第 68 期。

3 日　时评《我们在后方》发表于《小民报·救亡文艺》,认为人们除在后方"维持社会秩序,上下严守法纪"外,还应"做好物质生产和交通运输"。

同日　因福州国民党军统特务叶成以福州文化界抗敌协会有"异党分子活动"为由,要求改组救亡协会,愤而辞职。在是日《小民报·救亡文艺》发布《郁达夫启事》,称"省府公务繁忙",请辞文救会理事职,退出协会。第二天,许钦文、杨骚、董秋芳亦相继辞职。《救亡文艺》停刊,《告别》启事云:"《救亡文艺》至今天停刊,与读者相见二十日,不料竟如此匆匆分手,特此告别,并致民族敬礼。"

13 日　南京失陷。

18 日　为文学青年程力夫题写"我们这一代,应该为抗战而牺牲"。同时在其笔记本上题一旧诗(《西京客舍赠玉儿》)。①

24 日　日军占领杭州。下午 4 时许,富阳县城迎熏镇落入敌手,富阳沦陷。当晚,留松筠别墅陪母亲的二兄郁养吾被请去环山看病人,当夜封江,无船摆渡。郁母与一金姓老太独留鹳山。②

25 日　日本兵上鹳山,占住松筠别墅,让郁母烧水做饭。当晚,郁母带了炒米与金老太一起躲到后山,6 天后(12 月 31 日),郁母饥寒交迫而惨死。③

冬　由吴秋山陪同游福州鼓山,作《偕吴秋山游鼓山》(七绝),收《郁达夫诗词抄》。又为吴秋山自刊词集作《〈白云轩诗词

---

①　程力夫《怀郁达夫先生》,《福建时报》1946 年 12 月 9 日第 6 版。
②　蒋增福《郁达夫家族女性》第 14 页,花城出版社 2004 年版。(以下该著出版信息从略。)
③　《郁达夫家族女性》第 14 页。

集〉序》,序文后题诗两首,题《题〈白云轩诗词集〉》(七绝,二首),
收《郁达夫诗词集》。

本年 作旧体诗《观郑奕奏演〈秦香莲〉》(七绝二首)、《游于
山戚公祠》(七绝)、《西湖闻畅卿讣》(七绝)、《赠一萍》(七绝)等,
均收《郁达夫诗词集》。

1938 年(戊寅,民国二十七年) 42 岁

▲1 月,中华全国歌咏协会、中华全国电影界抗敌协会、中华
全国戏剧界抗敌协会相继在武汉成立。

▲3 月,中华全国文艺界抗敌协会在汉口成立并发表宣言。

▲6 月,国民政府军政委员会制定保卫武汉的作战计划,武
汉保卫战开始;10 月,国民政府由武汉迁往重庆。

▲12 月,汪精卫叛逃河内,发艳电承认"满洲国",与日本恢
复"和平"。

1 月

20 日 接郭沫若 14 日函并复,以福州民众训练、民众组织
等救亡工作繁忙,故企缓图为《救亡日报》撰稿;并称"我意要文
化人到各乡各村,去遍撒爱国抗敌宣传种子,文化高一点的地
方,可以不必有许多人做工作,倒是穷乡僻壤要紧"。函刊 1938
年 2 月 6 日广州《救亡日报》第 123 号。

2 月

1 日 原国民党军事委员会改组,总司令部训政处扩大为政

治部,陈诚①兼任部长,周恩来代表共产党任副部长。

18 日 《福建民报》刊"大标题"消息,《郁达夫惨遭巨变》,"旧宅新居均被敌焚毁,太夫人死于枪林弹雨"。②

因战事紧张,音信隔绝,消息于数日前始传到福州,郁氏突闻噩耗,哀痛欲绝,现郁氏为纪念亡母起见,特于室中悬挂母之遗像,并于像上书"此仇必报"四字,以示不忘。③

噩耗传到福建,郁达夫悲痛至极。他在光禄坊刘宅景屏轩寓所设置灵堂,并书一联遥祭:"无母何依,此仇必报。"④

24 日 据《敌机的来袭》,敌机第一次袭击福州,炸死乡民八九人。

25 日 致函陶亢德,谈福州的空袭,谈家庭的变故。函题《敌机的来袭》,刊 1938 年 3 月 15 日香港《大风》旬刊第 2 期。

3 月

1 日 郭沫若与来访的陈诚商谈,提出"一、工作计划由我们提出,在抗战第一的原则下,应该不受限制;二、人事问题应该有相对的自由;三、事业费要确定,预算由我们提出"三项要求,得陈诚"件件依从"后,着手第三厅准备工作,一个月后"正式开锣"。

同日 近藤春雄作《郁达夫的徒然草》,载 1938 年 3 月 1 日

---

① 陈诚(1898—1965),字辞修,浙江青田人。时任武汉中央政府革命军事委员会政治部部长。

② 《福建民报》1938 年 2 月 18 日第 4 版。

③ 《郁达夫亡母像前特书"此仇必报"四字》,《福建公教周刊》1938 年 3 月 6 日第 24 期。

④ 《郁达夫家族女性》第 13 页。

日本中国文学研究会会刊《中国文学月报》第 36 号。

6 日　致《救亡日报》社长郭沫若或总编辑夏衍函被编为《福州来鸿》,刊广州《救亡日报》,表示抗战之难,难在团结,难在民族精神,难在植党营私。

8 日　杂文《读浙江战时政治纲领后的感想》,刊是日浙江省抗日自卫委员会编辑、发行之《新力》周刊第 2 期"短论"栏。该文对 1938 年 2 月 10 日浙江省政府新颁布的 10 条《浙江战时政治纲领》持肯定态度,也期待中华民族在外敌面前能"精诚团结",以早日收复失地。

9 日　以母丧向主席呈请辞职,请假回籍,上午从福州启程。又因就行之前已接总政治部秘书郭沫若电,促赴该部任科长,故还将赴汉口一行。[①]　而据郭沫若后来称:"(第三厅)在筹备中,蒋要我们添设一处第七处,主管对敌宣传。我便想请达夫主持,立即打电报去福州邀请他。但因工作迫切,等不得他来只得就近请范寿康担任了。"[②]

从福州赴汉口途中,先回浙江丽水,把避居丽水的王映霞一家老小接去汉口。从金华乘火车到南昌时,走马观花游庐山,再从九江坐江轮去汉口。

25 日　为黄花岗烈士殉国作纪念题词:"黄花岗烈士为建国而殉,宝山藤县诸烈士为卫国而殉,日本帝国主义打倒之日是诸烈偿愿之时。　郁达夫在汉口"。

27 日　赴汉口总商会礼堂参加"中华全国文艺界抗敌协会"成立大会,被推为 45 人理事之一。会场遇老舍:

---

① 《福建民报》1938 年 3 月 10 日第 4 版。
② 郭沫若《再谈郁达夫》。

快开会,一眼看见了郁达夫先生。久就听说,他为人最磊落光明,可惜没机会见他一面。赶上去和他握手,果然他是个豪爽的汉子。他非常的自然,非常的大方,不故意的亲热,而确是亲热。[①]

同日　在武昌珞珈友人处,"下午三时,见兽机大批来炸,投弹百余枚"。[②]

29 日　黄花岗烈士节作七绝《廿七年黄花岗烈士纪念节》一首,又题《黄花节》《廿七年黄花岗纪念节有感》《廿七年黄花岗烈士纪念节作》,载 1938 年 4 月 6 日广州《救亡日报》第 181 号,"文化岗位"栏。

4 月

1 日　国民政府军事委员会政治部第三厅筹组完成,在昙华林正式成立,部长陈诚、副部长周恩来出席。郭沫若任第三厅厅长,负责宣传工作,下辖第五、六、七处,处长分别为胡愈之、田汉、范寿康。郁达夫作为文化界知名人士被聘为设计委员。[③]时参加政治部第三厅的集会,"那时他也同我们一样穿起草绿色的军装,热情洋溢地做抗战宣传工作"[④]。

2 日　致函赵龙文,称"临沂临城台儿庄等处大捷,此间上下欢跃,正在开盛大之祝捷筹备会。嘱为《大风》撰稿,极愿。现因初到,诸事未接洽就绪,所以要等一下,才能为写。抗战已入二

---

①　老舍《记"文协"成立大会》,1938 年 5 月《宇宙风》第 68 期。

②　《近作二首》,《大风三日刊》(金华)1938 年 4 月 30 日第 17 期。

③　《郭沫若生平文献史料考辨》第 61—62 页。

④　陆诒《忆郁达夫先生》,见《回忆郁达夫》第 330 页。

期,中央对财政,对军事,绝有把握。国共的合作,各党派系的精诚团结,也日见巩固。三月廿七日,我在武昌珞珈友人处,下午三时,兽机大批来炸,投弹百余枚,在徐家棚车站附近,我民众死伤者虽众,但连小学生、老百姓,都拼了死命,替政府所贮藏在附近之货物、给养品搬运。结果,只死了些老弱妇孺,而弹械粮食、油煤等件,损失极微,这岂不是我们民族复兴的好现象么?"另附近作两首(即《闻鲁南捷报,晋边浙东亦各有收获而南京傀儡登场》《廿七年黄花岗烈士纪念节作》),并允"可在《大风》上作补白之用"。①

3日 在冯玉祥②住宅举行的文协第一次理事会上,被推选为常务理事、研究部主任及中华全国文艺界抗敌协会会刊《抗战文艺》编辑委员。

关于郁达夫在文协研究部的工作,一年以后的《研究部报告》中有称:

> 研究部情形可以分为两个时期,武汉时期和重庆时期。在武汉时除主任郁达夫、胡风外,还聘请了魏猛克、邢桐华、罗荪为干事,帮忙推动工作,但因为经费无着(当时协会整个经济情形是很窘迫的),工作人员如郁达夫、邢桐华、魏猛克另负有其他工作任务,停留在武汉的时候很少,连开会的机会都很难得到,所以,除了参加一般的会务以外,研究部本身的工作是少得很的……因为郁达夫没有到重庆,今年

---

① 《近作二首》,《大风三日刊》(金华)1938年4月30日第17期。

② 冯玉祥(1882—1948),字焕章,原籍安徽巢县(今巢湖),生于直隶青县(今属河北沧州),中国国民革命军陆军一级上将。有"布衣将军"之称。

二月初,理事会推定从西安来渝的郑伯奇参加了本部工作。①

4 日　杂文《承前启后的现代儿童》载是日《武汉日报·儿童节纪念特刊》。

5 日　作时评《抗战自入第二期后》,载 1938 年 4 月 20 日汉口《少年先锋》第 5 期。1938 年 5 月,被杨晋豪编入《战时儿童国语选》,供高级小学国语补充教材用(战时儿童教育社)。

7 日　台儿庄大捷。武汉三镇,参加火炬游行者达四五十万人。

同日　七律《闻鲁南捷报,晋边浙北迭有收获而南京傀儡登场》,载是日《武汉日报·武汉各界第二期抗战扩大宣传周特刊》。又题《闻鲁南捷报,晋边浙东亦各有收获而南京傀儡登场》,与《廿七年黄花岗烈士纪念节作》合为《近作二首》,与致赵龙文函(节选)一同,刊《大风三日刊》(金华)1938 年 4 月 30 日第 17 期。

15 日　作文论《战时的文艺作家》,载 1938 年 5 月 10 日《自由中国》第一卷第 2 号"抗战以来文艺的展望"专题。该专题拟有四大话题:抗战以来文艺的特征,抗战以来文艺工作者的成果,抗战以来文艺工作者的任务和中国文艺的前途。专题召集人称:

> 本来拟了题目和纲要,想着在某川菜馆的一个聚会上,开一个座谈会的,然而那天四围是那么吵嚷,没法安静地谈,当纲要交给郭沫若先生看的时候,郭先生用笑话开始地

---

① 《研究部报告》,《抗战文艺》1938 年 3 月 25 日第四卷第 1 期(周年纪念特刊)。

说，东西还不曾吃进去，先要吐出来，真是难事，接着把纲要朗读了一遍，并且提议：把四项大纲作为问题，在座的人，只在纸上答不必谈了。大家全都同意，于是低头写起……

出席聚会和参与笔谈的作家有：郭沫若、老舍、张申府、潘梓年、夏衍、臧云远、吴奚如、北鸥等。郁达夫现场留的一行字是：我在二期的本志上，已经有过千字内外的短文，指导这些问题都约略说过了。该短文即《战时的文艺作家》。又题《战事的文艺作家》（疑植字误），载于 1938 年 7 月 4 日福州《大英夜报·星火》。

本期《编辑室》有云：达夫先生已从津浦前线归来，答应给下期本刊写篇小说或散文。《自由中国》第 2 期并无小说散文，但有短论一篇，即《战时的小说》。

17 日　　晨 7 时一刻，作为军委会政治部设计委员，偕李侠公①、杜冰坡②、罗任一③、庄智焕④等，与同赴徐州慰劳的中华全国文艺界抗敌协会及国际宣传委员会代表盛成等一起代表政治部和文协，携带"还我河山"锦旗和《告慰台儿庄胜利将士书》万余份，由汉口大智门车站出发。夜 11 时车到郑州，第一战区司

---

①　李侠公（1899—1994），贵州贵阳人。1924 年 7 月出任黄埔军校特别官佐。抗战期间，受聘担任国民政府军事委员会政治部设计委员和陆军大学政治部主任。

②　杜冰坡（1893—1958），江苏萧县（今属安徽宿州）人。先后任教于广东中山大学、上海暨南大学、武汉大学等。时任国民政府军事委员会政治部设计委员会委员。

③　罗任一（1897—1965），湖北罗田人。曾任黄埔军校政治教官。时任国民政府军事委员会政治部设计委员会委员。

④　庄智焕（1900—1978），字仲文，浙江鄞县（今属宁波）人。曾任黄埔军校电讯教官、经济部企业司司长、国民政府电政总局局长等。

令部长官政训处处长李世璋①上车欢迎政治部代表,站上欢迎者有各民众团体千余人。下榻于郑州鑫开饭店。②

18日 午李世璋在郑州豫顺楼宴请政治部代表,吃"三做黄河鲤"。③据《战地归鸿》,这天忙了一天,"莅临民众大会。向第×战区司令长官献旗。视察民训政训工作。接见工人代表团"等。

19日 与盛成驱车往黄河南岸劳军,遥瞩倭寇北岸情形,并"拟向之大呼口号,招反战之日本士兵来归降也"④。乘车到大堤,见沿河工事非常坚实,铁路工人尚有冒炮火搬运铁轨者。上南岸最高处五龙顶,"却忽而吹来了一阵沙漠里常有的大风……弥天漫野的沙尘,遮住了我们的望眼",瞭望不成,口号亦未竟,只得明碑上留诗一首,即七律《戊寅春日,北上劳军,视察河防后登五龙顶瞭望敌军营垒,翌日去徐州》,下山后重谒虞姬庙。所谓"题诗五龙顶,归谒虞姬祠"。⑤回郑州后在陇海花园众乐轩参观第一战区政训处抗敌画展,有油画、漆画、粉画、水彩、连环画等70件。晚去陇海大礼堂看第一战区政训处抗敌剧团演出《保卫大河南》。⑥

同日 在寓舍作书致王映霞,后以《战地归鸿》(一)为题,载

---

① 李世璋(1900—1983),字明斋,江西临川人。曾任黄埔军校政治教官、国民革命军第六军政治部代理主任等。

② 盛成《徐州慰劳报告》,见《盛成台儿庄纪事》第17—18页,北京语言大学出版社2007年10月版;参《福建民报》1938年5月2日第4版。

③ 盛成《徐州慰劳报告》,见盛成《盛成台儿庄纪事》第20页。

④ 郁达夫致王映霞函《战地归鸿》。

⑤ 致王映霞函《战地归鸿》;参盛成《徐州慰劳报告》,见《盛成台儿庄纪事》第21页;参盛成《与达夫一起去台儿庄劳军》。

⑥ 盛成《徐州慰劳报告》,见《盛成台儿庄纪事》第21页。

1938 年 7 月 1 日武昌《文艺》五卷 5 期（复刊 2 号）。

　　同日　据《黄河南岸》，下得五龙顶重回虞姬祠，发现里面一个三等邮局还有一位邮务员在庙内办公，"大家就争买明信片，各写并非必要的信……为的是那一个某年某月某日的黄河南岸的邮戳，是可以作永久的纪念的"，遂寄明信片给王映霞。《战地归鸿》（二）亦有："寄回此邮片，请善藏作永久纪念。"

　　20 日　一早乘"蓝钢皮"特快车往第五战区。车到开封遇警报。又让行兵车，误点甚多。①

　　21 日　晨，车抵距徐州 18 公里之夹河寨，因开车无期，遂弃车骑驴，依公路进徐州城，下榻徐州花园饭店。午后到第五战区司令长官部，先访参议林素园②，5 时正，得见司令长官李宗仁③。④

　　当晚，在李宗仁倡议下，政治部在徐州组织了一个抗敌动员委员会，由郁达夫、盛成、林素园和著名记者范长江⑤、陆诒⑥等组成，与盛成一起起草委员会章程，后来举行过多次抗日宣传活动。⑦

----

　　①　盛成《徐州慰劳报告》，见《盛成台儿庄纪事》第 21—22 页。
　　②　林素园（1890—1967），又名林迥群，字昌文、放庵，号鹤如，福建长乐人。教育家，文学家。抗战期间任第五战区李宗仁司令长官部参议，随军血战台儿庄，突围于徐州热河。
　　③　李宗仁（1891—1969），字德邻，广西桂林人，国民革命陆军一级上将，中国国民党"桂系"首领。抗战全面爆发后，任第五战区司令长官，驻节徐州，指挥徐州会战。
　　④　盛成《徐州慰劳报告》，见《盛成台儿庄纪事》第 22—23 页。
　　⑤　范长江（1909—1970），原名希天，四川内江人。新闻记者，中国新闻家，社会活动家。著有通讯汇编《中国的西北角》，为第一位报道红军的国统区记者。
　　⑥　陆诒（1911—1997），字翼维，上海人。新闻工作者。曾任重庆《新华日报》采访部主任，《新闻日报》副总编辑等。
　　⑦　盛成《与达夫一起去台儿庄劳军》。

22日　偕政治部代表庄智焕、杜冰坡等代表政治部向李司令长官献旗。中华全国文艺界抗敌协会和上海文化界国际宣传委员会亦分别献"还我河山"旗和"为世界和平而战"旗,李宗仁三受旗并答礼。午后第五战区司令长官部参议陈江导往游徐州名胜云龙山,作七律《晋谒李长官后,西行道阻,时约同老友陈参议东阜登云龙山避寇警,赋呈德公》。晚赴李宗仁宴。①

23日　警报解除后,三团体代表"在徐州的花园饭店前面的一家叫致美楼的饭馆"宴请第31师师长池峰城②,听讲台儿庄战役中47位义士的故事。晚,池师长回宴。

同日　与美国驻华武官参赞史迪威③上校一同往见李宗仁。时史迪威下榻花园饭店后院。他想去前线台儿庄,但被第五战区政治部阻止。盛成在花园饭店散步时遇史迪威,得知详情后即找郁达夫商量。郁达夫认为这是一个非常重要的情况,当即与盛成一同带史迪威去见李宗仁,"李宗仁问史迪威有什么要求,史答想去台儿庄,李一口答应,因为政治部代表达夫在场,达夫不表示反对,就等于代表政治部破例同意了。所以,史迪威能到台儿庄,达夫之功实不可没"④。

史迪威进入台儿庄亲眼看见了中国军队的战绩,证明中国军队有很强的战斗力。后来,史迪威撰写了一份对美国的报告,

①　盛成《徐州慰劳报告》,见《盛成台儿庄纪事》第23—26页。

②　池峰城(1904—1955),又名凤臣,河北景县人。国民革命军陆军中将。台儿庄会战、枣宜会战等战役功臣。1949年1月率部参加北平和平解放,4月1日因"历史遗留问题"受审。

③　约瑟夫·史迪威(Joseph Stilwell,1883—1946),美国军事家、战略家,美国陆军四星上将。在二战期间驻中国近三年,任驻华美军司令、东南亚战区副司令、盟军中国战区参谋长等职务。

④　盛成《与达夫一起去台儿庄劳军》,参《盛成回忆录》第110—111页。

并根据李宗仁的建议希望美国政府给中国经济援助,以购买战略物资,可以说是郁达夫促成了美国的经济援华政策。

同日 赴中枢街铜山县实验小学校看望同来徐州前线慰劳将士的政治部抗敌剧团,并送去"很多宣传品"。①

同日 晚9时乘车前往台儿庄,谢冰莹②夫妇、参议陈江和抗战剧团团员一同出发。③"晚上十一点,我们跳上了开往台儿庄的专车。像前次去利国驿一般,我们又坐在那头等客厅里。每人独占了一张能够自由转动的沙发。"④

24日 晨,车停宿牙山,足足停了一个钟头,为等兵车先开,兵车很多,"起码有一里路那么长",士兵们高唱着"雄壮的救亡歌曲"。⑤ 7时,专车再向临枣台赵支路行,闻炮声,到车辐小站,炮声隆隆,日将午到杨楼司令部,略事休息后先乘车往于军部,见于学忠⑥将军,再往孙军部,见孙连仲⑦将军。⑧

在盛成后来的回忆中,表述差异较大,存作参考:在第五战区一位陈姓副官的陪同下,达夫、史迪威和盛成三人一起到了台儿庄,前线总指挥孙连仲派军车来车站迎接,在车站合影留念后

---

① 《向台儿庄去——政治部抗敌剧团工作通讯》,《苦斗》1938年第2期。

② 谢冰莹(1906—2000),原名谢鸣岗,字凤宝,湖南新化人。女兵作家。著有《女兵自传》等。

③ 盛成《徐州慰劳报告》,见《盛成台儿庄纪事》第26—43页。

④ 谢冰莹《抗战日记》第323页,台北东大图书公司1981年版。(以下该著出版信息从略。)

⑤ 谢冰莹《抗战日记》第323页。

⑥ 于学忠(1890—1964),字孝侯,山东蓬莱人。抗日爱国将领,国民革命军陆军二级上将。在抗战中参加淞沪会战、台儿庄会战、武汉保卫战等,屡立战功。

⑦ 孙连仲(1893—1990),字仿鲁,河北雄县人。抗日爱国将领,国民革命军二级陆军上将。抗日战争时期因坚守台儿庄而闻名中外。

⑧ 盛成《徐州慰劳报告》,见《盛成台儿庄纪事》第44—45页。

直接驱车去台儿庄,受到第 31 师师长池峰城的欢迎,并向将士献"还我河山"旗。……视察结束后,三人一起到孙连仲司令部休息,第二天返回徐州。[①]

这一天在台儿庄的行踪,可参 4 月 27 日写给王映霞的《战地归鸿》:

> 来徐州已将四五日,前两天去了中国打倭寇划一时代的台儿庄。历访了于总司令学忠,孙总司令连仲等前线将士,总算是经过了敌人炮火下的一条血路。头上的炮火,时常飞来,轰隆隆轰隆隆的重炮声,不断地打着。还有飞机(敌机)的飞来飞去。麦田里躲避,也不知躲避了多少次。前线的将士,真能够拼命,我们扼守着台儿庄东南,扼守着郯城、临沂、峄县、邳县等地的血肉长城,不管他炮轰得如何厉害,总是屹然不动,使倭寇无法可施。等炮火一停,或倭兵看见了之后,就冲出战壕来杀,砍,放机枪与步枪。倭寇有的是炮火,我们有的是勇气。

另据《盛成台儿庄纪事》,下午三时半,代表团辞别军部,他们先到台儿庄南火车站,再从西门进台儿庄,看到一幅焦土抗战的画面,分头向士兵发放慰劳品和慰问信,在东岳庙会合后,结队同出西关,乘孙军部大汽车经由北站回车辐山车站。[②]

25 日 专车夹在 50 辆空车之内回徐州。[③]

26 日 清晨车抵徐州。午,政治部代表宴参议陈江。[④]

---

① 参盛成《与达夫一起去台儿庄劳军》。
② 盛成《徐州慰劳报告》,见《盛成台儿庄纪事》第 44—49 页。
③ 盛成《徐州慰劳报告》,见《盛成台儿庄纪事》第 50 页。
④ 盛成《徐州慰劳报告》,见《盛成台儿庄纪事》第 50—51 页。

463

27 日　致函王映霞,报告战地行踪并回程安排:"拟于今晚动身到开封去。在开封顶多住一两日,然后就往郑州回武汉,四过信阳,当下车去潢川一看青年干部在那里训练的情形,到家当在五月初旬。"这个计划或并未履行。函题《战地归鸿》,载 1938 年 7 月 1 日武汉《文艺》复刊 2 号。

28 日　下午 6 时,赴奎光阁司令长官秘书宴,15 位留守徐州的文化人参加,是夜 11 时散席。席上发表本次前线观感:

> 五战区军纪好,军民合作,一切皆生气勃勃。必能阻止敌人打通津浦的企图。我方将士抗战情绪极高,毫无惧怕的心理,反之日军则异常厌战怯战,从曹聚仁先生那里看到一本日本军官的日记,是一个彻底法西斯蒂曾参加"二二六"事变的青年将校所遗失的。内容记载非常强硬顽固,但是他写的"这次调为守备军,总算有了回家的希望"这么一句,却无形中暴露了他怕死的心理。①

29 日　接受中央社记者采访,告此行观感,称:

> 此次我们奉政治部之命,前来慰劳将士,一面也想看看前线的情形,如军民合作的现象、士兵风纪的整肃等等。我们到了台儿庄,到了利国驿,从前线归来,感想很多,而最重要的一点,是因此次的实地观察,更加强了我们最后胜利的确信。分开来说,(一)我们的士兵,已经有了十足的自信,觉得敌人的炮火战车飞机的乱轰乱放,终抵不过我们的忠勇刚毅;(二)是老百姓抗敌忾心的加强,敌人轰炸得愈厉害,奸淫掳掠得愈凶,老百姓的自卫与协助的工作,也做得

---

① 　盛成《徐州慰劳报告》,见《盛成台儿庄纪事》第 51—55 页。

愈周到。台儿庄一役，敌死伤万余人，郯城邳县峄县诸线，敌人的伤亡，每日总在三四千人以上，敌人想雪台儿庄的奇耻大辱，调其疲惫之各路残兵，集中于津浦南北两段，未战就先已露出败兆，因为这类残兵，都已苦于久战、思乡心切，虽勉强集中，实早已丧失了英锐的战斗能力，这于这一次检阅了许多俘虏及战死倭寇的手记家信及日记之后，就可明白。最使我们感觉奇异的，是在台儿庄作战的许多华北驻军板垣、矶谷部队的手记，他们都是与"二二六"事件有关的青年将校及士兵，都是彻头彻尾的法西斯主义者，而在他们的日记里，我们也见到了"被役前的错误观念害煞了"等忏悔畏怯之辞。此外的感想还很多，当于去武汉之后再慢慢的写出来。①

上海《导报》所刊消息称：

【徐州廿九日电】军委会政治部设计委员郁达夫、李侠公、杜冰坡、罗任一、庄智焕等日前来徐，转往前线慰劳抗战将士，现已分别回徐。记者昨遇郁氏，承告此行观感云：我们从前线归来，感想很多，而最重要的一点，是因此次的实地观察，更加强了我们最后胜利的确信。②

相关消息和访谈同时（4 月 30 日）被刊载于《中山日报》《东南日报》《西京日报》《革命日报》《南宁民国日报》等。

---

① 《政治部慰劳团考察津浦前线》，《申报》1938 年 4 月 30 日第 2 版。参《郁达夫谈前线归来感想》，《西京日报》1938 年 4 月 30 日第 1 版；参《前方一团朝气 军民自信极强 郁达夫自前线归来谈》，《中山日报》1938 年 4 月 30 日第 1 版。

② 《郁达夫谈视察前线观感》，上海《导报》1938 年 4 月 30 日第 1 版。

29 日　被推为第五战区民众总动员会设计委员会委员。①

5 月

1 日　离徐州返武汉。②

3 日　抵武汉。老舍、老向③等在车站迎接,并接受记者采访。④ 中华全国文艺界抗敌协会会刊《抗战文艺》(三日刊)曾刊出文艺简讯:

> 前代表政治部前往前线劳军的本会常务理事郁达夫,已于 3 日完成任务,回返武汉,他还有意往西北前线一行。⑤

月初　返汉后,得第三厅国际宣传处崔万秋报,并与郭沫若同时读到佐藤春夫发表在《日本评论》3 月号上的电影小说《亚细亚之子》。该小说以 1936 年郁、郭之会为素材,描写 1936 年末郁达夫身负国家秘密使命赴日帮助郭沫若逃离、归国抗日的前前后后,直接影射郭沫若和郁达夫。

4 日　于"五四纪念日",作通讯《平汉陇海津浦的一带》,载1938 年 5 月 7 日汉口《抗战文艺》(三日刊)第一卷第 2 号,又被收入 1938 年 5 月 12 日《半月文摘》第二卷第 7 期"抗战前线特写"栏。

7 日　内迁永安的福建省政府发布公报,允郁达夫辞职:"代

---

① 盛成《徐州慰劳报告》,见《盛成台儿庄纪事》第 82 页。

② 参《盛成回忆录》第 113 页。

③ 老向(1898－1968),名王焕斗,字向辰,号老向。河北辛集人。抗战时期主编刊物《抗到底》。20 世纪 30 年代即以京味、通俗文学著名,与老舍、老谈并称"三老"。

④ 参《盛成回忆录》第 113 页。

⑤ 《文艺简报》,1938 年 5 月 7 日汉口《抗战文艺》(三日刊)第一卷第 2 号。

理本府公报室主任郁达夫电请辞职,应予照准。"①

9 日 为反击佐藤反华作品《亚细亚之子》,作《日本的娟妇与文士》,载 1938 年 5 月 14 日汉口《抗战文艺》(三日刊)第一卷第 4 号。

10 日 日本海军陆战队从厦门岛东北角金门一带登陆,后突入厦门市区,5 月 13 日全岛沦陷,危及省会福州。福建省政府即陆续从福州迁往山城永安。

12 日 为广州《救亡日报》题词"抗敌救亡 坚持到底",载5 月 20 日广州《救亡日报》第 181 号。

14 日 是日出版之《抗战文艺》(三月刊)第 4 号,刊有由茅盾、郁达夫、老舍、冯乃超、王平陵②、胡风、胡秋原③、张天翼、丁玲、舒群④、吴奚如⑤、夏衍、郑伯奇、楼适夷等 18 位作家联名发表的《给周作人的一封公开信》。公开信由老舍倡议,楼适夷起草,郁达夫修改。

15 日 作七律《感时》,又作《用老舍韵赋呈文协欢宴在座诸公》,载是日武汉《文艺》复刊号。注曰:文艺界抗敌协会同人宴

---

① 1938 年 6 月 15 日《福建省政府公报》永字第 2 期。

② 王平陵(1898—1964),本名仰嵩,字平陵,江苏溧阳人。20 世纪 30 年代初提倡"民族主义文学"。曾主编《中央日报》副刊《大道》《清白》,出任中华全国文艺蜀抗敌协会理事、重庆《扫荡报》编辑等。

③ 胡秋原(1910—2004),原名胡业崇,又名曾佑,湖北黄陂人(今属武汉)人。史学家、政论家、文学家。曾任上海东亚书局编辑、同济大学教授、福建《民国日报》社长等。

④ 舒群(1913—1989),又名李书堂,黑龙江哈尔滨人。曾参加"左联"。抗日战争全面爆发后抵达陕北,在八路军总部任随军记者,曾任延安鲁迅艺术学院文学系系主任。

⑤ 吴奚如(196—1985),原名吴席儒,湖北京山人。黄埔军官学校(第四期)毕业。曾加入左联,参与发起成立中华全国文艺界抗敌协会,被选为候补理事。

467

聚武昌,仆因事缺席,因用老舍韵赋呈在座诸公。

23 日　作短论《战时的小说》,提倡做带有积极性的反战、反侵略的小说。载 1938 年 6 月 20 日汉口《自由中国》第一卷第3号。

同日　作散文《黄河南岸》,载 1938 年 7 月 1 日《烽火》第17 期。

27 日　出席中华全国文艺界抗敌协会第三次常务理事会,与王平陵、楼适夷、胡风、穆木天、老舍、姚蓬子同被指定派往参加长沙分会理事会成立大会。会议还因"研究部主任郁达夫最近就到东战线去调查,已决定再添几位干事,帮助副主任胡风办理一切"[①]。

29 日　复函刘开渠,邀其一月之内来武汉,并请在沅陵代为租一屋,以容家中小儿妇女暂避,"待战争进行"。后刘开渠委托沈从文的大哥帮助寻找沅陵住房。

6 月

5 日　与政治部设计委员邹静陶[②]、汪啸涯、许宝驹[③]、刘晋暄等四人一起由武汉抵南昌,拟赴东战场视察。[④]

6 日　启程赴东战场,拟两星期后返武汉。

---

①　文协总务部《会务报告》,1938 年 6 月 5 日汉口《抗战文艺》(周刊)第一卷第7 期。

②　邹静陶,湖南湘西人,曾任李济深秘书,1938 年 3 月,在农工民主党前身中华民族解放行动委员会第三次全国会议上当选委员。

③　许宝驹(1899—1960),字昂若,浙江杭县(今杭州)人。政治活动家,三民主义联合会主要创始人之一。曾在教育部、省党部任职。

④　《郁达夫等今赴东战场视察》,《华美晨刊》1938 年 6 月 6 日第 1 版;《革命日报》第 11 版。

11日　中华全国文艺界抗敌协会会刊《抗战文艺》(周刊第一卷第 8 期)刊出文艺简讯:郁达夫又赴东战线视察,约两周后可返汉。

25日　中华全国文艺界抗敌协会会刊《抗战文艺》(周刊第一卷第 10 期)刊出文艺简讯:郁达夫将于日内从东战场返汉。

27日　"政治部长前曾派设计委员许宝驹、郁达夫、刘晋暄、汪啸涯、邹静陶五人,前往第×战区视察有关抗战之各项政治工作,并慰劳前方将士,许等历赴屯溪、青阳、宁国、河沥溪、木镇、金华、义乌、永康各地视察,已于廿七日返汉,向陈部长报告一切,据闻视察结果甚为圆满,前方士气极为振奋,民众抗敌情绪尤极热烈。"①

《毁家诗纪》:"六月底边,又奉命去"第三战区浙东、皖南视察,"曾宿金华双溪桥畔……与季宽②主席等一谈浙东防务,碧湖军训等事"。7月初,"自东战场回武汉"。

本月　作旧体诗《余两过黄山,未登绝顶,抗战军兴后,巡视防务至屯溪遇雨,至朱砂泉一浴》(七律)一首,收《郁达夫诗词抄》。

7 月

1日　散文《黄河南岸》载 1938 年 7 月 1 日《烽火》第 17 期。

同日　书信《战地归鸿·致王映霞信》三封,载《文学大路》复刊 2 号。

---

① 《许宝驹等视察前线归来》,《申报》1938 年 6 月 29 日第 2 版。

② 黄绍竑(1895—1966),字季宽,广西容县(今玉林)人。国民革命军陆军上将。历任广西省政府主席兼留桂军军长、浙江省主席、湖北省主席等。与李宗仁、白崇禧并称"桂系三杰"。

4 日　王映霞因口角"负气出走"。《国与家》作"六月四日"："正在打算遵从政府疏散人口的命令,预备上船西去的中间,一场口角,她竟负气出走了。这原也是我的不是,因为在她出走之先,我对她的行动,深感到了不满,连日和她吵闹了几场,本来是我先打算一走了之的。她走之后,我因为不晓得她的去向——当时是疑她只身仍回浙东去的——所以就在《大公报》上登了两天寻人的广告。"

5 日　刊《郁达夫启事》,透露王映霞"与某君之关系"及携去细软等,并"乞告以住处",刊 1938 年 7 月 5 日汉口《大公报》。"当这广告文送出之后,就在当天的晚上,便有友人来送信了,说她是仍在武昌。"

同日　因第三厅编制已满,郭沫若介绍汪静之往黄埔军校第四分校。是日上午,全家赴粤前,汪静之特来向郁达夫告别。郁达夫见汪即放声大哭,指斥映霞不贞,称有"奸夫来信","千真万确"。①

7 日　抗战周年纪念日,作《抗战周年》,坚信"对于抗战必胜的信念,一日坚固一日"。刊 1938 年 8 月 1 日香港《星岛日报·星座》第 1 期。

9 日　杂文《我们只有一条路》载中华全国文艺界抗敌协会机关刊物《抗战文艺》(周刊)第一卷第 12 期,亦载 1938 年 8 月 10 日《闽政与公余非常时期合刊》1938 年第 32—34 期合刊。认为在生死存亡关头,"只有一条坦直的大道,抗战到底的大道",要"发动民众",保卫大武汉。

---

①　汪晴《汪静之与〈郁达夫诗词抄〉评注》,《汪静之先生纪念集》第 334 页。

同日 以周象贤、胡健中①为"见证友人"，郁、王二人立据签订《协议书》："达夫、映霞因过去各有错误，因而时时发生冲突，致家庭生活苦如地狱，旁人得乘虚生事，几至离异。现经友人之调解与指示，两人各自之反省与觉悟，拟将从前夫妇间之障碍与原因，一律扫尽，今后绝对不提。两人各守本分，各尽夫与妻之至善，以期恢复初结合时之圆满生活。夫妻间即有临时误解，亦当以互让与规劝之态度，开诚布公，勉求谅解。凡在今日以前之任何错误事情，及证据物件，能引间感情之劣绪者概置勿问。"②

10日 刊《郁达夫启事》，自认"神经失常，语言不和，致逼走妻映霞女士"，故登报致歉。启事刊1938年7月10日汉口《大公报》。

11日 据《国与家》，经友人劝告和双方的"忏悔与深谈"，与王映霞重订誓约，破镜重圆，偕王母与三个孩子搭江轮离汉口。

郁、王汉口争吵期间，周恩来、郭沫若都曾出面调解，请他们吃饭。郁、王和解后为表示感谢，曾在家设宴回请周恩来和郭沫若。时周为军事委员会政治部副部长，郭是政治部所属第三厅厅长，均为郁上司。③

中旬 武汉被围，政府下令疏散人口。偕家人撤出武汉，先坐船到湖南常德，住武陵花园；后往湖南汉寿。也曾有安家沅陵的打算。④

19日 与王映霞共同致函刘开渠，告以因沅陵交通不便，且

---

① 胡健中，《东南日报》社社长，总编辑。

② 《王映霞自传》第160—161页；参罗以民《天涯孤舟——郁达夫传》第193页，杭州出版社2004年版。

③ 参黄世中《王映霞：关于郁达夫的心声》第47—48页。

④ 参郁云《郁达夫传》第145页。

人多住宅不易找，现已抵常德，并将往汉寿。

常德某日，打长途电话给长沙《国民日报》易君左，易当天就托人致意留日老友、蔡天培号醋铺①老板蔡焕斗（仲炎），请他代为觅屋。选择了好几个地方都不觉合适后，蔡"把自己住的大五间空出来，无条件地不要租金地欢迎郁达夫一家去住，而仲炎一家则退居另一个角落"。②

在常德时，曾致函时在沅陵的国立艺术专科学校校长滕固，中附一笺，嘱转交刘开渠，系告以不去沅陵而往汉寿，若有信函寄至沅陵，请代为转寄。

20 日　因感到"生活费昂贵无法维持"，从常德往汉寿，投奔小南门易君左家宅。

26 日　致函刘开渠，告以新住址：汉寿北门外蔡天培号内，并"家庭几至破裂"，且已辞去政治部工作，"对世事完全绝望"。

29 日　作时评《轰炸妇孺的国际制裁》，就 7 月 24 日"国际反轰炸不设防城市大会"之甲项之大纲 6 条和乙项之对中国特别议案 5 条发表评论，刊 1938 年 8 月 5 日香港《星岛日报·星座》第 5 期。

30 日　与易君左、黄学艺及他们的女伴泛舟南湖，展墓采菱，晚至西竺山。有诗《偕君左、学艺及易、黄诸女伴泛舟南湖，展墓采菱，晚至西竺山，翌日联句》记之。

31 日　与易左君作联句（七律）《偕君左、学艺及易、黄诸女伴泛舟南湖，展墓采菱，晚至西竺山，翌日联句》，载 1938 年 10

---

①　蔡天培号醋铺，汉寿之老醋店，坐落在汉寿皇庄街口，近北门城门，掌柜蔡仲炎，亦留日同学。郁达夫一家被安置在西正房和右厢房。

②　易君左《我与郁达夫》，《经纬》周刊 1946 年新 2 卷第 6—8、10—11 期，新 3 卷第 1 期。

月 16 日广州《宇宙风》第 77 期,收《郁达夫诗词抄》。

本月 作旧体诗《自汉皋至辰阳流亡途中口占》(七律)一首,又题《戊寅夏日偕眷属自汉寿来辰阳避难同君左作》《答君左》,感叹"国破家亡"之情,载 1938 年 10 月 16 日广州《宇宙风》第 77 期,收《郁达夫诗词抄》。

8 月

1 日 被汉寿教育局聘为"小学教师暑训班"国文教师,讲授中国文学史。是日暑训班开学典礼上作《国与家》的演讲,侍后与暑训班学员一起上街抗日募捐。① 演讲词《国与家》刊于 1938 年 8 月 22 日香港《星岛日报·星座》第 22 期。

2 日 作联句《刘院长招饮西竺山,沿花姑堤一带,风景绝佳,与君左口唱,仍用"微"韵》,载 1938 年 10 月 16 日广州《宇宙风》第 77 期,收《郁达夫诗词抄》。

同日 易君左启行,未及"亲送至驿"。

3 日 致函易君左,有感于"富春江上神仙侣"赠句,呈《避地汉寿赋寄君左》两律乞正。并称将赴西竺山寺僧之约。

4 日 杂文《政治与军事》②刊 1938 年 8 月 4 日香港《星岛日报》特稿栏,认为战争没有取得绝对胜利的原因,"不在武器的不足,不在士兵的不勇,也不在国际助力的缺乏,根本问题,总还是在政治的不良"。

11 日 衡山设计委员会第三处会计股来函,告以赴第三战

---

① 参佚名《郁达夫在汉寿的日子里》,天下湖南网。

② 据《郁达夫在汉寿的日子里》考证,《政治与军事》为郁达夫抵汉寿后在县第一小学的演说,经修改充实后发表。但该演讲时间为 7 月 14 日,应不确。

区视察所用之旅费 291.7 元已核准。后由王映霞代为出具
领据。

12 日 作旧体诗七律 4 首,题《达夫近作》,载 8 月 22 日香
港《星岛日报·星座》第 22 期。

13 日 就"张高峰事件"①,作《苏日间的爆竹》,刊 1938 年 8
月 20 日香港《星岛日报·星座》第 20 期。

14 日 开始创作《回忆鲁迅》。第一部分载香港《星岛周刊》
第一期,该刊停止后,又于 1939 年 3—9 月上海《宇宙风乙刊》创
刊号及第 9、10、11、12 期连载至正文第 7 部分,1939 年 6—8 月,
再次在《星洲日报半月刊》第 23、25、27 期连载,内容自正文第 7
部分至结束,增加了 8—12 部分。

《星洲日报半月刊》连载《回忆鲁迅》前,有说明如下:"去年
自武汉疏散出来,避难在洞庭湖南岸的汉寿,一住就住上了三个
月。在汉寿,没有书看,也没有事情做;忽而接到香港的陶亢德
的信,说《星岛周刊》,将次发行,无论如何,要为他写一点东西。
就于病闲伤老……之余,为他写了几段回忆鲁迅的断片。"

1940 年 1 月,《回忆鲁迅》被收入周黎庵主编、郁达夫等著
《回忆鲁迅及其他》,为"宇宙风社月书第一册"(宇宙风社)。

17 日 作时评《西方的猴子》,讽刺步"东方矮丑"后尘进兵
莱茵区域的希特勒是善于模仿的 stageman。刊 1938 年 8 月 26

---

① 张高峰,山名,现称"张鼓峰"。位于吉林延边珲春市,海拔仅 155 米,是中、
俄、朝三国交界地带之制高点。按 1858 年《中俄瑷珲条约》,此处为中俄两国国界,但
无标桩,界线不明。1938 年 7 月 9 日,日本驻扎在珲春的特务机关发现有十几名苏
军士兵在张高峰西坡构筑工事,7 月 15 日,三名日本军人在张高峰附近窥探情况时,
一人被苏军击毙,日军以此为借口向苏军发动进攻,嗣后却以惨败告终,史称"张鼓
峰事件"。这场战役让日本充分领教了苏联红军和机械化部队的战斗力,推迟了日
军进攻武汉的时间,甚至某种程度上扭转了二战的进程。

日香港《星岛日报·星座》。

18 日　作杂文《地大物博　人口众多》,认为中华民族所持以抗战的最大凭借,是"地大物博、人口众多",中国正以这一潜在的国力、民族力,来"抗战建国""起死回生"。刊 1938 年 8 月 31日香港《星岛日报·星座》第 31 期。

22 日　香港《星岛日报·星座》刊出《达夫近作》一组,诗前有序:避地汉寿,实即屈子行吟处,君左赠诗,有"富春江上神仙侣"句,因而有作,并示映霞。后收入《毁家诗纪》,分别为第 9、10、11 和第 13 首。

23 日　作杂文《财聚民散的现状》,以国民党中央制定的"救济农村"的理论与方案,期待财政部实业部的甘霖,为最后胜利培植养源。刊于 1938 年 9 月 8 日香港《星岛日报·星座》第 39 期。

同日　香港《星岛日报》副刊《星座》主编戴望舒致函郁达夫,告知稿费发放事宜,并以"《星座》稿子很是贫乏",向郁达夫约中篇。

9 月

1 日　《寓汉寿书怀》,即《毁家诗纪》之第 9、10、11、13 首,刊于 9 月 1 日、2 日湖南《国民日报·副刊》。①

10 日　战时综合旬刊《福建与华侨旬刊》第一卷第 11—12期合刊转载香港《星岛日报·星座》刊《达夫近作》一组,并编者按云:郁君达夫伉俪颇笃,前者汉上日报忽发现郁君告其夫人王映霞启事一节,大有感悟破裂不可收拾之态。友人蓝君晤郁于汉口某酒家,正郁失妻之翌日,论及此事,涕泣交流,状殊可

---

① 参金传胜《新见郁达夫佚文佚简考述》。

悯。……今阅郁君近诗情绵志壮,特附数语:祝其爱情永固!

22日　应陈仪电召,从汉寿出发赴福建。晨发汉寿,晚泊沅江,"在沅江停泊中"发明信片给王映霞。

23日　晨发沅江,夕宿长沙,寄明信片于王映霞,告以"明日当上公共汽车去南昌"。

晚至《国民日报》访易君左,未遇,遂留下名片返回旅社,留言称:

> 君左兄:
>
> 弟今日到,住安乐八十二号。明晚去南昌,现去洗澡,回头再打电话。

约11时再至报馆,易君左介绍报社编辑郑力拓与郁达夫相识:"承君左先生介绍以后,我们谈得很好,他给我的印象是潇洒、脱俗、豪放,一切皆显出文人本色。问起他的夫人王映霞女士,他说以后所有的收入,都打算给王女士支配,自己什么都不用。"[1]

24日　搭公共汽车从长沙去南昌。离长沙前作《杂感一二》,刊1938年9月26日湖南《国民日报》副刊,称"又重上了征途,打算去南昌,出东海,绕闽粤去走一个大圆圈",文中并录打油诗两首。[2]诗即《募寒衣》《前线不见文人》,后合题《读郭沫若氏谈话纪事后作》,与另一首七律《风雨下沅湘遥望汨罗》同刊于1938年10月10日浙江江山《号角》第9、10期合刊,总题为《诗

---

　　[1]　当晚郁达夫两访报社内容见力拓《初晤郁达夫》,1938年9月27日《国民日报·副刊》,参王金华《郁达夫湘行漫记》,《书屋》2021年5期;参金传胜《新见郁达夫佚文佚简考述》。

　　[2]　参王金华《郁达夫湘行漫记》;金传胜《新见郁达夫佚文佚简考述》。

三首》。

25 日 下午 4 时和 6 时在向塘火车站候车,两致明信片于王映霞,称"已过南昌八十里",并晚 8 时上车去江山,往福建浦城;称杭江路是旧游之地,"沿途请题字者太多"。

同日 由夏之秋①任团长兼指挥的武汉合唱团 28 人,应陈嘉庚主持的"南洋华侨筹振祖国难民总会"之聘离汉启程,赴东南亚开始为期一年零七个月的长期巡演,为抗战期间唯一一支赴国外宣传抗日、义演募捐的音乐团体,演出节目除合唱歌咏外,还有戏剧和演讲。②

26 日 据《毁家诗纪》(15)注,晨抵上饶,午到江山,只在南昌南面遇警报。致明信片与王映霞报平安。晚,在江山酒楼听江西流娼高唱京曲《乌龙院》,终于醉不成欢。

同日 晚,江山《号角》半月刊毛鸿绥等由成绍宗陪同,在江郎旅馆晤见郁达夫,称"因陈主席三番两次地拍电要我去福州,所以这次去走走。此次留不得几天,打算绕道香港再从粤汉路北上"。其间丁县长亦来拜访。③

27 日 王映霞来函转达 8 月 11 日衡山设计委会计股旅费事,称已盖章挂号寄去所需领据。

同日 晨,《号角》半月刊记者蓉(朱剑蓉)拜访郁达夫并得赋诗三首作纪念:"举世闻名的文学家,现任军事委员会政治部

---

① 夏之秋(1912—1993),原名夏汉兴,湖北孝感人,生于汉口。音乐教育家,小号演奏家。中央音乐学院管弦系教授。1938 年 4 月 2 日发起成立武汉合唱团,1938 年 9 月启程赴南洋宣传抗日。

② 参《申报》1938 年 9 月 25 日第 2 版《武汉合唱团出国宣传》;参宁静《夏之秋与武汉合唱团》。

③ 参《会见郁达夫先生》,载 1938 年 10 月 10 日《号角》半月刊 1938 年第 9、10 期合刊("双十节特刊")。

设计委员郁达夫先生,上月杪因公赴赣,旅次江山,我们去拜访他的时候,是在上月廿七日的早晨,虽然因为时间关系,没有得到充分畅谈的机会,可是郁先生那种朴实、虚心、热情、恳切的态度,在我们的脑海中,实已留下一个深刻不磨的印象!下面这几首诗,是他在百忙中临时写给本刊作纪念的,亟录之以飨读者,同时并遥向郁先生表示诚挚的谢意!"三首诗即《风雨下沉湘遥望汨罗》和《读郭沫若氏谈话纪事后作》(二首,又题《郭沫若氏自长江战线归来,谈及寒衣及文人少在前线事》,分题《募寒衣》《前线不见文人》)。①

28 日　从建阳到南平。车上偶成七绝一首,"建阳道中,写此二十八字寄映霞"(即"此身已分炎荒老"),作《毁家诗纪》第16;建瓯站时再得一首(即"去年曾宿此江边"),"宿延平馆舍,系去年旧曾宿处",后编为《毁家诗纪》之17。连发四次明信片于王映霞,建阳车站托挑夫发快片一次,建瓯站发一片,南平江上发两片。

29 日　取道江西入闽北,与《福建民报》社长方言同船由南平抵福州。②"闻郁氏在闽逗留旬日,即赴粤省云。"③

返闽后仍被陈仪委以省政府参议,"奉主席谕,自十月份起支薪三百元",至 1939 年 2 月"留职停薪";而参议一职则保留到1940 年 3 月,以陈仪发布"不再设不办事之参咨议"手令而"一律摊销"止。④

---

①　参《诗三首》编者引言,《号角》1938 年 10 月 10 日第 9、10 期合刊。

②　《福建民报》1938 年 9 月 30 日第 2 版。

③　《郁达夫由汉返闽》,《闽北日报》1938 年 10 月 4 日。

④　参王国栋《关于郁达夫在闽任职情况和时间的考证》,《吉林师范学院学报(哲学社会科学版)》1986 年第 3 期。

30 日　王映霞转戴望舒 8 月 23 日约稿函。

10 月

1 日　致陆丹林①函并所附旧诗（七绝）一组，合题《伤心人怀抱独真》，刊于 10 月 15 日《大风》旬刊第 23 期，并称"打算上闽南前线去一看，再转粤赴中央"。组诗为《风雨下沉湘遥望汨罗》（《毁家诗纪》第 14）、《郭沫若氏自长江战线归来，谈及寒衣及文少在前线等事》二首（又题《读郭沫若氏谈话纪事后作》）、《建阳道中赋寄》（《毁家诗纪》第 16，又题《建阳道中有寄》）、《舟泊洪山桥，颇多柳往雪来之感》（《毁家诗纪》第 18，又题《舟泊洪山桥，是两年前与姬共游赏处》）等。

2 日　王映霞转陶亢德 9 月 24 日函，约《回忆鲁迅》稿并征鲁迅诗书照片。王映霞并提醒福州抽屉内尚遗鲁迅旧信数封。

4 日　王映霞致函郁达夫，称已接读 1 日、3 日快信。告以政治部的交通费尚未寄来，已电郭沫若代催。同时，抱怨郁达夫不该借钱去接济富阳，为进款"不足以应付两处也"。②

10 日　王映霞致函郁达夫，告以"战事已迫近信阳，此间连日连夜都有警报，不知将来如何移动，日夜颇为焦虑"。③

11 日　致函王映霞，称知"有人赠 37 万余元港币"。

12 日　作七绝《致若瓢和尚》二首，《离愁》《莫忏》，自福州杨

---

①　陆丹林（1896—1972），字自在，斋名红树室，广东三水人。"南社"诗人，曾任上海中国艺专、重庆国立艺专教授，编辑香港《大风》旬刊，编有《郁达夫诗词抄》。

②　参《王映霞：关于郁达夫的心声》第 417 页。

③　参《王映霞：关于郁达夫的心声》第 418 页。

桥巷寄若瓢和尚[①]。诗收《郁达夫诗词抄》。

14 日　致函王映霞,称收到 10 月 4 日所发平信,又"到福州以后,只同主座见了一面,借了一笔款。在这日的晚上,他就上汉口去了,大约三日后他可以回到福州。我打算再同他谈一次后,就上闽南的战壕里去"。[②]

15 日　王映霞来函并转阳春致父信。"那边如便宜",建议在福州购买牙膏、肥皂、木耳等食品日用品。

16 日　易君左作《楚天辽阔一诗人——记"我的朋友"郁达夫》,刊于 1938 年 10 月 16 日广州《宇宙风》第 77 期。

18 日　王映霞复郁达夫 6 日快信称"6 日的快信反而到在 7 日所寄的之后","这正象征了我的命运","你若希望我不再回想你过去的黑恶时,只有你先向我一字不提,引导我向新的生命途中走。大家再重新的来生活下去"。

19 日　应邀参加福州艺术界及文化界青年在福州戚公祠举行的鲁迅逝世二周年纪念会,并为大会书"横眉冷对千夫指,俯首甘为孺子牛"一幅。会上还应一文学青年之请,在其纪念册上题词:抗战到底是中华民族的唯一出路。

21 日　广州失陷。

24 日　王映霞接郁达夫 11 日平信函,知所谓"有人赠 37 万余元港币",气得"手足都凉"。指责郁达夫"喜欢听传言",并"早一封信晚一封信来摧残我对你的感情"。

25 日　武汉弃守。王映霞家书历陈郁达夫平时不听劝告,

---

　　① 和尚若瓢,曾用名苦瓢、苦凡,俗家名林永春,浙江黄岩人。海派画僧。1918 年在天台国清寺出家受戒,曾任杭州净慈寺知客。1937 年杭州沦陷前,随雪悟法师至镇江转道上海。

　　② 参《王映霞:关于郁达夫的心声》第 416 页。

嗜买书买烟酒,致恐在汉寿"走投无路"。盼郁定行止,"全家迁闽亦可"。

28 日　午后四时,王映霞复郁达夫 11、14 日函,建议"大家把一切的气愤全都丢弃了,来计划计划以后的家计"。①

11 月

1 日　王映霞函称不得已将去汉寿乡下暂避,而身边只有百余元,催汇款。

12 日　王映霞偕一家老小五口从汉寿到长沙,欲搭火车离开,但"连火车顶上都坐满了人",只得将行李放上行李房,在车站等了一夜。②

13 日　据《王映霞自传》,长沙"文夕大火"③。王映霞一家午后上车,"火车行驶不到两小时",闻长沙火起,则全部行李,包

---

① 参《王映霞:关于郁达夫的心声》第 416—417 页。
② 参《王映霞自传》第 165 页。
③ 1938 年 11 月 13 日凌晨发生在长沙。因日寇进犯,国民党当局采用焦土政策,制定了焚烧长沙的计划。但在计划正式实施之前,一系列偶然因素却让这场火灾变得完全不受控制,最终导致长沙 3000 多人丧生,全城 90%以上房屋被烧毁,经济损失约 10 亿元。作为中国为数不多的 2000 余年城址不变的古城,文夕大火毁灭了长沙自春秋战国以来的楚国历史文物积累,地面文物毁灭到几近于零,在历史研究上造成无可估量的损失。因 12 日所发电报代码是"文",大火又发生在夜里(夕),故称。

括一箱郁达夫书信手稿,"全焚于火了"①。

18 日　据王映霞自传,"在江山住四天,总算福建派了车子来接",车直驶福建浦城,郁达夫电话中安排王映霞带郁飞来福州,两小儿托母亲抚养②,建议带往王映霞兄弟服务的省建设厅所在的云和县。

30 日　一首"随便写下来的诗"代作给前方义士的慰劳信,题《万里劳军书一纸》,刊福州《公余》复字第五期,附言并称"现在避机住在汉寿县洞庭湖的边上,不久就打算出发到前线去,和诸君相见,向义士致敬"。诗中"洞庭木落雁南飞,血战初酣马正

---

① 郁达夫致王映霞这一箱书简现存 94 通,可谓劫后余生。综合《大公报》消息和王映霞、燕孟晋、叶正富、林艾园、许杰、王观泉等各当事人回忆,则王映霞从汉寿逃难时,除家人行李外,"途中失落皮包一个",内中是"达夫先生前后 12 年内写给王映霞女士的信,总共有一二百封"(《大公报》),逃至江山安顿好一家老小,王映霞曾折回衡阳探听行李下落,被告知已"全都烧光了"(王观泉)。其实这批旅客行李并未全部祭之于火。一说是,1939 年某日,粤汉铁路局后来对无人招领的行李物件作拍卖处理,武汉大学毕业后在铁路总稽核处工作的燕孟晋适在拍卖现场监督闲步,见有人在烧废纸,走近火堆,看到大批书信,封上写有王映霞、郁达夫字样,故"赶忙从烈火中抢救出来"(燕孟晋);另一说是,铁路局派稽核员燕孟晋参与"清点",在此过程中燕发现郁、王信函,"对我说,这些信不能标价拍卖,由他个人保存比较妥当"(叶正富)。燕对这些书信曾粗加整理,但借给朋友阅看时,"有好些有价值的信,都给偷偷抽走"(林艾园)。1949 年 11 月,燕到香港,行箧中随带郁函,林艾园向其借阅,后林回国,未曾取回郁函,"郁函就由我保管"(林艾园)。1956 年,燕答应郁函送林(林艾园)。"文革"时,林被抄家,郁函亦被抄走,"文革"后期落实政策,郁函发还,"但抄去的多,发还的少"(许杰)。一位中文系学生"在经手发还我一箱东西时,对我说'郁达夫的信就不还你了'",但却有一部分"混在其他信件之中,得免于难",便是现在残存的郁函(林艾园)。

② 郁达夫、王映霞偕长子郁飞赴新加坡后,次子郁云、幼子郁荀与外祖母同住后来被陈仪任命为南平电厂厂长的舅舅家。郁王离异,"儿子三人,统归君教养",而此时郁达夫身在南洋,长兄曼陀遇害,二哥养吾沦陷浙江,联系不上,郁达夫只好托友人联系福州藏书家廖元善。郁云在廖家被养育一年后,由上海二伯养吾抚养;郁荀则一直在廖家生活到中专毕业。

肥"又为《募寒衣》的前两句。据附言所记,此诗或作于 1938 年八九月间。①

本月　日本古谷纲武《郭沫若郁达夫之印象》,刊于 1938 年 11 月日东京《中国文学月报》第 44 号。

12 月

7 日　王映霞偕子郁飞抵福州。告以已接任新加坡《星洲日报》副刊主编,并已为母子二人办好护照,一同赴新加坡。

8 日　王映霞抵福州的第一晚,"宿在外面没有回家",认错后写了一张悔过书:昨晚因与友人夜谈,终夜未归,致招误解,以后当绝对不在外宿,除有必要事外,始终与妻映霞在一处。②

18 日　是日晚,陈仪在省政府设宴为郁达夫饯行,并用海军交通艇送郁达夫一家出马尾军港换乘英国轮船。③

同日　武汉合唱团抵新加坡,是晚由"星华各侨团学校"组织欢迎会,武汉合唱团在新加坡首次亮相。

19 日　偕王映霞和郁飞,与香港《星岛日报》主编冯列山④同乘"浙江号"轮船自马尾赴香港。⑤ 因办去新加坡护照须"先要到香港住一下,在香港向中国官厅领出到星加坡的护照"。⑥

"丰庆轮"⑦当晚过台湾海峡,次日泊在鼓浪屿与厦门之间的

---

①　参金传胜《新见郁达夫佚文佚简考述》。

②　参王映霞《请看事实:到星加坡的经过》附笺,《幽默风》第 1 卷第 2 期。

③　罗以民著《天涯孤舟——郁达夫传》第 195 页,杭州出版社 2004 年版。

④　冯列山(1907—?),福建福安人。曾任《星岛日报》主笔、总编辑,1939 年出任新加坡《总汇报》总编辑,1942 年任《南洋商报》主笔、总编辑。

⑤　参《福建民报》1938 年 12 月 18 日第 4 版。

⑥　参《乱离中的作家书简》(致许广平函)。

⑦　原文如此。与《福建民报》记录有异。

海面,夜晚再次起航,黎明到达汕头,上岸参观,过午回船,第三夜航行后就到香港了。①

21 日　航行三日到香港,住思豪酒店,"逗留约廿四小时"后乘意轮"康得罗苏号"赴新加坡。②

我们下榻思豪酒店,原以为总得候船数日,不料次日就有意大利劳埃德公司的皮亚康马诺伯爵号离港驶新,错过则又不知到何日了。只得在一天半之内匆匆访晤他的若干好友并办理离境和乘船手续。《星岛日报》社社长胡好③等陪我们游览香港虎豹别墅。这是父亲接触胡文虎胡文豹家族④之始吧。他也会见了主编《星岛日报》副刊"星座"的戴望舒和叶灵凤等。⑤

22 日　武汉合唱团正式在长必都戏院首演,后在新加坡"大世界""新世界""快乐世界"三大游乐场所轮流演出,场场满座。

23 日　海上作《岁朝新语》,载 1939 年 1 月 1 日香港《星岛日报·星座》第 154 期,后改题为《必胜的信念》,载 1939 年 1 月 13 日新加坡《星洲日报·繁星》

26 日　圣诞节后一日,途经菲律宾首都马尼拉,陪王映霞去菲律宾大学门口走了一圈,路上,购 The Sunday Tribune Mag-

---

①　郁飞《郁达夫的星洲三年》,《回忆郁达夫》第 453 页。

②　参王映霞《忆池田幸子》,《王映霞自传》第 165 页。

③　胡好(1919—1951),原籍福建永定,生于缅甸仰光,1923 年随父胡文虎迁到新加坡,1938 年 8 月在香港创办《星岛日报》,自任社长。

④　胡文虎(1882—1954),福建永定人,胡文豹为其幼弟。南洋著名华侨企业家、报业家,南洋星系华文报纸的创办人。"星系报业"包括《星洲日报》(新加坡,1929)、《星华日报》(汕头,1931)、《星光日报》(厦门,1935)、《星中日报》(新加坡,1935)、《星岛日报》(香港,1938)、《星槟日报》(槟城,1939)、《星闽日报》(福州,1947)等。

⑤　郁飞《郁达夫的星洲三年》,《回忆郁达夫》第 453 页。

azine。① 途经马尼拉时停船半天。因没有美国领事的签证,颇费周折方得上岸去参观菲律宾大学。②

28 日　偕王映霞、郁飞抵新加坡,在红灯码头③下岸,下榻华人区闹市中心牛车水的南天酒楼二楼 8 号房。后经《星洲日报》社社长胡昌耀④安排,搬入中峇鲁 22 号新营建的住宅三楼。⑤

综合来看,关于郁达夫的远赴新加坡,除"编报说"之外,尚有"抗日说""避难说""宣传福建说""南洋观光说"等几种。

"编报说"。接受福建永安堂国药行(胡文虎父亲开设的中药堂)经理胡兆祥⑥代表《星洲日报》胡昌耀发出的邀请,赴新加坡,主编《星洲日报》副刊。⑦

"抗日说"。即"去海外从事以华侨为对象的抗日宣传活动"。此说理据充分。在中国主要城市相继沦陷后,"像郁达夫这样的文学家和知识分子的生活方式受到了限制":是搬到国民党控制着的非沦陷区,即大后方呢,还是去共产党势力范围下的解放区,抑或像周作人那样,不惜让人利用,留在日军占领区不走?除此之外的另外一条路就是去海外。⑧ 而去海外求生路、谋

---

①　参《几个问题》;参《王映霞自传》第 167—168 页。

②　郁飞《郁达夫的星洲三年》,《回忆郁达夫》第 454 页。

③　红灯码头,即克里福码头(Clifford Pier),1933 年建成,是南下华人移民登陆的第一站。码头当年挂满红灯笼,故名。

④　胡昌耀,1936—1940 年间,担任《星洲日报》社长。

⑤　参《抗战中的郁达夫》第 57—59 页。

⑥　胡兆祥(1901—1975),原名陶皆,福建永定人。曾任福建省东山县和华安县县长,卸任后赴南洋,深得"万金油大王"胡文虎器重,出任马来亚槟城虎标永安堂经理。1946 年出任福建省政府顾问。

⑦　金丁《郁达夫在南洋的经历》,《回忆郁达夫》第 570—571 页。

⑧　参铃木正夫《苏门答腊的郁达夫》第 7—8 页。

救亡,有四分之三的华侨和南洋华侨领袖陈嘉庚①创办诸多抗日救援团体的新加坡是条件最优越的。事实也证明,郁达夫落地新加坡后,就利用报刊组织和参与了大量募捐、演剧等活动,更包括编辑各类报刊,公开发表时评、社论以提振抗日士气。

"避难说"。或为两全:弥合家庭生活已经出现的裂隙,躲避可能迟早发生的"与国民党官僚层和决策者发生龃龉"(《嘉陵江上传书》)。"战争给他个人惨厉的灾难,他的七十多岁的老母,在故乡富阳被日本强盗害死了。他的夫人与一个CC的官吏私通了,他身受着国破家亡的惨祸,而在反动统治之下,使一个文人的他,连说一句话的自由也没有,他便跑到南洋去了。"②"据当时郁达夫对朋友们说到南洋去的目的,是想换一个新环境来澈底谋取家庭的幸福。"③偕王映霞远赴新加坡,"其最直接的目的就是要迅速离开中国,保住家庭,保住王映霞对自己的爱情,躲开戴笠④"。⑤

"宣传福建说"。因新加坡华侨中,以福建籍者居多,因而"福建省主席陈仪将这批华侨心念所系的祖辈之地福建的政治

---

① 陈嘉庚(1874—1961),华侨领袖、企业家、教育家、慈善家、社会活动家,福建集美(今属厦门市)人。是集美小学、集美中学、师范、水产、航海、商科、农林等校(统称集美学校)和厦门大学的创办者。

② 适夷《忆达夫》。

③ 参绿伊《记郁达夫:在南洋的一段生活》,《读书月刊》1947年3月第3期。

④ 戴笠(1897—1946),本名春风,字雨农,浙江江山人。黄埔军校第6期毕业,国民革命军陆军中将。曾任"国民政府军事委员会调查统计局"(俗称"军统")局长,长期从事特工和间谍活动。罗以民推测郁达夫之远走南洋和亡命海外,或缘自汪静之曾撰文披露之戴笠与王映霞之关系。汪文称郁达夫台儿庄劳军期间,王映霞曾找汪静之作"丈夫"陪去医院堕胎。

⑤ 罗以民《天涯孤舟——郁达夫传》第198页,杭州出版社2004年版。

宣传,托付给了郁达夫"。①"那时南洋侨领陈嘉庚先生对闽政深表不满,达夫先生到南洋去,似乎得着陈主席的支援,负有替陈主席做点辩解和宣传工作的使命。"②但同时在福建任过职的程星龄否认此说:"至于他去南洋是陈先生派他去做华侨工作是不可能的,郁先生不是干这个工作的,陈先生也不会有这样的想法……充其量只能说客观上以做文化工作造一点儿影响,陈先生是决不会派人的。"他认为"郁先生的去南洋,我看重要的目的是为了去散心解闷"③。

"南洋观光说"。据温梓川:早在1929年,郁达夫就有到南洋各地一游的念头。时温梓川在暨南大学念书,某日在汪静之家遇郁达夫,便抄了几首以南洋风光为题材的竹枝词请教郁达夫,了解了"娘惹""榴莲"等字眼后,郁达夫即大感兴趣:"南洋这一地方,有意思极了,真是有机会非去走走不可。"④

29日　新加坡《星洲日报》大字报道:"为努力宣传抗战!郁达夫将入本报工作","将每日报告抗战文艺界情形"。

同日　身在河内的汪精卫发艳电响应日本首相近卫文麿⑤《中日两国调整关系之基本政策》的主和声明,并在香港公开发表。⑥蒋介石发表演词,痛斥汪精卫关于讲和条件之谈话。⑦

---

① 徐重庆《郁达夫远走南洋的原因》,参铃木正夫《苏门答腊的郁达夫》第9页。
② 黎烈文《关于郁达夫》,上海《大公报·星期文艺》1947年11月16日。
③ 《程星龄先生谈郁达夫》,邹敏、丁仁原记录,《鲁迅研究月刊》2002年第9期。
④ 温梓川《郁达夫别传》第84页,宁夏人民出版社2006年12月版。
⑤ 近卫文麿(このえ　ふみまろ,1891—1945),日本第34(1937—1939)、38(1940—1941)、39(1941)任首相,侵华祸首之一。1945年日本投降后畏罪服毒自杀。
⑥ 《翁文灏日记》上册第307页。
⑦ 《王世杰日记》上册第169页。

31 日 马来亚槟榔屿《星槟日报》创办,应胡文虎之邀,与《星洲日报》主笔关楚璞①从丹戎巴葛火车站同赴马来亚槟榔屿。

本月 据《图书的惨劫》,离闽赴新以后,"在福州临时添买的古今杂籍到这次南行时止,也有二千余册了,现在尚存在永安的省府图书馆内"。

本月 出港赴新之际,作七绝《远适星洲,道出香港,友人嘱题〈红树室书画集〉,因题一绝》。抵新后,作《小草》(又题《抵星洲感赋》)和《感怀》七律两首,均系作答李西浪②《柬达夫伉俪》诗,及《星洲旅次有梦而作》(七绝)一首。均收《郁达夫诗词抄》。

本年 作《无题》(七绝)一首,诗见吴秋山悼郁达夫《惜分飞》一词,收《郁达夫诗词抄》。

1939 年(己卯,民国二十八年) 44 岁

▲7 月,英、美发起"中国周",加强宣传,扩大援华。

▲9 月,德军进攻波兰,第二次世界大战爆发。

1 月

1 日 据《槟城三宿记》,与关楚璞抵槟榔屿,参加《星槟日报》开张庆贺,受到领事、同人的欢迎。是日,在北海岸春波别业

---

① 关楚璞(? —1942),笔名楚公,祖籍广东南海。1937 年 11 月受聘出任《星洲日报》第二任编辑主任并主持笔政。1940 年,与刘士木、李长传、郁达夫、许云樵、姚楠、张千礼和韩槐准 7 人发起成立"中国南洋学会"并任第一届理事。

② 李西浪(? —1972),新加坡作家,曾任报刊编辑。有长篇小说《蛮花惨果》,诗集《劫灰集》等。

晚餐。宿《星槟日报》对门的杭州旅馆。

郁达夫在新加坡三年所参加的社会活动,侨胞侨领集会、文艺新闻界集会、政治宗教宴会、教育与学术界演讲、画展和演出开幕等,据不完全统计,有据可查的就有 100 余项。

同日　作《〈晨星〉的今后》和《〈繁星〉的今后》,载 1939 年 1 月 9 日新加坡《星洲日报·晨星》《星洲日报·繁星》。

同日　杂文《估敌》载新加坡《星洲日报》。新年伊始,细数侵略者的种种伎俩,更坚定必胜的信念。

这是郁达夫抵新后发表的第一篇政论。在星洲三年,郁达夫在南洋各报刊发表的政论、时评、杂感、文艺随笔等文字,总量或在 400 篇以上。

同日　五绝《雁》载是日福州《星焰》旬刊创刊号。

同日　作七律《廿八年元旦因公赴槟榔屿,闻有汪电主和之谣,车中赋示友人》。

同日　抵槟城后,作七绝《抵槟城后,见有饭店名杭州者,乡思萦怀,夜不成寐,窗外舞乐不绝。用谢枋得〈武夷山中〉诗韵,吟成一绝》,收作《槟成杂感四首》,载 1939 年 3 月 25 日《大风》旬刊第 32 期。

2 日　据《槟城三宿记》,一行 12 人上槟城升旗山绝顶。成《云雾登升旗山,菊花方开》和《关君谓升旗山大似匡庐,因演其意》二绝。夜宿现代旅馆。

3 日　作文论《抗战以来中国文艺的动态》,分析抗战以来的文艺动向。文载 1939 年 1 月 4 日《星槟日报》。

4 日　晨作《槟城三宿记》,以记"三宿槟城恋有余"之叹。载次日《星槟日报》地方新闻栏。

同日　应槟城文艺界之邀,在槟城郊外"醉林居"出席晚宴,并报告中国文艺界抗战工作的近况,报告中国作家活动情况及他本人劳军、募捐等工作,并表示与马来亚同人共同努力提倡文艺。当地侨领和新闻、文化界知名人士出席晚宴和演讲。

同日 徐悲鸿乘荷兰轮万福士号由香港驶新加坡,"为要尽到我个人对国家之义务,所以想去南洋卖画,捐与国家"。9日抵新加坡,住黄曼士①家。②

5日 据《覆车小记》,夜渡北海,过海峡,却遇火车脱轨。午抵吉隆坡。

7日 《星洲日报》驻槟城记者于氏以《郁达夫发表观后感,盛赞北马风光》为题,报道郁达夫南行行踪和将对南侨文艺界的促进作用。

8日 支持王映霞撰写文章,推荐《忆池田幸子》载《星中日报》"妇女版"。

9日 自该日起,正式接编《星洲日报》晨版副刊《晨星》和晚版副刊《繁星》二栏,自期能满足各人之所好,并希望借这一角小田园,"培植出许多可以照耀南天、照耀全国、照耀全世界的大作家来"。

此外,在星洲三年,郁达夫担任的编辑事务还有:《星洲日报星期刊·文艺》《星洲日报半月刊·星洲文艺》《星洲日报星期刊·教育》《星槟日报星期刊·文艺》《星光画报·文艺》《繁华日报》《大华周报》等报及各专栏的编务,英国情报部《华侨周报》主

---

① 黄曼士(1890—1963),名琮,祖籍福建南安,生于福州。1923年下南洋,任南洋烟草有限公司新加坡分行总经理。曾是收藏徐悲鸿作品最多的藏家。
② 参《徐悲鸿年谱》第212页,台北艺术家出版社1991年6月版。(以下本著出版信息从略。)

编,"前后一共负责主编过 11 种报纸副刊和杂志"①,同时还出任过《星洲日报》社论代笔和《星洲十年》一书的编务等。

在其主编的刊物中,以《星洲日报》影响最大。尤其所编《晨星》,"不仅发表茅盾、老舍、艾芜②、适夷、柯灵③、萧红、姚雪垠④、许广平等大陆作家稿件,而且经常发表马华作家作品,为培养马华青年作者作了努力"。

在《星洲日报》编译电讯稿而与郁达夫共事多年的刘延陵⑤回忆:"达夫编副刊,每天几时到报社,我不大清楚,但我到了报社,他还没有回去。有一个时期,达夫兼任总编辑,须写社论,晚上就和我一样一直工作至深夜二时左右,看了大版,才得归去。"⑥

在《星洲日报》当过校对的何克鏗先生回忆:几乎每篇原稿上都有郁达夫用红笔删改过的字句。⑦

"达夫有时自说他工作的繁重。我开初并不相信……在《星洲日报》上主编副刊,有时人手缺乏,他译电讯,写社论。他有固

①　郁风《盖棺论定的晚期(编后随笔)》,《郁达夫海外文集》第 695 页,生活·读书·新知三联书店 1990 年 12 月版。

②　艾芜(1904—1992),原名汤道耕,四川新都人。小说家。1925 年南走云南边疆、缅甸和马来亚等地,1932 年加入左联。

③　柯灵(1909—2000),原名高季琳,原籍浙江绍兴,生于广州。曾任《救亡日报》编委,主编《世纪风》《民族呼声》等刊物,1943 年编辑《万象》,1948 年任职于香港《文汇报》。

④　姚雪垠(1910—1999),原名姚冠三,河南邓州人。曾任中华全国文艺界抗敌协会理事。著有长篇历史小说《李自成》。

⑤　刘延陵(1894—1988),安徽旌德人。诗人。文学研究会会员,《诗》月刊主编。曾赴吉隆坡主编《马华日报》,后任槟城《光华日报》主笔,赴任新加坡《星洲日报》电讯组编辑期间,与郁达夫时有过从。

⑥　《刘延陵忆郁达夫》,陈子善《这些人,这些书:在文学史视野下》第 21 页。

⑦　参郁风《盖棺论定的晚期(编后随笔)》,《郁达夫海外文集》第 695—696 页。

定的到时办公的习惯。" ①

在星洲，郁达夫"经常穿着一身白帆布西装，虽然并没有衣冠不整的现象，但浆洗熨烫都很随便，有时已很脏了也还随便穿着不去管它，而且有一种习惯，你随便在哪里碰到他，他腋下总是挟着几份报纸或书籍。一有空闲老是一个人悄悄地在旧书店里乱钻，不时抱了一大堆书籍兴致勃勃地回家去……新加坡木器很贵，达夫那时好像始终未曾买得大书架，老是在作为书房的水门汀地上一排排地堆着"②。

新加坡的马路是好的，但公共的交通工具并不多，既没有电车，也没有像样的公共汽车，有的只是可以坐两人的黄包车，和速度像吉普车、站着头就要碰到车顶的"卢律车"，这种车车资很便宜，专供工人及省钱的人们坐的。郁达夫往来报馆，"常趁这种车来代步。有时索性连卢律车也不坐，时常在阳光耀眼的柏油马路踽踽独行，那头微向前俯的背影，叫人看了是寂寞的"③。

在郁达夫本人看来，据不时前去访问的李桂记录："在我个人看来，以为到这里来编副刊是比在国内当大学教授更有意义，因为学校教育是狭义的，不比社会教育来得广泛。同时，我编的副刊，尽量在登载此间文艺青年作品；虽则他们的写作技巧还不够水准，但只求他们的题材能反映出此间社会的动态，那就够了。此外，为着此间的文化与祖国的声气应求，我也不（原文如此，疑为衍字）常请国内的名作家寄点稿子来。"④

---

① 王任叔《记郁达夫》，《人间世》1947 年 10 月 1 日、12 月 20 日第 2 卷第 1 期和第 2、3 期合刊。（以下简注为"王任叔《记郁达夫》"。）

② 绿伊《记郁达夫：在南洋的一段生活》，《读书月刊》1947 年 3 月第 3 期。

③ 绿伊《记郁达夫：在南洋的一段生活》，《读书月刊》1947 年 3 月第 3 期。

④ 李桂《悼郁达夫先生》，《东印文艺月刊》1946 年第 1 期。

同日　《〈晨星〉征稿简约》载新加坡《星洲日报·晨星》，《〈繁星〉征稿简约》载新加坡《星洲日报·繁星》，未署名。

10 日　据《覆车小记》，自吉隆坡返新加坡。

11 日　游记《覆车小记》载《星槟日报》地方新闻栏、《星洲日报·晨星》。

同日　复夏尔融先生函《代邮》载《星洲日报》，为夏想定些英文和中国的文学杂志作参考，特复函列数种并详告杂志性质和订阅方式。

12 日　稿约《希望于投稿诸君者!》载《星洲日报·晨星》。

13 日　为《星洲日报》十周年作《本报十周年纪念》，寄望于"担负起抗敌建国的重大责任"，载 1939 年 1 月 15 日新加坡《星洲日报·晨星》。

14 日　作随笔《接编〈文艺〉》，载 1939 年 1 月 15 日《星洲日报星期刊·文艺》，收《马华新文学大系(十)》。

同日　为来稿《南洋通俗文学与利用旧形式诸问题》遗失文稿两张致函作者何扬，公开道歉，题《启事》载新加坡《星洲日报·晨星》。

15 日　《南洋文化的前途》载《星洲日报半月刊》第 14 期，提议要提高南洋的文化水平，当从提高南洋的教育水平做起;《〈文艺〉征稿简约》载《星洲日报星期刊·文艺》，正式接编《星洲日报星期刊·文艺》周刊。

17 日　作《编辑者言》，载 1939 年 1 月 19 日《星洲日报·晨星》。

同日　于黄河南岸所作旧体诗题《无题》(七律)，刊《星洲日报·繁星》，并自序云:"戊寅春日，北上劳军，视察河防后登五龙顶瞭望敌军营垒，翌日去徐州。"后编入《毁家诗纪》第 5 首。

18 日　就南洋文艺界关心的问题作《几个问题》,对南洋文学青年提出的"鲁迅风"杂文体适用与否问题、南洋文化发展问题、南洋启蒙运动问题、文艺大众化问题等,阐述自己的看法。载 1939 年 1 月 21 日《星洲日报·晨星》。

文章刊出后,引起耶鲁在 1 月 24 日《南洋商报·狮声》发表《读了郁达夫先生的〈几个问题〉以后》,公开表示"不敢苟同",编者楚琨①亦有《编者附言》随后,引起星马文艺界一场论争。

20 日　作文论《战时文艺作品的题材与形式等》,载 1939 年 1 月 22 日《星洲日报星期刊·文艺》。

同日　稿约《再告投稿诸君》载《星洲日报·晨星》。

同日　复函陆丹林,航空邮寄《毁家诗纪》投《大风》旬刊周年特大号。②

22 日　作杂论《日本思想的中心》,载 1939 年 2 月 1 日《星洲日报半月刊》第 15 期,揭示日本民族"头脑简单顽固,思想保守荒诞"的原因,基于"日本就是军部,军部就是神道"的一元理论。

25 日　回应耶鲁先生的《我对你们却没有失望》一文载《星洲日报·晨星》,声明自己对鲁迅"崇拜他的人格,崇拜他的精神"。收《郁达夫海外文集》。

同日　在新加坡岭南分校演讲《战时学生修养》,演讲词载 1939 年 1 月 26 日新加坡《总汇新报》早版。

27 日　以《南洋商报》"把我来当一个讨论目标"天天"座

---

①　张楚琨(1912—2000),福建泉州人,早年侨居新加坡。1937 年后任新加坡《南洋商报》副刊主编兼评论员。1942 年新加坡沦陷前夕,与郁达夫等进步文化人士一同流亡印尼。

②　陆丹林《郁达夫"毁家"前后》,《永安月刊》1946 年 12 月第 91 期。

谈",所作《我对你们还是不失望》一文载是日《星洲日报·晨星》。收《郁达夫海外文集》。论争并未停止。

同日 致楼适夷函,谈及捐款、约稿、购书以及发愁度南国炎夏等,以《郁达夫先生来信》为题载 2 月 16 日《文艺阵地》月刊第 2 卷第 9 期"文阵广播"栏。

28 日 报告内地文化名人如许广平、茅盾、成仿吾、郭沫若等行踪的短稿《友人们的消息》载《星洲日报·晨星》。

30 日 作短论《理智与情感》,认为理想文艺作品,以理智与情感的同样丰富为上品。载 1939 年 1 月 31 日《星洲日报·晨星》。

同日 发表杂文《"一·二八"的当时》于《星洲日报·晨星》,回顾"一·二八"战争经过。

31 日 作《编辑者言》,载 1939 年 1 月 19 日《星洲日报·晨星》。

同日 短讯《夏芝的逝世》载《星洲日报·晨星》。

2 月

1 日 为接编星槟日报《文艺两周刊》,作《星槟两周文艺发刊词》,载 1939 年 2 月 5 日马来亚《星槟日报星期刊·文艺》。

同日 为福州创办的《星焰》周刊发刊题《星焰周刊发刊祝辞》:"星星之火 可以燎原 复兴巨业 不弃微言 群策群力 正义是尊 播之众口 悬之国门"。手迹载福州《星焰》旬刊第 4 期。

2 日 致函上海戴平万①,为利用海外环境便利办文艺半月刊,托为"多收集些稿子寄来",向南洋知识青年"介绍一点国内

---

① 戴平万(1903—1945),原名戴均,广东潮安人。曾参加"左联"。抗战全面爆发后从事《新中国文艺丛刊》和《文艺新闻》的编辑工作。曾主编《抗战报》。

文艺界的作品",并希望信函能"借《自由谈》一角,披露出来,可以作一海内外的联络线"。该函以《南方来的消息》为题被编者胡山源①刊发于 1939 年 2 月 15 日上海《申报·自由谈》。

函中并称"现在,香港(托适夷与戴望舒)、新疆(托茅盾)、延安(托成仿吾)、重庆(托郭沫若)等处,都已写信去要求他们写东西,收集稿件了"。

同日 据《沟通文化的信件》,在上海编《文汇报》副刊《世纪风》的柯灵读到《自由谈》所刊郁达夫约稿函后,主动致信郁达夫,称愿意为沟通文化,"跟先生做个跑街的"。

同日 七绝《赠朱植生先生,因题画像册后》,载是日《星洲日报·繁星》。

4 日 《编者启事》(署名"编者")载是日《星洲日报·晨星》。

5 日 正式接编《星槟日报星期刊·文艺》。作《编者启事》,署名"编者",载马来亚《星槟日报星期刊·文艺》。

7 日 为《狮声》上观点日多,选出 6 篇登载,拟以终结论争,特作三则《编者启事》,载《星洲日报·晨星》。

同日 七绝三章《前在槟城,偶成俚句,南洋诗友和者如云,近有所感,再叠前韵,重作三章,邮寄丹林,当知余迩来心境》,又题《前意未尽,重作三章》,收作《槟城杂感四首》,载 1939 年 3 月 25 日《大风》旬刊第 32 期。收《郁达夫诗词抄》。

11 日 复许广平由许钦文转来的函,介绍南洋风土气候并南行细节,向许广平约回忆鲁迅稿。函题《乱离中的作家书简》(同题下合刊有黎烈文一函),载 1939 年 3 月 15 日《鲁迅风》第

---

① 胡山源(1897—1988),原名胡三元,江苏江阴人。曾任上海基督教青年协会书报部翻译,杭州之江大学教师,上海世界书局编辑。

9 期。

12 日　论文《思想的种种》载是日《星洲日报星期刊·文艺》。认为从事文艺的人,以"丰富的想象力"居多,"根据事实"和从"正确信念出发"也必不可少。

14 日　为前所寄《毁家诗纪》最后一首词不合词谱一事,再函陆丹林,特作说明。①

15 日　论文《日本的侵略战争与作家》载是日《星洲日报半月刊》第 16 期,论述日本文坛战争以前的状态和战争以后的趋势。

17 日　时评《废历的新年》载《星洲日报·晨星》。旧历新年,旧习难改,而时势不同,国家多难,因而文章提议"将无意义的精神与金钱的浪费,转移过来用到救国救民的事情上去"。

同日　《星洲日报·本坡要闻(二)》刊登消息云,"三八节转瞬届临,本坡妇女界迩来正密锣紧鼓,积极筹备于是日举行盛大纪念会","特邀请文学家郁达夫夫人于是日莅台作关于'三八'节妇女问题之广播云"。

同日　《介绍〈淹留百首〉的作者》载《星洲日报·繁星》,为介绍顺德廖平子②先生所撰纪事诗"言中有物,可作广州失陷诗史读"。

18 日　通讯《送峇华机工回国服务》载《星洲日报·晨星》。为峇华机工回国服务团 48 人附轮北上,为故国抗战出力这一壮举,和牺牲到底的壮志点赞。

---

①　陆丹林《郁达夫"毁家"前后》,《永安月刊》1946 年 12 月第 91 期。
②　廖平子(1880—1943),广东顺德人。1902 年被聘为香港《中国日报》副刊主笔。1930 年任国民党中央党史史料编纂委员。1938 年曾组织民团抵抗日军攻占广州,失败后避居澳门,创办《淹留》半月刊。

同日　作书评《读〈毛拉在中国〉》，载 1939 年 2 月 21 日《星洲日报·晨星》。法国战地记者毛拉 1938 年春天到中国，在香港、武汉、郑州、重庆、成都、昆明等地走访，面见蒋介石、陈诚等要员，作成《毛拉在中国》一著，宣传中国军民团结、抗日到底的精神面貌。

　　同日　致函《抗战文艺》编者，告以在新加坡编副刊并拟编文艺半月刊名《星洲文艺》者及组织一文艺抗敌协会分会之计划，拟征稿，亦可开展抗战宣传品代售和募捐等，函载《抗战文艺》第三卷第 9、10 期合刊。

　　同日　被陈仪"委派在主席文书室服务"，并自二月份起，"留职停薪"。这一空职一直为郁达夫留任。①

　　19 日　春节，赴徐悲鸿处拜年，为徐所绘大幅《疏梅》题七绝："花中巢许耐寒枝，香满罗浮小雪时。各记兴亡家国恨，悲鸿作画我题诗。"②

　　20 日　短论《犹太人的德国文学》载《星洲日报·晨星》，认为因为纳粹的疯狂，现在和未来的德国文学是犹太人的德国文学。

　　同日　寄《毁家诗纪》于《大风》主编陆丹林，嘱其"寄蒋介石、叶楚伧③、于右任、邵力子、柳亚子等人各一册"。并存底稿，预备《大风》不刊发时发《晨星》。④

　　同日　《星华茶业工友互助社开幕词》载《星洲日报·本坡

---

①　参王国栋《关于郁达夫在闽任职情况和时间的考证》，《吉林师范学院学报（哲学社会科学版）》1986 年第 3 期。

②　参《徐悲鸿年谱》第 214 页。

③　叶楚伧(1887—1946)，原名单叶，江苏吴县人（今属苏州）。南社诗人，政治活动家。先后创办《太平洋报》《生活日报》《民国日报》《文艺月刊》等。

④　参《郁达夫别传》第 196 页，宁夏人民出版社 2006 年 12 月版。

要闻》。参加茶业工友互助社开幕典礼并致开幕词,强调一要加强抗战必胜、建国必成的信念,二要加强各业、各国工友的团结。

21日 致函许广平,就许广平因海婴多病和生活困难想来新加坡一事,向许广平详细介绍出国路线、旅费、护照办理和南洋气候、语言、物价、生活习惯、风土人情等项,并希为《星洲日报》写稿。

22日 楼适夷致郁达夫函,以《遥寄星洲》为题,刊于1939年2月22日新加坡《星洲日报·晨星》。

24日 收到柯灵2月15日函并复,表示携手从事文化沟通工作。来往信函以《沟通文化的信件》为题,载1939年2月28日新加坡《星洲日报·晨星》,又隐去收信人名,刊1939年3月17日上海《文汇报·世纪风》。

26日 《奢斯笃夫的去世》一文载《星洲日报星期刊·文艺》,介绍这位俄国哲学家、批评家的生平、经历及创作特色。

同日 接编星槟日报《文艺两周刊》两个月,看稿近千篇,以短文《看稿的结果》记录编辑心得,载1939年2月26日马来西亚《星槟日报星期刊·文艺》第2期。

3月

1日 时评《第二期抗战的成果》载《星洲日报半月刊》第17期。抗战进入第三个年头,"已经到了光明在望,渐入佳境的转弯角上了",前期抗战里的种种弱点,都在改正,号召同胞"再努一步力"。

同日 复《前哨》主编晓光先生2月27日来函。来函质疑《晨星》发表的《论现实主义朋友主义及其他》,并附文稿一份。复函告以文稿已排入。函以《短简》为题载1939年3月3日《星洲日报·晨星》。

2 日 是日《星洲日报·晨星》出专号评论,介绍徐悲鸿。刊有黄曼士《徐悲鸿先生略历》,史记《田横五百士故事》,银芬《谈悲鸿先生的写实主义》等,并悲鸿插画多幅。散文《与悲鸿的再遇》亦收此专号,回忆自 1927 年与徐悲鸿相识以来的交往和友谊,并介绍本月将在中华总商会开展的徐悲鸿赈灾画展。

3 日 再复柯灵函,介绍南洋侨胞的爱国热忱和马来亚经济、教育等情况。函被隐去收信人名,以《海外通讯》为题,刊1939 年 3 月 29 日上海《文汇报·世纪风》(通讯站),又载 4 月 12日重庆《中央日报·平民》。

4 日 致函戴望舒,为文艺半月刊月底发行,向香港方面征稿。函以《星洲来鸿》为题,载 1939 年 3 月 13 日香港《星岛日报·星座》第 217 期。

5 日 《毁家诗纪》在香港《大风》旬刊第 30 期"创刊一周年特大号"发表。全诗含七绝 7 首,七律 12 首,词 1 阕,回顾了与王映霞结缡十余年的离合悲欢。这些诗于 1936 年春后陆续作成,发表时另加注释。组诗艺术上炉火纯青,堪称"千古名文,一时绝唱",但因为诉说的是"令人难堪的事",以至敲响了"毁家"的丧钟。

被收入 1939 年 3 月 20 日出版的《时代文选》半月刊创刊号。

同日 纯文艺半月刊《星洲文艺半月刊》即将推出,《〈星洲文艺半月刊〉出版预告》载 1939 年 3 月 5 日新加坡《星洲日报星期刊·文艺》,署名"编者"。

同日　为潮州萧遥天①先生《不惊人草》作的书序《序〈不惊人草〉》,载是日新加坡《星洲日报星期刊·文艺》。

　　6 日　短论《英国诗人说诗》载《星洲日报·晨星》。

　　7 日　借《星洲日报·晨星》补白作"编者启事",复函槟城林连夫先生关于"应读之书"的提问。

　　12 日　借《星槟日报星期刊·文艺》,再复林连夫先生关于"应读之书"的提问。以《答林连夫先生》为题载是日槟榔屿《星槟日报星期刊·文艺》。

　　15 日　时评《苏联与日本》载《星洲日报半月刊》第 18 期。由 3 月 15 日苏联公然拒绝日本渔业协定的延期请求,尚难判断苏联是否卷入战争,究其因,或缘于苏联历时四年的清党工作和俄国人一向对外作战的慎重。

　　17 日　王映霞读到《大风》30 期,如"半夜惊雷,晴天霹雳",即致函《大风》主编陆丹林,称正动手写一篇记事文回应《毁家诗纪》,与商由《大风》刊载。②

　　18 日　终结同事郑卓群(铁抗)③、金鉴"答辩"的《编者启事》载《星洲日报·晨星》,声明"不再割《晨星》的地位,作公开的战场了"。

　　同日　王映霞再函陆丹林,"约略的说一说这事件的动机和

---

　　①　萧遥天(1913—1990),又名萧公畏,号姜园,广东潮阳人。20 世纪 30 年代参加岭东新文化运动,1950 年去香港,1953 年定居马来西亚槟城,60 年代创办《教与学月刊》。

　　②　参《王映霞自传》第 177 页。

　　③　郑卓群(1914—1942),笔名铁抗,广东潮阳人。1936 年赴新加坡,曾任《星洲日报·晨星》、《文艺》周刊和《总汇报·世纪风》编辑,主持《文艺长城》。1942 年 2 月,在星洲过日本侵略军的岗哨时,因不堪受辱,被视为反抗命令而遭杀害。

实在情形"。①

20 日　时评《再送回国服务的机工同志》载《星洲日报·繁星》,对回国服务的同志深表敬意之外,"再有二三句忠告"。

同日　编发姚蓬子通讯于《星洲日报·繁星》。文协抗日宣传最大的困难,在于经济的不宽裕,印刷纸贵,还常常断供,印刷工具亦不十分完备。

21 日　《介绍黎泽闿先生》载《星洲日报·繁星》。晚版《繁星》刊出粤省法学名家、广东法律大学校长黎泽闿避寇移居南洋所作之诗书。

22 日　编辑余谈《杂谈近事》载《星洲日报·晨星》。一是金鉴先生与张天白先生的"讨论问题"而希望不累及精神和友谊,二是姚蓬子通讯促动了组织后方文艺工作者开展募捐的想法。

25 日　为武汉合唱团在"大世界"演出《雷雨》作的剧评《〈雷雨〉的演出》载《星洲日报》。指出剧本中多角的巧合,在法国作家的浪漫剧里就很普通,而曹禺剧本的成功,在对话、描写和动作"仍是自然主义的和写实主义的";并肯定合唱团诸君演出的成功,"远在剧本之上"。

26 日　文论《报告文学》载马来西亚《星槟日报星期刊·文艺》第 4 期。

28 日　剧评《看了〈雷雨〉的上演后》载《星洲日报·晨星》,对写剧本的难处作了五点概括:题材或故事的选择;熟谙舞台技巧,如独白不要太长,场面不可太多,对话不能太单调,说词动作要配合适当,舞台不可冷场或闹场等;顾及演出实际;把握剧作焦点;实现艺术的高尚趣味。

---

①　参《王映霞自传》第 177 页。

31日　许广平复郁达夫函,以《文人的穷》为题,刊于1939年3月31日新加坡《星洲日报·晨星》。

春　作七绝《题淡然纪念册》,又题《题赠莫京归国之行》《题莫京纪念册》《题淡然手册》,载1958年4月15日《南洋商报·商余》。莫京曾任《星洲日报》编辑,1939年春归国。

4 月

1日　杂文《和从哪里讲起?》刊《星洲日报半月刊》第19期。日本新任首相高唱和议,但"视条约如废纸,以信义为刍狗的侵略热狂军阀操纵下的政府,配不配和我们来讲和,有没有在和约上签字的资格呢?"

同日　剧评《〈前夜〉的演出》载《星洲日报》,认为业余社的这个演剧,"幼稚当然也难免,技巧也并不好,但……它的写实的一点,是可取的,是比《雷雨》要强得多"。《前夜》剧本由华汉(阳翰笙)创作。

3日　编发美国记者修拉·堪曼《中国的出海新路》译文,刊于是日《星洲日报·晨星》。

5日　作随笔《关于捐助文协的事情》,载1939年4月7日《星洲日报·晨星》,建议"从实在有效的方面做起",提议愿将《晨星》三月份稿费的全部或一部分捐文协者,"可由我来代向会计处取齐汇出",亦可直接寄重庆文协。

8日　因接到全国文艺界抗敌协会来函,并《抗战文艺》32期和33、34期合刊,通报文协改选理事信息之《文协近讯》载《星洲日报·晨星》。

9日　远在重庆举行的"中华全国文艺界抗敌协会"第一次年会上,郁达夫连任为第二届理事,为文协15名外埠理事之一。

10 日　时评《福建的防卫问题》载福建《新闻月刊》创刊号。认为在长期抗战的局面下,经济生产方面的防卫,比军事防卫更重要。

15 日　时评《日本的议会政治》载《星洲日报半月刊》第 20 期。1936 年"二二六"事件后,日本法制精神绝灭,宪政没落,军阀摄政,议会政治完全破产。

同日　王映霞《一封长信的开始——谨读大风卅期以后的呼声》在香港《大风》旬刊第 34 期发表。

19 日　《〈逆词〉编者按》载《星洲日报·繁星》。转载吴稚晖先生戏弄汪逆之文词,"以飨读者"。

25 日　散文《在警报声里》载 1939 年 4 月 25 日重庆《抗战文艺》第 4 卷第 2 期,又 6 月 24 日新加坡《星光画报》新第 1 期。记录池峰城师长讲述战斗故事(攻打台儿庄西北角的 47 名义士,盛成《徐州慰劳报告》作 57 人),表现台儿庄大捷的军民共战。

28 日　书评《日本的赌博》载《星洲日报·繁星》。《日本的泥足》作者优脱莱女士《日本在中国的孤注一掷》一著所述日本之三着赌注,"三着全输"。

29 日　论《事物实写与人物性格》载《星洲日报·晨星》。

30 日　杂文《艺术上的宽容》载《星洲日报星期刊·文艺》,主张艺术上宽容,但对于破坏统一、危害团结的"汉奸文艺"不可宽容。

春　作七绝《题淡然纪念册》,又题《题赠莫京归国之行》《题淡然手册》。

5 月

1 日　致楼适夷函以《郁达夫来信》为题,刊是日《文艺阵地》第三卷第 2 期"文阵广播"栏。

同日　作随笔《伦敦〈默叩利志〉的停刊》,认为在政治飞跃的时代,应吸取其过于纯文艺化的教训,提倡文艺与政治和大众的结合。载 5 月 4 日新加坡《星洲日报·晨星》。

4 日　作文论《大众的注意在活的社会现实》,进一步总结《默叩利志》停刊的原因,载 1939 年 5 月 8 日《星洲日报·晨星》。

5 日　短论《略谈抗战八股》载《星洲日报·晨星》,认为救治"抗战八股"的药石,只在作者的率真。

同日　王映霞《请看事实——到星架坡的经过》在香港《大风》旬刊第 36 期发表。

6 日　短论《从兽性中发现人性》载《星洲日报·晨星》,批判文艺八股化。

8 日　致夏莱蒂函,告知文艺半月刊因故延期至 6 月 1 日出版,并希望借《申报·自由谈》公开发表,以徐讦、吴似鸿等作者都有所知。刊 1939 年 5 月 26 日上海《申报·自由谈》。

9 日　读书笔记《獭祭的功用》载《星中日报·星宇》。

11 日　杂谈《空袭闲谈》载《星洲日报·晨星》。空袭让人胆量越练越壮,敌忾心越炸越激。

同日　杂文《图书的惨劫》载《星中日报·星宇》。以外骑纵横而图书遭劫,联想到办一个小小图书馆,来做研究的底子,保全中国五千年之文化。

12 日　弘一法师致普润(广洽)法师函中称"附致郁居士笺,

乞转奉"。① 时广洽法师已抵新加坡龙山寺,故弘一法师有托函转奉之举。此函内容或为托郁达夫联络军方以换取新特别通行证。②

13 日 致萧玲函,介绍初学写作者所读之书,以《代简》为题,载 1939 年 5 月 14 日新加坡《星洲日报星期刊·文艺》。

15 日 文论《关于抗战八股的问题》载《星洲日报半月刊》第 22 期,分析抗战文艺的渐成千篇一律,根本原因在"作者的没有生命与生活"。

16 日 致函陆丹林,请代请在港名流以"抗战两周年感想"为内容,为"七七"纪念日大增刊题字作诗。函载 1946 年 12 月《永安》第 91 期。

17 日 杂文《谈轰炸》载《总汇新报·世纪风》。认为普通的空袭,并不十分可怕。

20 日 散文《记广洽法师》载 1939 年 5 月 20 日《星洲日报·晨星》。记叙 1936 年底与广洽法师初次见面的印象。

22 日 编者按《启事》,载《星洲日报·晨星》,未署名。

23 日 为推荐美国记者斯诺的新作《中国的新四军》,发表《〈中国的新四军〉编者按》,载《星洲日报·晨星》。③

24 日 编者手记《告读者》,称本日"晨星"栏各篇文字,系中正中学主编之《纪念五月特刊》之一,"晨星"原载之稿件,停刊顺延一日。未署名。载《星洲日报·晨星》。④

---

① 参林子青编《弘一法师书信》第 399 页,生活·读书·新知三联书店 1990 年版。
② 参弘一法师旧历六月廿二日(8 月 7 日)致觉圆法师函,林子青编《弘一法师书信》第 446 页。
③ 陈其强《郁达夫年谱》第 402 页。
④ 陈其强《郁达夫年谱》第 402 页。

同日 老舍复函郁达夫,"极谢"其为文协募款,并祈《星洲日报》代登文协广告一纸。函刊 1939 年 6 月 10 日《星洲日报》。

25 日 发表《〈星洲文艺〉发刊预告》,载《星洲日报·晨星》,未署名。

26 日 作短论《战后敌我的文艺比较》,认为敌人的文艺是"空虚的,弛懈的,反真理,后退的",我们的文艺是"充实的,紧张的,满含正义人道自由真理的内容而前进的"。载 1939 年 5 月 29 日新加坡《星洲日报·晨星》。

同日 编者按《启事》,载《星洲日报·晨星》,未署名。

27 日 时评《教师待遇改善问题》载《星洲日报·晨星》。认为马华教育界最大的一个缺点,是教师地位没有保障。

29 日 惋惜郁王婚变,为使破镜重圆,李西浪《赠郁达夫先生》载《星中日报·星宇》。该刊此类劝和诗尚有:铁名《西浪作诗为达夫先生贤伉俪祝睦承步韵因作》(6 月 1 日),胡迈(胡浪漫)[1]《〈赠达夫先生〉寄西浪兄原韵》(6 月 3 日),一泓《西浪赠达夫伉俪,铁民和之邀同作》(6 月 3 日),绯燕女士《赠郁达夫先生》(6 月 5 日),雅真《赠达夫先生·和西浪兄原韵》(6 月 6 日),陈宗□《赠郁达夫先生》(6 月 12 日),及潘受[2]《次韵赠郁达夫先辈时君赋毁家诗后复偕映霞女士出国南来》等。

30 日 短论《文艺与政治——介绍〈现代人生与文艺〉志》,再论文艺须与政治有紧密联系。载新加坡《总汇新报·世纪风》。

---

[1] 胡浪漫,原名浪桂,字迈,福建汀州人。诗人,编辑。20 世纪 30 年代应其兄桂庚之命远渡南洋,历任马来亚《星槟日报》和新加坡《星洲日报》《总汇报》总编。

[2] 潘受(1911—1999),原名潘国渠,字虚之,福建南安人,1930 年南渡新加坡,曾任《叻报》编辑。1963 年参与筹办南洋大学。

同日　时评《抗战中的教育》载《星洲日报·晨星》。由马华侨胞的教育问题,联想到抗战来革除中国教育痼疾的没有起色。

同日　编者笔记《文字闲谈》载《星中日报·星宇》,分别记述"手民之误"和"永乐大典"奇特的编纂方法。

本月　作《赠郭氏两姐弟》,载《青年周刊》第三卷第2、3期,参见《文字闲谈》。又题《题照片赠郭开菊、开兰姊妹》。

6月

1日　《〈星洲文艺〉发刊的旨趣》载《星洲日报半月刊》第23期,重申文艺读物与政治社会的批评研究混合在一道,是这个时代潮流里最好的编制方法。

同日　正式接编《星洲日报半月刊》之《星洲文艺》专栏和《星光画报》文艺版。

6日　教师节,随笔《祝教师们的奋斗》载《星洲日报·晨星》。修复战争疮痍,建设现代国家,都有赖于教师造出一代新人。

9日　作《编者启事》,载6月9日、26日、29日《星洲日报·晨星》。

16日　《幽默风》7月号刊出《郁王桃色事件》专题,有郁达夫《国与家》和王映霞《请看事实——到星加坡的经过》和《郁达夫与王映霞——由合而离,由离而合》等。

19日　时评《看英将妥协至若何程度》载《星洲日报·繁

星》。由"天津事件"①倭寇封锁租界,搜劫英轮,枪杀英国在华民众,引发对英租界当局的观察。

20 日　作短评《翁占秋先生画展专刊附言》,载 1939 年 6 月 21 日《星洲日报·翁占秋先生画展特刊》。

22 日　时评《倭武人的神化》载《星洲日报·晨星》。倭寇武人自我神化,蛮横跋扈恶性膨胀,然物极必反,没落在即。

27 日　时评《倭敌已在想绝计了》载《星洲日报·晨星》。《日本评论》6 月号上,有武者小路氏"不负责任的文学家的幻想",表明日本人民想早日结束事变的厌战心理。

28 日　文协 6 月 12 日捐款收据载《星洲日报·晨星》:"兹收到郁达夫理事代本会募集抗战文艺宣传经费国币三百元整,此据。抗战文艺为军民精神食粮关系重大,兹承侨胞爱护祖国,热心指谕,无任感激,谨此声谢!"

7 月

1 日　散文《欧洲人的生命力》载《总汇新报·世纪风》。

2 日　偕王映霞出席李俊承②为欢迎印度国际大学中国学

---

①　天津事件,由日本挑起并借机与英国签订损害中国主权利益的《有田—克莱琪协定》(《英日初步协定》),激起中国朝野反对。1939 年 6 月 12 日,日方以英租界工部拒绝引渡刺杀天津伪联合银行经理程锡庚的四位华人嫌疑犯为由,宣布 48 小时内封锁英国租界,天津事件由此爆发。7 月 15 日到 22 日,英日双方三次会谈,24 日公布英日协定,"英国放弃在华职责、义务及合法地位"。

②　李俊承(1888—1966),法名慧觉,福建永春人。17 岁随父到马来亚经商,父去世后,在新加坡先后创办太兴有限公司、太安实业有限公司、华侨银行等。

院院长谭云山①在佛教居士林②洁治斋举行的素斋宴会。徐悲鸿、林谋盛③、黄曼士、关楚璞等同席。④

3日 第三次编发美国记者斯诺的报道,《投效中国的日本人》(《亚细亚》杂志6月号,节译),并作《〈投效中国的日本人〉编者按》载《星洲日报·晨星》。

6日 时论《抗战两年来的军事》载《星洲日报·晨星》。以军事上的大概,来"窥见一斑敌我在这两年战后的总势"。

同日 徐悲鸿在新加坡创作的油画《珍妮小姐画像》⑤行落成礼,郁达夫与谭云山、黄曼士、张汝器⑥、徐君濂⑦等艺术与新闻界人士应邀前往勃兰嘉氏私宅观赏,席间,徐悲鸿与画像合影,众人对徐氏作品极表赞誉。⑧

7日 作短论《抗战建国中的文艺——七七建国纪念日作》,载1939年7月15日《星洲日报半月刊》第26期"星洲文艺"栏。

同日 时论《抗战两年来敌我之经济与政治》载《星洲日

---

① 谭云山(1898—1983),湖南茶陵人。1924年赴新加坡和马来亚任教。1928年接受泰戈尔邀请,去印度国际大学任教,1937年出任首任印度国际大学中国学院院长。

② 佛教居士林,佛教居士从事宗教活动的团体。1933年,星洲诸山长老发起成立"佛教居士林",1934年,由李俊承购得一幢楼房捐献,作为林址,居士林正式成立。初时林友百余人,多是商界、学界的知名人士。

③ 林谋盛(1909—1944),福建南安人,新加坡华侨。新加坡沦陷后,任国民政府军事委员会咨议及福建省临时参议员。1944年6月29日殉国。

④ 参《郁达夫年谱》第406页,参《徐悲鸿年谱》第221页。

⑤ 《珍妮小姐画像》,为画家徐悲鸿最著名的油画人物肖像之一,作于1939年春夏之交,为徐悲鸿居南洋义卖募捐时作品。画中女子珍妮小姐,祖籍广东,为当时星洲名媛。此画筹得四万新币,为南洋募中画酬最高的一幅。

⑥ 张汝器(1904—1941),原籍浙江杭州,生于广东潮州。旅新画坛先驱。任《星岛日报》副刊主编,组织华人美术研究会。1941年太平洋战争后遇害。

⑦ 徐君濂,作家。时任《星洲日报》记者。

⑧ 参《徐悲鸿年谱》第221页。

报·晨星》。比较敌我两年间财政和政治的"实际的情形"。

9 日　文论《抗战两周年敌我的文化演变》载《星洲日报·晨星》。

以这一组抗战两年来基于敌我政治、经济、军事、文化等方面的事实的对比和回顾,"更不得不奋勉我们的将来"。

17 日　作《编者启事》,载《星洲日报·晨星》。

20 日　《旧诗百一抄》载《星洲日报》。

22 日　为助力全国文艺界抗敌协会的国际宣传和前线增刊等,联合《星中日报》《总汇新报》各副刊,向海外同胞发起捐助文协的文稿义卖周,日期定在 8 月 7 日至 8 月 12 日。《捐助文协的计划》载新加坡《星洲日报·晨星》。

23 日　书评《〈奢尔彭论文集〉》载《星洲日报星期刊·文艺》,介绍美国批评家摩尔的生活经历和这部 1935 年出版的批评、杂感文集。

同日　作《编者启事》,载《星洲日报星期刊·文艺》。

8 月

1 日　领衔新加坡华侨文化界,一致决议反对英国违反九国公约精神对日让步,成立"英日东京谈判所",故致电英京新闻界,望其主持公道,督促政府,中止谈判,废止英日商约。《致电英京新闻界》电讯稿载 1939 年 8 月 2 日《星洲日报》晚版新闻第 5 版。

6 日　为次日开始的文稿义卖周作《编者启事》,载《星洲日报星期刊·文艺》。

7 日　旧历六月廿二日,弘一法师托觉圆法师函中提及:"又有郁达夫居士致钱东亮师长之介绍书,亦乞交去。"①可知郁达夫已为法师"特别通行证,已满期"而特致介绍书于师部钱东亮②师长。

11 日 作时论《"八一三"抗战两周年纪念》,载 1939 年 8 月 15 日《星洲日报·晨星》。"八一三"两年来,敌寇已陷入"小蛇吞象,吞吐不得"的苦境,我们的胜利,将更加迅捷。

13 日 《纪念柴霍夫》载《星洲日报星期刊·文艺》,介绍俄国作家柴霍夫(今译契诃夫)作品的特色和影响。

14 日 时论《"八一三"淞沪抗战的意义》载《总汇新报·世纪风》。淞沪一战,敌寇冒险深入,却唤起了国际社会的关注和中国抗战到底的决心,意义不凡。

15 日 新加坡召开"孔夫子博览会",任展会主席并致辞。演讲稿《孔夫子博览会开幕词》载 1939 年 8 月 16 日《星洲日报》。

同日 为林语堂托译 *Moment in Peking*(《北京一刹那》,今译《京华烟云》)作短论《语及翻译》,载是日《星洲日报半月刊》第 28 期"星洲文艺"栏。

17 日 出任"新加坡华文报社纪念'九一'节筹赈大会"主席,为敦请筹委会协议之售票顾问领导演剧筹赈,特制专函。《敦请出任售票顾问函》载是日《星洲日报·本坡二》。

20 日 下午 7 时,适抵新加坡的吴继岳得见郁达夫,正在"白燕社"与社长胡昌耀及另两位同事打牌,夫人王映霞坐在身

---

① 参林子青编《弘一法师书信》第 446 页,生活·读书·新知三联书店 1990 年版。
② 钱东亮(1901—1978),江苏常熟人。广州黄埔军校第三期生。时为国民革命军新编第 20 师师长。

旁看他打牌。①

9 月

1 日 时评《"九一"记者节》载《星洲日报·晨星》。称记者节源于 1933 年《镇江日报》记者刘煜生的被害，经《东南日报》提倡而设定。记者节是为保障言论的自由和记者的人身安全，敦励记者品格，提高记者的社会地位。

同日 创作谈《写作的内容》载《星洲日报半月刊》第 29 期。"饱满的热情，丰富的人生经验，与熟练的技巧"，是任何时代作家必具的条件，"抗战文艺"也不例外。

同日 以"新加坡华文报社纪念'九一'节筹赈大会主席"名义，代表新加坡华报记者全体同人，致电重庆国民政府林森、蒋介石，拥护固定国策，抗战到底。《致重庆国民政府电》载是日《星洲日报》。

同日 《"九一"记者节演剧筹赈宣言》载是日《星洲日报》，宣告于记者节借座皇宫大戏院公演话剧以筹赈。

同日 作为星华记者公会主席和"新加坡华文报社纪念'九一'节筹赈大会主席"，是日晚参加"华报记者纪念记者节"演剧筹赈活动，致辞介绍演出筹备情况，感谢各方赞助和响应，"演词大意"载《总汇新报》晚版第 2 版报道《昨九一记者节演剧筹赈盛会》。其时，路透社"英法对德国宣战，第二次世界大战打响"急电到。当晚义演在大世界游艺场的一个剧场（皇宫戏院）举行，演出于伶名剧《花溅泪》，并邀请欧阳予倩学生、在槟城从事戏剧

---

① 吴继岳《值得我们永远怀念的爱国诗人郁达夫先生》，《回忆郁达夫》第 517 页。

工作的王绍清担任导演,演出得到养正校友会的赞助。据《郁达夫在新加坡》,此次筹赈活动为中国伤兵难民筹得新币6780元。①

同日 德国侵占波兰,次日,英法对德宣战,欧战爆发。

4日 林语堂自纽约致长函于郁达夫,称从陶亢德处得知郁达夫答应接受《瞬息京华》译事,并对此作多作介绍。

7日 作《编者启事》,载《星洲日报·晨星》,未署名。

同日 弘一法师致广洽法师函中称"郁居士函已收到,至用感谢,乞代为致候"。② 可知郁达夫曾于此前致函弘一法师。函具"农历七月廿四日"。

10日 为《星中日报》四周年所作祝词《对新闻纸的渴望感——为〈星中日报〉四周年纪念作》载《星中日报》。

18日 时论《纪念"九一八"》载《星洲日报·晨星》,阐述纪念"九一八"的三方面意义。

22日 应邀出席武汉合唱团领队陈仁炳③博士假南天酒楼麻坡厅设的茶会,席间陈博士邀请郁达夫到吉隆坡,为合唱团公演的话剧《原野》揭幕。

24日 文论《关于战争的文艺作品》载《星洲日报星期刊·文艺》。

27日 偕王映霞乘火车赴吉隆坡,为武汉合唱团初次公演曹禺新剧《原野》揭幕。

28日 在吉隆坡中华大会堂,为曹禺新剧《原野》公演揭幕

---

① 参金传胜《郁达夫南洋时期的三篇集外演讲》,待刊。

② 参林子青编《弘一法师书信》第 400 页,生活·读书·新知三联书店 1990 年版。

③ 陈仁炳(1909—1990),湖北武昌人。历史学家。曾参加武汉合唱团,率队赴东南亚义演募捐。

并致辞,强调公演之达于"筹赈抗战"和"宣扬文化"两重目的。《在〈原野〉公演揭幕式上的致词》载次日《星洲日报·马来新闻(一)》。午夜,与王映霞一同出席朱植生特为在李旺记酒家设的消夜。

29 日 下午离吉隆坡抵马六甲,下榻亚洲饭店。何葆仁①博士邀请陈应祯、胡健人等陪同游圣保罗教堂、圣约翰山、三宝井,晚,出席何葆仁在板底小甜楼设的晚宴。

30 日 据《再见王莹》,自马六甲回新加坡,于珍珠巴刹用晚餐后,赴南天酒楼访与金山②共同率剧团到新马宣传抗日的王莹③。

本月 回新加坡后,作七律《过吉隆坡叶亚来墓》。

10 月

1 日 作散文《再见王莹》,载 1939 年 10 月 2 日《星洲日报·本坡新闻》。

7 日 作《编者启事》,载《星洲日报·晨星》,未署名。

8 日 剧评《〈原野〉的演出》载《星洲日报星期刊·文艺》,认为曹禺剧作从《雷雨》到《日出》到《原野》,"划出了三个时代",《原野》是带有象征意义的问题剧,认为"其价值自然远在《雷雨》

---

① 何葆仁(1895—1978),福建厦门人。曾任新加坡华侨中学校长。抗战爆发后任"南洋华侨筹赈总会"常务委员。

② 金山(1911—1982),原名赵默,字缄可,祖籍湖南沅陵,生于江苏苏州。话剧与电影演员、导演,被称为"话剧皇帝"。1938 年组建中国救亡剧团并任团长,前往东南亚演出。

③ 王莹(1913—1974),女,原名喻志华,安徽芜湖人。话剧、电影演员,作家。1939 年任新中国剧社(原上海救亡演剧二队)副团长兼主要演员,和金山等带领文艺工作者赴东南亚各地募捐演出。

《日出》的两剧之上"。同期刊出王映霞《我与王莹》。

10 日 时论《今年的双十节》载《星洲日报·晨星》。从天时、地利、人和三方面,已经"操到了胜利的左券",所以今年的国庆纪念日,应该特别的庆祝。

14 日 为向重庆萧红特约的纪念鲁迅逝世三周年专稿《鲁迅先生生活散记》所作的编者附志《〈鲁迅先生生活散记〉编者附志》,载是日《星洲日报·晨星》。萧红文载 1939 年 10 月 14、16—20 日《星洲日报·晨星》。

15 日 散文《鲁迅逝世三周年纪念》载 1939 年 10 月 15 日《星洲日报星期刊·文艺》,拟定出纪念专号、开纪念会、参加其他团体所举行的演讲、募捐赠送鲁迅艺术学院等周年纪念计划。

19 日 晚间,出席新加坡三个华侨团体(爱同学校校友会、青年励志社及韩江励志社)举行的"鲁迅逝世三周年纪念大会"并分别讲话。《星洲日报·本坡》以《鲁迅精神不死"逝世三周"三侨团集会热诚纪念》为题报道三侨团纪念活动,并称"郁达夫致词勉励大众,学习鲁迅之战斗精神"。[①]

晚 7 时半,应邀出席爱同学校校友会在该校大礼堂举行的纪念鲁迅逝世三周年大会并演讲,报告鲁迅的生平,并称,"鲁迅初并不拟以文章鸣世,后因朋辈之怂恿,乃作写作。其对恶势力,死不妥协,韧性战斗精神,至足为我辈学习。其对青年,极能提掖,虽然数度上当,亦不馁懈。至临终时,尚在执笔为文。当其逝世之时,举国哀悼。国内青年于鲁迅先生逝世后,乃募纪念

---

① 参《鲁迅精神不死"逝世三周"三侨团集会热诚纪念》,载 1939 年 10 月 20 日新加坡《星洲日报·本坡》。

鲁迅基金,乃设立鲁迅艺术学院,以纪念我人之导师"①。

晚 8 时,应邀出席青年励志社在该社大礼堂举行的纪念鲁迅逝世三周年大会并演讲,报告鲁迅生平,并强调"鲁迅先生之为人,诚为一忠厚者",以兄弟俩反目后遇弟患病,仍复托友殷殷致问和热心扶助、开导各地青年等例为证,最后还述及鲁迅夫人许广平女士目下生活之苦况,并望各界能慷慨援助之。② 纪念会到会社员与社会各界人士 100 余人,演讲词(大意)见《青年励志社昨晚纪念鲁迅逝世三周年》,刊 1939 年 10 月 20 日《总汇报》早版"本坡"新闻版。③

同日　《星洲日报·晨星》编发"鲁迅逝世三周年纪念专号",至 10 月 23 日,陆续发表《忆鲁迅先生》(泽深作)、《学习鲁迅先生的精神》(刘莎作)、《纪念革命导师——鲁迅》(谭文郁作)、《向光明呼号——为鲁迅三周年忌作》(罗颖作)、《鲁迅的妙语》(孔二作)、《鲁迅先生的不妥协》(年作)和《鲁迅导师的幽默与讽刺》(寄鸿作)等纪念文章。④

27 日　为中华全国文艺界抗敌协会昆明分会漫画展览团"自备资斧,间关万里",云南大学学生喻(世海)、宁(涵章)二君自云南、缅甸抵新加坡,郁达夫前往迎接。该展由星洲总商会布展筹赈,展期自 10 月 28 日至 10 月 31 日,展品 300 余件,分漫画、木刻和摄影,均为国内大学生所作,参观者逾万人,共筹获叻

---

① 《郁达夫与鲁迅交往年表》,见陈子善、王自立编注《郁达夫忆鲁迅》第 102 页,花城出版社 1982 年版。(以下该著出版信息从略。)

② 《郁达夫与鲁迅交往年表》,《郁达夫忆鲁迅》第 102—103 页。

③ 参金传胜《郁达夫南洋时期的三篇集外演讲》。

④ 参《郁达夫与鲁迅交往年表》,《郁达夫忆鲁迅》第 102—103 页。

币 1486.8 元。①

当日《星洲日报·晨星》专为该展览辟特刊,郁达夫并题写刊名,同时撰文《介绍昆明文协分会漫画展览团》,载新加坡《星洲日报·昆明文协分会漫画展览特刊》。

同日 下午,应邀出席文协昆明分会漫画木刻展览团于中华总商会举行的开幕式,并发表演说,对助赈义举表示赞赏,《郁达夫君演辞》载 10 月 28 日《星洲日报·本坡要闻(二)》;②《总汇报》早版"本坡"新闻版亦于 10 月 28 日刊出《漫刻展览昨举行 高总领剪彩揭幕》,报道前一日漫画木刻展览开幕礼及预展会的情况,并摘录郁达夫的演说内容,称海外举展意义重大,"一为扩展国民外交,争取友邦同情,二为牺牲一己,为国效劳,其为中华民族之光荣而奋斗"。③

本月 某日,"徐悲鸿先生正在黄宅的客厅内,为王莹绘《放下你的鞭子》一剧中香姐的扮相,郁先生当时兴起,走笔书诗二首,我当时即录手册",即《在黄曼士家见徐悲鸿为王莹绘〈放下你的鞭子〉一剧中的香姐扮相,有感而作(二首)》。④

本月 为徐悲鸿为韩槐准作《竹鸡图》题七绝《槐准先生深居郊外,有裴真学风,悲鸿画鸡以申贺,嘱达夫题之,时己卯秋也》,又题《题徐悲鸿赠韩槐准〈竹鸡图〉》。⑤

---

① 钟瑜《马来西亚华人美术史 1900—1965》,正山国际设计艺术集团 1999 年版,第 49—51 页。

② 参郭文友《千秋饮恨:郁达夫年谱长编》,四川人民出版社 1996 年版,第 1681 页。

③ 参金传胜《郁达夫南洋时期的三篇集外演讲》。

④ 参喻世海《忆郁达夫先生》,《艺术家》1946 年 3 月第 1 期。

⑤ 参《徐悲鸿年谱》第 246 页。

11 月

17 日　上中国银行汇 72 元给陶亢德,作上海各作者稿费,并致函陶亢德,嘱代发放,并告知《星洲文艺》半月刊已因欧战爆发而停刊。函载 1940 年 1 月 15 日上海《宇宙风乙刊》第 20 期。

中旬　为徐悲鸿将离新加坡赴印度,应邀赴陈延谦止园海屋之饯别宴,为陈延谦改诗。黄孟圭亦作陪。11 月 18 日,徐悲鸿离新加坡赴印度,1940 年 12 月 13 日回到新加坡。①

19 日　随笔《写作闲谈》(三则)载《星洲日报星期刊·文艺》。

23 日　长兄郁华(曼陀)在寓所外被暗杀。②

26 日　在"新世界"日光园看话剧《活地狱》的演出。

27 日　《介绍雕刻家杜迪希(Karl Duldig)》载 1939 年 12 月 27 日《星洲日报·晨星》,介绍这位因希特勒迫害而流亡国外的奥地利犹太雕塑艺术家的生活经历和艺术成就。

30 日　据《语言与文字》,"偶尔经过"新加坡三角埔,进中国语文学院小坐,应邀为男女学生作讲,后讲词由张右胜、苏文贵记为《我国语言文字》,载 1939 年 12 月 1 日新加坡《南洋商报》。

11 月　致函《文艺阵地》主编楼适夷,"鲁迅艺术学院的捐款,此间也继续在筹寄",并提及许广平母子来新加坡事。③

---

①　《徐悲鸿年谱》第 226、236 页。

②　《高二分院刑庭长郁华昨晨遭暗杀》,《申报》1939 年 11 月 24 日第 7 版。

③　《郁达夫与鲁迅交往年表》,《郁达夫忆鲁迅》第 103 页。

12 月

1 日 合《活地狱》剧评和《南洋恋歌集》书评之《杂感两则》载《星洲日报·晨星》。

同日 致函《文艺阵地》编者楼适夷,介绍近期之翻译林语堂《瞬息京华》和星洲生活及募捐情况,函题《郁达夫来信》,载是日《文艺阵地》第 4 卷第 3 期"文阵广播"栏,发表时有删节。

3 日 时评《敌人的文化侵略》载《星洲日报·晨星》,细数敌寇文化侵略的失败。

4 日 致函柯灵主编的《大美报·浅草》副刊,告以来稿已刊用并各人稿费请陶亢德转,函中亦深信傀儡颇不容易登台。函以《南海短简》为题被刊于 1939 年 12 月 28 日上海《大美报·浅草》。

5 日 为补充中国语文学院演讲未尽内容所作之闲谈《语言与文字》载《星洲日报·晨星》。

7 日 复罗颖先生函载《星洲日报·晨星》,函题《代简》,署名编者。

12 日 致函许广平,再次欢迎许广平母子到新加坡居住,并愿为之设法。

16 日 所作《歌词三首》:《金刚音乐团团歌》《义安女校校歌》《树人学校校歌》歌词,载是日新加坡《星洲日报·繁星》,收《郁达夫诗词抄》。

20 日 剧评《马华剧运的进展》载《星洲日报·晨星》,总结马华剧运的成绩,并提出改进提高的三项建议。

21 日 时评《战时的忧郁症》载《星洲日报·晨星》。在自己的岗位上努力做救国的工作,是遣散战时忧郁症的良药。

23 日 时评《利用年假》载《星洲日报·晨星》。建议各业人等都能利用年假下一番反省的工夫。

25 日　作《编者启事》,载《星洲日报·晨星》,未署名。

27 日　散文《诗人的穷困》载 1939 年 12 月 27 日《星洲日报·晨星》,介绍一生穷困,而绝无"怨尤之声"的葡萄牙民族诗人贾梅士。

31 日　《〈文艺〉及副刊的一年》载《星洲日报星期刊·文艺》。

本月　短论《思想的种种》载 1939 年 12 月《星洲日报星期刊·文艺》。

本年　作《虎豹别墅楹帖》中柱、偏柱二联,载 1939 年 12 月 23 日《星洲日报·繁星》。

本年　作七绝《赠万印楼主张斯仁先生》,收《郁达夫诗词抄》。

1940 年(庚辰,民国二十九年)　44 岁

▲3 月,汪精卫在南京组建国民政府,自任代理主席。11 月,汪伪政府与日本签订"和平条约"。

▲7 月,日本第二届近卫内阁提出"大东亚共荣圈"计划,企图在亚太地区建立霸权。

1 月

1 日　时论《一年来马华文化的进展》载《星洲日报》新年特刊"宪政建设讨论专号"。

3 日　许广平复函郁达夫,称已收到爱同校友会与励志社捐

助鲁迅家属的汇款,其中励志社寄来国币 75 元。[1]

7 日 据《关于宪政》,利用周日"大家得空",邀集六七位朋友,座谈宪政问题。

8 日 时评《迎年小感》载《星洲日报·晨星》,鼓舞人们在新的一年里,能巩固团结,偿尽责任,坚定为国牺牲的觉悟,迎接胜利之路。

10 日 短论《戏剧与人生》载《星洲日报·晨星》,认为"社会生活高潮或发生剧变的时代,戏剧的情绪也一定高涨"。

12 日 时评《关于宪政》载《星洲日报·晨星》,讨论立宪如何执行,谁来代表马华侨胞利益等问题。

13 日 时评《敌阁的倒溃》载《星洲日报·晨星》。阿部内阁的行将倒台,"证明了敌国上下的束手无策,内则人民愤怼,革命将兴;外则兵连祸结,与国全无"。

16 日 时评《文人的待遇》载《星洲日报·晨星》。论述抗战以来文人待遇,既同情受难文士的待遇低薄,也警惕空头文学家,终不如一个裁缝或泥水匠、木匠来得更可尊敬,希冀更多青年成为工业创造者、机器发明者、荒地开辟者、国家建设者。

同日 致函陶行知,为介绍李赓为《星洲日报》通讯员,亦为郁飞就读一事询陶行知。[2]

18 日 时评《美倭之间》载《星洲日报·晨星》。1 月 26 日美倭商约届期将满,美外交委员会主席毕德门倡议美倭间断绝有约的商业关系,号召大家一起来拥护。

19 日 七律《无题》,自序云:"王声世先生古稀双寿,又庆金

---

[1] 参许广平《〈晨星〉通讯(许广平致郁达夫)》,方修编《马华新文学大系十 出版史料》,星洲世界书局有限公司 1972 年版,第 433 页。

[2] 参陶行知 2 月 2 日复函,载《陶行知全集》第 5 卷。

婚,躬逢盛典,因缀长句以致贺。"载是日《星洲日报·繁星》,收《郁达夫诗词抄》。

20日 时评《美倭商约废止期届以后》载《星洲日报·晨星》。希望在1月26日后,美国能禁止军火输日。

23日 七绝《为君濂题海粟画梅》,载是日《星洲日报·繁星》,收《郁达夫诗词抄》。

26日 随笔《去年诺贝尔文学奖金的受奖者》载《星洲日报·晨星》,介绍1939年诺奖得主、芬兰文学家弗兰斯·欧米尔·雪尔兰拜(Frans Eemil Sillanpää)。

29日 因邮递失时来稿迟发作编者按,《〈南战场寄妻的信(一)〉编者按》载《星洲日报·晨星》。

30日 致函老舍,寄送募汇之款,并嘱收条。

31日 书序《序李桂著的〈半生杂忆〉》载《星洲日报·晨星》。

李桂当时困居在廖内一家土工场里,因向《晨星》投稿,得识郁达夫,并常去拜访。除作此序外,郁达夫还替他在启发学校觅得一个位置,"总算从失业的苦海中被郁先生救了起来"。1939年的一天上午:

> "我去访问郁氏,他好像刚起身似的,穿着一身Biama,他的身材很矮小,但他的一对目光炯炯的眼睛,都显示出他的精神很健康。……这大概是郁氏的会客室兼书室吧,室内的陈设很简单,除了几张藤椅之外,只有一张桌子,上面放着文具和书报。我们寒暄了几句后,郁氏便把我的《半生杂忆》交回给我。这是我托朋友从廖内带给他的。"①

---

① 李桂《悼郁达夫先生》,《东印文艺月刊》第1期。

同日　1936 年 7 月为龚芝麓题《三十二芙蓉斋诗集后》(七绝)一首,载 1940 年 1 月 31 日《星洲日报·繁星》,收《郁达夫诗词抄》。

　　本月　据《敌我之间》,《毁家诗纪》译载在《日本评论》1940 年 1 月号"皇记二千六百年纪念大特辑"上。

　　本月　《回忆鲁迅及其他》由上海"宇宙风"社出版,署名"郁达夫等著",收有郁达夫《回忆鲁迅》等 5 篇怀人文字。

　　本月　关楚璞主编,郁达夫、姚楠[①]等为编辑委员的《星洲十年》,由星洲日报社本月初版。

2 月

　　1 日　时评《勿骄勿馁的精神》载《星洲日报·晨星》。以敌寇在浙东的偷渡钱塘江,炮轰镇海,警醒人们"闻胜勿骄,遇挫勿馁",重振精神,预防敌军的意外袭击。

　　同日　许广平致函郁达夫,称已收到新加坡华侨团体捐鲁迅家属的汇款。函以《孤寡之声》为题,载是日《星洲日报·晨星》第 21 版。

　　同日　作《编者启事》,载《星洲日报·晨星》,未署名。23、29 日重刊。

　　7 日　时评《等春季过后》载《星洲日报·晨星》。敌寇冬季攻势孤注一掷,待春季过后,敌人就会因内部的崩溃和外部的钳制,而呈一个很显著的败兆。

　　8 日　作五律《庚辰元日,闻南宁捷报,醉胡社长宅,和益吾老人〈岁晚感怀〉原韵》,载 1940 年 2 月 23 日《星洲日报·繁

---

　　①　姚楠(1912—1996),字梓良,生于上海。东南亚研究学者。入读上海暨南大学期间,任南洋文化事业部英文翻译。

星》。

9 日　时评《废历新年》载《星洲日报·晨星》。历日新旧二元制或让人将大好的光阴、精力、金钱浪费在嬉游作乐上面,战时尤谓节日不可过多,快乐不可无度。

同日　作时评《敌军阀的讳言真相》,载 2 月 10 日《星洲日报·晨星》。由日民政党议院提出斋藤隆夫在众议员关于中日战争具体计划、牺牲如何补偿、"东亚新秩序"究竟是什么等的质疑,为军阀们所不满,推知他们无可掩饰的野心与失败。

同日　由中华全国文艺界抗敌协会负责人老舍签署的郁达夫集款收据在《星洲日报·晨星》公布。

12 日　客居新加坡的一批热爱京剧的侨胞创建"平社"(因北京名北平,故京剧称平剧),从事业余京剧表演和与内地交流。郁达夫参与了平社创建,并被推为首届理事会理事。①

13 日　七律《代洪开榜先生祝梁母邓太夫人八秩开一大庆之作》,载是日《星洲日报·繁星》,收《郁达夫诗词抄》。

17 日　时评《粤桂的胜利》载《星洲日报·晨星》。长沙大捷、粤南大捷和桂南之役,在警告日本民众,杀死远征兵士的,"不是支那的为保卫乡土而战的英勇军队,而是在他们自己身边的几个军阀"。

18 日　以老舍来信之称重庆和内地文化人稿费低廉,难以维持创作,作时评《文艺上的损失》,载《星洲日报星期刊·文艺》,建议向内地落难文化人提供救助。

21 日　散文《悼胞兄曼陀》载 1940 年 2 月 21 日《星洲日报·晨星》。

---

①　甄光俊《郁达夫与新加坡平社》,《今晚报》2014 年 9 月 2 日。

同日　以《文协近况》为题,在《星洲日报》"文艺"副刊刊登老舍 1 月 20 日复函,介绍文协经费之窘和会员之穷,并附募汇之款收条。

22 日　时评《敌在浙闽的攻势》载《星洲日报·晨星》。指出敌寇偷渡钱塘江进扰浙闽,只是"进占一不关大局的沿海小地区以自慰"而已。

28 日　时评《永久的和平》载《星洲日报·晨星》,为全世界有一个比较长久的和平时期,呼吁战后和约的"大公至正"和"坚强有效"。

29 日　时评《错综的欧局》载《星洲日报·晨星》,对错综复杂且"大有剑拔弩张、危机四伏的样子"的欧洲战局持静观态度。

3 月

1 日　七律《三月一日对酒兴歌》,载 1940 年 5 月 22 日《星洲日报·繁星》。

2 日　应邀出席文化界为重庆中国电影制片厂摄制的电影《孤岛天堂》在新加坡举行的宴会。

5 日　晚,在新加坡华侨中学礼堂观看王莹女士等演出三出独幕剧《贼》《反纳粹》《放下你的鞭子》。

6 日　《毁家诗纪》后,王映霞三次提出离婚要求,"没有任何条件,也不要东西"。是日在关楚璞见证下,双方在离婚协议书上签了名。①

10 日　剧评《看王女士等的演剧》载《星洲日报星期刊·文艺》,肯定此次演出为"最出色"。

---

① 参《王映霞自传》第 191 页;参《王映霞:关于郁达夫的心声》第 398 页。

14 日 作编辑手记《启事》,载《星洲日报·晨星》,16 日重载。

17 日 时评《因谋保障作家生活而想起的话》载《星洲日报星期刊·文艺》。重庆文协总会的老舍在《大公报》上提高稿费的提议得到中央社会部的重视,座谈会后决定颁布"命出版业者忠实支付版税""集款作贷救济作家"等保障作家权益的法令,虽是官样文章,对作家生活也算有所帮助,更期待中央执掌教育及文化事业诸公,能杜绝敷衍塞责,振兴教育和文化。

同日 与刘士木①、张礼千②、许云樵③、关楚璞、韩槐准④、姚楠等,假新加坡南天酒楼成立中国"南洋学会",为学会发起人之一,并担任过两届理事。⑤ 该学会致力于南洋研究,1939 年冬发起,1940 年 3 月成立时有基本会员 19 人,赞助会员 57 人。

同日 与关楚璞联名致函占梅,为杜南作挽联《南山先生千古》。

20 日 时评《从苏芬停战说到远东》载《星洲日报·晨星》,预言即便欧战可以"告一段落",中日问题,也必不能同时解决,

---

① 刘士木(1889—1952),原名志权,字更生,广东兴宁人。藏书家,学者。曾受聘为暨南大学南洋文化事业部主任,主持编辑《南洋研究》期刊和"南洋丛书"工作。

② 张礼千(1900—1955),江苏南汇人(今属上海)。南洋研究的拓荒者之一。曾在马六甲培风中学任教务长,新加坡华侨中学教务主任。1939 年在《星洲日报》社负责"星洲十年"编纂工作并主编"南洋经济"副刊。

③ 许云樵(1905—1981),原名钰,以字行,祖籍江苏无锡,生于苏州。1931 年南渡新加坡,后又转往马来半岛,1938 年应聘于《星洲日报》社,中国南洋学会发起人之一,任《南洋学报》主编长达 18 年。

④ 韩槐准(1892—1970),海南文昌人。考古学家,历史学家,种植专家。1915 年到新加坡谋生,毕生致力于陶瓷学、考古学、历史学、植物学、矿物学、民俗学以及华侨史等多门类、多领域的研究。

⑤ 参姚楠《缅怀郁达夫》,《回忆郁达夫》第 498 页。

"只有从努力持久的一法,来争取最后的胜利"。

　　同日　立法委员王昆仑①主持"中苏文化协会"宴会,宴请重庆中苏作家老舍、郭沫若、孙师毅(施谊)、陈波儿②、方殷③、戈宝权④、葛一虹⑤、阳翰笙、费德连克、米克拉舍夫斯基等 10 人聚会,老舍提议联句题诗《寄慰达夫》,遥寄郁达夫:"莫道流离苦(老舍),天涯一客孤(沫若),举杯祝远道(昆仑),万里四行书(施谊)。"在场中苏作家都签了名,郭沫若并附言称"诗上虽说你孤,其实你并不孤。今天在座的,都在思念你,全中国的青年朋友,都在思念你。"

　　"重庆方面的几位文人作家,曾致函在新嘉坡《星洲日报》担任总编辑的郁达夫氏,邀他到西南去,干一番实际的救亡工作。现在经记者证明,这封信是由郭沫若厅长授意,而由孙师毅出面写去的","最近,郁达夫有一封回信,寄给重庆孙师毅了,其复函大意是说,在海外乐园中,身心都感到舒适,所以暂时不愿回到祖国来,与诸君共攘外患,他在信后面并附有寄怀小诗一首,赠给蜀中同志,诗中极多警

---

　　①　王昆仑(1902—1985),江苏无锡人。曾任国民革命军总司令部政治部秘书长。1941 年在重庆发起组织中国民主革命同盟,1943 年发起组织三民主义同志联合会。

　　②　陈波儿(1907—1951),原名陈舜华,广东汕头人。电影人,导演。曾加入上海艺术剧社,从事左翼戏剧活动,1938 年到达延安,从事戏剧、电影的创作和组织工作。

　　③　方殷(1913—1982),原名常钟元,河北雄县人。曾任南京《金陵日报》特约记者,延安鲁艺音乐系学员,重庆中华全国文艺界抗敌活动协会诗歌组组长等。

　　④　戈宝权(1913—2000),江苏东台人。翻译家,学者。曾任《时事新报》编辑、天津《大公报》驻莫斯科记者、《新华日报》《群众》周刊编辑。抗战胜利后任生活书店和时代出版社编辑。

　　⑤　葛一虹(1913—2005),上海人。戏剧理论家,戏剧史家,翻译家,出版家。中华全国文艺界抗敌协会理事、戏剧界监事。曾前往西北战地访问。

句"。①

21 日　时评《土罗的问题》载《星洲日报·晨星》,纵论苏芬停战后巴尔干局势。

同日　作《编者启事》,载《星洲日报·晨星》。

24 日　文化随笔《古登白耳希的发明活字纪念》载《星洲日报星期刊·文艺》。以古登白耳希活字印刷发明的有益于文化,有益于人类,使文化宣传"比子弹炮弹更有效",对比希特勒的"开倒车,烧书报,逐学者,打算以炮火来代替书册",则"那位蓄着有卓别林小胡髭的油漆匠,应该被铸成一个铁像,跪在他的像前"。

同日　上海各大团体和各界闻人在上海湖社发起举行"郁曼陀追悼会",将年初所"撰一哀挽联语,遥寄春申江上,略表哀思"。联云:"天壤薄王郎,节见穷时,各有清名扬海内;乾坤扶正气,神伤雨夜,好凭血债索辽东。"题《曼兄殉国沪上寄挽》,见《沪各界追悼郁曼陀 电国府明令褒扬》,载 3 月 25 日《申报》。

1940 年 6 月 19 日《前线日报》作:"大哥灵鉴:天壤薄王郎,节见穷时,各有清名闻海内;乾坤扶正气,神伤雨夜,好凭血债索辽东! 弟达夫杖泪挽。"

28 日　时评《今年的"三·二九"纪念日》载《星洲日报·晨星》。主张"尽我们的全力",粉碎汪逆伪中央阴谋,以祭黄花岗七十二烈士。

本月　作《挽杜南山》,载 1940 年吉隆坡版《杜南先生哀思录》。杜南为广东顺德人,孙中山在美国檀香山求学时的中文教师,后被孙中山召为同盟会新加坡分会同志。

---

① 《郁达夫有信给孙师毅》,《力报》1940 年 4 月 25 日。

4 月

1 日　散文《印人张斯仁先生》载 1940 年 4 月 1 日《星洲日报·晨星》。对梅县篆刻家张斯仁先生来新加坡刻印助赈极表赞赏。

7 日　为"尽我们的绵力,对于教育的理论和实际,来下一番研究",特于《星洲日报》星期刊创办《教育》周刊,所作《发刊词》载《星洲日报星期刊·教育》。

9 日　时评《傀儡登台以后的敌我情势》载《星洲日报·晨星》,讨伐南京傀儡政府的阴谋诡计。

同日　发表颂词《子和黎公像赞》,载《星洲日报·繁星》。

12 日　时评《欧战扩大与中国》载《星洲日报·晨星》。欧战爆发七八个月,纳粹进攻丹麦、挪威。"德国这种野蛮的行为,若要寻对偶,只有日本的军阀们了",而这一野蛮行动的结果,终逃不出世界正义的最后裁判。

14 日　文论《长篇小说》载是日《星洲日报星期刊·文艺》。为德国文学家、1929 年诺奖得主汤麦斯·曼《自传》读后感和对其创作的评价,并期待抗战史诗"接踵地产生出来"。

同日　杂感《为己与为人》载《星洲日报星期刊·教育》,讨论求学问的目的,既在增进自己的德业,也在服务于人类社会。

16 日　七绝《题姚楚英诗册》载是日《星洲日报·繁星》"今人诗词选"。

18 日　时评《敌寇政治进攻的两大动向》载《星洲日报·晨星》。指出敌寇政治进攻的两大动向:一是利用傀儡政府,争取中间观望民众;二是通过傀儡政府,破坏法币信用。

19 日　为得知张资平附逆所作的散文《"文人"》,批评当时一些别有用心者破坏文艺界抗日统一战线的行径。载 1940 年 4 月 19 日《星洲日报·晨星》。

20 日　得重庆作协联句后依韵奉答《得渝友诗束,谓予尚不孤。实则垂老投荒,正为僮子辈所诟谇。因用原韵,鱼虞通洽奉答,亦兼告以此间人心之险恶耳》(五绝),载是日《星洲日报·繁星》。

同日　冈崎俊夫译《沉沦》由日本东成社出版,为《现代支那文学全集》第 2 卷。

21 日　时评《侵略者的剿灭文化》载《星洲日报星期刊·文艺》,从《泰晤士报》的两则文艺消息,坚信文化绝不会被暴虐者灭尽。

29 日　剧评《关于戏剧演出时之接吻问题》载《星洲日报·晨星》。针对"本月廿一晚,晨光社为协助'回教徒募药救济中国难民'之故,试演独幕剧《重逢》,剧中……实行接吻,本系应有之动作。但听说外间颇有卫道之徒对此在提出抗议"这一"奇事",提出自己的意见,认为"对艺术,须忠实到底",若要卫道,则应从新的道德观点来说话。

30 日　和广勋先生《赠呈达夫先生》七绝《和广勋先生赐赠之作》(四首)载是日《星洲日报·繁星》,收《郁达夫诗词抄》。

5 月

3 日　七律《祝中兴俱乐部两周年纪念》,载是日《星洲日报·繁星》。

5 日　发表《"昔华教师联合会成立纪念刊"发刊词》。称特刊是"昔华教育界生活与工作之轮廓",也是"昔华教育界的呼号"。载《昔华教师联合会成立纪念刊》。

6 日　作编者《启事》,载《星洲日报·晨星》,未署名。

9 日　白朗①女士去年参加文协战地服务队②,赴中条山慰问,所作日记《中条行》拟摘录一二节发表于《晨星》副刊,特作《〈中条行〉编者按》,载《星洲日报·晨星》。慰问日记时间为1939 年 6 月 18 日至 9 月 5 日,较为详细地记述了"访问团"前期和中期的战地访问活动情况。

15 日　时评《抗战现阶段的诸问题》载《星洲日报·晨星》,讨论抗战国策问题,国共摩擦问题,联络友邦问题,抵抗敌人的政治、经济进攻问题等。

18 日　剧评《〈塞上风光〉之演出》载《星洲日报星期刊·本坡新闻(一)》,盛赞阳翰笙的剧本和王莹的表演。

19 日　影评《说国产影片中的插入歌曲》载《星洲日报星期刊·文艺》。

21 日　文论《左拉诞生百年纪念》载《星洲日报·晨星》。认为左拉的伟大,"是他的理想,是他的一生的毅力",是他"对未来光明的努力追求,和正义人道的拼死的主张"。

同日　发表《曾公锦棠墓铭》,载《星洲日报·繁星》。

22 日　时评《华中大捷与色当战役》载《星洲日报·晨星》,以堪比台儿庄、昆仑关大捷的华中襄樊大捷,可知最后的胜利"又接近了一步"。

----

①　白朗(1912—1994),女,笔名弋白,辽宁沈阳人。历任哈尔滨《国际协报》主编,延安《解放日报》副刊部文艺编辑,《前进报》编辑、记者,《东北日报》副刊部部长等。

②　1939 年 6 月,全国文协组织"作家战地访问团"赴中条山和太行山一带慰劳抗日将士。访问团由 13 人组成:团长王礼锡,副团长宋之的,成员杨骚、杨朔、以群、方殷、白朗、罗烽、袁勃、李辉英、葛一虹、陈晓南、张周。1939 年 6 月 14 日,"文协"在重庆生生花园举行出发仪式;12 月 12 日,作家战地访问团回到重庆。访问期间,团员每人轮流写 3 天团体日记,记录团内活动。

23 日　作七律《五月廿三别王氏于星洲,夜饮南天酒楼,是初来时投宿处》(二首),载 1940 年 5 月 29 日《星洲日报·繁星》。

同日　晚,郁达夫约了胡浪漫、冯列山、黄葆芳到"白燕社"打牌,拟通宵达旦,不肯回家,但大家翌日都有工作,不能奉陪,无奈之下郁达夫买了瓶白兰地,午夜时分到南天酒楼开房,喝得酩酊大醉,到第二天午后才起床。[①]

24 日　王映霞只身离开新加坡。《星洲日报》总经理托人带来川资 200 叻币,郁达夫父子未及送行。[②]

26 日　时评《关于华校课程的改订》载《星洲日报星期刊·教育》,署名"编者"。建议借当地政府商订改编华校课程之机,加强对华校学生的国文国语教育。

同日　文论《谈翻译及其他》载《星洲日报星期刊·文艺》。由林语堂请译《瞬息京华》谈及翻译之难。

31 日　在香港《星岛日报》刊出启事:"达夫与王映霞女士已于本年三月脱离关系,嗣后王女士之生活行动与达夫无涉。两家亲友处,恕不一一函告。仅此启事。"[③]

同日　所作《培群学校校歌》歌词载是日《星洲日报·繁星》。

本月　致函戴望舒,为与王映霞协议离婚,乞在香港《星岛日报》封面,登启事三天。并称正在赶译《瞬息京华》,"今年年内可全部脱稿"。

本月　复林语堂 5 月 21 日函,刊 1940 年 6 月 6 日《星洲日

---

①　参黄葆芳《回忆达夫先生二三事》,《回忆郁达夫》第 529 页。

②　参《王映霞自传》第 192 页。

③　参《王映霞:关于郁达夫的心声》第 397 页。

报·晨星》，称"译事早已动手，大约七月号起，可以源源在《宇宙风》上发表"。

但据李桂记录，郁达夫曾向他说："那是林氏写给外国人看的，至于国人恐怕不大要看这样的东西。不错，他曾将原书寄给我并汇给我二百金元，叫我替他译回中文；可是，如今，钱都给我喝酒买书花光了，译文呢？只字不动。"①

6 月

1 日　由东京《读卖新闻》社学艺部转来新居格公开信，作复《致新居格氏》，并以《敌我之间》为题，将往来二书同时刊载于 1940 年 6 月 3 日、4 日《星洲日报·晨星》上。

同日　王映霞在香港《大公报》发布启事，称"郁达夫年来思想行动浪漫腐化，不堪同居，业在星洲无条件协议离婚，脱离夫妻关系，儿子三人统归达夫教养，此后生活行动各不干涉。除各执有协议离婚书外，特此奉告海内外诸亲友，恕不一一"。

同时，托程沧波②在重庆《中央日报》、托刘湘女③在杭州《东南日报》等相继刊载此启事，公告亲友。

6 日　七律《与王氏别后，托友人去祖国接二幼子来星，王氏育有三子，长子阳春，粗知人事，已入小学，幼名殿春、建春，年才五六》，刊是日《星洲日报·繁星》。

---

①　李桂《悼郁达夫先生》，《东印文艺月刊》第 1 期。
②　程沧波（1903—1990），原名中行，江苏武进（今属常州）人。历任《中央日报》《中央时事周报》社长，重庆《世界日报》、香港《星岛日报》总主笔，上海《新闻报》社长等。
③　刘湘女（1904—？），原名吉谦，祖籍湖南湘阴，生于安徽南陵。1927 年任广西南宁《民国日报》主笔及新闻部主任，1934 年任杭州《东南日报》总编辑。

7 日　游记《马六甲记游》载 1940 年 6 月 7 日、8 日《星洲日报·晨星》,并刊于本月创刊的南洋学会之《南洋学报》第一辑。又被节选并改题作《凭吊马六甲》,作为"郁达夫遗作"刊于《飘》1946 年 12 月第 3 期。

9 日　文论《英法的文坛近事》(四则)载《星洲日报星期刊·文艺》。

同日　以《国内文人的团结》为题,在《星洲日报·晨星》刊发老舍来函。此函作于 5 月 15 日,为接到华侨捐款汇票后的复函。郁达夫曾为文协汇去募款三次,计 1300 元。

11 日　时评《意大利参战与敌国》载《星洲日报·晨星》。欧战进入第二阶段,即使意大利投机参战,也抱英法必胜之信念。

12 日　为 11 日转载香港《大光报》副刊冬江一文"事属传闻,又系不确",特作更正致歉《编者启事》,载《星洲日报·繁星》。

14 日　赵洵先生、王莹女士在星洲组建新中国剧团,致贺短文《祝新中国剧团的成功》载《星洲日报·晨星》。

16 日　杂感《图书馆与学者》载《星洲日报星期刊·文艺》,对六六社发起筹设星洲公共图书馆表示支持和期待。

同日　红毛丹成熟时,南洋学会发起人、考古学家韩槐准先生邀请南洋学会几个朋友到其"愚趣园"小叙,黄曼士、徐君濂、黄葆芳等同赴雅集。郁达夫即席作一联一诗,联曰"其愚不可及,斯趣有所焉",诗得首联,归后补书,为《槐准先生于暇日邀请孟奎①先生及报社同人游愚趣园,时红毛丹正熟,主人嘱书楹帖,

---

①　黄孟奎,福建南安人,黄曼士之兄。1928 任福建省教育厅厅长,1930 年到上海开设律师事务所,与郁达夫相识。1936 年春,与郁达夫同时被聘为省政府顾问,1939 年到达新加坡。

先得首联,归后缀成全篇》,制版刊于 1947 年 3 月《南洋学报》第
4 卷第 1 辑《纪念郁达夫先生》文中。诗题又作《赠韩槐准》,载
1940 年 6 月 18 日新加坡《星洲日报·繁星》。[①] 又题《游愚趣园
赠韩槐准》一联,曰"其愚不可及,斯趣有所为"。

23 日　杂感《文人的团结》载 1941 年 1 月 1 日《星洲日报星
期刊·文艺》,号召海外文化工作者团结起来,去打倒唯一的敌
人,呼应老舍来函。

24 日　七律《孟奎黄先生曾长闽教育厅,足迹几遍全球,近
息影星洲,设帐授徒,学濂溪之课士,因用先生〈课徒感作〉原韵
赋赠长句》,刊是日《星洲日报·繁星》,收《郁达夫诗词抄》。

25 日　时评《今后的世界战局》载《星洲日报·晨星》,坚信
"战争若一持久,则德意必败"。

27 日　时评《敌最近的侵略形势》载《星洲日报·晨星》,让
人看清敌人四面加紧包围,急求结束战事的窘相。

29 日　书评《叙关著〈现代报纸论〉》载《星洲日报·晨星》,
为"博学能文"之同事关楚璞新著作序。

7 月

1 日　时评《敌人对安南所取的策略》载《星洲日报·晨星》,
敌对马来半岛和南洋群岛采取渐进蚕食、不战而取的策略,宜引
起重视。

2 日　应作者陈祖泽之约而作之七律《〈温陵探古录〉题词》
(又题《咏洛阳桥》),刊是日《星洲日报·繁星》,收《郁达夫诗词

---

① 参姚楠《缅怀郁达夫》,《回忆郁达夫》第 498—499 页;参《南洋学报》第 4 卷
第 1 辑。

抄》。

7 日　时评《敌国目前的致命伤》载《星洲日报·抗战三周年纪念特刊》，认为敌国最成问题的，是"人的资源和经济的资源枯竭"。

10 日　剧评《看〈永定河畔〉的演出》载《星洲日报·本坡新闻（一）》。《永定河畔》为田汉原作，赵洵改编，1940 年 7 月在新加坡上演。

8 月

3 日　自该日起至 10 月 25 日，在原主笔关楚璞辞职回港，新聘主笔俞颂华①到任之前，兼任《星洲日报》代主笔。

同日　社论《田中奏折与近卫国策》载《星洲日报》，发表时未署名。文章指出，田中奏折征服世界的野心将次实现的现在，希望东亚各国都能不妥协让步，不为敌阀和平进攻的谣言所煽动，抵抗到底。

7 日　作五绝《送杜迪希先生行》。杜迪希是奥地利著名雕刻家，为希特勒所逐，将去澳洲。

同日　作《编者启事》，载《星洲日报·晨星》。

10 日　社论《密锣紧鼓中之东西战局》载《星洲日报》，发表时未署名。文章指出，日寇的占侵越南之行动，无异于玩火自焚。

13 日　社论《"八一三"抗战纪念前夕》载《星洲日报》，发表

---

①　俞颂华（1893—1947），名垚，又名庆尧，笔名澹庐，江苏太仓人。曾与瞿秋白等以上海《时事新报》与北京《晨报》特派记者身份赴苏俄采访。1940 年任新加坡《星洲日报》总编辑。

时未署名。文章指出了"八一三"一役对全面抗战的影响,更指出,如果日本占领海南岛是太平洋上的"九一八",扩大封锁中国沿海是太平洋上的"七七",那么,侵略越南、荷属印度尼西亚,就是太平洋上的"八一三"。

17日 社论《敌寇南进的积极步骤》载《星洲日报》,发表时未署名。文章认为,日寇威胁越南危及南洋,则我大举反攻的时机也愈演愈近了。

19日 社论《关于侨汇之再限制》载《星洲日报》,发表时未署名。为我侨汇款回国数目日增,马来亚政府有抑低限额之议。为此遍询各侨领,形成五点意见,供当局参考。

26日 社论《倭阁新政体制和我们的反攻》载《星洲日报》,发表时未署名。近卫上台以后,一面想赶紧结束对华事变,一面又妄自将南洋一带划入大东亚新秩序建设范围。只教南北反攻,则必摧枯拉朽,胜利在望。

28日 社论《华北捷讯与敌阀之孤注》载《星洲日报》,发表时未署名。华北大捷,是初试反攻之局部成功,抗战已渐渐接近最后胜利之阶段。

31日 社论《欢迎美国新闻记者团》载《星洲日报》,发表时未署名。借文对应澳洲及荷印①当局之邀历游南洋各地的美国新闻记者团大声疾呼,将敌寇暴行传播给美国人民,并促醒当局断绝与敌寇的经济往来,共同保卫世界和平。

---

① 荷印,即荷属东印度,为荷兰在东南亚的殖民地,范围从苏门答腊岛西北端至新几内亚荷属领地东端,横跨近3000英里,自北至南宽度约为1300英里,陆地总面积735000平方英里。

9 月

9 日　社论《英美合作的反应》载《星洲日报》,发表时未署名。指出英美的切实合作,是倭寇和纳粹的致命伤。

12 日　社论《敌人敢发动新的攻势吗?》载《星洲日报》,发表时未署名。以敌人现有兵力,或不能作大规模进攻;倘敢发动攻势,也是自取灭亡。

14 日　社论《荷印·越南·以及中东》载《星洲日报》,发表时未署名。文章指出,对付欺善怕恶之敌寇,唯一的武器,是"强硬到底"。

16 日　《介绍杜迪希》载《星洲日报》,为奥地利雕刻家杜迪希离马来亚去澳洲,特撰文介绍。

18 日　社论《"九一八"九周年》载《星洲日报》,发表时未署名。借"九一八"九周年之际,"一按过去,再瞩将来",无限感慨。

同日　时评《今天是"九一八"》载《星洲日报·晨星》。为"九一八"九周年纪念作。

20 日　社论《欧局僵持下的越南》载《星洲日报》,发表时未署名。文章警诫越南当局,"对付强暴,是不能用和平的手段的"。

21 日　社论《美苏接近与远东》载《星洲日报》,发表时未署名。英美苏三国若能联合起来,倭寇则非崩溃不可。

25 日　社论《越南降敌后国际的反应》载《星洲日报》,发表时未署名。文章告诫荷印当局要防范敌人威胁利诱,得寸进尺,事先预防,决不示弱。

27 日　社论《欧战的持久和扩大》载《星洲日报》,发表时未署名。文章指出,战争扩大,敌寇各处的实力便分散,矛盾和破绽也必暴露出来,其结果无非是"因食伤而倒毙"。

同日　德意日三轴心国军事政治经济同盟条约公布。

28 日　社论《美国对远东和轴心国的态度》载《星洲日报》,发表时未署名。文章从日寇南侵越南、签订轴心国公约等黩武、强盗本质,坚信"公理终可以战胜强权,轴心必至于乖离脱辐"。

10 月

2 日　社论《轴心国联盟与中国》载《星洲日报》,发表时未署名。轴心国德意日结成军事政治经济同盟,只使侵略国与被侵略国之界限愈发分明,英美苏对我抗战之援助亦将日增。

3 日　社论《美国、苏联与轴心国》载《星洲日报》,发表时未署名。希望英美能加紧联系苏联,则民主国对轴心国的一大阵线,也不难结成。

4 日　社论《缅甸与中国之友谊》载《星洲日报》,发表时未署名。以宇巴比伦率代表团访南洋各地,述中缅于敌寇的共同防范与合作。

5 日　社论《欧战重心的转移》载《星洲日报》,发表时未署名。认为欧战重心会转移到中东或非洲大陆,但胜负之数仍不可逆睹。

同日　影评《推荐八百壮士影片》载《星洲日报·本坡要闻(一)》。

9 日　社论《廿九年双十节的前夕》载《星洲日报》,发表时未署名。双十节前夕缅想民国成立以还,"一则以喜,一则以惧",一方面有"须急谋改正"的寡廉鲜耻之贪官污吏、营私舞弊之党棍国贼,另一方面,亦喜经历战争考验的中国军队和海外华侨,忠勇绝伦,精诚团结,一唯抗建是图。

10 日　南洋青年诗人冯蕉衣①以 27 岁年华因贫病交迫而逝。

11 日　社论《滇缅路恢复运输后的远东》载《星洲日报》,发表时未署名。社论认为,英国决定滇缅路重新开放运输军器,是英国态度明朗化的表现,我国之抗战,也将进入新阶段。

同日　赴武吉智马青山亭参加青年诗人冯蕉衣葬礼。

15 日　作《编者启事》(二则),载《星洲日报·晨星》。

16 日　社论《巴尔干半岛与苏土英》载《星洲日报》,发表时未署名。社论指出,轴心国到了现在,已面临一绝大危机,四面楚歌,随时都会崩溃。

17 日　社论《滇缅路重开与我抗建的步骤》载《星洲日报》,发表时未署名。社论指出,滇缅路开通意义重大,而我国今后抗建之步骤,得力于政治清明和民众团结。

同日　散文《悼诗人冯蕉衣》载 1940 年 10 月 17 日《星洲日报·纪念诗人冯蕉衣特辑》。

19 日　社论《美国的决心与轴心国》载《星洲日报》,发表时未署名。社论指出,美国的决心,足以摧毁德意敌的轴心,而轴心的脱辐,就是民主主义为世界人类保全文化、自由与独立的任务的完成。

同日　为新加坡青年励志社所编《第七届婴儿健康赛特刊》题词。

24 日　社论《敌内阁又将改组么?》载《星洲日报》,发表时未署名。社论指出,无论敌内阁是否将改组,敌国内矛盾与敌在国

---

①　冯蕉衣(1913—1940),广东潮州人。诗人。1937 年南来新加坡,常有新诗在报章发表,颇受郁达夫赏识,还一度被请代理《晨星》编务。后因失业陷入窘境,1940 年辞世。

际上进退维谷之窘状,却是事实。

25 日 社论《关于租税及南洋商联会问题》载《星洲日报》,发表时未署名。在第 19 届英属马来亚各地中华总商会联合会召开之际,社论预祝会议成功并提出了四项议题。

28 日 社论《敌寇又来求和》载《星洲日报》,发表时未署名。社论指出,"盖我之抗战,不独为求我民族之自由解放,实亦拥护世界之正义人道,与民主主义","希望侨胞们勿为敌和平谣言所煽惑",齐心协力,抗战建国。

12 月

11 日 七律《李伟南、陈振贤两先生招饮醉花林,叨陪末座,感惭交并,陈先生并赐以佳章,依韵奉和,流窜经年,不自知辞之凄恻也》,载是日《星洲日报·繁星》,收《郁达夫诗词抄》。

本年 作旧体诗多首。年初,作《咏星洲草木——题黄葆芳君收藏册页》(七律)》;冬,为同人胡浪漫录旧作《庚辰冬录旧作〈小游仙诗〉赠浪漫兄》(七绝);另有:《赠曾梦笔》(七绝)、《录旧作〈小游仙诗〉赠柯进来先生》(七绝)、《月夜怀刘大杰》(七律)、《珍珠巴刹小食摊上口占(和胡迈诗原韵)》(七绝)、《书示江郎》(七绝)、《与江郎对饮座上口占》(七绝)等。

末三首见江郎《郁达夫佚诗钩沉》,收《郁达夫诗词抄》。

其中,《珍珠巴刹小食摊上口占》一诗,为"一时游戏之作"。事缘一日黄昏,因受任光先生之邀,胡迈与郁达夫同往珍珠巴刹茶摊共饮啤酒,此茶摊之茶娘为一口才甚佳之女子,其滔滔大论引达夫以其为知音,胡迈即席口占一绝,未几,达夫亦书就一纸。[1]

31 日　以两年来看稿经验提倡适合于副刊的短小精悍的杂文,岁末《编辑余谈》载 1941 年 1 月 1 日《星洲日报·晨星》。

本年　再为虎豹别墅题联,为《题虎豹别墅"挹翠"门楼》。

1941 年(辛巳,民国三十年)　45 岁

▲1 月,"皖南事变"发生。

▲10 月,日本近卫内阁倒台,东条英机出任首相。

▲12 月,日本偷袭珍珠港,太平洋战争爆发。

1 月

1 日　时评《简说一年来的敌国国情》载《星洲日报·新年特刊》。这一年来,因对华侵略的失败,敌国政治已经破产,经济濒于绝境,想结束战争亦结束不了,"奇形毕露"。

同日　元旦作《辛巳元旦,重遇紫罗兰女士于星洲,烽火连天,青衣憔悴,大有江州司马之感,赠以长句,聊志雪鸿》。诗题又作《赠紫罗兰》,并有序:"歌女紫罗兰,余于 1926 年屡听其歌于广州,鼓吹革命。1940 年复遇之于星洲,酒筵间感触前事,诗以赠之。"载 1941 年 1 月 11 日《星洲日报·繁星》,收《郁达夫诗词抄》。

10 日　将 1940 年 12 月 4 日汪记《中华日报》大生娱乐场广告中"打倒汪精卫卖国贼"制版刊出,"义务宣传,不取分文",并推文《汪记〈中华日报〉上"打倒汪精卫卖国贼"标语》载《星洲日

---

① 胡迈《达夫漫忆》,《回忆郁达夫》第 488 页。

报·繁星》。

11 日 偕歌唱家紫罗兰女士访刘海粟,请刘为紫罗兰女士题速写,"当天,这张速写便问世了"。① 与散文《紫罗兰女士速写像题记》同刊当日《星洲日报》本坡版。

12 日 短文《介绍敬庐学校》载《星洲日报星期刊·教育》。

同日 刘海粟为李筱英②画一幅《芦雁》,郁达夫题诗其上。七绝《为晓音女士题海粟画〈芦雁〉》,载 1941 年 7 月 22 日《星洲日报·繁星》。

26 日 新春假期(或自 1 月 26 日除夕始),《星洲日报》同人组成旅行团游历马来亚北部名胜金马仑高原,被推为团长。旅行团乘火车越过长堤到吉隆坡,换汽车经打巴路登山。在海拔千余米的高原上,借住侨领朱儒林③的别墅过了几天世外桃源的生活。那时欧洲和远东都是战火熊熊,人们在山间却听不到外界的消息。报馆同人平日每天编发环球电讯,难逢这样清静的日子,差异之感格外深切。但职业习性又使他们抛不开纷扰的尘世,几天里闲谈的主题还是对时局的猜测。④

作七绝《游金马仑之作》(二首),即"三年放棹西溪梦""五岳游罢再入山"二首,收《郁达夫诗词抄》。

据胡迈回忆,"1941 年新春,达夫偕星洲日报社同人游金马仑,除作有'三年放棹西溪梦……'一绝外,据余记忆所及,另有四绝,余亦只能忆及其中三句",即"路旁时见竹萧萧""大有紫阳

---

① 刘海粟《回忆诗人郁达夫》,《回忆郁达夫》第 112—113 页。

② 李筱英,原籍福州,在上海长大。毕业于上海暨南大学,时新加坡英政府情报部华籍职员,后任新加坡电台播音员。1941 年年初结识郁达夫,借住郁达夫书房,关系发展到"不同寻常"。1942 年元旦前夕分手。

③ 朱儒林,祖籍海南文昌。早年到马来亚霹雳州怡保市经营锡矿业。

④ 郁飞《郁达夫的星洲三年》,《回忆郁达夫》第 466 页。

书院意,主人来少客来多"。①

本月　早年名著《迷羊》已由魏如晦改编成电影剧本,将由国联公司摄制,导演李萍倩,男女主角分别是陈燕燕和顾也鲁。②

2 月

6 日　《刘海粟大师星华义赈画展目录序》载《星洲日报·晨星》。为刘海粟应星华南侨筹赈总会之请前来新加坡举办画展,特作介绍和评价。

12 日　书序《序冯蕉衣的遗诗》载《星洲日报·晨星》。

19 日　时评《因鸦片而想起的种种》载《星洲日报·戒烟运动宣传特刊》。

22 日　散文《刘海粟教授》载 1941 年 2 月 22 日《星洲日报·晨星》,介绍画家的生平、经历、艺术,并以"永久的生命"奉赠刘教授,作此次画展开幕的礼品。

23 日　出席星华筹赈总会主办的刘海粟画展开幕典礼。

24 日　导演李萍倩指出《迷羊》主题虽极好,但却极度缺少戏剧性,因为这仅是作者的自供,而并没有加以人为的故事;如果要渗入故事,原著者大概不会答应,问题或成僵局,电影《迷羊》摄制只好暂时搁置。③

---

① 胡迈《达夫漫忆》,《回忆郁达夫》第 489 页。

② 《电影日报》1941 年 1 月 13 日第 155 期;参《大众影讯》1941 年 1 月 25 日第 29 期、3 月 15 日第 36 期。

③ 《郁达夫的〈迷羊〉摄制尚有问题》,《新天津画报》1941 年 2 月 24 日第 5 版。

2、3 月间　应华侨胡文虎先生之邀，乔冠华①和郑森禹②乘轮自港抵新。乔拟出任星岛《文汇报》主笔。未料到当时英华民政务司却拒绝乔一行入境，几经交涉，只准登岸 48 小时。《文汇报》同人遂于是晚在南天酒楼欢宴乔冠华等人，郁达夫等出席作陪并合影留念。临行，郁达夫并赠黄仲则《两当轩集》一部于乔冠华。③

3 月

14 日　为"反对投降妥协坚持团结抗战"，牵头星华文艺工作者联名发表《星华文艺工作者致侨胞书》，载是日《星洲日报·晨星》。

15 日　是日新加坡《星洲日报·繁星》"今人诗词选"，收七绝《为秋杰兄题海粟画松》和五律《孟奎先生营敬庐学墅于纽敦郊外，诗以奉贺》旧诗两首。

18 日　《敬庐楹联汇志》四联载《星洲日报·繁星》。前二联为黄孟奎作，第三联为张汝器作，第四联"四面田园无限好，一楼风月不胜情"为郁达夫作。

19 日　三首题画诗，七绝《为胡仁东先生题海粟大师画芦雁》、七绝《为林建兄题陈月秀女史画〈匡庐图〉》，五绝《为林建兄题月秀女史画〈深山读易图〉》，载是日《星洲日报·繁星》，收《郁达夫诗词抄》。

---

①　乔冠华(1913—1983)，江苏盐城人。外交家。1941 年春，应胡文虎之邀抵新加坡，拟出任星岛《文汇报》主笔。1946 年底赴香港，担任新华社香港分社社长。
②　郑森禹(1910—1997)，原名袁瑞蹈。新闻工作者，社会活动家，外交活动家。1937 年任国际新闻社通讯稿主编，一度和乔冠华一起主编《世界知识》。
③　参乔冠华《谈达夫先生与我的合影》，《回忆郁达夫》第 494—495 页。

同日　作《编者启事》，载《星洲日报·晨星》。

21日　七绝《为浪漫兄题刘大师画吉了①、君濂画石，大师曾题"却似八大山人"六字》，载是日《星洲日报·繁星》，收《郁达夫诗词抄》。

29日　黄花岗节，作七绝《黄花节日与星洲同仁集郭嘉东椰园遥祭，继以觞咏摄影，同仁嘱题照后藉赠园主》，又题《黄花节日与星洲同人集郭氏嘉东椰园遥祭，继以觞咏，最后摄影，以留纪念，同仁嘱题照后赠园主郭君》。

4月

16日　七绝《题刘大师画祝融峰水墨中堂》，载是日《星洲日报·繁星》。

17日　七绝《题刘大师及徐君濂、刘抗、黄葆芳合作〈岁寒三友图〉，图中有大石》，载是日《星洲日报·繁星》。

本月　经李筱英推荐，开始主编新加坡英政府情报部《华侨周报》。

5月

6日　颂词《邝公恒质像赞》，载《星洲日报·繁星》。

9日　为马华青年作家温梓川小说集作的书评《介绍〈美丽的谎〉》载是日《星洲日报·晨星》。

同日　作《编者启事》，载《星洲日报·晨星》。

12日　七绝《为槐准先生题悲鸿画〈喜马拉雅山远眺〉》，载

---

① 吉了，鸟名，即秦吉了。似鹦鹉，嘴脚皆红，脑后有肉冠，善效人言。

是日《星洲日报·繁星》，收《郁达夫诗词抄》。

14 日　美国记者恩斯脱·詹姆斯《温斯敦·邱吉尔——一位苦干实行的人物》之译文，刊于 5 月 14—17 日《星洲日报·晨星》。译文又题作《勇敢果毅之邱吉尔先生》，以单行本发布，单行本连封面共 16 页，印行时间、地点等出版信息不详。

15 日　作《编者致辞》，载《华侨周报》第 7 期。

20 日　诗人杨骚自重庆经香港南来新加坡，《诗人杨骚的南来》期待诗人能以他的见闻"增加些我们的兴奋"，文载是日《星洲日报·晨星》。

23 日　书讯《介绍〈四库全书珍本初集〉》载《星洲日报·晨星》。

31 日　散文《看京戏的回忆》载 1941 年 5 月 31 日《南洋商报》。

同日　署名林庆年①、实由郁达夫代笔的《平社成立大会特刊·发刊词》载《南洋商报·平社成立大会特刊》。

6 月

4 日　李良·克来格《马尔泰岛》译文，刊于 1941 年 6 月 4、5 日《星洲日报·晨星》，同时刊发于 6 月 5 日《华侨周报》第 10 期。

5 日　书序《〈七大问题〉序》载《星洲日报·本坡要闻（一）》，慈航法师遍历印度、锡兰、缅甸各国，讲解佛旨，宣扬正义，争得

---

①　林庆年(1893—1968)，福建安溪人。曾在吉隆坡、新加坡开茶行。曾任新加坡中华商会副会长、会长，马来亚华侨代表，并受聘为华侨中学、中华女中、醒南学校等校董事。

不少国际同情,故乐为之序。

7 日　七绝《为霭民①先生题经公子渊画松》(二首并注),及长诗《冯焕章先生今年六十,万里来书,乞诗为寿。戏效先生诗体》(又题《祝焕章先生六旬大寿,戏效先生诗体》),载是日《星洲日报·繁星》。祝寿诗又载 1941 年 11 月 14 日重庆《新华日报》"庆祝焕章先生六十大寿"栏。

10 日　《南风半月刊》创刊,为之作《谨献给〈南风半月刊〉的编者》,载《南风半月刊》创刊号。

14 日　新任外交部部长郭复初途经星洲,赴总领事馆与其长谈两小时。

本月　《郁达夫代表作》由上海三通书局出版,为"现代作家选集"第七集。

7 月

2 日　作《编者启事》("七七"征文启事),载《星洲日报·晨星》,未署名。

11 日　散文《郭外长经星小叙记》载 1941 年 7 月 11 日《星洲日报·本坡要闻》。

13 日　影评《有三点可取》载《星洲日报星期刊·电影》"《火的洗礼》集体批判"栏,介绍重庆中国电影制片厂新片《火的洗礼》。

14 日　联合《总汇报》,提议各地各行各业的人,都来写出

---

①　林霭民(1906—1964),福建永定人。毕业于福建省立第九中学,擅诗文,工书法。曾任《星岛日报》首任社长,抗战胜利后,又应胡文虎之聘,接任《星岛晚报》社长。

"8月1日"这一日的工作思想行动,投寄报社,择优刊出,伺机编订成《马来亚的一日》。《再来提倡〈马来亚的一日〉》载《星洲日报·晨星》。

19日 《马来亚的一日》征稿规约修订,"一日"之时间改为8月15日,《〈马来亚的一日〉试征规约》载《星洲日报·晨星》,署名"编者"。

20日 梁季千编选《郁达夫文集》由伪满洲新京(长春)国风书店出版,为"文学丛刊"之一。收入《立秋之夜》《北国的微音》《给沫若》《小春天气》《故事》《骸骨迷恋者的独语》《给一位文学青年的公开状》《暗夜》《送仿吾的行》《南行杂记》《一个人在途上》《灯蛾埋葬之夜》《志摩在回忆里》《怀四十岁的志摩》《记耀春之殇》《王二南先生传》《记曾孟朴先生》等。

21日 为征集《马来亚的一日》再作说明,如设法去香港印制单行本等。《〈马来亚的一日〉的补充》载《星洲日报·晨星》。

22日 七绝《晨雨天凉,吟赠大鹰画室》,与1月12日所题七绝《为晓音女士题海粟画〈芦雁〉》,同载是日《星洲日报·繁星》,均收《郁达夫诗词抄》。

23日 《关于〈一日〉的展期》载《星洲日报·晨星》,改8月1日展为15日的原因,是为参征作者能多些预备和思索的工夫。

25日 时评《配合抗战形势的抗战文艺》载是日出版的新加坡《世界》创刊号,及8月10日《南风半月刊》第3期。文章指出,具有中国气派和中国作风的抗战文艺将参加入世界文艺圈,成为今后人类文化的一大支柱。

28 日 "江南四公子"之一的诗人杨云史①在香港作古,七律《星洲闻杨云史先生之讣》,载是日《星洲日报·繁星》。另,七绝《读陈孝威先生〈上罗斯福总统书〉后》,被收入陈孝威编《太平洋鼓吹集》(1943 年 12 月桂林拔提书店出版),亦载是日"繁星"版。均收《郁达夫诗词抄》。

29 日 《〈哭杨云史先生〉编者附识》载《星洲日报·晨星》。

8 月

4 日 作家许地山在香港病逝。

6 日 自该日起至 9 月 25 日,兼任《星洲日报》代主笔。

同日 社论《轴心国两面作战与马来亚》载《星洲日报》,发表时未署名。社论由纳粹两面作战而腹背受敌的"大亏",判断敌寇绝不敢西侵缅甸,尤不敢南侵马来亚。

同日 《〈马来亚的一日〉征稿启事》再刊《星洲日报·晨星》,未署名。

7 日 社论《民主国家将在远东首先胜利》载《星洲日报》,发表时未署名。社论认为,日寇在遭遇中英美荷苏之联合经济制裁后,势必首先崩溃。

12 日 七律《为洪开榜先生祝胡文钊先生令堂谢太夫人九秩晋一大寿》,载是日《星洲日报·繁星》。

13 日 社论《太平洋风云险恶中之"八一三"》载《星洲日报》,发表时未署名。社论指出,在这个战云密布的"八一三",民主国家宜采取积极的攻势,先发制人,斩草除根。

---

① 杨云史(1875—1941),原名朝庆,字云史,又字野王,江苏常熟人。诗人。1908 年出任驻新加坡领事。

14 日 社论《远东形势变化的豫测》载《星洲日报》,发表时未署名。社论指出,敌寇侵吞越南,远东形势紧张,呼吁中英美苏荷澳各民主国家能形成太平洋联防,阻止侵略国家的横行。

15 日 作为孔夫子博览会主席,出席孔夫子博览会并致辞,主张有研究孔子之必要。①

19 日 《编余杂谈》载《星洲日报·繁星》。

20 日 社论《削弱侵略者的实力》载《星洲日报》,发表时未署名。社论指出,对付搅乱世界和平、毁灭人类文化的侵略者,唯一的办法,是大家联合起来削弱侵略者的实力:和敌寇断绝经济来往,尽全力助中国实施反攻。

同日 《关于〈马来亚的一日〉及其他》载《星洲日报·晨星》,称来稿一时颇多,批阅不能立时完毕。

同日 所作《民众义校校歌》歌词载是日《星洲日报·繁星》。

26 日 《编余杂谈》刊《星洲日报·繁星》。

28 日 社论《美派军事代表团来华的意义》载《星洲日报》,发表时未署名。社论指出,意义不但在实际接济我抗战力量,更在于击破敌寇的谣言攻势。

30 日 自该日起,开始在《华侨周报》(第 22 期)连载林语堂小说 *A Moment in Peking* 译文《瞬息京华》,但未完。

9 月

3 日 社论《欧战二周年与远东》载《星洲日报》,发表时未署

---

① 《孔夫子博览会昨开幕,主席郁达夫主张有研究孔子必要》,1941 年 8 月 16 日《星洲日报·本坡》。

名。社论指出,世界危机并未减轻,尤其远东太平洋危机十分严重,须提高警觉。

同日 时评《英国实际上已是我们的盟友》载《星洲日报·晨星》。文章指出,我国的抗战,事实上早已和英美的反法西斯战争融合在一道。

4日 社论《敌美谈商与敌阁的危机》载《星洲日报》,发表时未署名。社论指出,敌寇发动侵华战争以来,内阁已改组6次,每次都以解决对华事变为第一要务,却不料在中国的泥足越陷越深。

9日 为统一答复函询者,《关于〈一日〉的稿件》载《星洲日报·晨星》,称来稿计有2000余篇,一时不能阅毕。

同日 五绝《题赵少昂画虎》和七绝《题张善子〈黄山图〉,和西浪让画诗原韵》二首并序,载是日《星洲日报·繁星》。

10日 社论《澳洲缅甸与中国的友谊》载《星洲日报》,发表时未署名。社论指出,中澳缅友谊日进,是民主国家胜利的前兆。

11日 社论《太平洋危机移到了大西洋》载《星洲日报》,发表时未署名。

17日 社论《十年教训——"九一八"前夕》载《星洲日报》,发表时未署名。社论指出,"九一八"十年以来,敌寇侵略成性,得寸进尺,全世界爱好和平之国家,亦须坚定信念,精诚团结。

18日 社论《反侵略国际大会感言》载《星洲日报》,发表时未署名。社论指出,反侵略国际大会的第一要务,就是加强团结,不容宽纵,"团结就是力量,宽纵必遗后患"。

24日 社论《敌寇会马上向苏联进攻么?》载《星洲日报》,发表时未署名。社论指出,敌寇仍以解决中国战事为重心,还不会马上向苏联进攻。

25 日　社论《以德苏战局为中心》载《星洲日报》,发表时未署名。社论指出,以德苏战局为中心考察世界现势,则纳粹法西斯的丧钟已经敲响。

10 月

2 日　致函李冰人,托请接洽《周报》经理黎先生,并请尽量推销《周报》。

5 日　作七律《中秋口号》,载是日《星洲日报·繁星》。

9 日　时评《三十年的双十节》载《星洲日报·晨星》。双十节值得庆祝,但革命尚未成功,同志仍须努力。

24 日　《为郭沫若氏五十诞辰》回顾与郭沫若 20 余年的交往,肯定其在新诗、小说、戏剧上的成功。载是日《星洲日报·晨星》。

27 日　散文《印光法师塑像小记》,追记流亡到新加坡的奥地利雕刻家杜迪希应广洽法师之请,为印光法师塑像的经过。载是日《星洲日报·晨星》。

11 月

7 日　《为郭沫若氏五十诞辰事》发表于《星洲日报·晨星》,为寿诞策划聚餐、演剧、报纸专刊和征集寿礼如募集"郭沫若文艺奖金基金"等事。

8 日　散文《敬悼许地山先生》回顾与许地山的交往,肯定其为人和治学。载是日香港《星岛日报·星座》。

9 日　出席星华各界追悼许地山大会,并致悼词。

同日　发表挽联《挽许地山》,载《星洲日报星期刊·本坡要闻(二)》"许地山悼词续录"栏。

15 日　与胡愈之等人在南天酒楼举行郭沫若 50 岁寿辰及创作 25 周年庆祝大会并致辞,称"郭先生为我国当今最大文学家,亦为救国有功一员"。200 余星洲文化人参加。①

"在我们某次的会谈中,提及到郭沫若五十大庆。达夫立刻答应下来,不等你的计划和安排,他就独当一面干去,那里定菜,这里捐酒,什么都做得头头是道。一向双方笔垒森严的星洲文化人,在他号召之下,都齐集在南天酒楼之上。在这一次庆祝大会中,他作了团结的象征。"②

16 日　郭寿辰,重庆、延安、桂林、香港、新加坡都举行了不同规模的庆祝活动。重庆文化界举行的聚会,出席者达 2000 人。《新华日报》出版《纪念郭沫若先生创作生活二十五周年特刊》,周恩来手书刊名并发表《我要说的话》,将"郭沫若看成是新文化时代的人物"。③ 这年夏季,主持中共中央南方局的周恩来曾提议:为郭沫若举行五十诞辰祝寿暨创作 25 周年纪念活动。

20 日　短论《郭诞过后》载《星洲日报》,对中国文化和文化人尤抱信心。

12 月

5 日　出席由《星洲日报》代表林霭民和《总汇报》社长胡蛟④主持的报界人士宴会。据胡迈记录,郁达夫在宴席上已微有

---

① 《星洲文化界庆祝郭沫若寿辰》,1941 年 12 月 11 日《新华日报》。
② 王任叔《记郁达夫》。
③ 《郭沫若的三十年(1918—1948)》第 294—297 页。
④ 胡蛟,胡文虎长子,1941 年接替胡昌耀出任《星洲日报》社长。

醉意,"还一个劲儿地向我们劝酒",作出十分愉快的样子在说话,但"手中的杯子就掉在了地上"。其发言称:"日本在经济上若不是到了万不得已,是不会轻易先开战端的。要是现在的英美两国,不采取那种驱迫日本走向战争的积极的战争意识的话,日本绝不会心甘情愿地自己挑起战争来。"待胡迈"想听听他的意见",郁达夫表示:"让我借孟子的一句话来回答你,'一则以喜,一则以惧',所喜的是日本的南进,减轻了对中国的压力,但惧怕的是英国当局既无开战的决心,又无准备。"①

同日 发表《〈马六甲五十人寿郭小记〉编者附志》,载《星洲日报·晨星》。

8 日 日军轰炸珍珠港,太平洋战争爆发。

9 日 据汪金丁②回忆,"我一大早从郊区学校里赶到报馆,在罗敏申路的一家咖啡店里,刚巧遇到达夫。他刚下班,头上裹着绷带,说是为流弹的弹片擦伤,不要紧,但很想休息"。③

12 日 领衔署名、74 人联名签署《星华文艺工作者为保卫马来亚告侨胞书》。载 1941 年 12 月 13 日《星洲日报·本坡要闻(二)》。

15 日 日本小田岳夫、武田泰淳作《〈采石矶〉与郁达夫》,载是日日本龙吟社出版的《扬子江文学风土记》。

27 日 出席陈嘉庚领导的"新加坡华侨抗敌动员总会"成立大会,被选为执行委员并文艺股主任。④

---

① 参《苏门答腊的郁达夫》第 13—14 页。
② 汪金丁(1910—1998),北京人。历任左联执委,上海文化界救亡协会组织部秘书,新加坡南洋女中教员及华侨中学教员,1942 年,与郁达夫、胡愈之等一同前往苏门答腊避难。
③ 金丁《郁达夫在南洋的经历》,《回忆郁达夫》第 574 页。
④ 参刘尊棋《同郁达夫的一次共同行动》,《回忆郁达夫》第 535 页。

28 日　下午,为迅速递交决议,直接与英政府对话,华侨抗敌总会派郁达夫和刘尊棋①作代表,向英国总督府政治部主任莫里斯提出要求。莫表示"尽力合作",同时安排他们与一被关押在政治部大楼下面的"马共"领袖见面,并当场批准其"恢复自由"。以后几天内,新加坡、吉隆坡和马来亚各地关押的马共党员和非党人士陆续得到释放。②

同日　出席"星洲华侨文化界战时工作团"成立大会,成员包括新闻界、教育界、书业界、文化界、音乐界、美术界代表,被选为五人常委(胡愈之、郁达夫、庄奎章③、杨骚、张楚琨)之一,郁达夫任团长,胡愈之任副团长,张楚琨任组织部部长,王任叔任宣传部部长,庄奎章任训练部部长。与胡愈之、王任叔共同起草大会宣言,并兼任该团所属"战时青年干部训练班"主任。④

"星洲华侨文化界战时工作团"主要通过组织歌、剧表演及演讲等形式,开展街头宣传;而"战时青年干部训练班"旨在短时间内培训出青年政治工作骨干,以期在民众武装部队中开展政治工作。该训练班 1942 年 1 月上旬开讲,学生分两批募集,共有 100 余人,除学习政治知识外,也接受军事训练。⑤

作为文化界战时工作团负责人的郁达夫,"在每天一定的时间里,你如果有事去找文工团团长,那一定可以找到他。……在直笃爱伊亚路宽大的爱同小学校里,有时静寂得如深山古刹似

---

①　刘尊棋(1911—1993),原名刘质文,祖籍湖北鄂城(今鄂州市),生于浙江宁波。新闻家。1941 年 1 月赴新加坡,出任《南洋商报》编辑主任。

②　参刘尊棋《同郁达夫的一次共同行动》,全面《回忆郁达夫》第 535—536 页。

③　庄奎章(1894—1969),福建惠安人。抗战全面爆发后赴印尼,旋赴新加坡,任爱同学校、南侨师范学校校长,星洲教师公会主席。

④　参张楚琨《忆流亡中的郁达夫》,《回忆郁达夫》第 589 页。

⑤　参《苏门答腊的郁达夫》第 12 页。

的。达夫孤单地一个人守在那里,他有老僧似的忍耐力,他并不因此而感到孤寂。他自然不是一个具有领导能力的领袖,但他总爱尽他所能尽的一份责任"。①

而作为"战时青年干部训练班"主任,"熬夜编三个副刊的郁达夫,白天眼里挂着红丝,用沙哑的声音,对青训班作朝会讲话(他兼青训班大队长)。敌人轰炸加剧了,第二期青训班一百多人不得不分为四个中队。……他在轰炸中从一个地方到另一个地方,从不畏缩"。②

30 日　出席新加坡文化界联席会议,被选为文化界抗敌委员会执行委员,后又兼文艺组负责人。

本年　作旧体诗《题悲鸿画梅》(七绝),《止园饯送徐教授悲鸿席上偶成》(七绝),《赠王沉》(七绝),《自叹》(七绝),《题梅魂手册》(七律)等。

本年　胡迈生日那天,出席胡迈夫妇于光明山普觉寺之素筵招宴,俞颂华、胡蛟、林霭民、李西浪、李筱英等同席,宴间合影。

1942 年(壬午,民国三十一年)　46 岁

▲1 月,中、美、英、苏等 26 国代表在华盛顿签署《联合国家宣言》。

▲5 月,中共中央宣传部在延安杨家岭召集文艺工作者 80

---

① 　王任叔《记郁达夫》。
② 　张楚琨《忆流亡中的郁达夫》,《回忆郁达夫》第 590 页。

余人座谈。2 日和 23 日,毛泽东到会讲话,合为《在延安文艺座谈会上的讲话》。

1 月

6 日　出席星华文化界抗敌联合会成立大会,被选为理事、常务理事和主席。

22 日　女作家萧红病逝于香港。

29 日　访姚楠,因郁飞将与同行,托其"沿途照料"。①

30 日　日军攻抵柔佛新山桥头,与新加坡只一海峡相隔。送子郁飞乘"海澄号"开往仰光(后来开往马德拉斯),托朋友送回国。② 后托重庆行政院秘书长陈仪抚育③。

托《星洲日报编辑》尤君浩夫人卢蕴伯④带郁飞离开星洲时,只交给郁飞一张自己的名片,简简单单写了几个字,大意是托陈仪照料。⑤

> 那天我登上小艇,正要向那艘商轮航行。这时,岸边有人喊我,我回头一看,正是郁达夫先生亲自来送别他的幼子。郁先生见我也在艇上,不胜惊异,他问我:"你也回国吧! 一路上望多照顾孩子。"⑥

---

① 参姚楠《缅怀郁达夫》,《回忆郁达夫》第 499 页。
② 参张楚琨《忆流亡中的郁达夫》,《回忆郁达夫》第 598—599 页。
③ 辗转回到重庆后,郁飞找到曾家岩行政院官署,投奔父亲的好友兼上司陈仪。陈仪受托承担郁飞的教育成长费用,直至读完大学。并委女儿陈文瑛照顾郁飞生活起居。陈文瑛视郁飞为己出,郁飞亦尊呼陈文瑛作"寄娘"。
④ 卢蕴伯,女,重庆人,尤君浩夫人,四川航运界卢德敷之妹。
⑤ 陈文瑛《郁达夫先生与先父陈仪》,《回忆郁达夫》第 416 页。
⑥ 陆诒《忆郁达夫先生》,《回忆郁达夫》第 328 页。

同行者中,有记者陆诒、南洋史专家姚楠和武汉合唱团的部分团员。

31 日　至《星洲日报》馆与吴继岳等同事道别。

2 月

1 日　日军占据了与新加坡一水之隔的柔佛峇鲁,从北岸轰击新加坡。

同日　所译史蒂芬·利科克的小说《幽默的谈话》,载成都《创作月刊》创刊号,文末注"1941 年冬寄自新加坡"。史蒂芬·利科克(1869—1944)是英语世界最受人爱戴的加拿大幽默大师。

3 日　胡愈之召集文化界抗敌工作人员开了 20 分钟紧急会议,鉴于英国当局已无意死守新加坡,商议第二天凌晨雇小船渡海,撤退到苏门答腊去。

同日　华侨抗敌动员委员会主席陈嘉庚凌晨 4 点雇船撤离新加坡。他经由苏门答腊岛英德其里港,逃往爪哇,并在那里潜伏至日本战败。①

4 日　清晨,与胡愈之、唐伯涛、邵宗汉②、王任叔、张楚琨、

---

①　胡愈之《郁达夫的流亡与失踪——给全国文艺协会报告书》,载新加坡《星洲日报》1946 年 8 月 31 日、9 月 5 日、9 月 7 日;又载 1946 年 9 月 14、21、28 日《民主》(上海)周刊第 48、49、50 期(以下简注为"胡愈之《郁达夫的流亡与失踪》");参张楚琨《忆流亡中的郁达夫》,《回忆郁达夫》第 600—601 页。

②　邵宗汉(1907—1989),江苏武进(今属常州)人。报人,出版家,翻译家,社会活动家。1939 年曾任《星岛日报》主笔。中国民盟苏门答腊支部创建者。

王纪元[①]、汪金丁、蔡高岗、刘道南、高云览[②]、陈仲达、李振殿[③]、李铁民[④]等抗委会工作人员 28 人[⑤]同乘一条小电船离开新加坡，渡海撤退到荷属小岛巴美吉里汶。小船是由刘武丹事先雇定，预先留在文化界撤退用的。[⑥]

因无合法入境手续，在岛上被扣留两天。据胡愈之记述，称中国总领事馆"奉中央之命"，对某类"文化人"不发放护照。胡向总领事提出交涉，拿到护照，但要前往苏门答腊，还需荷兰领事馆签证，而时荷兰方面却禁止妇女儿童以外的难民入境，故新加坡荷兰领事馆拒绝发放签证。[⑦]

6 日 转至荷属另一小岛，石叻班让。

石叻班让是连接新加坡与苏门答腊的一个小城，一个最接近新加坡廖内群岛的荷兰人管辖的小岛。市中心约有数千人口，华侨在此开着数十家商店，数家制粉工厂和木工厂。几乎每天有华侨领袖、富商、教育界和报界相关人员经此避难。据石叻班让小学校长回忆，流亡至此的文化人分别投宿在当地华侨侨

---

① 王纪元(1910—2001)，浙江义乌人。1937 年奉命赴香港，1940 年赴新加坡《南洋商报》。日本投降后，赴印尼雅加达创办《生活报》，并出任社长。

② 高云览(1910—1956)，福建厦门人。曾加入"左联"。七七事变后赴南洋地区教书。在马来亚参加"抗敌后援会"和"南洋华侨回国慰问团"。

③ 李振殿(1875—1965)，字廷芳，福建厦门人。1912 年往新加坡，经营土产、橡胶出口等。历任新加坡南洋女中总理，新加坡中华总商会董事，福建会馆执委、代主席。

④ 李铁民(1898—1956)，本名锸，字原周，福建永春人。曾任《南洋商报》督印人，主管编辑部。1942 年初，到印尼苏门答腊岛石叻班让避难。

⑤ 胡愈之、张楚琨和洪锦棠记作 28 人，汪金丁记作 19 人，王任叔未记人数。

⑥ 参胡愈之《郁达夫的流亡与失踪》。

⑦ 参胡愈之《郁达夫的流亡与失踪》。

长家中和小学教员宿舍中。①

　　9 日　以荷兰官员不能自行做主批复前往爪哇,与胡愈之、沈兹九、邵宗汉、张绿漪、唐伯涛、王纪元等 7 人先行从苏门答腊去爪哇,拟从爪哇坐邮船回国。是日抵另一海岛望嘉丽。②

　　得当地商会会长吴某接待,暂住华商商会会馆,并拜会分州长,代向雅加达提交履历和请示。③

　　一位因开战而中断在新加坡的学业回到出生地望嘉丽的郑姓同学曾描述:郁达夫一行住在海岸大街华商会馆二楼。他们被当地人看作与己无关的上海人,并未引起特别注意。精通外语的郁达夫,曾用邻家的收音机,收听包括日语广播在内的战时新闻。几乎每天黄昏,都要去销售酒类的郑姓同学家沽酒,除了白兰地,还爱喝五加皮和绍兴酒。离开望嘉丽的前一晚,"郁师显得精神憔悴,来我家闲谈和辞行。言谈之间彼此都为此去生死未卜感到痛苦。他一时冲动,随手在我的拍纸簿上写了一首诗给我做纪念"。即五律《星洲既陷,厄苏岛,困孤舟中,赋此见志》。这是现存流亡途中的第一首诗。④

　　7 人中,唯唐伯涛取得了荷兰领事馆签证,后来得以穿过苏门答腊,经印度洋巴东港搭英国军舰回国,"余下的 6 人,进也不是,退也不是"。⑤

　　同日　日军在裕廊路登陆,《星洲日报》宣布停刊。

---

　　①　张楚琨《忆流亡中的郁达夫》,《回忆郁达夫》第 602—603 页;参《苏门答腊的郁达夫》第 28 页。

　　②　胡愈之《郁达夫的流亡与失踪》。

　　③　《苏门答腊的郁达夫》第 29—30 页。

　　④　印尼郑远安《郁达夫师在望加丽》,《回忆郁达夫》第 629—630 页;参张楚琨《忆流亡中的郁达夫》,《回忆郁达夫》第 603 页。

　　⑤　胡愈之《郁达夫的流亡与失踪》。

11 日　新加坡总领事高凌百、国民政府宣传部国际宣传处驻新加坡代表叶公超及其他领事馆人员乘飞机逃往爪哇。①

在此期间,新加坡总督和中国政府均未采取措施,保护华侨抗日领袖和民众安全撤退,活跃在抗日活动最前线的华侨文化人,即为英殖民当局和本国领事馆所抛弃,"被迫置身在不得不由自己来开辟生路的绝地上"。②

15 日　日军攻陷新加坡。

16 日　胡愈之一行再行拜会荷兰分州长,回复"现在你们的行动不受约束了,爱上哪儿上哪儿"。得电船公司总经理、华侨陈仲培之助,是日傍晚,一行 6 人转至望嘉丽对岸保东村。郁达夫并题赠七绝《初抵望嘉丽赠陈长培》。陈长培或即"陈仲培"。③

在保东村,他们借住在陈仲培邻居家中,居此约一个半月,开始"跟着印尼老人,用小学课本和别的书"学习印尼语。"每天都要赋一首诗来消愁",但只有 11 首流传下来,胡愈之题之为《乱离杂诗》。④

17 日　失陷后两天,新加坡被更名为昭南岛。

3 月

9 日　晚于收音机听到爪哇荷印当局向日本投降的消息,爪哇沦陷。⑤

---

① 参《苏门答腊的郁达夫》第 20 页。
② 参《苏门答腊的郁达夫》第 19—20 页。
③ 参《苏门答腊的郁达夫》第 33—35 页。
④ 参《苏门答腊的郁达夫》第 35 页;参张楚琨《忆流亡中的郁达夫》,《回忆郁达夫》第 604 页。
⑤ 胡愈之《郁达夫的流亡与失踪》。

为安全起见,6人不能不作长期隐蔽的打算。几天后,决定分成两批,找两处冷僻地方隐姓埋名换职业。再几日,郁达夫初改名赵德清,第一批离保东,与王纪元去距保东村十里的海边小村彭鹤岭开小杂货店,随后,胡愈之等4人则移去巴唐岛沿海的森林采伐工场。①

　　在彭鹤岭村,"他们租了同侨一个抽大烟的一间屋子,开了间小杂货铺子。马来式的屋子,地板总是离地有几尺高地搭着,屋前有一列前廊。……他们的杂货铺子,简陋得很可观,只陈列些瓶瓶罐罐在前廊上,那里只有很少可供人们购买的东西,达夫和纪元,就趺坐在这些瓶瓶罐罐的后面,像上海摆地摊的人似的。他们那时又不懂马来话,而偶然可作为他们顾客的也只有穷困得可怜的马来人"。②

　　华侨小商人陈金绍安排铺面,让两人拿出20叻作本钱,开小副食店谋生。因为东西卖得便宜,"一阵小小的轰动,货物就购光了"。③

　　17日　日本攻占武吉丁宜,次日攻占巴东。日军占领荷属苏门答腊后,几乎未遭受联军的抵抗,因而在这里度过一段时间的日军中有人称"缅甸是地狱,苏门答腊是天堂"。④

　　3月　郑伯奇《二十年代的一面——郭沫若先生与前期创造社》连载于1942年3、4、5、6月及1943年4月重庆《文坛》半月刊第一卷第1、2、3、4、5期及第2卷第1期。

---

　　①　胡愈之《郁达夫的流亡与失踪》;参《抗战中的郁达夫》第163页。
　　②　王任叔《记郁达夫》。
　　③　参张楚琨《忆流亡中的郁达夫》,《回忆郁达夫》第605—606页。
　　④　参《苏门答腊的郁达夫》第182页。

4 月

4 日 王映霞与钟贤道①在重庆百龄餐厅举行婚礼。

上旬 昭南岛政府派战后任《南洋商报》社长的李玉荣等二人前往石叻班让,召侨领回昭南岛。②

胡愈之等 20 余文化界难民在德洛对岸一板廊内召开紧急会议,决再度分批离开,深入到苏门答腊岛西部,会后并赴彭鹤岭,将会议结果告知郁达夫、王纪元。③

中旬 离彭鹤岭去卜干峇鲁前,作旧体诗《去卜干峇鲁留赠陈金绍》(七绝)一首,收《郁达夫诗词抄》。

中旬 6 人再度更名换姓,装成商人,借陈仲培雇得的船,分两批赶往苏门腊内陆的卜干峇鲁。郁达夫更名为"赵廉",最先于 4 月中旬经卜干峇鲁往巴爷公务。④

到卜干峇鲁暂住下旅馆,便穿着一套蓝布的工人服装,举朋友介绍信拜访当地侨长,带点高尔基小说中流浪汉的顽强与不安,非但并未受到侨长的好意接待,还认定他是安全威胁,令立即离开否则"送交皇军"。带着被追逐的恐惧,马上恳请旅馆老板备车往巴爷公务,亦未允,连夜前往大伯公庙,求得一支上上签,方回旅馆"勉强过了一夜"。⑤

---

① 钟贤道,江苏常州人,毕业于北京中国大学,时任职于重庆华中航业局。
② 参《苏门答腊的郁达夫》第 49 页。
③ 胡愈之《郁达夫的流亡与失踪》。
④ 《苏门答腊的郁达夫》第 50 页。
⑤ 参王任叔《记郁达夫》。

4、5 月间

4 月底 5 月初 "求签"第二天清早,在卜干峇鲁旅馆老板安排下,搭汽车前往巴爷公务。

巴爷公务是苏西高原的一个小市镇,距武吉丁宜 33 公里,位于由新加坡途经石叻班让、望嘉丽、卜干峇鲁和武吉丁宜前往巴东这条线路的内陆段,有铁路经武吉丁宜通州府巴东,人口万余,多侨生华侨,气候宜人。

苏西这地方,因交流不便,风气另成一派。华侨不懂国语者极多,普通多半是用马来语交谈。对于祖国名流,极少知道,至于说到什么文学家、哲学家,可说百分之九十九是莫名其妙。达夫先生到了这个环境,倒是有种天然的掩护。[①]

郁达夫在巴爷公务的住处,是一幢租来的荷兰式建筑。而在巴爷公务住下不久,终因几次说日语的暴露,让武吉丁宜宪兵征用去当了翻译。对此,亲历者各有表述:

郁达夫于卜干峇鲁前往巴爷公务时,在一个市镇中途休息时遇上日本军官的车,车上军官下车后见人就问话,还打手势命令班车停下来,令印尼人很惊慌。郁达夫了解到日本军官不过是问个路,并无其他意图,便用日语作答。郁达夫自知日本话是他生存的保护工具,他的日语不但流利,而且优美,属于贵族性的高级语法,这使日本军官蓦然起敬,离别的时候还恭恭敬敬行军礼致谢,回头却看到十百只惊奇的眼睛。"从一个险境脱出,又落入在另一个陌生的险象环生的境地里"——他被当地人认

---

① 了娜(张紫薇)《郁达夫流亡外纪》,《文潮月刊》1947 年 8 月第 3 卷第 4 期。(以下简注为"了娜《郁达夫流亡外纪》"。)

作了"日本间谍"。①

这一年的五月,身处巴爷公务的郁达夫,还去访问过当地侨长蔡承达,托其找房。恰巧,又碰上从武吉丁宜来与蔡承达交涉的日本宪兵,因双方语言不通,纠缠不清,那侨长无法可施,见到郁达夫来,就请他充当临时翻译。郁达夫的精通日语,遂被日本宪兵发现。②

五月,郁达夫于巴爷公务市外的亚浮斯廊,到姓曾的一位华侨富户家串门,遇上了日本宪兵。这华侨为他们的亲戚向宪兵队长申诉汽车被印尼人抢劫事件。因有郁达夫帮忙译解,"语言沟通了人们的情感,在没有一个人懂得日本话的当时的情形下,对一个说得很好日本话的人,自然是分外亲切的吧。……汽车被要回来了。达夫从这一件事中解除了华侨对他的畏惧,但达夫却也从这一件事中不得不被投入虎穴了"。③

抵巴爷公务后,结识永春富商郑泗水,作旧体诗《题友人郑泗水半闲居》(七绝)一首,收《郁达夫诗词抄》。郑泗水早年就学于暨南大学,后在印尼经商,为印尼现代华文文学的开拓者,"半闲居"为其书斋。④

6 月

2 日　在郁达夫抵巴爷公务一个半月后,胡愈之等到巴爷

---

①　参王任叔《记郁达夫》。

②　参胡愈之《郁达夫的流亡与失踪》。

③　参王任叔《记郁达夫》。

④　参林联勇《抗战中郁达夫与永春华侨的交往》,载中共永春县委党史研究室2015 年 8 月编印《抗战永春》。

公务。①

　　月初　被迫充任武吉丁宜宪兵队通译,前后任职 13 个月。武吉丁宜(意谓"高山"),又被中国人译作"花的国"(原意为"炮台"),位于海拔 9488 英尺的麦拉比火山之麓,是日本苏岛军政监所在地,驻有重兵。②

　　他始终装作是一个有钱的商人,对与政治相关的事,一概表示一窍不通。只承认自己是临时帮忙当翻译的,因而不打算接受宪兵队给的报酬。不过,他当翻译期间,却帮过许多人的忙,其中大部分是印尼人。那时候,郁达夫只能听懂一点点马来语,而宪兵却压根不懂马来语,因而审讯印尼人的时候,自然要有求于他。郁达夫在翻译印尼人的供词时,有意替他们减轻罪证,为此开脱过不少的印尼人。武吉丁宜一带,华侨人数极少,日本人本来就不大在意,有时宪兵队接到暗探的报告,牵涉到华侨的,郁达夫探悉后,便马上暗中通知当地人,设法消弭罪证。因而在郁达夫当翻译的几个月里,武吉丁宜宪兵队不曾杀害过一个中国人,偶尔有遭拘禁的,经过郁达夫的暗中营救,不久就释放了。③

　　郁达夫利用职权为华侨和印尼人干了许多好事。他摸清宪兵队从队长到宪兵的每个人的性格、嗜好和习惯,他和这班好喝酒的刽子手建立一种特殊的"共处"关系。他会说高雅的日本话,写通顺的日本文,懂得英文、法文、荷兰文(到巴爷公务自学的)、印尼文(倒不甚高明,发音不准),名气越来越大,手面越来越阔,应付的办法越来越多。《小城春秋》作者高云览为一件小

---

　　①　胡愈之《郁达夫的流亡与失踪》。
　　②　张楚琨《忆流亡中的郁达夫》,《回忆郁达夫》第 613 页。
　　③　参《苏门答腊的郁达夫》第 76 页。

事被扣,就是他保释的。也有印尼人犯了联军"间谍"嫌疑,经"赵大人"当着宪兵的面训斥一番,也就放了。犯人和赵大人的印尼话,宪兵听不懂,宪兵的日本话犯人听不懂,"通译"是可以"大显神通"的。日本人偶然破获了印尼共产党一个机关,搜出一份捐款人名单,郁达夫把名单指给宪兵看:"这穷鬼,放高利贷,五盾十盾地放!"宪兵把名单撕得粉碎。①

郁达夫自来巴爷公务,直到离开宪兵队,自称"在宪兵部,我绝对不喝一口","他有时实在像个土豪劣绅,他知道怎样来制服那些野兽似的宪兵朋友,他装作很豪奢,为他们花钱,弄女人,喝酒,而自己则仅侍候在一边,力自抑制,去接近酒和女人,他想借金钱的力量,去建立起他们间的虚伪的友谊"。②

他在宪兵队开初,马来话连听都困难。当日本人审理马来人,便乱翻译一场。马来人便也被乱踢打一通,后来学会了印尼话就不会弄错,"听马来人说得不很合日本人意思的,我就代为改正一些"。③

起初,郁达夫每周一早晨6点坐火车去武吉丁宜宪兵队,周六周日住在巴爷公务;后来,宪兵队每天早上有车来接,下午三四点钟开车送回。在宪兵队过夜,郁达夫向王任叔称,"现在最苦的事,我要制止自己说梦话"。④

同时 被认为是来历不明的日本间谍,郁达夫漠然不知,还误以为自己是"抗日分子"而被孤立,被冷落和疏远。于是,他去一家药铺子声称可以教日文;他去巴东的日本军政监部填简历,

① 参张楚琨《忆流亡中的郁达夫》,《回忆郁达夫》第614—615页。
② 王任叔《记郁达夫》。
③ 王任叔《记郁达夫》。
④ 《苏门答腊的郁达夫》第84页。

谎称父亲是福建莆田人（莆田人讲普通话），后去日本经商卖古董，他也自幼被带往日本，在日本念过中学，之后，随父亲来南洋卜干峇鲁……由此申请得一张开日文学校的证书。"他的目的，也不过有了这个证据，便可以堵塞企图陷害他的人的嘴巴了。"①

在充任翻译期间，为了迷惑敌人，"他编就了一篇假履历，而且背得很熟。他说，父亲曾在日本做古玩生意，认识一些日本的显要人物（这些人物他讲起来如数家珍），母亲是日本人，他自己也是古董商，懂得琴棋书画，战前到了苏门答腊，可是生意还没有做起来，战争便发生了"。②

同时　以四百盾本钱，开始经营"赵豫记酒厂"，郁达夫任老板，张楚琨任经理，胡愈之帮着记账。有两种酒上了市，沈兹九取了日本人喜欢的酒名，一种叫"双清"，一种叫"初恋"。凡参加这项工作和干活的，都是拿 20 元钱工资，足以维持生活。③

难民方君壮发明了用灰碱代替纯碱来制作肥皂，于是在酒厂内另开了家肥皂厂，方君壮还在去武吉丁宜二三公里的路边开了家造纸厂，都由郁达夫做名义上的老板。④

8 月

8 月　王任叔来到巴爷公务，在郁达夫住处"当了一个月的看门人"。他回忆称，郁达夫曾向其出示日军政监部发放的一张证书，证明他可以教日文。⑤

---

① 王任叔《记郁达夫》。
② 金丁《郁达夫在南洋的经历》，《回忆郁达夫》第 577 页。
③ 张楚琨《忆流亡中的郁达夫》，《回忆郁达夫》第 611—613 页。
④ 《苏门答腊的郁达夫》第 106 页，参胡愈之《郁达夫的流亡与失踪》。
⑤ 王任叔《记郁达夫》。

9 月

18 日　汪金丁自北干岑汝到巴爷公务。

21 日　抵巴爷公务的第三天,汪金丁见到郁达夫(因从武吉丁宜回巴爷公务要坐 4 小时的火车,所以郁达夫一个礼拜从宪兵部回来一次)。"他这个时候已经蓄起了胡须,从外表看,也多少像日本人。……他的话滔滔不绝,很兴奋。……在路上刚才有警察向他敬礼,而印尼人又都称他'端'(端是老爷或先生的意思)。"两人一见面就去海天旅馆吃米粉,王任叔也在座。

晚上,汪金丁来到郁达夫寓吃王任叔夫人包的饺子。达夫的房子是荷兰式的,白木构造,有一正厅、一客厅和三间偏房,屋里书很多,多是些西洋文学,据说是从宪兵部搜罗来的,房外则花草怡人,地点非常幽静。①

下旬　为王任叔前往棉兰,同去宪兵部开具"准纸",未成功。"达夫那种唯命是听卑躬屈节的表情,使我感到酸心。"②

1943 年(癸未,民国三十二年)　47 岁

▲1 月,苏联红军在斯大林格勒全歼入侵德军。

▲9 月,意大利法西斯政府宣布无条件投降。

▲11 月,中、美、英三国首脑在埃及开罗举行会议,发表《开

---

①　金丁《郁达夫的最后》,《文艺生活(桂林)》月刊 1949 年 4 月第 47 期(海外版第 13 期)。(以下该文出版信息从略。)

②　王任叔《记郁达夫》。

罗宣言》。

2、3 月间至初夏之前

2、3 月间至初夏之前　郁达夫终于得辞宪兵通译一职。至于辞职时间,胡愈之称大概在 1943 年 2、3 月份,汪金丁、王任叔则称在 1943 年初夏郁达夫从亚齐回来后。

据汪金丁:去苏北亚齐出差是非常突然的事,得知这一消息没几天郁达夫便动身了,且去什么地方,什么时候回来,均一无所知。据达夫说,他这一次是跟着日本人去亚齐侦察联军"间谍"的。因日本人不懂荷兰文,又不懂物证,一切非先问他不可,于是经过他一通译,重要的人证、物证都被放走了。[①]

据王任叔:棉兰重逢时,郁达夫称自己离开苏门答腊已两个多月,在亚齐州跟着日本宪兵在乡间搜索抗日分子。"他们还要到卜干峇鲁去,……那里有印尼人共产党,他们有谍报,他们要去捉,但我不想再跟去了"。后来听到各方面传来的消息,知郁达夫从亚齐回到西苏门答腊后,就辞了职。[②]若果如此,则郁达夫辞职时间或在初夏与王任叔棉兰重逢之前。

据汪金丁:郁达夫一直想方设法抽身脱走,而日本人却不肯轻易放过一个日、英、荷、印尼各种语文都通还能借钱给他们的人。为此,郁达夫不得不装病,虐待自己。他利用日本人防备肺病传染的心理,鸡鸣即起,用冷水冲凉,让自己伤风;吸鸦片,喝酒,让自己咳嗽。后来去沙哇伦多医院,用几瓶酒收买日本医官

---

① 金丁《郁达夫的最后》。
② 王任叔《记郁达夫》。

开了病情证明,待换了个宪兵队长,回巴爷公务作久居状。①

据王任叔:郁达夫辞职的理由是,因为帮日本人工作,他的生意无法经营,亏本到两万以上。日本人相信了他的话,准他在外边间接帮他们的忙。②

据张紫薇③:郁达夫脱离了宪兵部,但有一个条件,就是有必要时,还是要他义务帮忙。这点,达夫先生也无法推诿,万一华侨中有人遇困难时,不会没有搭救的机会。④

初夏 某日,郁达夫从亚齐回来经棉兰,第二天,即让人把"赵廉"这个名字写在旅馆的告示牌上,并去电影院、书店各处,找化名何秀生、已在棉兰领得身份证的王任叔,无意中发现《郁达夫选集》,自购一册,并通过绍兴货郎打听王任叔的消息,终得重逢。⑤

6、7 月间

6、7 月间 巴东盆洛街海天旅馆对面新开一家荣生旅馆,生意兴隆。为避免日本军人的"检查""登记"甚至合股侵吞,张紫薇介绍郁达夫以虚股加入,成为荣生老板之一。"这一段时间,也许是他最逍遥自得的时间吧。"⑥

成为荣生股东后,张紫薇和郁达夫在巴东的交往就多了起来。他们一起去庙堂、餐馆、巴刹(商场)甚至小姐闺阁。餐馆每

---

① 金丁《郁达夫的最后》。
② 王任叔《记郁达夫》。
③ 张紫薇,笔名了娜,侨居雅加达。时为巴东当地一所华侨中学校长。
④ 了娜《郁达夫流亡外纪》。
⑤ 王任叔《记郁达夫》。
⑥ 了娜《郁达夫流亡外纪》。

个都去过,而且喜欢招一二日人共饮,或为避免离开宪兵部即不与交往而引起的"误会"。常去甘邦爪哇的巴刹,其目的是去买旧书,他巴爷公务的寓所里,所藏旧书已以万计,其中德文居多,荷文次之。①

7 月

11 日 郁达夫(署名赵廉)致函张紫薇:"饭店西施,若无回音,亦乞置之,因此间又有一件公案,或者可成眷属,当较巴东为合适也。"为某天晚上,郁达夫与张紫薇同去马来饭店吃饭,饭店主妇主动要为达夫做媒,约定一位姑娘,当时未及表态,只告"明天回话",但一直没有回音。②

本月 经人介绍,结识一位受过荷兰教育,曾任荷兰幼稚园教师的李小姐,曾受邀一同参加荣生酒楼会餐,然亦"终究未成"。③

9 月

月初 在武吉丁宜海天楼主人吴元湖介绍下,与某校总理之兄的女儿,巴东娘惹(侨生少女)陈莲月订婚。订婚仪式在女家举行,被邀请的朋友并不多,预备了茶会,还交换了金戒指。④

14 日 为与陈莲月结婚,自拟"结婚证书"一份,将新娘改名"何丽有"⑤并书"右二人于昭和十八年九月十五日在巴东结婚因

---

① 了娜《郁达夫流亡外纪》。
② 了娜《郁达夫流亡外纪》。
③ 了娜《郁达夫流亡外纪》。
④ 了娜《郁达夫流亡外纪》。
⑤ 何丽有(1922—1991),女,原名陈莲月,生于广东台山。幼年由其姑夫带到巴东,从姑夫姓陈。何丽有之名,为郁达夫所取,言其"何丽之有"。

在战时一切从简 此证"。证婚人为巴东侨贤吴顺通,介绍人是
"荣天旅馆"两位股东戚汝昌、吴元湖。①

当晚,郁达夫并作七言律《无题——用〈毁家诗纪〉中四律原
韵》(四首)以示心迹。诗见了娜(张紫薇)《郁达夫流亡外纪》。②

15 日 与陈莲月(何丽有)结婚。当日喜宴设在荣生旅馆的
客厅里,巴东的华侨精英,各党各派的头面人物,社会名流,都出
席了喜庆筵席。③

何丽有没有受过教育,只会台山语和印尼语,两人在家中便
以印尼话交谈,婚后一周即搬至巴爷公务,住打西荣街。最初是
一幢荷兰式建筑,但被日本宪兵征用,后来被"指定"搬了几处面
朝大街的店铺式住宅。新夫人做菜很拿手,尤其善于料理家务。
郁达夫每天早上 6 点多起床,用花生下酒,8 点多上酒厂,午后回
家看书或与朋友聊天,晚上则各种应酬。两人在巴爷公务的生
活是平静和安逸的。④

郁达夫迎娶何丽有,是为了不至于让日本人对他的经历生
疑,也为了身边有个人照料他的生活。胡愈之称"如果娶一位有
智识的姑娘,怕会泄露他的秘密,使日本人发觉他是郁达夫";张
紫薇称"他的这次结婚本来就是拿来做掩饰的",而赵夫人的举
止和身份,"连日本宪兵也看不出有什么破绽"。郁达夫则自称,
"老婆还是傻点的好",似可理解为对色才兼备又要强的王映霞
的不贞及由此带来的家庭纠纷、婚姻破裂给他造成的精神创伤
的自嘲;亦另称"我完全是因为同情她的身世才和她结成伴侣

---

① 参温梓川《郁达夫别传》第 151 页。
② 了娜《郁达夫流亡外纪》。
③ 参《苏门答腊的郁达夫》第 119—121 页。
④ 参《苏门答腊的郁达夫》第 126—129 页。

的"，或颇类《秋柳》之于质夫偏选年老貌丑没人怜的海棠。①

郁达夫待他的新夫人，实在是好，在大雅未生时到巴东大购婴儿月母的用品，在聚餐或访友时，这位新夫人多半是相依相随；新夫人接人待物也非常合身份，对家中来客，能应付得妥妥帖帖，连常来家的日本宪兵，也对这位赵太太非常有礼貌。达夫的这段生活，可以说是相当舒服。有时郁达夫要去武吉丁宜或巴东，新夫人便将应用东西预备得完完全全。②

本年　自郁达夫"一夫当前"，以自己的"忠诚"与"装傻"去掩蔽了敌人的眼光，把巴爷公务划定为流亡文化人的安全地带后，流散在小岛上的文化人，几乎一半集中在巴爷公务了。事业又相当发达，学校、酒厂、肥皂厂，各方需要人。③

1944 年(甲申，民国三十三年)　48 岁

▲1 月，美军切断日本南洋各地军队与其本国的联系。

▲6 月，英美两国军队在法国诺曼底登陆。

▲7 月，日本东条英机内阁倒台。

▲11 月，汪精卫在日本名古屋病亡。

1、2 月间

1、2 月间　日本军部将苏岛军政监部移到武吉丁宜，日本宪

---

① 参《苏门答腊的郁达夫》第 118—129 页。

② 了娜《郁达夫流亡外纪》。

③ 王任叔《记郁达夫》。

兵总部亦设在武吉丁宜。宪兵总部内福建籍翻译洪根培,向宪兵总部告发郁达夫是联军间谍,并由巴爷公务中华学校前任某校长作证。①

洪姓青年之告发郁达夫,是为郁达夫设法救援了巴东富商的一位入赘女婿,星洲中正中学一位教员。来自星洲、知道郁达夫底细、也在宪兵部办事的洪姓青年本觊觎女方财貌,遂诬陷教员是"抗日分子"而至拘捕,郁达夫利用关系为青年开了罪,洪则怀恨在心,终至向宪兵队告密。②

因洪根培的告密,武吉丁宜宪兵部收集了据说是郁达夫全部的著作。宪兵队长指着堆在那里的书问郁达夫,"这些书是谁做的?"达夫承认是自己的作品,宪兵队长又问:"怎么你又是赵廉呢?""赵廉是本名,这是笔名",还举了鲁迅、茅盾为例,宪兵见他态度自若,便并未申斥,只说"我们找你,找得好苦啊!""啊啊,是吗,怎么你们不先问问我呢? 如先问问我,我早同你们说了。"宪兵队长听后,态度反而更加谦恭起来。③

2 月

下旬　因郁达夫被告密,胡愈之等相继离开巴爷公务,分散隐匿到苏门答腊各地,直到日本战败。④

一年半以后,新加坡的日军派一个中国暗探到这小地方来,才识破烧酒店老板赵廉就是郁达夫,便向日本宪兵报告赵廉是

①　胡愈之《郁达夫的流亡与失踪》;了娜《郁达夫流亡外纪》;《苏门答腊的郁达夫》第151—152页。

②　王任叔《记郁达夫》。

③　了娜《郁达夫流亡外纪》。

④　《苏门答腊的郁达夫》第153—154页。

国际间谍。于是大家就陆续逃往东部高原去。郁氏虽自知性命很危险,相信还能应付,而且逃也不是办法,只好这样硬挺下去。难为了日本宪兵,费了一年多时间侦查,才知道他确是郁达夫,但不是国际间谍。当时这批鬼子要郁合作,用飞机送他到南京,也被郁用钱酒糜烂了这批家伙,逃过了这个难关。①

8 月

本月　日本宪兵对"赵廉"一案侦查完毕。先后有十几名与赵廉有牵连的华侨被捕,但并未逮捕郁达夫。盖因日本宪兵知道郁达夫并非间谍,只是暗中监视。②

9 月

本月　据酒厂会计负责人包思井③:这年 9 月,对赵廉之精通日语产生疑心的宪兵总部特高课长龟田三郎在其 44 岁生日宴上,提议一起用日文作诗。龟田是东京帝大文科毕业生,其诗师承小泉八云一路诗风,而郁达夫所作 12 首日文诗更胜一筹。龟田将 12 首诗用电报发送到东京情报总部查核,三天后回电称,能做这样日文诗的中国人只有四个,鲁迅、周作人、郭沫若、郁达夫。④

---

①　胡公《郁达夫生前开酒店当翻译》,1946 年 4 月 1 日《是非》周刊第 2 期。

②　《苏门答腊的郁达夫》第 154—155 页。

③　包思井,原新加坡生活书店经理。编著有《印度尼西亚语辞典》《现代印尼民族运动简史》。

④　参《苏门答腊的郁达夫》第 162—164 页。

10 月

本月 着人带信给胡愈之,嘱其安住原地,不要搬动。^①

本年 《胡迈来诗,会有所感,步韵以答》七律一首作于苏门答腊。

本年 "未必蓬莱路便通"一句作于苏门答腊。

1945 年(乙酉,民国三十四年) 49 岁

▲6 月,联合国国际组织会议一致通过《联合国宪章》,联合国成立。

▲5 月,苏联红军攻克柏林后,德国法西斯无条件投降。

▲8 月,日本天皇发表《停战诏书》,宣布无条件投降。

春

春 《题新云山人画梅》七绝一首作于苏门答腊。这是目前所知郁达夫最后一首传世之作。抗战胜利后,郭沫若收到友人寄来的一张诗画照片,题"乙酉春日苏门啸隐题",诗中"张郎",或为张乙鸥。

5 月

16 日 周毓英《记后期创造社》刊《申报月刊》复刊第三卷第

---

① 王任叔《记郁达夫》。

579

5期。

本月 日本投降前三个月,郁达夫在沙果山上办了个小农场,备作避难用。有一天,他从市镇里上山,带了些酒菜和一个木箱来。酒菜吃完之后,他叫把那个木箱收藏起来,那时也不知道里面所藏何物。他失踪后打开来看,原来是林语堂的《瞬息京华》英文本两册,里面林语堂特地把人名、地名、古典词句详加注解以便郁先生翻译的。在同书上郁先生也批了他的译语,两个人的批注都很小心,这从写的字上可以看得出。另外一本英译莪赫斯基的小说《远东》,记得郁先生以前说过,这是一本反日的小说,国内尚无译本,预备翻译的。①

5、6月间 苏门答腊省成立参议院,被委作参议院顾问。②

6、7月间 郁达夫又召集大家回到巴爷公务。"当时大战局势已明朗,他考虑到翌年即将反击,战争快要结束,为保护当地华侨生命财产的安全,以防在日军投降前夕,遭到不必要的损失,便积极倡议当地华侨集资筹办一个农场,以备在翌年反击时,作为当地华侨的疏散点。我回到巴爷公务后,他便安排我负责筹办农场工作。"③

8月

15日 正午,武吉丁宜宪兵队全体兵团长及独立部队部队长在队长室收听日本天皇"玉音放送",得悉日本接受波茨坦公告,宣布无条件投降。座中无不垂头丧气,亦有放声饮泣者,宪

---

① 包思井《郁达夫先生和书》,《回忆郁达夫》第632—633页。
② 王任叔《记郁达夫》。
③ 吴柳斯《记流亡在苏岛的郁达夫》,《回忆郁达夫》第624—625页。

兵队队长还驱车前往军司令部核实这一消息。此后并有士兵自杀和逃亡,以九州人居多。据统计,战后苏门答腊全部 424 名宪兵中,自杀者 6 名,逃亡者 31 名。中国人街则家家户户挂出了青天白日旗。①

16 日　清早,郁达夫跑到酒厂,报告日本投降的消息,因为"夜里在蔡承达家里听到了广播"。②此后几天,郁达夫去过武吉丁宜,也给棉兰、巴东和卜干峇鲁和一些侨领写过信。得知日军投降的消息后,郁达夫急忙步行走上高出海拔七百多公尺的农场通知工友们尽快结束工作,迎接新的战斗。③

同日　日本军司令部、军政监部在广场集合听训,并开始收拾和焚毁文件。④

一说全体军官集合,举行诏书传达仪式是 8 月 22 日上午 11 时;一说全体人员被召集到兵营大队里听候传达诏令是 8 月 21 日早上;一说"整个南方军占领下的广大地区,得知终战的消息,已经是终战后八天的事了",即 8 月 23 日。⑤

新加坡传达终战"圣旨"是 8 月 18 日。⑥

印度尼西亚"正式宣布"日本投降是 8 月 24 日。⑦

29 日　郁达夫失踪,并于当晚被日本宪兵勒死。⑧

据郁云《郁达夫传》:那天晚上 8 时许,郁达夫正在家中和蔡清

---

①　参《苏门答腊的郁达夫》第 190—191 页,第 197—198 页。

②　金丁《郁达夫在南洋的经历》,《回忆郁达夫》第 586 页。

③　吴柳斯《记流亡在苏岛的郁达夫》,《回忆郁达夫》第 627 页。

④　参《苏门答腊的郁达夫》第 191 页。

⑤　参《苏门答腊的郁达夫》第 192—193 页。

⑥　参《苏门答腊的郁达夫》第 194 页。

⑦　参罗以民《天涯孤舟——郁达夫传》第 253 页,杭州出版社 2004 年版。

⑧　《苏门答腊的郁达夫》第 235 页。

竹等三位华侨,商讨结束士都朱华侨农场的问题,从外面突然走进来了一个印尼青年,大约二三十岁的模样,身穿便服,操一口马来语,要求郁达夫出去商谈一下。郁达夫毫不提防地出去了几分钟,又回屋向三位华侨招呼说:"我出去一下就来,你们请坐一下。"话后连衣服也没有换,穿着睡衣和木屐,便随那青年走了。

郁达夫和那个青年一同走进中华街,进入一家咖啡店坐谈,其间似乎有过争执。出了咖啡店,两人又走向附近一条僻静的小路。在那里预先停了一辆小汽车,有两个日本人守候着,待郁达夫和青年上了车,汽车便开走了。时间大约是9时。①

据D对铃木正夫供述,"责任在我,是我对几个部下下令绑架并处死赵廉的"。并且当天或翌日,他即从其部下得到了"重要的证人"赵廉已被扼死的复命,但因为不在杀害现场,不知遗体最终如何处置。②

罗以民对此提出质疑,主要集中在:1.未能明确查明宪兵班长D确有此人;2.D的证言缺少动机、时间和地点。③

罗依据史料和王任叔《记郁达夫》中提供的一个细节,日本投降后,"我们在棉兰,第一件事是营救九二〇事件被难的同志。关在先达监牢的五十多个同志放出来后,……证明有十二个同志解送到武吉丁宜,没有下落。……愈之想到达夫,由达夫也许能探出一个线索来。同志们要我打一个电报去给达夫,我自然照办了。电文去后的三日,达夫失踪的消息传到了。但电报并没有让达夫亲自看到,而是落在那家药铺子主人的手里……"④

---

① 郁云《郁达夫传》第182页。
② 《苏门答腊的郁达夫》第230页。
③ 参罗以民《天涯孤舟——郁达夫传》第259页,杭州出版社2004年版。
④ 王任叔《记郁达夫》。

由此推断，"只可能是日本宪兵谋杀了郁达夫，而谋杀的最直接的原因就是胡愈之、王任叔所发的电报引起的"。①

其他被忆及的细节如下：

包思井：8 月 29 日晚间，郁先生和三四位客人在家中，讨论结束巴爷公务侨领们共同投资经营的农场之事。8 点多钟，一个二三十岁的白衣青年来叩门，并以马来语与郁达夫交谈，达夫向大家说有点事情，随后就穿着睡衣和拖鞋出门了。

曾宗宜：9 点光景，我们正在跟郁先生一起打牌，一位二十岁左右的陌生马来青年给他送来了一封信，郁先生说，出了点事，牌不打了，就出门去了，没有回来。他当时是中式的黑裤子，拖着木屐。

刘文成：失踪那天晚上，他们在一起讨论农场的整理事务，郁达夫在让一个看上去是印尼人的青年喊出去之前，武吉丁宜宪兵分队的×就在附近等着郁达夫。

附近咖啡店伙计：达夫和一个不认识的青年进了咖啡店，用马来语交谈，那人似乎托达夫帮忙做一件事，达夫表示不答应。不久两人就出去了。

印尼农民：大约 9 点前后，有一辆小汽车驶到离咖啡店不远的一条荒凉小路上，里面有两个日本人，车停了许久，等有两个人过来上了汽车，就驶走了。

"亲眼看见的人"：那是 8 月 29 日晚上 8 点钟，郁氏被一个

---

① 参罗以民《天涯孤舟——郁达夫传》第 253—257 页，杭州出版社 2004 年版。这一结论似需慎重，"达夫失踪的消息传到"王任叔他们那的时间是"电文去后的三日"，而以当年居住的分散和信息传播的速度，"药铺子主人收到电报—发现电文秘密—向宪兵队告发—宪兵队请示处置—实施绑架—（第二天）友人查找—确认'失踪'—发布消息—远在苏西的王任叔得到失踪的消息"，这一系列中间环节，在当年恐怕三天时间是不够周旋的。

不明国籍的人领着经过中华街,且走且说,走出一条僻巷,先停着一部小汽车,而且有两个日本人下了车在那里来来去去,便挟着郁氏上车驶走了。

南洋归侨田谨君:1945 年 8 月 29 日晚间 8 点,我亲眼看见郁达夫先生和一个白衣青年踏出了他的门口,从此我们就不能再和郁先生见面了。[①]

时同客苏门答腊、郁达夫曾为其作结婚证人的杨嘉:达夫化名赵廉,设酒肆为活,与日本高级军官过从颇密,被识破真名姓,欲送往东京或南京,达夫不肯。日军投降后数日某日晨,一青年来讹之出,遂不返,死亦不得尸。众猜由日人惧其他日为文泄日军实相,故杀之灭口。[②]

---

① 《访南洋归侨田谨君 忆郁达夫之死》,上海《益世报》1947 年 9 月 28 日第 4 版。
② 夏承焘 1957 年 1 月 7 日记,《天风阁学词日记三》,《夏承焘集》第七册第 581 页。

后世影响

一、失踪与被害调查

1945年9月初,武吉丁宜有华侨商人来到棉兰,告知胡愈之等郁达夫失踪的消息。"我从直觉判断达夫一定是被敌宪兵杀害了。……为了要消灭日宪兵的残暴黑恶的见证。"[①]

1945年9月中旬,胡愈之等折回巴爷公务,访问侨长蔡承达和其他朋友,慰问郁达夫妻子,并与流亡当地的文化人以及当地侨领共同协商组织了一个委员会,处理达夫失踪的善后事宜。委员会由9人组成,巴爷公务侨长蔡承达任主席,委员有当地侨领蔡清竹、曾玉印、曾连发、许乃昌和刘丹武、方君壮、汪金丁、胡愈之,担负追查郁达夫下落和救济郁达夫遗属等工作。[②]

1945年9月20日,胡愈之离开巴爷公务,抵卜干峇鲁,向主持救济工作的英国军官报告郁达夫失踪并乞查究。[③]

1945年9月30日,胡愈之抵新加坡,将郁达夫失踪消息报告中央社记者,并由他们向国内发了电讯;另拟报告书,托咨询委员陈振传转交东南亚联军总部,请求查究郁达夫下落;向英国政府华民事务顾问巴素博士报告郁达夫失踪情况,请其转达英政府协查。[④]

1945年10月3日,重庆《大公晚报》第1版,刊出《新加坡报

① 胡愈之《郁达夫的流亡与失踪》。
② 参郁云《郁达夫传》第182—183页;参胡愈之《郁达夫的流亡与失踪》。
③ 《苏门答腊的郁达夫》第211页;胡愈之《郁达夫的流亡与失踪》。
④ 《苏门答腊的郁达夫》第211—212页;胡愈之《郁达夫的流亡与失踪》。

人消息，胡愈之等安返新加坡，郁达夫失踪尚待寻觅》。

　　1945 年 10 月 4 日，重庆《新华日报》第 2 版，刊出"中央社新加坡 2 日电讯"：《文化老战士仍健在人间 胡愈之已回到星岛 王任叔邵宗汉沈兹九同行 郁达夫氏在苏门答腊失踪》：著名作家郁达夫先生在日本占领新加坡期间，也匿居在苏门答腊，开了一家酒铺，忽然在今年八月二十九日失踪，想来是被日军逮捕，因远在去年夏天日方就侦察到了郁氏的行踪，八月二十九日傍晚，有一不速之客往访郁氏，邀他散步，接着郁氏就不知到哪里去了。事后据说有人在郁氏寓所附近曾看见一辆日军摩托车。郁氏的友人现正请求盟国军事当局寻找郁氏的下落，只是苏门答腊还在日军手里，一时怕还难以施行。

　　《中央日报》刊中央社新加坡 2 日专电《名作家郁达夫在苏岛失踪 郁氏曾隐名酒店三年余，胡愈之沈兹九安返星岛》：日本占领新加坡期间，逃亡苏门答腊之前新加坡报人及教育界人士一行 10 人，已安返星岛。内有前《南洋商报》总编辑胡愈之，沈兹九女士、王任叔、邵宗汉等作家。郁达夫曾于苏门答腊西部匿名开设酒铺三年之久，忽于 29 日失踪，系日人所捕，胡愈之对此神秘之失踪前后有所陈述，概日人远于去夏，即悉知郁氏之真名，唯是时尚未思加逮捕。本年 8 月 29 日傍晚，有不知名之士叩访郁，邀其同往散步，郁氏首肯后，据报于郁氏失踪之时，有人目睹日人所驶之摩托车停于郁寓附近。郁氏之友人曾请军事当局寻觅氏之踪迹，惟以苏门答腊时仍在日人治理之下，此项工作之开始，尚须有待。郁氏于 1939 年赴新，主办新加坡日报，新加坡沦陷前，郁氏方担任海峡殖民地政府出版部《华侨周刊》总编辑。其夫人儿女现皆留于苏门答腊。

　　《西北文化日报》刊中央社新加坡 2 日专电《新埠华侨学校

教科书及教师极为缺乏 郁达夫失踪 胡愈之等将返国》；《力报》题《说真话的人没有死！ 胡愈之安返星岛 华占领期间逃亡苏门答腊，沈兹九王任叔邵宗汉等均安然无恙,惟郁达夫失踪）。

1945 年 10 月 6 日,上海《周报》引中央社新加坡 2 日电,刊出《胡愈之无恙,郁达夫失踪》的消息。

1945 年 10 月 8 日,新加坡《星洲日报·总汇新报》联合版第 2 版,刊出李西浪《拯救郁达夫》。

1945 年 10 月 8 日起至 10 月 24 日(8、9、12、16、19、20、22、23、24 日),新加坡《星洲日报·总汇新报》联合版,陆续刊出柳斯作《郁达夫先生的逃难与失踪》(9 回连载)。

1946 年 2 月 12 日,重庆《新华日报》第 3 版刊出消息《郁达夫确被日军所害》。

1946 年 2 月 13 日,《郁达夫氏的最后》载日本《改造日报》。

1946 年 8 月 8 日,棉兰苏门答腊联军总部情报部有消息称,联军当局据审讯日本战犯时口供,证实郁达夫已于 1945 年 9 月 17 日与欧人数名一起,被日本宪兵枪杀,遗骸埋在距武吉丁宜七公里的丹戎革岱。

1946 年 8 月 17 日,《申报》据中央社巴尔维亚 15 日电,"据棉兰民主日报讯:我国作家郁达夫,在苏门答腊遭日军捕杀,郁遗冢在距科克要塞点七公里地方已被发现,该报获致可靠方面讯,郁氏化名赵廉,隐居于苏门答腊西部,将近四年,于去年八月廿八日遭日军拘捕。及后与欧洲人数名,同时遭枪决,葬于坦德安科他地方"。

1985 年 9 月,铃木正夫以一宪兵队长的证言证实郁达夫于 8 月 29 日当晚被绑架、扼死。

二、纪念活动

1946 年 8 月 1 日,富阳县参议会拟在富春江边鹳山山麓建立郁达夫先生纪念碑,由该会筹集经费,即可开工。

1946 年 9 月 22 日,据中央社电讯称,桐庐县参议会为追念郁氏生前文名,决议在严子陵钓台旁,建立郁氏纪念塔,藉与钓台共垂不朽。

1946 年 10 月 20 日,故乡富阳县部分人士主张将原有大观楼旧址改建为"达夫楼",以示永念不忘。

1947 年 2 月 18 日,《大公报》新加坡电,郁氏生前挚友及同事已发起组织"郁达夫先生纪念基金劝募委员会",向社会人士募集基金,以作纪念郁氏之用。

1947 年 4 月 4 日,《大公报》报道,内政部已令浙省府查明郁达夫死难原因及日期,以便褒扬。

1947 年 4 月 16 日上午 11 时,富阳各界在中山公园为郁达夫举行纪念碑奠基典礼,同时举行郁曼陀氏公祭仪式。奠基典礼和公祭仪式由县参议会主持,省府主席、厅长均有代表致祭。

1949 年 6 月,郁氏生前友好郭沫若、胡愈之等在北平"为郁达夫开了一个纪念会",郭沫若"回忆到他在创造社工作时代",胡愈之则认为"郁达夫虽然是有着知识分子的若干彷徨不决性,可是后来,他是始终站在人民的立场的!"

1951 年 12 月,被中央人民政府追认为革命烈士。

1953 年 8 月 30 日,苏门答腊华侨中的文化、教育工作者在离武吉丁宜 3 公里的华侨公墓,为郁达夫建高 2 公尺的方形烈士纪念碑。

1985 年 9 月,郁达夫殉难 40 周年之际,规模盛大的"纪念著名作家郁达夫烈士殉难 40 周年国际学术讨论会"在富阳举行,与会共 300 多人,会上,铃木正夫作了《郁达夫被害真相》的调查报告。

2010 年 6 月,为弘扬郁达夫文学精神,鼓励浪漫诗意的性情写作,注重汉语叙事传统的继承和创新,浙江省作家协会《江南》杂志社特设立郁达夫小说奖,每两年评选一次,奖励充满锐气与才情的中、短篇小说。该奖项由富阳市人民政府协办,郁达夫故乡富阳为永久颁奖地。

三、遗著和文集出版

1946 年 8 月,《郁达夫杰作选》由上海新象书店印行,巴雷、朱绍之编选,为"当代创作文库"之一,收有小说《茫茫夜》《迟暮》《过去》《银灰色的死》《薄奠》《小春天气》《烟影》《微雪的早晨》等作品。

1946 年 6 月,游记散文集《屐痕处处》由铁流书店再版,目次同 1934 年上海现代书局初版。

1946 年 12 月,《达夫杰作集》由上海全球书店出版。目次:《屯溪夜泊记》《仙霞纪险》《方岩纪静》《住所的话》《北平的四季》《春愁》《雪夜》《日本的文化生活》《怀四十岁的志摩》《梅雨日记》《秋霖日记》《茫茫夜》《血泪》《闽游滴沥之一》《闽游滴沥之二》《闽游滴沥之三》《闽游滴沥之四》《闽游滴沥之五》《闽游滴沥之六》等。

1947 年 3 月,《郁达夫文选》(郁达夫近作精选)由正气书局印行,储菊人编,收有《五六年来创作生活的回顾》和小说《出奔》《迟暮》《过去》《薄奠》《春风沉醉的晚上》以及散文《杭江小历纪程》等作品。

1947 年 5 月 9 日,陆丹林开始借上海《和平日报》征集郁达夫遗诗。

1947 年 8 月,徐沉泗、叶忘忧编选之《郁达夫选集》由中央书店再版,内容同万象书店初版。为"现代创作文库"之一。

　　1948 年 1 月,中华全国文艺协会编、梅林辑《郁达夫文集》由春明书店印行,为"现代作家文丛"第四辑。《郁达夫文集》分两辑,第一辑(小说)收有《茫茫夜》《采石矶》《春风沉醉的晚上》《烟影》《过去》《在寒风里》《微雪的早晨》《离散之前》《迟桂花》,第二辑(散文)则收《海上通信》《病闲日记》《给一位文学青年的公开状》《文学漫谈》《钓台的春昼》等作品。

　　1948 年 6 月,郑子瑜编《达夫诗词集》由南洋宇宙风出版社出版。

　　1948 年 11 月,为纪念郁达夫先生逝世三周年,上海杂志公司出版"郁达夫遗著"《郁达夫游记》,内容同 1936 年版《达夫游记》。

　　1949 年 1 月,《青年界》第 6 卷第 5 号封底刊出由郭沫若、刘大杰、李小峰、郑振铎、赵景深、郁飞担任编纂委员会成员的《达夫全集》出版预告:硬面精装,皇皇巨制,六大厚册,二百万言。各卷内容为:第一卷,中篇小说集;第二卷,中篇小说集;第三卷,日记游记集;第四卷,散文杂文集;第五卷,文艺论文集;第六卷,译文杂著集。

　　1949 年 2 月,陆丹林作《郁达夫遗诗编后记》附识预告《达夫全集》编纂情况:"《达夫全集》,是郁达夫的大公子阳春编辑,由北新书局出版。全集分六册,计小说二册,散文二册,文论一册,译文一册,诗,附在散文后。诗是由我所编录,计得诗一百三十多首,词六首,是分年而编的。全集各稿,刻在积极排印中,预计在四月以前,可以全部出版。"

　　新中国成立后,"书店都要国营,北新书局合并到四联出版社,再合并到上海出版社,因此这部《达夫全集》始终未能刊行"。

1951年7月,由国家出版总署署长胡愈之倡议、茅盾担任主编、文化部"新文学选集"编辑委员会编选的《郁达夫选集》由北京开明书店出版。"新文学选集"共编选22部作家选集,《郁达夫选集》是该丛书出版的第一部作家选集。

1958年,冯雪峰重新编选《郁达夫选集》。该选集列入人民文学出版社1959年出版计划。据牛汉、王士菁等回忆,当时选录的郁达夫作品中,有几十万字是雪峰同志带回家一字一字抄出来的。

1982—1984年,《郁达夫文集》共12卷,由花城出版社、生活·读书·新知三联书店联合出版。

1992年1月,浙江文艺出版社《郁达夫全集》全12卷,分别为小说(2卷)、散文(2卷)、文论(2卷)、杂文(2卷)、诗词(1卷)、书信(1卷)、译文(1卷)、日记(1卷)。

2006—2007年,浙江大学出版社《郁达夫全集》共12卷,分别为小说(2卷)、散文(1卷)、游记自传(1卷)、日记(1卷)、书信(1卷)、诗词(1卷)、杂文(2卷)、文论(2卷)、译文(1卷)。

主要参考文献

《成仿吾文集》,山东大学出版社 1985 年版。

《成仿吾年谱》,张傲卉、宋彬玉、周毓方编,东北师范大学出版社 1994 年 12 月版。

《成仿吾研究资料》,史若平编,知识产权出版社 2011 年 4 月版。

《创造社资料》(上、下),福建人民出版社 1985 年 1 月版。

《创造社论》,黄人影编,上海光华书局 1932 年版。

《达夫书简 致王映霞》,王观泉编,天津人民出版社 2008 年 6 月版。

《掸尘录——现代文坛史料考释》,陈建军著,北岳文艺出版社 2015 年 9 月版。

《高长虹年谱》,廖久明著,北京:人民出版社 2011 年 8 月版。

《郭沫若全集》,人民文学出版社 1982 年版。

《郭沫若年谱长编(1892—1978)》,林甘泉、蔡震主编,中国社会科学出版社 2017 年 10 月版。

《郭沫若生平文献史料考辨》,蔡震著,社会科学文献出版社 2014 年 7 月。

《郭沫若的三十年(1918—1948)》,冯锡刚著,中央文献出版社 2011 年 1 月版。

《郭沫若留日十年(1914—1924)》,武继平著,重庆出版社 2001 年 3 月版。

《国立艺专往事：献给中国美术学院建校八十五周年》，郑朝著，中国美术学院出版社 2013 年版。

《顾颉刚日记》，顾潮整理，中华书局 2011 年版。

《顾颉刚年谱》，顾潮编著，北京：中华书局 2011 年 1 月版。

《丰子恺年谱长编》，陈星撰著，中国社会科学出版社 2014 年 11 月版。

《傅彦长日记》，张伟整理，《现代中文学刊》2015－2021 年各期。

《富阳抗战实录》，张建华编著，中共党史出版社 2006 年 7 月版。

《弘一法师书信》，林子青编，生活·读书·新知三联书店 1990 年 6 月版。

《胡适日记全编》，曹伯言整理，安徽教育出版社 2001 年 10 月版。

《胡适遗稿及秘藏书信》，耿云志主编，黄山书社 1994 年版。

《黄侃年谱》，司马朝军、王文晖合撰，湖北人民出版社 2005 年 7 月版。

《回忆郁达夫》，陈子善、王自立编，湖南文艺出版社 1986 年 12 月版。

《抗战日记》，谢冰莹著，台北东大图书公司 1981 年 6 月版。

《抗战中的郁达夫》，蒋增福、郁峻峰著，学林出版社 2005 年 7 月版。

《懒寻旧梦录》，夏衍著，生活·读书·新知三联书店 1985 年版。

《老舍全集》，文汇出版社 2008 年版。

《梁漱溟年谱》，李渊庭、阎秉华编著，商务印书馆 2018 年 2

月版。

《林风眠艺术年表》,《中国书画》2015年第3期。

《林语堂学术年谱》,郑锦怀著,厦门大学出版社2018年7月版。

《刘文典年谱》,章玉政编,安徽大学出版社2011年版。

《柳亚子年谱》,柳无忌编,中国社会科学出版社1983年5月版。

《柳亚子自述(1887—1958)》,文明国编,人民日报出版社2012年1月版。

《柳亚子自述(1887—1958)续编》,文明国编,人民日报出版社2012年1月版。

《鲁迅全集》,人民文学出版社2005年版。

《鲁迅年谱》,许寿裳,曹聚仁,复旦大学编写组,鲁迅博物馆编等各版本。

《鲁迅书信集》(上、下),人民文学出版社1976年8月版。

《鲁迅研究资料》(1—24辑),鲁迅博物馆鲁迅研究室编,天津人民出版社、中国文联出版公司等出版。

《鲁迅时代何以为生》,陈明远著,陕西人民出版社2011年9月版。

《民国风华——我的父亲黎锦晖》,黎遂著,团结出版社2011年10月版。

《民国广东大事记》,羊城晚报出版社2002年11月版。

《潘漠华年谱》,王文政著,杭州:浙江工商大学出版社2015年12月版。

《千秋饮恨:郁达夫年谱长编》,郭文友著,四川人民出版社1996年版。

《钱玄同日记》（整理本，上中下），杨天石主编，北京大学出版社2014年8月版。

《且吟且啸 斯人独行——郁达夫在名古屋》，高文君著，南京大学出版社2015年7月版。

《全集补》，郁达夫著，陈子善编，海豚出版社2016年12月版。

《沈尹默年谱》，郦千明编著，上海书画出版社2018年6月版。

《盛成台儿庄纪事》，盛成著，北京语言大学出版社2007年10月版。

《盛成回忆录》，盛成著，山西人民出版社2012年6月版。

《舒新城日记》，上海辞书出版社2013年版。

《苏门答腊的郁达夫》，〔日〕铃木正夫著，李振声译，上海远东出版社2004年5月版。

《苏雪林年谱长编》，沈晖编著，时代出版传媒公司、安徽文艺出版社2017年1月版。

《唐弢年谱新编》，林伟著，浙江大学出版社2016年6月版。

《滕固年谱长编》，沈宁编著，上海：上海书画出版社2019年4月版。

《天涯孤舟——郁达夫传》，罗以民著，杭州出版社2004年3月版。

《田汉全集》，花山文艺出版社2000年版。

《田汉年谱》，张向华编，中国戏剧出版社1992年12月版。

《汪静之情书：漪漪讯》，汪静之、符竹因著，飞白编，浙江文艺出版社2002年5月版。

《汪静之先生纪念集》，上海鲁迅纪念馆编，上海书画出版社

2002 年 9 月版。

《王伯祥日记》，国家图书馆出版社 2011 年 8 月版。

《王世杰日记》，林美莉编辑校订，"中研院"近代史研究所 2013 年 12 月版。

《王映霞自传》，王映霞著，黄山书社 2008 年 3 月版。

《王映霞：关于郁达夫的心声》，黄世中编，河南文艺出版社 2013 年 12 月版。

《文化人的经济生活》，陈明远著，陕西人民出版社 2010 年 6 月版。

《文学研究会研究资料》（上、下），知识产权出版社 2010 年 1 月版。

《闻堰镇志》，西泠印社出版社 2011 年 1 月版。

《我的朋友鲁迅》，[日]内山完造著，何花、徐怡等译，北京联合出版公司 2012 年 10 月版。

《我与郁达夫》，王映霞著，广西教育出版社 1994 年 2 月版。

《吴宓日记》，生活·读书·新知三联书店 1998 年版。

《吴虞和他生活的民国时代》，冉云飞著，山东人民出版社 2009 年版。

《吴虞日记》，四川人民出版社 1984、1986 年版。

《夏承焘集》，浙江教育出版社 1997 年 9 月版。

《现代作家书简》，孔另境编，生活书店 1937 年 4 月版。

《现代名人书信》，张均编，上海合众书店 1937 年 1 月初版。

《萧红全集》，北京燕山出版社 2014 年版。

《谢六逸年谱》，陈江、陈达文编著，商务印书馆 2009 年 8 月版。

《徐悲鸿年谱》，台北：艺术家出版社 1991 年 6 月版。

《徐志摩全集》，中央编译出版社 2013 年版。

《徐志摩未刊日记》（外四种），虞坤林整理，北京图书馆出版社 2003 年 1 月版。

《徐志摩年谱》，陈从周编，上海书店 1981 年 11 月影印版。

《许广平忆鲁迅》，马蹄疾辑录，广东人民出版社 1979 年 4 月版。

《杨振声年谱》（上、下），季培刚著，学苑出版社 2015 年 10 月版。

《叶圣陶年谱长编》，商金林编著，人民教育出版社 2012 年版。

《银元时代生活史》，陈存仁著，广西师范大学出版社 2007 年 5 月版。

《俞平伯年谱（1900—1990）》，孙玉蓉编纂，天津人民出版社 2001 年 1 月版。

《郁达夫文集》，花城出版社、香港三联书店 1983 年版。

《郁达夫全集》，浙江大学出版社 2007 年版。

《郁达夫年谱》，陈其强著，浙江大学出版社 1989 年 3 月版。

《郁达夫资料——作品目录、参考资料目录以及年谱》，〔日〕伊藤虎丸、稻叶昭二、铃木正夫编，日本东京大学东洋文学研究所附属东洋学文献中心 1969 年 10 月版。

《郁达夫资料补编上册》，〔日〕伊藤虎丸、稻叶昭二、铃木正夫编，日本东京大学东洋文学研究所附属东洋学文献中心 1973 年 3 月版。

《郁达夫资料补编下册》，〔日〕伊藤虎丸、稻叶昭二、铃木正夫编，日本东京大学东洋文学研究所附属东洋学文献中心 1974 年 7 月版。

《郁达夫研究资料》(上、下)，陈子善、王自立编，花城出版社、生活·读书·新知三联书店香港分店 1985 年 8 月版。

《郁达夫研究资料索引(1915－2005)》，李杭春等编，浙江大学出版社 2006 年 12 月版。

《郁达夫评传》，素雅编，上海现代书局 1931 年版。

《郁达夫论》，贺玉波编，上海光华书局 1932 年版。

《郁达夫论》，邹啸编，上海北新书局 1933 年版。

《郁达夫忆鲁迅》，陈子善、王自立编注，花城出版社 1982 年 1 月版。

《郁达夫外传》，孙百刚著，浙江人民出版社 1982 年 4 月版。

《郁达夫传》，郁云著，福建人民出版社 1984 年 4 月版。

《郁达夫传记两种》，〔日〕小田岳夫、稻叶昭二著，浙江文艺出版社 1984 年 6 月版。

《郁达夫海外文集》，郁风编，生活·读书·新知三联书店 1990 年 12 月版。

《郁达夫风雨说》，于听著，浙江文艺出版社 1991 年 6 月版。

《郁达夫传:欲将沉醉换悲凉》，袁庆丰著，上海文艺出版社 1998 年 11 月版。

《郁达夫:悲剧性的时代作家》，〔日〕铃木正夫著，李振声译，广西教育出版社 2000 年 6 月版。

《郁达夫家族女性》，蒋增福著，花城出版社 2004 年 4 月版。

《郁达夫别传》，〔马来西亚〕温梓川著，宁夏人民出版社 2006 年 12 月版。

《早期三十年的教学生活 五四》，杨亮功著，黄山书社 2008 年 1 月版。

《曾朴全集》，苗怀明主编，广陵书社 2018 年 11 月版。

《张君劢年谱长编》,李贵忠著,中国社会科学出版社 2016 年 3 月版。

《张闻天早期文集(1919.7—1925.6)》(修订版),张闻天选集传记组等编,中共党史出版社 1999 年 3 月版。

《赵家璧文集》,上海文艺出版社 2012 年版。

《这些人,这些书:在文学史视野下》,陈子善著,湖北人民出版社 2008 年 5 月版。

《郑伯奇文集》,人民文学出版社 1988 年 5 月版。

《郑振铎日记全编》,陈福康编,山西古籍出版社 2006 年版。

《郑振铎日记》,卢今、李华龙编,山西教育出版社 1998 年 1 月版。

《郑振铎年谱》(上、下),陈福康著,三晋出版社 2008 年 10 月版。

《政治与文学的变奏——中国左翼作家联盟组织史考论》,张广海著,三联书店(香港)有限公司 2017 年 9 月版。

《中国现代作家佚文佚简考释》,宫立著,北京大学出版社 2019 年 11 月版。

《周作人日记》,大象出版社 1996 年 12 月版。

《周作人年谱》,张菊香、张铁荣编著,天津人民出版社 2004 年版。

《朱希祖先生年谱长编》,朱元曙、朱乐川撰,中华书局 2013 年 11 月版。

《竺可桢全集》,上海教育科技出版 2004—2013 年版。

《走到出版界》,高长虹著,上海泰东图书公司 1928 年 7 月版。

《创造社访问记》，若谷，《申报》1927年9月3日"本埠增刊"第6版。

《大战勃发，我辈将不能生存——郁达夫遗札两通释读》，吴心海，2019年12月31日《上海书评》。

《悼郁达夫先生》，李桂，载上海《东印文艺》1946年7月1日创刊号。

《段可情年谱简辑》，张效民、陈慈，《西华大学学报（哲学社会科学版）》1987年第2期。

《富春江上神仙侣：郁达夫致王映霞的一通情书》，陈子善，《收藏》2012年第5期。

《关于郁达夫》，邓铁，《草野》1931年8月22日六卷1号。

《关于郁达夫》，黎烈文，上海《大公报·星期文艺》1947年11月16日。

《关于郁达夫在闽任职情况和时间的考证》，王国栋，《吉林师范学院学报（哲学社会科学版）》1986年第3期。

《郭沫若的几次京都之行考》，蔡震，《郭沫若学刊》2010年第1期。

《怀念郁达夫先生》，王余杞，重庆1945年10月8日《大公晚报·小公园》。

《怀念郁达夫》，郑伯奇，1945年12月西安《书报精华》第12期。

《怀郁达夫先生》，张白山，《文萃》周刊1946年1月第二卷第13期。

《怀念郁达夫》，翟永坤，《武汉日报》1946年11月5日。

《记郁达夫先生》，赵景深，《月刊》1946年3月10日第一卷第4期（二三月号合刊）。

《记郁达夫：在南洋的一段生活》，绿伊，《读书月刊》1947年3月第3期。

《记郁达夫》，王任叔，《人间世》1947年10月1日、12月20日第二卷第1期和第2、3期合刊。

《纪念郁达夫先生》，刊《南洋学报》1947年3月第四卷第1辑。

《江风塔影》，陶希圣，《江淮文史》2010年第4期。

《抗战中郁达夫与永春华侨的交往》，林联勇，《抗战永春》，中共永春县委党史研究室2015年8月编印。

《流亡在赤道线上》，沈兹九，《风下》1946年9月7日至1947年2月12日第42—62期。

《论郁达夫》，郭沫若，《人物杂志》月刊1946年4月1日第3期。

《鲁迅郁达夫曾合编"奔流"杂志 两人书信往来甚密》，陈子善，《东方早报》2014年1月26日。

《南洋通讯》，胡愈之、沈兹九，《民主》周刊1946年1月第14期。

《我忆郁达夫先生》，雯殊，《世界晨报》1946年4月5日第2版。

《我与郁达夫》，易君左，《经纬》周刊1946年新2卷第6—8、10—11期，新3卷1期。

《诗人金子光晴在上海的岁月》，徐静波，《文汇报》2017年7月14日。

《曙新期的创造社》，张资平，《现代》1933年6月第三卷第2期。

《夏之秋与武汉合唱团》，宁静，《中央音乐学院学报》1992年第 3 期。

《湘人对于新文学运动的贡献》,沈从文,《吉首大学学报》1982 年第 6 期。

《新版〈郁达夫全集〉未录之日记、书信与诗文》,蒋成德,《新文学史料》2012 年第 2 期。

《新发现的郁达夫的题诗、佚简与演讲文稿》,宫立,《平顶山学院学报》2016 年第 1 期。

《新发现郁达夫佚文考释》,曾祥金,《新文学史料》2018 年第 2 期。

《新发现张资平集外文〈中期创造社〉考释》,曾祥金,《现代中文学刊》2021 年第 3 期。

《新见郁达夫佚文佚简考述》,金传胜,待刊。

《杨振声与郁达夫》,萧村,《十日谈》1934 年第 48 期。

《1936 年郁达夫访日史实新考》,武继平,《中国文化研究》2011 年第 1 期。

《忆郁达夫》,刘大杰,《文选》月刊 1946 年 1 月创刊号。

《忆达夫》,楼适夷,淮阴《新华日报·华中版》1946 年 2 月 13 日第 66 号第 2 版。

《忆达夫》,适夷,《解放日报》1946 年 3 月 20 日第 4 版。

《忆郁达夫》,楼适夷,上海《周报》1946 年 3 月 23 日第 29 期。

《忆郁达夫先生》,喻世海,《艺术家》1946 年 3 月第 1 期。

《忆郁达夫》,陈拭之,上海《时代日报》1946 年 7 月 19 日。

《忆郁达夫》,陈叔华(陈炜谟),《成都晚报·大地》1946 年 8 月 21、23、26 日。

《忆达夫先生》,钟敬文(署名"静闻"),《文艺生活(桂林)》

《忆达夫先生》，钟敬文（署名"静闻"），《文艺生活（桂林）》1947年10月（光复版）第17期（总第35期）。

《忆达夫》，祝枕江，《申报》1948年10月18日第6版。

《郁达夫先生访问记》，许雪雪，杭州《文学新闻》1933年5月第3期。

《郁达夫先生底印象》，钟敬文，《青年界》1934年6月第六卷第1号。

《郁达夫先生的逃难与失踪》（9回连载），柳斯，新加坡《星洲日报·总汇新报》1945年10月8、9、12、16、19、20、22、23、24日联合版。

《郁达夫在星洲》，黎渔，《文章》月刊1946年1月创刊号。

《郁达夫先生失踪前后》，沈兹九，贵阳《贵州日报·每周增刊》1946年2月2日第10期第4版。

《郁达夫生死之谜——星洲文化界在拯救中》，腐草，上海《文汇报·文化街》1946年5月1日第66号第2版。

《郁达夫这人和他的著作》（上、下），叶伯宽，《群光周报》1946年7月6日第1期、7月13日第2期。

《郁达夫是怎样失踪的》，梅子，《月刊》1946年7月第二卷第2期。

《郁达夫追忆》，徐祖正，北平《文艺时代》月刊1946年8月第一卷第3期。

《郁达夫的流亡与失踪——给全国文艺协会报告书》，胡愈之，新加坡《星洲日报》1946年8月31日、9月5日、9月7日；又1946年9月14、21、28日《民主》（上海）周刊第48、49、50期。

《郁达夫先生殉难前后记详》，载《上海文化》月刊1946年9月第8期。

《郁达夫"毁家"前后》,陆丹林,《永安月刊》1946 年 12 月第91 期。

《郁达夫在南洋》,陈之新,《月刊》1946 年 12 月第二卷第4 期。

《郁达夫回忆琐记》,陈翔鹤,《文艺春秋副刊》1947 年 1—3月第一卷第 1—3 期。

《郁达夫二三事》,近藤春雄,日本《桃源》1947 年 2 月第2 号。

《郁达夫》,吴一心,《中华教育界》1947 年 3 月第一卷第 3 期"战时中华教育文化界殉难者志略"栏。

《郁达夫之生与死》,孟农,《申报》1947 年 6 月 9 日第 9 版《春秋》。

《郁达夫流亡外纪》,了娜(张紫薇),《文潮月刊》1947 年 8 月第三卷第 4 期。

《郁达夫先生评传》,黄得时,《台湾文化》月刊 1947 年 9—11月第二卷第 6—8 期。

《郁达夫殉难纪详》(文坛史料),《艺虹》1947 年 12 月 1 日第一卷第 2—3 期合刊。

《郁达夫遗诗编后记》,陆丹林,《永安月刊》1949 年 2 月第117 期。

《郁达夫的最后》,金丁,《文艺生活(桂林)》1949 年 4 月第47 期(海外版第 13 期)。

《郁达夫的书简》,周作人,香港《新晚报》1962 年 9 月 26 日。

《郁达夫的台湾之行》,陈松溪,《新文学史料》1985 年第3 期。

《郁达夫访台史实考订》,武继平,《东岳论丛》2011 年第

3 期。

《郁达夫 1936 年访日新史料》,李丽君,《现代中文学刊》2011 年第 5 期。

《郁达夫关于创造社与〈幻洲〉关系的信函》,宫立,《郭沫若学刊》2013 年第 4 期。

《郁达夫与翟永坤、王余杞:从一封佚函谈起》,廖太燕,《广播电视大学学报(哲学社会科学版)》2015 年第 2 期。

《郁达夫关于福建的两篇佚文》,汤志辉,《新文学史料》2017 年第 1 期。

《郁达夫佚函〈回杭观感〉》,吴心海,2019 年 8 月 30 日《文汇报·文汇学人》。

《郁达夫湘行漫记》,王金华,《书屋》2021 年第 5 期。

《郁达夫南洋时期的三篇集外演讲》,金传胜,《世界华文文学论坛》待刊。

《在富阳——访郁达夫故居》,唐弢,刊《周报》(上海)1946 年第 41 期。

《再谈郁达夫》,郭沫若,《文讯》月刊 1947 年 11 月第 7 卷第 5 期。

《战争中的南洋文化人》,沈兹九,淮阴《新华日报·华中版》1946 年 2 月 2 日第 54 号第 3 版。

《佐藤春夫致郁达夫:"咱俩犹如席卷世界的暴风骤雨中的小鸟"》,武继平译,《郭沫若学刊》2010 年第 3 期(郁达夫罹难 65 周年特刊)。

《佐藤春夫与创造社作家们的恩怨》,武继平,《郭沫若学刊》2010 年第 3 期。

后　记

2017年秋冬之交——那是三年半前,某天午后,洪治纲先生意外来电,称浙江省文化工程之浙籍现代作家年谱项目要招兵买马,想约我负责《郁达夫年谱》(以下简称"郁谱")的编制工作。那个时候,虽然拙著《竺可桢国立浙江大学年谱》刚始印行,此前也曾属意郁达夫研究,甚至浪得"专家"虚名,但毕竟已被一所"一流大学"从教学科研岗"分流"经年,为"政治正确",全校上下不便再给这些被编入另册的分流人员从事学术的机会,哪怕"业余"也不合规。所幸当时身在科研管理部门,此等觉悟必须具备。所以虽早有为诗人编纂年谱的念想,但还是几番压制冲动,安心等待提前退休。当这个时候郁谱编制不请自来,让我既喜又忧,喜在可以提前三五年完成夙愿,忧则不知越界做研究等待我的将会是啥,脑袋里各种行焉不行纷至沓来,一时招架不住。

洪先生是文艺批评界少壮派主力,对浙省文化事业和学术圈子自然了然于心。作为现代文学与文化的大省,民国时期浙江作家、艺术家几乎雄霸半壁江山,编制一套完整、系统的浙籍现代作家年谱,实是浙江文化事业重振之需,也是中国现代文学研究之幸。这项工程即将启动,大批专家学者已云集其麾下。经不住这一光荣机会的诱惑,电话里我就蠢蠢欲动,信誓旦旦接下了郁谱编制任务,还将郁达夫长孙、富阳文联副主席郁峻峰拉来合作。忽忽三年,郁谱终于枝繁叶茂,长成了自己想象中的模样。

编谱是一个力气活,这个过程充满艰辛和愉悦。尤其当发现诸多尘封已久的信息浮上案头,一个个事件的来龙去脉逐渐清晰,诗人的形象愈来愈完整的时候,我们知道,这项工作有点意思了。在郁达夫研究领域,目前至少已有三种颇有影响的郁达夫年谱,陈子善、王自立先生《郁达夫简谱》(附于《郁达夫研究资料》),陈其强先生《郁达夫年谱》和郭文友先生《千秋饮恨——郁达夫年谱长编》,三种年谱各有所长,且基本已将诗人的生活与创作足迹作了足够清晰和准确的还原。这在当年资料查阅多凭手翻笔记的年代,诸位前辈实在是劳苦功高,为后来的郁谱编纂打下了扎实的基础。今天,各类报刊文献数据库相继开发开放,为重修谱志提供了良好的条件,研究者获得信息的便利程度亦大大提高,剩下的,只是一个花时间搜集和花心思甄别的工作。我们由衷感觉,郁谱编修赶上了一个好时代。

此次郁谱编修,我和峻峰以 1921 年为界略作分工。当初敲定这个时间节点全凭直觉,并未作过精确之考量、权衡,后来突然发现,这个年份正是诗人人生的中点,此前 24 年,此后亦 24 年。冥冥之中,或有达公悉心点拨焉?

峻峰侧重 1921 年前郁达夫事迹编订。近些年,他曾以类似《说郁达夫与孙荃的 1917》《说郁达夫与孙荃的 1918》这样的题目,将成为知名作家前的郁达夫作了较可靠的史迹梳理。这对郁谱编制十分重要。对于这段郁达夫研究涉猎不多而对郁达夫成长至关重要的人生阶段,峻峰很好地利用了地方档案和私藏文献,核实查证了诸多此前不尽周详的史实、理据,尤其像郁达夫早岁求学经历、郁达夫与郭沫若、胡适等的交往、郁达夫在日本的生活学习细节等,借助未曾公开的家书、日记,为郁达夫研究提供了难能可贵的一手材料。

1921 年以后,郁达夫回国谋职,在文坛也文名日盛,开始成为我们熟悉的那个诗人、作家、编辑家和教育家,从而,越来越丰富的信息被民国报刊文献记载,各地档案对其行踪也多有记录和收藏。记得 2018 年寒假伊始,就赴广州、厦门、福州等地图书馆、档案馆查了一圈资料,大年初一正式开工,将所得信息录入电脑。本着作家年谱首先宜为"全人"年谱的理念,史料尽可能不设"天花板"。除甄选、撷取郁达夫本人文字中或隐或显的真实信息外,尽可能周全地搜罗那个年代各类档案、日记、书信、报刊资料及可靠的回忆文字,这些信息洋洋大观,涉及郁氏行踪的方方面面,相信会为郁达夫研究提示各种新线索和新材料。

当然,年谱编订未有尽时,可以搜寻、查证的信息环环相扣、息息相生,报刊数据也越来越多被公之于众,我们似乎可以不停地查找、考证下去。但随着"项目"结题时间临近、出版计划实施,刹车停摆、脱手交稿也是一个不得不面对的"断舍离",其中未及落实者,只能留待后来者弥补了,也特别期待方家不吝指正。

感谢首席专家洪治纲先生和杭州师范大学浙籍现代作家年谱项目管理团队,为各课题组提供了多次相互切磋、面对面交流的机会,也使各年谱的编纂能统一体例、完善方法,在保证时间的基础上保证品质。郁谱的完成与他们辛勤细致的工作密切相关。

感谢郁峻峰先生愉快的合作,达公身影在他身上依稀可见,尤其是其率真执着之性情。

感谢浙江大学人文高等研究院的宽容和支持,这里近似访问学者的研究环境对我来说是莫大的福祉。

感谢关心、支持本谱编撰的师长、学友,以及为年谱编撰提供的批评、建议和各种形式的帮助,尤其对郁达夫行迹所作的翔实忠诚的发现和考证,本谱收编时已一一铭记以示谢忱。还望各位师友、学长不吝批评指正。

感谢浙江大学出版社宋旭华先生和他的团队的辛苦付出。

李杭春

于浙大之江校区中方教授别墅

2021 年 3 月

图书在版编目(CIP)数据

郁达夫年谱/ 李杭春、郁峻峰著 . —杭州:浙江
大学出版社,2021.11(2022.8 重印)
(浙江现代文学名家年谱 / 洪治纲主编)
ISBN 978-7-308-21420-9

Ⅰ.①郁… Ⅱ.①李… ②郁… Ⅲ.①郁达夫
(1896−1945)—年谱 Ⅳ. ①K825.6

中国版本图书馆 CIP 数据核字(2021)第 100090 号

郁达夫年谱

李杭春　郁峻峰　著

策划统筹	宋旭华　王荣鑫
责任编辑	宋旭华
责任校对	黄梦瑶　杨利军
封面设计	项梦怡
出版发行	浙江大学出版社 (杭州市天目山路 148 号　邮政编码 310007) (网址:http://www.zjupress.com)
排　　版	浙江时代出版服务有限公司
印　　刷	杭州高腾印务有限公司
开　　本	880mm×1230mm　1/32
印　　张	20
字　　数	513 千
版 印 次	2021 年 11 月第 1 版　2022 年 8 月第 2 次印刷
书　　号	ISBN 978-7-308-21420-9
定　　价	116.00 元